D E N T A L   M A N U A L

빠른 진료 스킬 **UP!**
치과임상 실무 매뉴얼

난생처음 치과진료

윤지혜 홍은하 황아람 이소연 지음

진료효율을 향상시키고 환자만족도를 높일 수 있는 방법은?

바로
적용 가능한
치과임상 꿀팁

생생한
치과진료실의
일상 미리보기

치과위생사들의
노하우를 집약한
한 권의 책

군자출판사

난생처음 치과진료

첫째판 1쇄 인쇄 2020년 10월 16일
첫째판 1쇄 발행 2020년 11월 02일
첫째판 2쇄 발행 2021년 01월 04일
첫째판 3쇄 발행 2021년 04월 30일
첫째판 4쇄 발행 2022년 01월 10일
첫째판 5쇄 발행 2022년 12월 30일
첫째판 6쇄 발행 2023년 05월 04일
첫째판 7쇄 발행 2024년 07월 10일

지 은 이 윤지혜 홍은하 황아람 이소연
발 행 인 장주연
출 판 기 획 한수인
책 임 편 집 이경은
디 자 인 양란희
일 러 스 트 김경열, 유시연
발 행 처 군자출판사(주)
　　　　　 등록 제4-139호(1991. 6. 24)
　　　　　 (10881) 파주출판단지 경기도 파주시 회동길 338(서패동 474-1)
　　　　　 전화 (031) 943-1888 팩스 (031) 943-0209
　　　　　 www.koonja.co.kr

ISBN 979-11-5955-609-8

정가 50,000원

난생처음

치과
진료

치과 컨설턴트(치과위생사)

───── 윤 지 혜 ─────

여러분들이 근무하시는 치과에는 매뉴얼이 있나요? 저의 저년 차 시절을 떠올려보면 임상에서 궁금한 것들은 책에 나와 있지 않은 경우가 많더라고요. 그럴 때는 인터넷을 열심히 찾아보거나 지인들에게 물어보며 힘들게 배웠던 기억이 납니다. 그럴 때면 큰 병원에 다니면서 치과 매뉴얼이 갖추어져 있고 체계적으로 교육을 받는 친구들이 부러웠습니다. 그런 것들이 제대로 갖추어지지 않은 채 선배님들이 하는 방법, 설명 등을 지켜보고 따라 하는 치과가 더 많은 게 임상의 현실인 것 같습니다.

간혹 어떤 분은 매뉴얼이 사람을 일률적으로 행동하게 하고 창의성을 막을 수 있다고 말씀하시는 경우도 있습니다. 그러나 제 생각은 조금 다릅니다. 신입인 경우에 기본을 제대로 알아야 응용을 하고 아이디어도 낼 수 있습니다. 기초를 알아가는 데 있어서 이 매뉴얼은 실무형 교재의 역할을 하게 될 거라고 생각합니다. 또한 병원이 원하는 진료시스템으로 전 직원의 업무 표준 가이드가 생긴다면 더욱 필요한 것이 아닐까요? 더 나아진 진료 시스템이 생긴다면 정기적으로 반영하여 수정하면 됩니다.

매뉴얼은 이런 효과가 있습니다.

첫 번째, 교육자료로 활용될 수 있습니다. 신입이 입사할 때, 스탭이 그만둘 때마다 새로 교육을 해야 하는데 교육의 질이 교육자의 경험에 따라 달라질 수 있습니다.

스탭을 교육할 표준화된 교재가 없기 때문에 매번 교육을 할 때마다 자료를 만들거나 주먹구구식으로 이루어질 확률이 큽니다. 이런 상황이 번복되면 힘들게 잡은 진료 및 업무 시스템이 무너질 수 있습니다. 만약, 스탭이 입사했을 때 교육자가 없다 하더라도 잘 만들어진 매뉴얼이 있다면 기본적인 것들은 책을 통해 배울 수 있습니다.

두 번째, 임상지식과 노하우를 빠른 시간 내에 습득할 수 있습니다.

이 책에는 여러 치과위생사들의 업무 노하우가 담겨있으며 스탭의 입장에서 제작되었습니다.

시술명, 약어, 순서, 기구 및 재료 준비, 사진, 술전 설명, 치료 과정, 체크포인트, 술후 설명, 보험 청구 팁, 차팅 예시, 환자와 진료 스탭의 Q&A, 후배와 선배의 Q&A로 환자가 내원했을 때 진료 흐름에 맞게 구성되어 있습니다.

설명은 문어체가 아닌 구어체로 기록하여 현장감을 높였습니다. 또한 진료를 할 때에는 단순히 스킬만 배우는 것이 아니라 '왜 하는지'를 정확히 알아야 합니다. 그래야 원리를 알고 기억해 한 발 더 빠른 어시스트, 좋은 진료가 가능하며 환자 응대 시에도 조금 더 전문적인 정보를 전달할 수 있습니다.

세 번째, 병원 시스템의 근간이 될 수 있습니다.

시스템이란 것은 누구 한두 명만 하는 것이 아니라 전사적으로 자리를 잡아야 시스템이라고 말할 수 있습니다. 치과가 환자에게 제공하고자 하는 서비스를 가시화시킬 수 있는 자료가 있어야 이 시스템을 구축하고 관리하기 좋습니다. 매뉴얼은 이를 위한 훌륭한 도구가 될 것이라고 생각합니다.

저는 1년 차 때부터 블로그를 시작해서 이런저런 임상의 내용들을 정리해서 올렸습니다. 여러 치과에 매뉴얼 제작을 해 드리기도 했습니다. 감사하게도 많은 선생님들께서 도움이 된다고 말씀해 주셨고 그 덕분에 이 책이 만들어지게 되었습니다. 여러분들의 치과 생활에 조금이라도 도움이 되시길 바라는 마음입니다.

다만, 이 책에 나와있는 진료 프로세스나 안내 멘트 등은 어느 치과의 사례일뿐이지 정답은 아닙니다. 잘 활용하셔서 우리 치과만의 매뉴얼을 만드시길 권장합니다.

부족한 제가 지금까지 치과계에서 일할 수 있도록 해주신 감사한 분이 계신데요. 첫 치과 근무 시절 틈이 날 때마다 두꺼운 책을 진료실에 펼쳐두고 차근차근 알려주셨던 남수원웰치과의 '박용호 원장님'이십니다. 존경하고 감사합니다. 또한 흥지혜 블로그 이웃분들, 매뉴얼 제작에 도움 주신 우리사랑 치과 김일연 원장님, 에이라인 치과병원 이재준 원장님, 이미지플러스 교정치과 정종현, 강상욱 원장님, 서울유앤이치과 이규형 원장님, 컨셉코레아 정철 대표님, 이신재 이사님, 유성찬 이사님, 항상 응원해 주시는 가족분들에게 감사의 말씀 전합니다. 그리고 정성 들여 이 책을 만들어주신 군자출판사 관계자 여러분들, 이렇게 인연으로 만나 작업할 수 있어서 소중하고 감사한 날들이었습니다.

마지막으로 2년이 넘는 시간 동안 홍은하, 황아람, 이소연 선생님과 의미있는 일을 함께 할 수 있어서 행복했습니다.

※ 책을 보시고 궁금하신 내용이 있으시다면 네이버 카페 '흥덴트스쿨'에서 질문해주세요. 저자가 최선을 다해 답변해드리겠습니다.

치과컨설팅   온라인강의   네이버카페   네이버 블로그   유튜브
HNGLAB   흥덴트스쿨   흥덴트스쿨   흥지혜   흥지혜 TV

치과건강보험 강사(치과위생사)

——— 홍 은 하 ———

누군가가 저에게 다음과 같은 질문을 한 적이 있습니다. 과거로 다시 돌아갈 수 있다면 언제로 돌아가고 싶으냐고 말입니다.

제 대답은 "돌아가고 싶지 않다"였습니다.

2006년 1월 첫 입사부터 지금에 이르기까지 짧지 않은 시간 동안 참 많은 것을 배웠습니다. 하지만 그 어느 하나 쉽게 배웠던 것 없이 어렵게 내 것으로 만들었기에 그 힘든 시간을 다시 겪고 싶지 않아서 '과거로 돌아가고 싶지 않다.'고 대답한 것이었습니다.

1년차 때는 근무하던 병원 사정으로 선배들이 전부 그만두어 혼자 정직원으로 근무한 시기도 있었습니다. 모두 퇴근한 치과에 혼자 남아 울면서 공부했었는데, 그렇게 공부한 것들은 잘못된 내용이 많아서 그 이후 오히려 독이 되었습니다.

차근차근 알려주는 선배가 있었으면 좋았겠다는 생각을 하며 세미나를 많이 찾아다녔습니다. 배운 것들을 내 것으로 만들기 위해 노력했고 임상에서는 기본부터 차근차근 쌓아 가기 시작했습니다. 시간에 노력이 더해지자 원장님과 환자, 그리고 동료들의 인정을 받을 수 있게 되었습니다.

처음 팀장이 되었을 때, 차근차근 알려주는 선배 역할을 내가 하고 싶다는 생각이 들었습니다.

배우고자 하는 욕심과 열정이 있는 후배들에게 하나둘씩 전달해 가는 과정이 즐거우면서 보람이 있었고 후에는 강사로 지원하고 활동하게 되는 계기가 되었습니다.

저는 힘들게 얻은 지식일지라도 배우고자 하는 후배들에게는 아낌없이 주고 싶었습니다.

그런 마음으로 기획하게 된 것이 바로 이 책입니다.

여러 사람의 노하우와 도움이 더해진 이 책이 어디부터 어떻게 공부해야 할지 막막해하고 있던 분들께 치과 공부의 참고서 역할을 해주리라 확신합니다.

끝으로 책이 나오기까지 많은 도움 주신 원장님들(이규형 원장님, 강상욱 원장님, 정종현 원장님), 든든한 후배들(슬비, 솔이, 연아, 진아), 자신감을 잃고 헤맬 때 나를 믿고 지지해 준 홍지혜(윤지혜 대표님), 책 기획부터 제작까지 같이 고생한 아람 선생님, 소연 선생님.

첫 책이라 서툰 데다가 의욕이 앞서 반복된 수정요청에도 적극적으로 도와주시고 조언해주신 군자출판사분들(한수인 팀장님, 이경은 편집자님, 디자이너 양란희님), 이 책을 통해 배움의 통로를 열고자 하는 열정적인 독자님들과 항상 내 편인 사랑하는 가족, 늘 응원해 주는 친구들, 선·후배님들께 감사한 마음 전합니다.

진료 팀장(치과위생사)

————— 황 아 람 —————

첫 출근 전날 밤 이제 진짜 치과위생사가 되었다는 생각에 얼마나 설레었는지 모릅니다.

부푼 마음으로 뛰어든 진료실이었지만, 서툰 저에게 어시스트의 기회는 사막에서 바늘 찾기였습니다. 어쩌다 얻어낸 어시스트의 기회도 원장님의 고함 소리와 함께 선배님과 손이 바뀌어 뒤로 물러나야만 했었고, 혼나는 일은 셀 수도 없을 만큼 많았습니다.

어깨너머로 배운 것들이 빼곡히 적혀 있는 수첩을 들고 매일 선배님들을 찾아다녔습니다. 하지만, '왜?'라는 물음에 시원한 답을 찾지 못했던 적이 많았고, 질문을 하면 할수록 '유난스러운 애'라고 불리게 되었습니다.

"같이 공부하자"라고 말할 용기가 없었던 저는 몰래 세미나를 찾아다니고, 인터넷을 뒤져 궁금한 것을 찾아내기를 반복하였지만 어딘가 항상 허전하고 부족했습니다.

그때마다 '지금 궁금한 이것을 "잘" 대답해주는 선배가 있다면...' '같이 공부할 친구가 있다면...' 하고 참 많이 생각했습니다.

그리고 지금 이제는 저희가 "잘" 알려주는 선배들이 되어보고자 각자의 자리에서 익혀온 다양한 전문성과 노하우를 녹여내어 이 책을 집필하였습니다.

독자분들에게 "이 책이 정답입니다"라고 말씀드릴 수는 없습니다. 하지만, 그때의 저처럼 배우고 싶지만 배우는 것조차도 어려운 모든 분들에게 저희 책이 "잘" 알려주는 따뜻한 선배이자, 함께 공부할 수 있는 든든한 친구가 되리라 생각하며, 이 책이 꿈을 향해 나아가는 과정 속에 있는 모든 분들의 시작을 열어주는 따옴표가 되길 바라겠습니다.

　제작에서 출판까지 물심양면으로 도움을 주신 원장님들(김일연 원장님, 이재준 원장님, 박인성 원장님, 이원덕 원장님, 오영 원장님)과 응원해준 우리 직원들, 흔쾌히 책의 모델이 되어주신 인성치과의 모든 선생님들, 저희와 같은 마음으로 이 책이 빛을 볼 수 있도록 누구보다 애써주신 군자출판사분들(한수인 팀장님, 이경은 편집자님, 양란희 디자이너님)께 고개 숙여 감사 인사드립니다.

　끝으로 지치고 혼란스러웠던 제가 목표를 가질 수 있도록 길잡이 역할을 해주셨던 윤지혜 대표님과 홍은하 실장님, 2년간 함께 고생했던 능력자 소연 선생님, 항상 저에게 용기를 주는 가족들, 존재만으로도 큰 힘이 되어주는 솔이, 연아, 응원해준 모든 친구들에게 진심을 담아서 감사 인사를 전합니다.

─── 이 소 연 ───

치과에 처음 입사하고 난 뒤, 동기들과 나눴던 고민들이 생각이 납니다.

"치과진료 순서가 너무 헷갈려", "혹시 이 기구를 왜 사용하는지 알아?" "환자들한테 주의사항 설명할 때 너무 어려워, 추가적으로 어떻게 설명을 더 해드려야 할지 모르겠어" 나도 큰 병원처럼 체계적으로 가르쳐줬으면 좋겠다", "교과서랑 임상이랑 왜 이렇게 다를까?"

나중에 기회가 된다면 신입, 저년 차분들을 위한 책을 만들고 싶다는 꿈을 가지고 있었습니다.

우연히 좋은 선생님들을 만나 그분들의 입장에서 이해하기 쉬운 책을 만들기 위해 노력했습니다.

'난생처음 치과진료' 책은 전체적인 치과 진료 순서와 국가고시 땐 외웠지만 막상 임상에 나와보니 생각나지 않는 기구 이름 등을 담았습니다.

또한 병원에서 실제 주의사항을 보고 말하듯이 설명하는 방법 등의 세세한 꿀팁들이 담겨 있습니다.

치과마다 약간씩 다를 수 있겠지만 이 책으로 전반적인 치과진료 흐름을 익힐 수 있길 바랍니다.

저년 차 선생님들은 '다른 선생님들은 이런 걸 궁금해했구나',

중간 년차 선생님들은 '이건 알았었는데, 이런 방법이 있구나'

한 병원에 오래 계셨던 분들은 '다른 치과는 이렇게도 하는구나'

생각을 하게 되는 책이 되었으면 좋겠습니다. 저 또한 이 책을 쓰면서 많은 걸 배웠습니다. 제가 저년 차일 때 동기들과 궁금했던 부분이 담겨 있거든요.

끝으로 대학교 시절부터 치과진료에 대한 궁금증을 해결해 주신 홍지혜 블로그의 윤지혜 대표님, '난생처음 치과진료' 책이 가져다준 소중한 인연 홍은하 강사님과 아람 선생님, 이 책이 세상에 나오도록 많은 도움 주신 군자출판사 한수인 팀장님, 이경은 편집자님, 양란희 디자이너님, 점심시간마다 시간 내서 교육해주신 원장님들, 같이 근무했던 선생님들, 사진 찍는 데 도움을 주셨던 피오나 박 원장님, 원 원장님, 주선 선생님, 지영 선생님, 은진 선생님, 민서 선생님, 종식 선생님, 마승희 기공사님, 건희, 가족분들께 감사 인사드립니다.

캐릭터 소개

꼼꼼이 홍쌤 / 믿음직스러운 조언자

평상시에는 종종 덜렁대지만, 업무에서만큼은 프로!
엄마의 권유로 치과위생사가 되었지만, 막상 해보니
적성에 잘 맞는다는 생각이 들었다.
그것과는 별개로 저년 차 때에는 치과문화에 적응하
는 것이 힘들었다고 한다. 이런 고충을 이해하고 후
배들을 조금 더 좋은 길로 안내하고자 한다. 치과임
상 및 보험 청구까지 알려준다.

궁그미 황쌤 / 기대되는 꿈나무

치과에서 근무한 지 얼마 되지 않아 모르는 것도 궁
금한 것도 많다.
실수도 많이 하지만 좌절하지 않는 긍정적인 선생님.
한 단계씩 성장하며 꿈을 키워나가고 있다.
전국의 치과 초보자들을 대신해 질문한다.

조용한 이대리 / 프로치과 경험러

어렸을 때부터 약한 치아로 인해 안 받은 치과치료가
없을 정도로 치과를 많이 다녀본 경험이 있는 이대리
앞으로는 치료한 치아들을 오랫동안 문제없이 유지
하고 싶다.
이번만큼은 전국 환자들의 마음을 대신하여 목소리
를 높여본다.

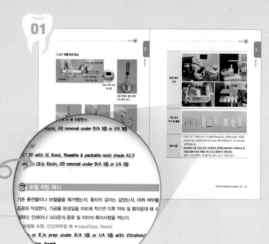

01

치과에서의
워크플로우를 한눈에!

모든 어시스트와 더불어
차팅, 보험 청구까지

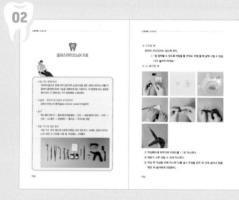

02

임상시술의 A-Z까지
모든 것!

기구, 술전, 치료과정, 술후까지
알아야 할 모든 것들을 설명

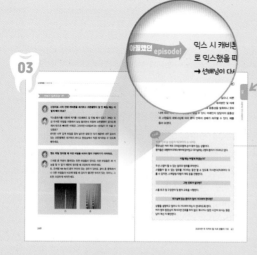

03

열 세미나 안 부러운
선배의 노하우가 한권에!

- 선배와 후배의 대화 형식으로 '무엇
  을, 어떻게, 왜' 까지 정확하게 제시
- 신입일 때 흔히 하는 실수는 '아찔했
  던 episode'에서!
- 이럴 때는 어떡하지? 'CASE'를 통해
  센스있게 해결!

환자 응대의 모든 것!

신환 응대를 위한 스몰 토크부터
환자 어레인지, 환자 교육까지
응대의 모든 것을 다 담았다.

다양한 임상사진,
일러스트로
생생한 현장감

치과 초보인들을 위해
임상에서 쓰이는 말,
치과용어(약어), 기구,
환자 동의서까지 덤!♥

목차

01
치과 생활 이것만은 꼭 지키자

1. 출근 & 회의

1) 진료시간 전에 출근한다. 유니폼 환복 및 준비 시간을 고려한다.

2) 동료를 먼저 본 사람이 먼저 인사한다. "안녕하세요?" 이때 눈을 마주치며 인사한다.

3) 옷을 유니폼으로 갈아입고 외모를 단정하게 한 뒤 회의에 참여한다.

4) 회의를 매일 진행하는 경우도 있고, 매주 진행하는 경우도 있으니 상황에 따라 참여하되 시간에 맞춰 참여하도록 한다.

2. 근무 중의 태도

1) 진료 중 모든 동작은 조용하게 한다.

2) 진료 중 대화는 간결하게 낮은 목소리로, 큰소리나 큰 웃음소리를 내는 것은 삼가한다.

3) 환자 근처에서 스탭끼리의 잡담은 절대 금지한다.

4) 기다리는 동안에는 환자 성향을 파악한 후 스몰 토크를 진행하는 것도 좋다.

5) 일을 하고 있는 스탭에게 말을 걸 때는 상대의 이름이나 직책을 불러서 말한다.

6) 근무지 이탈 시에는 먼저 직속상관에게 보고하고, 이탈이 가능한 상황인지 확인받은 후 행선지, 용건, 소요 시간을 알리고 외출한다.

7) 근무 중 실수한 일이 있을지라도 환자나 스탭들 앞에서 나무라지 않고, 따로 불러서 조언해준다.

3. 통로

1) 부득이한 경우 이외에는 뛰지 말고 조용히 걷도록 한다.
2) 복도에서 상사, 손님을 만났을 때 잠깐 머물러 서서 목례를 한다.
3) 급한 일로 앞질러 가야 할 때는 "실례합니다"라고 인사를 한다.
4) 여러 사람이 옆으로 나란히 서서 통로를 막고 가는 일이 없도록 한다.
5) 환자를 만났을 때는 인사한다.

4. 퇴근

1) 퇴근 시간 전에 미리 서두르지 않는다. 끝날 시간이 가까워 오더라도 환자 진료 중에 근처에서 소리를 내며 치우는 행동을 삼가한다.
2) 본인이 담당한 업무를 책임감 있게 끝마친다.
3) 상사나 동료들에게 다정한 인사를 교환한다.
4) 다음날이 연차인 경우 본인의 업무를 다른 사람에게 확실히 인수인계해서 오류가 없도록 미리 조치해둔다. 본인이 담당하고 있는 환자의 특이사항을 전달한다.

5. 특이사항

1) 예기치 못한 일이나 상황이 생겼을 때에는 관리자에게 전화를 하여 미리 사정을 보고한다.
2) 퇴사 시에는 최소한 퇴사 예정 한 달 전에 팀장님, 실장님, 원장님께 말씀드린다.

📝 일상의 병원 예절

- 병원의 규율을 잘 지킨다.
- 공과 사를 정확하게 한다.
  - 병원 전화를 사적으로 쓰지 않는다.
  - 병원 소모품을 사적으로 쓰지 않는다.
  - 근무시간을 사적으로 쓰지 않는다.
- 나는 병원의 얼굴이므로 신뢰와 호의를 얻도록 힘쓴다.
- 자기의 입장에서, 상대방의 입장에서, 제삼자의 입장에서, 종합적으로 생각하도록 노력한다.
- 비품 및 시설물은 사용 방법을 확실히 익히고, 소중하고 조심성 있게 다루며 사용 후에는 제자리에 둔다.
- 커뮤니케이션을 원활하게 한다.
  - 발음은 정확히, 필요 없는 말버릇이나 행동은 고친다.
  - 환자에게 설명 시 어려운 전문용어는 피한다.
  - 성의 있게 상대방의 눈을 보며 응대한다.
  - 동료와는 협력자로서 친절하게, 자존심이 상하지 않도록 대한다. 좋은 점은 장려해 주도록 칭찬을 아끼지 않는다.
  - 의견 대립이 있을 때 감정적으로 처리하지 않고, 이성적으로 해결한다.
- 상황과 사람에 맞는 호칭으로 정중함을 표시한다.
  근무 중 '언니', '○○야' 등의 표현은 절대 금지하고 알맞은 호칭을 부르도록 한다.
  - 환자: 1. ○○○님(성함을 부른 것이 가장 일반적이고 추천하는 방법이다)
        2. 사장님, 선생님(성향에 따라 부르도록 한다. 부담스러워하는 경우도 있다)

3. 아버님, 어머님, 할머님, 할아버님 등의 호칭을 사용할 때는 주의한
   다(특히 아버님, 어머님이란 호칭은 환자가 미혼인 경우 컴플레인
   이 발생할 수도 있다).
- 의사: OOO 병원장님, OOO 원장님, OOO 과장님
- 스탭: OOO 실장님, OOO 팀장님, OOO 선생님
- 시설과: OOO 기사님

진료 전문가 이미지메이킹

진료를 받으러 내원한 사람들은 신뢰할만한 의료진에게 진료받고 싶어 하고, 의지하게 된다. 시각적으로 비춰지는 모습이 많은 역할을 하기 때문에 기본적인 모습을 갖추어야 한다.

다음의 사항을 체크해보자.

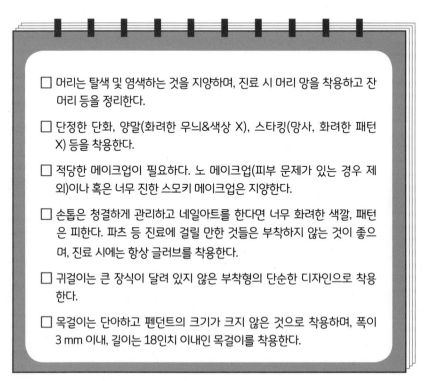

□ 머리는 탈색 및 염색하는 것을 지양하며, 진료 시 머리 망을 착용하고 잔머리 등을 정리한다.

□ 단정한 단화, 양말(화려한 무늬&색상 X), 스타킹(망사, 화려한 패턴 X) 등을 착용한다.

□ 적당한 메이크업이 필요하다. 노 메이크업(피부 문제가 있는 경우 제외)이나 혹은 너무 진한 스모키 메이크업은 지양한다.

□ 손톱은 청결하게 관리하고 네일아트를 한다면 너무 화려한 색깔, 패턴은 피한다. 파츠 등 진료에 걸릴 만한 것들은 부착하지 않는 것이 좋으며, 진료 시에는 항상 글러브를 착용한다.

□ 귀걸이는 큰 장식이 달려 있지 않은 부착형의 단순한 디자인으로 착용한다.

□ 목걸이는 단아하고 펜던트의 크기가 크지 않은 것으로 착용하며, 폭이 3 mm 이내, 길이는 18인치 이내인 목걸이를 착용한다.

- ☐ 시계는 지나치게 큰 사이즈를 착용해서는 안 되고, 화려하지 않은 정장 시계를 착용한다.

- ☐ 팔찌는 폭이 3 mm 이내의 구성으로 장식이 없는 팔찌만 가능하며 줄이 늘어지면 진료에 방해가 되기 때문에 권장하지 않는다.

- ☐ 반지는 단순한 디자인에 폭이 1 cm 이내인 반지만 착용이 가능하다.

- ☐ 문신은 유니폼을 입었을 때 보이지 않도록 관리한다.

- ☐ 음식물 섭취 후 치아는 잘 닦아야 하고 구취가 나지 않도록 관리한다.

- ☐ 언제나 청결한 유니폼과 깨끗한 신발을 유지한다.

- ☐ 진료 전과 중간에 거울 앞에서의 전체적인 미소, 인상, 몸가짐을 체크한다.

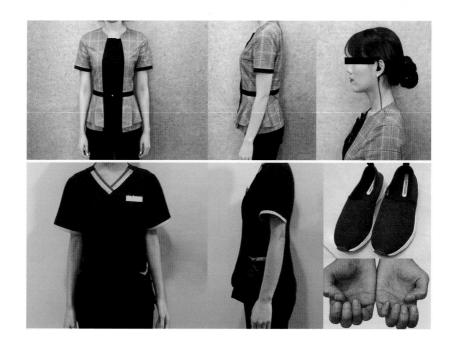

1. 인사할 때

인사에 인색하지 말고 적극적으로 행한다.

1) "안녕하세요."

2) "어서 오세요."

3) "오랜만이시네요."

4) "반가워요."

5) "수고하셨습니다."

6) "다녀오세요."

2. 명함 교환

1) 명함은 사람을 대표하는 얼굴과 인격을 지닌 것으로 소중히 다루어야 한다.

2) 손아랫사람이 먼저 준다.

3) 상대가 이름을 볼 수 있도록 내밀면서 소속병원과 직책, 이름을 말한다.

4) 양손으로 상대방의 명함을 받아 직책과 이름 등을 확인한다.

5) 받은 명함은 명함철, 명함 정리 어플 등에 정리하며, 만난 일시, 장소 등 기억해 둘 필요가 있는 사항은 기록해 둔다.

3. 안내할 때

1) 손끝을 모아 비스듬히 위로 향
   하게 하여 방향을 가리킨다.
2) 일어서서 안내한다.
3) 1보 정도 앞서서 안내하며 수시
   로 뒤를 돌아보며 인도한다.
4) 앞으로 당기는 출입문이 있다면
   앞서가서 먼저 열고 환자를 안내한다.
5) 미는 문은 먼저 들어가 손님을 안내한다.
6) 소파는 넓은 쪽으로 안내한다.
7) 기다리는 동안 차, 신문 등을 권한다.
8) 커피, 차는 고객, 상급자 순으로 제공한다.

4. 엘리베이터 예절

1) 고객 및 보호자, 상급자가 먼저 타고 먼저 내리도록 한다. 이때 문이 닫히
   지 않도록 한쪽 손으로 엘리베이터 문 센서 쪽을 살짝 막고 고객을 다른
   손으로 안내해 준 후 나중에 타고 내린다.
2) 환자, 보호자 외의 다른 사람이 탄 경우, 내가 버튼 근처에서 있다면 내릴
   층수의 버튼을 눌러주는 친절도
   필요하다. 고객과 보호자, 의료
   진 외의 다른 분이 탑승할 때에
   도 친절히 대한다.

03
서비스까지 완벽한 진료 전문가

 대인관계 긴장도를 낮춰주고 신뢰감을 높인다.

· 환자의 불안감을 없애주기 위한 대화를 한다.

 "너무 걱정하지 마세요. 간단한 시술이에요. 원장님이 임플란트는 워낙 많이 하셔서요. 금방 끝날 거예요." "다른 치아는 다 좋은데 앞니만 약간 약하신 거니까, 치료받고 관리만 잘 하시면 아주 좋아질 거예요."

· 환자를 진정시키고, 안정시킨 후 진료한다.

· 환자와 상황에 맞는 스몰 토크를 한다.

· 편안하고 부드러운 자세로 환자에게 응대한다.

 스몰 토크란?

어색한 분위기를 누그러뜨리는 일상의 소소한 대화를 가리키는 말이에요.
날씨나 의상, 건강, 사회 이슈 등을 이야기하며 분위기를 부드럽게 만드는 대화를
말한답니다.

 정확하고 능숙한 기술로 진료한다.

· 끊임없는 공부로 전문성을 갖추고 유지, 계발한다.

편안하고 안정된 분위기를 조성한다.

- 진료 기구를 항상 조심해서 다룬다.
- 소리가 나지 않도록 다룬다.
- 진료 기구가 환자의 얼굴 위로 지나가지 않도록 한다.
- 진료 행위 전에 친절하고 자세하게 설명해 준다.

* 미리 말해주는 서비스 적용 참고

 "마취할 때 덜 아프시라고 표면마취제를 발라 드리겠습니다."

 긍정의 언어를 사용한다.

- 피그말리온 효과를 응용한다.

 피그말리온 효과(pygmalion effect)란?

[심리] 정신을 집중해 어떠한 것을 간절히 소망하면 불가능한 일도 실현된다는 심리적 효과로, 그리스 신화의 피그말리온 일화에서 유래되었어요.

출처: 네이버 국어사전

 "좋아지실 거예요." "금방 나아질 겁니다."

- 대화의 중간에 긍정적인 표현으로 응대한다.

  "스케일링 많이 불편하셨죠?"(X)

  "스케일링 받으시니 개운(시원)하시죠?"(O)

  "(습관적으로) 고생하셨어요."(X)

  "잘 도와주셨어요."(O)

- 부정의 표현을 사용하면, 괜찮다가도 불편하게 느껴질 수 있다.

1. 신환응대

	서비스 응대 멘트	행동 양식
대기실 안내 시	"○○○님- 안녕하세요?^^ 진료실로 안내해드릴게요."	• 환자 얼굴을 미리 확인한다. • 환자 얼굴을 모르면 접수 담당자에게 물어봐서 도움을 받는다. • **눈을 맞추고 미소를 지으며 응대한다.**
복도에서	"이쪽으로 오시겠어요?^^" (들어가는 길) "여행은 잘 다녀오셨어요?"	• 환자 옆에서 얘기를 나누면서 진료실로 걸어간다. • 한 보 앞서가며 잘 따라오는지 고개를 돌려 환자의 발끝을 확인하면서 안내한다. • **절대 환자를 헤매도록 두면 안 된다.**
의자 앉을 때	• "이 쪽 큰 의자에 등 대고 앉아주세요."	• 손바닥을 펴서 유니트 체어를 가르키면서 응대한다. • 제대로 안내를 하지 않으면 술자 의자에 앉는 경우가 있다.
의자 앉은 후	• "진료받으실 때 물이 튈 수 있어서 치과용 앞치마 해드릴게요." • "진료받으실 때 물이 튈 수 있어서 에이프런 해드릴게요."	• 브라켓 테이블을 술자 쪽으로 당기고 술자 의자를 진료하기 편한 위치로 둔다. • 환자를 마주보며 에이프런을 채워준다. • **환자가 보는 앞에서 멸균한 기본 기구 팩을 오픈한다.**
예진	• "오른쪽 위가 많이 아프셨어요? 언제부터 아프셨어요?" • "원장님 오시기 전에 제가 현재 구강상태를 꼼꼼하게 기록해 드리려고 하는데 괜찮으세요?"	• (의자를 젖히기 전에 차트를 확인한 후) 더 물어볼 사항이 있으면 묻는다. • 보수적 성향의 환자는 원장님과의 직접적인 대화만을 원하는 경향이 있으니 주의한다.

사진 촬영	"잠시 후 상담하실 때 입안 사진을 몇 장 찍은 후 같이 보면서 꼼꼼히 상담 드리려고 하는데, 지금 입안 촬영 해드려도 될까요?"	구강카메라나 DSLR 등의 사용법을 충분히 숙지하여 촬영 과정에서 스탭의 미숙함으로 인하여 환자가 불편을 호소하지 않도록 주의한다. **빠른 시간 내에 불편하지 않게 정확히 찍어야 한다.**
대기	"잠시 앉아계시면 원장님 오실 거예요. 잠시만 계세요."	오래 대기해야 하면 대기 설명을 드리고 TV를 볼 건지 물어본다. 혹은 대기 시간에 할 수 있는 것들을 진행한다.
신환을 처음 만났을 때	"OOO님– 안녕하세요. 원장 OOO입니다. 만나서 반갑습니다."	미리 준비한 명함을 빼서 환자에게 건네고 눈을 맞추며 가볍게 미소 짓는다.
(원장님) 술자 자리에 앉아서	이미 C.C, 내원경로 파악, 기본적인 검진이 되어 있음을 가정한다. "오른쪽 위 어금니가 차가운 물에 시리셨군요. 씹으실 때에는 어떠셨어요?"	이야기를 할 때에는 환자의 눈을 마주치고 진지하고 편안한 표정을 지으며 부족한 정보를 더 묻는다. **※ 차트를 꼭 확인한 후 묻는다.** 중복된 질문으로 인하여 같은 대답을 반복하게 된 경우 환자는 불쾌함을 느낄 수 있다. 읽어보고 확인의 질문 혹은 발전된 질문을 한다.
(원장님) 환자를 눕히며	• "제가 몇 가지 확인해보겠습니다." • "뒤로 기대보세요." 또는 "의자 뒤로 넘어갑니다." • "아– 해 보세요."	문진이 끝났으면 글러브를 착용한 후 진료에 임한다.

(원장님) 환자를 세우고 검진을 마치며	• "더 궁금한 점은 없으신가요?" • "비용과 더 자세한 설명은 상담실에서 안내해드릴게요."	설명이 길어지는 경우, 환자를 상담실로 안내한다. 중요한 진단결과는 꼭 원장님께서 설명하시도록 한다. 상담실이 따로 없을 경우 체어사이드에서 사진을 보며 적당한 말소리로 설명한다. 가능한 한 옆에서 진료 중인 다른 환자에게 내용이 전달되지 않도록 목소리를 조절한다.
(원장님) 상담실장을 소개하며	"(환자에게 소개) 저희 OOO 상담실장입니다. 잘 설명해드릴 겁니다. (상담실장에게) 잘 부탁드려요."	환자의 눈을 보며 소개한 후 상담실장을 보며 이야기한다.
상담 후 진료실 체어 (당일 치료 들어가는 경우)	• "OOO님- 상담 잘 들으셨어요? 오늘은 _____ 진료를 진행하실 거예요. 시간 괜찮으신가요?" • "진료 받으시다가 불편하시거나 힘드시면 왼손 들어주세요."	웃으며 인사를 건네며 오늘 진료 진행사항을 확인시켜 드리고 환자의 눈을 마주치며 이야기한다.
진료 후 대기실	• "OOO님 오늘 진료 잘 도와주셨어요. 다음번에는 _____ 진료 진행하실 거예요. 30분 정도 걸릴 것 같아요." • "오늘 진료받으시고 불편한 점이 있으시면 전화 주시고 내원해 주세요. 잠시 앉아계시면 데스크에서 다음 예약 도와드릴게요."	환자와 함께 대기실로 걸어나가면서 스몰 토크를 진행하거나 대기실 의자에 앉으면 곁에 앉아 적당한 속도로 이해하기 편하게 이야기한다. 이때, 주의사항 설명이 안 되었다면 설명을 제공한다. **대기실에 앉아있도록 정확히 안내한다.** 그렇지 않으면 데스크 주변에 서 있는 경우가 있는데 데스크 업무가 어수선해질 수 있다.

2. 구환응대

	서비스 응대 멘트	행동 양식
데스크	• "OOO님- 안녕하세요. 지난번에 치료 받은 곳은 어떠셨어요?" • "네, 접수 도와드리겠습니다. 잠시 대기실에 앉아계시면 안내해드릴게요."	예약표를 미리 확인하고 이름을 익혀둔다.
선물을 사오신 경우	"감사합니다- 들고 오기 무거우셨을 텐데 원장님과 저희 스탭들 모두 감사히 먹겠습니다."	차트에 기록하여 진료실 스탭들도 알 수 있도록 해준다. 이때 진료실에서도 감사인사를 전한다.
대기실 안내 시	"OOO님, 안녕하세요. 진료실로 안내해드릴게요."	**멀리에 서서 "OOO 님-" 크게 부르지 않고, 얼굴을 확인하고 가까이 다가가서 조용히 부른다.**
복도에서	"이쪽으로 오시겠어요?^^" (들어가는 길) "여행은 잘 다녀오셨어요?" 스몰 토크를 하며 응대한다.	환자 옆에서 그동안의 근황 이야기 또는 스몰 토크를 나누면서 진료실로 걸어간다. 또는 한 보 앞서가며 잘 따라오는지 고개를 돌려 환자의 발끝을 확인하면서 안내한다.

*이후 응대는 신환응대 참조

3. 미리 말해주는 서비스

1) 입술 보호제를 바를 때

- ◎ "진료 시 입술이 덜 불편하시도록 치료 시작 전에 입술 보호제 먼저 발라드릴게요."

2) 마취할 때

- ◎ "마취하기 전에 덜 아프시라고 표면마취제 발라드릴게요."
- ◎ "마취할 건데요, 몸에 힘을 빼시고 천천히 숨 쉬어 보세요."

3) 프렙(Prep) 시작할 때

- ◎ "물 나옵니다. 코로 숨 쉬시면 옆에서 다 빼드릴게요."

4) 콘트라 앵글 사용할 때

- ◎ "치아가 돌돌돌 울리는 느낌이 납니다."

5) 임시치아 만들 때

- ◎ "임시치아를 만들어 드릴 거예요. 재료가 굳을 때 잠깐 냄새가 많이 안 좋습니다. 재료가 굳을 때까지 1-2분 정도만 참아주세요."

6) 인상채득할 때

(1) 트레이 구강 내에서 맞춰볼 때

- ◎ "이제 본떠 드릴 거예요. 본뜨기 전에 어떤 틀이 더 잘 맞는지 맞춰볼 게요. (맞춰 보면서) 아프거나 눌리는 부분 있으신가요? 불편한 곳 있 으시면 말씀해주세요."

여러 개의 인상채득이 필요한 경우 미리 설명 드리기
"이를 만들기 위해서 다듬어진 치아의 본과, 물리는 반대쪽 치아본도 뜰 거예요. 그리고 맞물리는 상태도 알아야 가능한 한 정확하게 만들 수 있어서요. 본을 여러 개 뜨겠습니다."

(2) 거즈나 코튼롤을 입안에 끼울 때

◎ "지금 쓰는 재료는 침이 묻으면 안 돼서 솜 좀 넣어드릴게요."

(3) 기다리는 시간

◎ "재료가 굳을 때까지 5분 정도 물고 계세요. 앉혀드리겠습니다."

◎ "2분 남았습니다."

* 중간에 남은 시간에 대해 멘트를 해준다.

(4) 인상을 다 뜬 후

• 잘 나왔을 경우

◎ "네- 잘 도와주셔서 본이 잘 나왔네요."

• 한 번 더 떠야 할 경우

◎ "잘 도와주셨는데... 한 부분이 조금 아쉽게 나와서요. 정밀하게 만들어 드리기 위해서 한 번 더 떠드릴게요."

* 환자 본인을 위해서 한 번 더 뜬다는 뉘앙스가 중요하다.

7) 의자가 움직일 때

◎ "일으켜 드릴게요."

◎ "의자 뒤로 움직입니다."

8) 발치나 프렙 후 피가 많이 날 때

- ○ "잇몸 아랫부분 충치를 제거하느라 잇몸에서 피가 좀 나요. 금방 멎으니까 너무 놀라지 마세요."
- ○ "이를 뺀 자리에서 피가 좀 나는데요. 지혈될 거니까 놀라지 마세요."

4. 어시스트 시 유의사항

1) 진료 전 미리 환자의 전신질환이나 불편해하는 점, 치료계획(크라운의 종류 등)을 파악해야 한다.
2) 원장님보다 환자의 치료상황에 대해 더 잘 알고 있어야 한다(스탭은 환자의 매니저이다).
3) 치료 순서를 명확히 알고 있어야 한 발 빠른 어시스트가 가능하다.
4) 치료의 원리 및 방법, 이유를 알고 있어야 응용이 가능하다.

CASE

환자가 신경 치료 중(근관 소독을 계속해야 하는 상황) 해외출장을 다녀온다고 한다. 캐비톤이 빠질까봐 염려되어 단단한 걸로 해달라고 계속 부탁하여 원장님은 고민하다가 럭사코어(코어재료 중 하나)로 임시가봉 해달라고 오더한 후 바쁜 진료 스케줄 때문에 자리를 떠났다.

만약 내가 이 상황이었다면 어떻게 했을까?

- **아무 생각 없이 일하는 사람**: 화이트 럭사코어로 와동을 모두 메웠다.
- **치료의 순서와 이유를 이해하고 일하는 사람**: 근관 입구를 코튼펠렛으로 채우고 와동 내 윗부분만 블루 럭사코어로 채웠다.

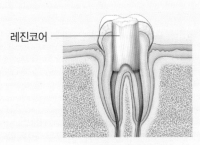

▲ 화이트 럭사코어로
임시 가봉한 경우

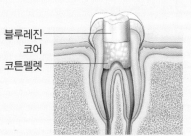

▲ 코튼+블루 럭사코어로
임시 가봉한 경우

와동을 코튼펠렛으로 임시 가봉하지 않고 단단한 재료로 메웠을 경우 신경치료를 위해 확보해놓은 근관입구까지 막을 가능성이 높다. 그렇게 되면 다음 내원 시 신경치료를 이어서 진행할 때 원활한 진료 진행이 어렵다. 또한 이같이 임시로 럭사코어를 메울 경우는 화이트 럭사코어는 기존의 치질과 구분이 어려울 수 있다. 상악은 보이지 않아 크게 상관없지만 하악 치아 같은 경우 파란색 임시재료가 보일 수 있다고 환자에게 고지 후 블루코어로 메우는 것이 좋다.

진료 어시스트라고 해서 단순히 라이트를 맞추고 침을 빼주는 사람이 아니라 전문가라는 생각으로 진지하게 진료에 임해야 한다.

왜 하는지를 정확히 알아야 예외의 경우에도 지혜롭게 대처할 수 있다.

📝 마취 중의 어시스트 주의사항

- 체어 주변을 치거나 건드리지 않는다.
- 앰플의 온도를 체온과 비슷하게 유지한다.

 워머에 있는 앰플을 사용하거나 손으로 앰플을 잡고 있다가 시린지에 끼웁니다. 마취액은 흐르는 것만 석션합니다. 이때 석션팁이 마취기구를 건드리지 않도록 주의합니다.

- (중요한 일이 아니면) 마취 중에 어시스트 자리를 떠나지 않는다.

진료 중 어시스트 주의사항

- 진료 진행 중 원장님과 의사소통 시 환자분이 들을 수 있는 상황에서 "잘 모르겠다", "없다"라는 식의 부정적 표현을 하지 않도록 주의한다.

혀를 보호해야 할 때

- 버가 회전하는 경우 혀가 다칠 수 있기 때문에 미러나 석션팁으로 리트랙션을 한다. 이때 불편감을 느낄 수 있으니 양해를 구한다.
  - ◎ "혀가 다치지 않도록 가볍게 잡아 드릴 건데 조금 불편하실 수 있어요. 혀에 최대한 힘 빼주세요."

진료 후 데스크 안내 시

- 기구 정리하는 일과 다음 환자 준비하는 일보다 환자의 편의를 먼저 고려한다.
- 진료실을 나갔다가 소지품을 찾으러 다시 진료실에 들어오는 일이 없도록 두고 가시는 물건이 없는지 미리 확인하고 챙긴다.

자투리 시간 활용하기

마취가 필요한 경우

- 원장님이 여러 분 계실 경우, 마취 가능하신 원장님을 찾아보고 부탁드려 먼저 마취를 시행한다. 이후 마취가 된 상태에서 담당 원장님께서 바로 진료를 보실 수 있도록 한다.

환자가 마취하고 기다릴 때

- 정확한 진료 진행을 위해 치근단 촬영화면을 미리 띄워 놓는다(촬영한 기

록이 없다면 원장님께 미리 말씀드리고 오더가 있다면 촬영해서 띄워둔다).
원장님이 오셔서 바로 진료하실 수 있게 러버댐 걸어 놓는 것도 방법이다. 이
때 타이밍이 중요하다. 러버댐은 장착한 상태에서 대기가 길어지면 불편함으
로 인하여 컴플레인이 발생할 수 있다. 이전 환자의 진료가 마무리될 때쯤 장
착하는 것이 좋다.

기타

- 치료계획을 확인하여 스케일링, 대합치 인상 등 미리 할 수 있는 것을 해 놓는다.
- 오늘 치료할 부위 주변에 치석이 있는 경우 환자에게 동의를 구하고 스케일
  링을 진행한다.
- 다음 예약을 잡는다.
- 스몰 토크를 진행한다. 대화를 통해 얻은 정보는 차트에 기입한다.
- 오래 대기하는 경우에는 대기실에서 잠깐 쉬다가 진료받을 수 있도록 안내
  하되, 원장님이 오시기 전에 체어에 앉아있을 수 있도록 한다.
- 주의사항은 꼭 나중에 얘기해야 하는 게 아니라 미리 얘기해도 된다.

📝 진료가 끝난 뒤

의자를 세울 때

- "의자 일으켜 세워드리겠습니다."하며 진료 의자를 일으켜 세운다.
- 환자가 양치할 수 있도록 양치컵을 전달하고 양치하는 동안 환자가 편하게 나올 수
  있도록 술자 의자와 라이트, 진료기구 또는 브라켓 테이블 등을 한쪽으로 정리한다.
- 환자의 왼쪽으로 가서 티슈를 반으로 접은 후 환자에게 건네도록 한다.
  - ◎ "치료받으신 부위는 괜찮으세요? 거칠거나 높은 느낌이 들지는 않으
    세요?"

에이프런을 풀 때

    ◎ "오늘 수고 많으셨습니다." 또는 "도와주셔서 치료 잘 끝났어요."

환자의 짐을 챙길 때

· 겨울철에는 옷을 미리 꺼내 놓는 센스를 발휘한다.

    ◎ "코트 여기 있습니다."

    ◎ "가방 여기 있습니다."

    ◎ "소지품 챙겨주세요."

    ◎ "안경 여기 있습니다."

다음 내원 시 시행 예정인 치료 과정에 대해서 설명할 때

· 마취를 하는 경우나 진료 시간이 30분 이상 소요될 경우 미리 개인 스케줄
조정하여 내원할 수 있도록 안내한다.

 치료 후 일정(모임이나 회사 출근 등)에 지장이 생기지 않도록 미리 설
명해주세요.

진료를 마치고 환자를 안내하여 나올 때

· 대기실 근처까지 나와 마지막 안내까지 책임진다.

· 데스크에서도 일처리를 차근차근 처리해야 하므로 환자는 일단 대기실 의자
에 앉아 있을 수 있도록 한다.

    ◎ "잠시 대기실 소파에 앉아 계시면 성함을 불러 드릴 거예요. 조금만
기다려주세요."

    ◎ "고생 많으셨어요. 다음번에 뵐게요."

· 차팅을 미처 하지 못했다면 환자가 대기하고 있는 사이에 차팅하여 데스크
스탭에게 전달한다.

효율적인 환자 어레인지

1. 어레인지 담당자의 자질

1) 진료의 흐름을 잘 알고 있어야 한다.

2) 원장님의 진료 스타일을 잘 알고 있어야 한다.

3) 누가 어떤 일을 얼마의 시간 안에 해낼 수 있는지 모든 진료 스탭의 업무 역량과 범위를 명확히 파악하고 있어야 한다.

4) 원장님과의 의사소통이 원활하게 이루어질 수 있는 사람이어야 하며, 원장님을 비롯하여 스탭들과의 신뢰관계 형성이 되어 있어야 좋다.

5) 리더십을 가지고 스탭들을 잘 안내할 수 있어야 한다.

6) 본인의 기분에 따라 어레인지 태도를 달리해서는 안 되며, 객관적인 태도를 유지해야 한다.

7) 어레인지하는 사람이 진료실의 분위기를 리드할 수 있다. 진료실의 분위기가 다운되지 않도록 노력해야 한다. 또한 어수선해지지 않도록 하며, 차분하면서도 재빠르게 움직여야 한다.

8) 대기실과 진료실을 통합적인 사고로 관찰해야 한다. 나무만 보는 것이 아니라 숲을 보아야 한다.

9) 융통성과 임기응변 능력을 가지고 있어야 한다.

10) 문제가 생겼을 때 해결할 수 있는 능력을 갖추고 있어야 한다.

2. 기타사항

1) 부 담당자를 지정하여 부재 시에 그 자리의 공백이 없도록 유지한다.

2) 어레인지 담당자 외의 다른 스탭들도 본인의 진료에 집중하는 것도 중요하지만 진료 상황을 계속 체크하며 본인 담당 환자의 진료 스케줄이나 진료속도를 조절할 필요가 있다.

3) 진료실 스탭들은 무전 등의 소통을 통해 원장님의 다음 진료 체어가 어디인지 계속적으로 알린다.

4) 어레인지 담당자는 진료실 인력이 부족할 때에는 진료에 투입될 수 있으며 진료에 투입되어 있더라도 상황을 계속 체크하도록 한다.

3. 어레인지 방법

1) 먼저 도착한 순서대로 환자를 안내한다.

예약시간과 도착시간을 데스크에서 적어두면 진료실에서도 대기환자에 대한 상황 파악이 가능해요.

2) 비예약 환자 내원 시에는 시간이 비는 경우에 안내하도록 한다.

3) 예약한 환자인데 늦게 내원한 경우에는 제시간에 내원한 환자를 우선으로 본 후 늦게 온 환자를 보도록 한다.

4) 진료에 대한 이야기는 브라켓 테이블에 포스트잇 메모를 붙여 원장님이 조용히 확인할 수 있도록 한다.

진료받고 있는 환자 앞에서 다른 환자가 많이 대기하고 있다고 이야기하는 것은 진료받는 환자의 마음을 불안하게 하여 진료 만족도를 떨어지게 할 수 있어요.

5) 사실, 위의 내용은 바쁘지 않은 상황에서는 큰 문제가 되지 않으나, 바쁜 상황에서는 대기시간의 문제가 빈번히 발생할 수 있다. 대처방안 및 어레인지 방법은 상황에 따라 변동될 수 있는데 이때 융통성을 발휘하냐 못하냐에 따라 여러 가지의 상황들이 생길 수 있다. 어레인지 담당자의 융통성과 스탭들의 파트너십에 따라 환자 만족의 성패가 좌우될 수 있다. 예를 들어 보겠다.

CASE

바쁜 진료실 상황의 예(체어의 수 10대)

원장님은 여러 개의 크라운프렙에 손이 묶여 있는 상황이다.
환자들은 내원하여 8개의 체어에 앉아있고 대기실에는 2명의 환자가 기다리고 있다.

이럴 때는 어떻게 하겠는가?

우선 스탭이 할 수 있는 업무의 범위를 파악한다.
스탭들이 할 수 있는 업무를 기다리는 동안 할 수 있도록 지시한다(치과마다 다를 수 있지만, 스케일링/대합치 채득 등을 진행한다).

그런 진료가 없다면?

스몰 토크 및 구강관리 및 환자 교육을 시행한다.

대기실에 있는 환자가 많이 기다려야 한다면?

상황을 설명하고 얼마나 더 기다려야 하는지 안내하도록 한다.
여러 명의 원장님이 계시다면 진료를 하지 않고 계시거나 잠깐 시간이 되시는 원장님이 계신 지 확인한다.

마취 혹은 담당 원장님이 아니더라도 진행 가능한 진료를 파악하여 부탁드려주세요. 담당 원장님이 오셨을 때 진료에 바로 투입될 수 있도록 준비해 주세요.

 담당 원장님이 진료의자에 앉아 진료 시작하시려는데 준비가 안 되어 있는 일이 발생하지 않도록 완벽히 준비하고, 바쁠 때에는 특히나 주의해야 해요. 진료의 흐름이 끊기면 대기환자의 대기 시간이 더욱 길어질 수 있음을 명심해주세요.

이런 조치를 취했음에도 불구하고 대기가 15분 이상 길어질 때에는 프렙을 잠깐 중단한 후 잠시 쉬었다 하도록 해주세요. 이때 환자가 다른 환자 때문에 본인 진료가 지연되었다고 느끼지 않도록, 담당 스탭이 환자에게 '입을 오래 벌리는 것이 힘드실 것 같아 잠시 쉬었다가 진행하겠다'고 설명해주시고, 그다음 먼저 온 환자부터 보실 수 있게 연결하고 간단하게 진료(Dressing, S/O 등)가 가능한 환자를 진료해 주세요. 원장님이 꼭 보셔야 하는 진료(Endo, Inlay prep 등) 단계의 환자는 스탭이 할 수 있는 범위까지 진료하고 나서 다시 그 프렙환자를 보실 수 있도록 조절해 주세요. 이때에는 원장님이 신속히 진료를 조절하실 수 있도록 미리 무전으로 스탭에게 연락해 주세요. "원장님 지금 7번 체어로 가십니다."

원장님이 체어에 가기 전에 진행 중이던 치료나 이야기를 잠깐 중단하고 원장님이 체어에 오셨을 때 바로 진료로 들어갈 수 있도록 준비해 주세요.

📝 원장님의 수술이 길어져서 대기환자의 대기시간이 길어질 때

• 예상치 못한 상황이 발생하게 된 이 같은 경우에도 스탭이 먼저 해놓을 수 있는 일들을 해놓고 스몰 토크나 구강관리를 진행하며 기다리는 시간을 그냥 보내지 않도록 한다.

• 병원 사정으로 인한 대기 발생 시에는 기다림에 대한 보상으로 서비스를 제공하도록 해야 한다.

• 체어에서 기다리는 시간이 너무 길어질 것 같으면 엑스레이 등을 먼저 찍어 두고 대기실이 편한지 유니트체어가 편한지 확인한 후 어디에서 대기할지 선

택하도록 한다.

- VIP 대기실에서 편안하게 시간을 보낼 수 있도록 하는 것도 방법이다.
- 잠깐만 체크하고 갈 수 있는 환자라면 원장님께서 엑스레이 확인을 위해서 수술을 잠깐 멈추는 틈새 시간을 이용하여 대기환자의 진료를 보고 마무리할 수 있다.

 대기환자의 수가 많은데 한 체어에서 진료타임이 무작정 길어질 때 또는 저년 차 선생님이 어려운 진료를 맡아 진료가 길어질 때

- 대기환자가 많지 않은 평상시에는 실력 향상을 위해 어시스트 자리에서 도와 주는 것이 좋겠으나 진료체어의 흐름이 원활하지 않아 자리를 순환시켜야 하는 경우에는 손이 빠른 스탭과 손을 바꾸어 진료의 흐름을 돕도록 한다. 이때는 환자 만족도를 위하여 불가피한 상황이므로 환자의 기분이 상하지 않도록 충분히 설명하고 원래 진료를 하던 스탭 또한 자책하지 않아도 된다.

어레인지 스탭의 손이 빌 때

- 진료 중인 스탭이 진료를 원활하게 할 수 있도록 할 수 있는 업무를 찾아 돕는다.
- 스톤을 부어준다.
- 사용한 재료를 치워주고 바닥이 지저분하다면 쓸어주거나 자리를 정리해준다.
- 러버를 짜준다.
- 엑스레이 준비 및 확인한다.
- 포토를 올려주거나 카메라 자료를 정리한다.
- 기공용지를 작성해준다.
- 다음 진료 재료를 준비해준다.

대답해야 하는 스탭이 무전을 못 들었을 때

• 대신 대답 해주고 당사자에게 가서 이야기를 전달 해준다.

PART 02

기 본 부 터
탄 탄 하 게
치 과 진 료
기   초

진료 준비

순서	**• 초진일 때** 신분증 확인(19세 미만 제외) → 환자에 대한 여러 정보 수집 → 방사선 촬영 필요시 미리 준비하기 → 방사선실 청결상태 확인 → 체어와 그 주변, 브라켓테이블 위, 바닥 청결상태 확인한다. **• 재진일 때** 이전 진료 기록 및 오늘 예약 내용, 전신질환 유무, 특이사항을 확인한다. 진료 시 필요한 재료 및 약품 준비한다. 전자차트 사용 시 차트 띄워 놓는다.
환자 안내 전	• 자리를 깨끗하게 정돈한다. • 이전 환자의 진료기구를 치운다. • 타구대가 깨끗한지 확인한다. • 멸균된 기본 기구와 글러브를 브라켓 테이블 위에 놓는다. • 포와 에이프런을 꺼내서 왼쪽 테이블 위에 놓는다. • 해당 환자의 엑스레이를 띄워 놓는다. • 환자가 체어에 앉을 때 머리나 발이 걸리지 않도록 라이트, 발판을 옮겨 놓는다.

병원 체어 사진	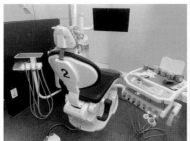  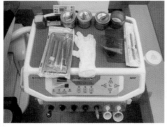 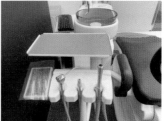
기본 준비 기구 및 물품	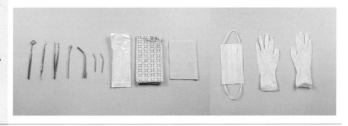
준비사항	• 기본기구 : 미러(Mirror), 익스플로러(Explorer), 핀셋(Pincette), 석션팁(Suction tip), 소공포(Small hole towel), 에이프런(Apron), 마스크(Mask), 글러브(Glove) ＊ 교과서에서 기본 기구는 미러, 익스플로러, 핀셋을 의미하지만 이 책에서는 편의성을 위하여 위의 내용을 기본 기구로 통칭하여 기록하겠다. • 필요시 구강카메라, 포터블 엑스레이, DSLR 카메라 준비

술 전 설명

🦷 초진일 때

　　◐ "오늘 오른쪽 아래가 시려서 오신 것 맞으시죠? 언제부터 시리셨나
　　요? 어떨 때 제일 시리신가요? 네, 방금 말씀해 주신 내용 제가 메모해
　　드릴 거고요. 원장님께서는 이전 예약 환자분 진료 마무리 중이셔서 5
　　분 내로 오실 거예요. 정확한 설명은 원장님 진단 후에 해드릴게요. 잠
　　시만 기다려 주세요."

🦷 재진일 때

　　◐ "오늘은 지난번에 이어서 치료 진행해드릴 거예요. 지난번 치료 후 불
　　편한 곳은 없으셨어요?(있는 경우 메모를 해둔다) 오늘은 ○○치료 진
　　행해드릴 거고 마치하고 진행하실 거예요. 시간은 ○○분 정도 걸리실
　　거예요. 시간 괜찮으시겠어요?"

· 술 전 설명은 환자 성향에 따라 달리 적용하는 것이 좋다.
· 데스크에서 접수 시 환자의 특이성향이 파악된다면 진료실에 전달하여 그로
　인한 컴플레인이 일어나지 않도록 한다.
· 소요 시간을 미리 설명하는 것이 중요하다(특히, 30분 이상 장시간 치료 시).
· 주요 메모는 진료 전 원장님께서 확인하실 수 있도록 잊지 않고 전달한다.
· 환자의 C.C와 성향, 원장님의 진단 스타일을 고려하여 검진을 시행한다.
· 비용에 예민하거나 심한 통증을 호소하는 경우에는 가능한 한 진단 과정을
　최소화한다. Full case인 경우에는 미리 시간이 소요됨을 설명한 후 진료를
　진행한다.

치료 과정

① 초진일 때(full case일 때)

　● "오늘 전체적 검진하고 상담 원하시는 것 맞으시죠? 정확한 검진 위
　해서 원장님께서 엑스레이 촬영하시는 게 좋겠다고 하셔서요. 엑스레
　이 촬영 먼저 도와드려도 될까요? 이쪽으로 오시겠어요?"

현재 방사선실을 다른 스탭이 이용 중은 아닌지 꼭 미리 확인해야 한다.

② 엑스레이 촬영할 때

　* PART 2 03 치과방사선 촬영을 참고한다.

③ 촬영 후 자리로 안내할 때

환자가 들고 있던 가방이나 짐은 별도의 보관함이 있다면 보관함에, 보관함
이 없다면 체어 앞쪽 환자의 시야 안에 둔다. 필요시 원장님 검진 전후로 구
강카메라나 DSLR 카메라를 이용하여 사진을 촬영한다.

보험 청구 팁

• 실제 환자가 호소하는 증상에 대해 자세히 차팅을 한다. 예를 들면 C.C가
"찬물 마실 때 치아가 시려요"라면 치아의 마모 관련 상병으로 기본진찰료
(초진 혹은 재진료)를 산정할 수 있으며, 통증을 호소하여 진행한 치근단 촬
영 부분도 보험 산정 가능하다.

검진 시 응대 팁

• 스탭이 구강 내를 보는 것을 불편하게 생각하는 환자도 있다. 이때 당황하지

않고 여유롭게 미소 지으며 응대하도록 한다. 당황하거나 이유를 정확하게 설명하지 않으면 신뢰도가 떨어진다.

원장님이 안 보고 지금 뭐 하는 거예요?

원장님께서는 5분 정도 후에 오실 건데, 원장님 오시면 진료 빨리 진행되도록 제가 체크만 하는 거예요. 혹시 지금 제가 체크해드리는 게 불편하시면 원장님 오실 때까지 기다리셨다가 진행해드릴게요.

차팅 예시

	65	67	CC. 씹을때 아파요
			Dx. 상아질 우식
			치근단 촬영 : 인접면 상아질까지 우식이 진행된 상태
			치근단 촬영 * 2매
2022-02-03			Tx plan . 우식 제거 후 재평가
			인래이 혹은 endo 가능성 설명
			* 다음 내원시 치료 하시기로 함
			Dr. 허준 / Staff. 새싹
			N) 10번대 부터 우식제거 후 재평가

구강검진과 차트 기록

1. 구강검진

1) 구강검진의 목적

치아 질환 예방 및 조기치료를 통해 건강한 구강 상태를 유지하는 걸 목적으로 한다.

2) 환자의 증상으로 의심해 볼 수 있는 병증

환자가 말한 증상을 바탕으로 엑스레이나 테스트 등을 통해 진단하고 치료 방향을 결정한다.

(1) 바람에 시린 경우

어떤 행동을 할 때 시린지, 언제부터 시렸는지 정확하게 기록한다. 치 경부 마모증이 있거나 치아가 깨졌을 때, 또는 치아 우식이 진행되거나 치주염으로 치근이 드러났을 때 시린 증상이 있는 경우가 많다.

(2) 차고 뜨거운 음식 먹을 때

치수에 자극이 가해질 때 온도 자극에 의한 증상을 호소하는 경우가 많다. 파절이나 우식 혹은 치은 퇴축 등 여러 가지 가능성을 염두에 두고 치아 상태를 확인한다.

(3) 씹을 때 불편한 경우(보통 식사 시, 딱딱한 음식 식사 시 등)

식사 시 통증은 우식이나 치주염이 상당히 진행된 상태이거나 외상성 교합, 크랙이나 파절 등 여러 가지 원인에 의해서 발생한다. 어느 한 가지 가능성이 아닌 여러 가지 가능성을 염두에 두고 치아 상태를 확인한다.

(4) 양치질 할 때(칫솔이 닿을 때, 찬물로 헹굴 때 등) 불편한 경우

여러 가지 원인이 있겠지만 치경부 마모가 있을 때 양치할 때 시리다고 증상을 호소하는 경우가 많다.

3) 간단한 검사

(1) 육안(시진)

미러를 사용하여 볼과 혀 등을 리트랙션하여 라이트를 비춘다. 이때 해당 부위에 바람을 불어 건조시키면 더 명확히 볼 수 있다. 부은 곳이 있는지, 우식증이 있는지, 출혈이 있거나 음식물이 끼어 있지는 않은지 전반적인 상태를 확인한다.

(2) 문진

증상에 대한 여러 가지 정보를 묻는다.

(3) 방사선 촬영

- 정확한 진단을 위해 촬영한다.
- 고름이 나올 경우 원인을 찾기 위해 지피콘(GP cone) 또는 액세서리콘(Accesory cone)을 사용하여 촬영한다.

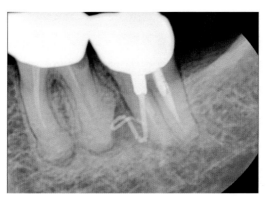

▲ 피스튤라(Fistula)에 지피콘을 삽입한 상태에서 찍은
치근단방사선

4) 환자 주소(C.C)에 따른 구강검진

(1) 증상 없이 전체검진 원할 때

  • 전반적으로 검진 순서에 따라 검진한다.

  • 순서를 정하여 빠뜨리는 곳 없이 검진하도록 한다.

    − 방향: 10번대 → 20번대 → 30번대 → 40번대

    − 치아부위: 교합면 → 인접면 → 치경부

(2) 증상 있으면서 전체검진 원할 때

  증상이 있는 부위를 먼저 정확하게 진단 후 다른 곳도 순서에 따라 검진
  한다.

(3) 불편한 부위만 검진 원할 때

  불편한 부위 먼저 진단한 후 다른 부위는 상태만 확인한다고 하고 검
  진하거나 이조차 원하지 않으면 불편한 부위만 검진한다.

(4) 부분검진 및 상담 중 전체검진 원할 때

  순서에 따라 빠뜨리지 않고 검진하도록 한다.

5) 테스트 방법

(1) 쓰리웨이 시린지/아이스 스틱(3-way syringe/Ice stick)

정확하게 시린 부위가 어딘지 에어를 불거나 아이스 스틱을 이용해 증상이 있는 치아 위치를 정확하게 확인한다.

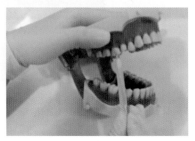

(2) 바이트 스틱(Bite stick)

씹을 때 통증을 호소하는데 어느 치아에 통증이 있는지 정확한 확인을 위해 바이트 스틱, 나무젓가락 등을 이용한다.

치아에 금(crack)이 있는 경우에도 육안으로 확인이 어려워 바이트 스틱을 이용하기도 한다.

(3) 타진

마우스 미러 뒷부분이나 핀셋 뒷부분으로 두드려서 어떤 치아에 증상이 있는지 확인한다.

(4) 동요도 검사

핀셋이나 익스플로러 등을 이용하여 동요도의 정도를 확인한다.

(5) 치주낭 측정검사

Periodontal probe(페리오돈탈 프루브)를 이용하여 치주낭의 깊이를 확인한다. 이때 치주낭 깊이와 출혈 여부를 확인하여 기록한다.

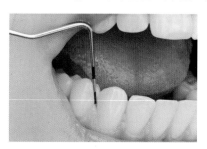

(6) 촉진

환자의 근육이나 잇몸 상태를 만져서 손에 전해지는 느낌을 통해 진단한다.

✅ 구강검진 기록하는 방법

• 차팅(진료기록, Charting)

환자의 성명, 주소, 생년월일, 연령, 성, 직업, 현 병력, 과거력, 가족력, 진료 일시, 주 증상(진찰의 결과), 검사 소견, 치료 내용, 치료 계획, 치료 과정, 경과, 예후 등을 일정한 방식에 의하여 체계적으로 기술하는 것이다. 법적으로 중요함과 동시에, 전달의 수단, 자료 보전의 수단으로써도 중요한 역할을 하게 된다.

차팅 약어	
S (Subjective)	주관적으로 환자가 호소하는 증상
O (Objective)	• 객관적으로 평가한 자료들 • 촉진, 청진, 시진, 타진, 혈액검사 결과, 엑스레이나 CT 등
A (Assessment)	자료를 바탕으로 현재 환자 상태를 평가하는 것으로 객관적 정보 하에 기술
P (Plan)	진료 계획, 치료 계획, 교육 계획

2. 차트기록

📝 외과 차팅 예시

① ext.

simple ext. under B/A lido 1Ⓐ or I/A lido 1Ⓐ

Rx) 아목시실린 500 mg, 록소프로펜, 알마겔 tid for 3 days

② surg. ext.

surg. ext. under B/A lido 1Ⓐ with surgical bur, suture 4-0 black silk

Rx) 아목시실린 500 mg, 록소프로펜, 알마겔 tid for 3 days

- 난발치(치아분리, 골삭제), 단순매복(절개), 복잡매복(절개, 치아분리, 필요
시 골삭제), 완전매복(절개, 치아분리, 골삭제) 등 서지컬 발치의 정확한 상
태를 적는다.
- 난발치의 경우 난발치가 된 이유를 적는다.
  예 치근만곡, 치근비대, 골유착 등

📝 치주 차팅 예시

치주 상태도 기록(swelling, bleeding 등)한다.

① S/C

- S/C(비보험, 보험, 연1회) – 치과위생사 & TBI(tooth brushing instruction)
- 현재 치주상태 전반적 종창(swelling), 출혈(bleeding), 치은연하치석
  (subgingival calculus) 등을 기록한다.

② Cu.

probing, Sub. Cu. under B/A lido 1Ⓐ or lido I/A 1Ⓐ
치주낭측정검사 시 결과치를 반드시 기록한다.

📝 보존 차팅 예시

근관치료 시 정확한 근관의 개수와 C.C, 증상, 상태 등을 꼼꼼하게 기록한다.
클램프 사용 시 치아의 크기나 모양에 따라 클램프 번호가 달라지므로 클램프
번호를 기재하여 다음 근관치료 시 미리 준비해 놓는다.

① 전치부 및 소구치 신경치료할 때

첫째 날	PE, ACP, WLD, CE, CP(CS), CD(CI) under B/A lido 1ⓐ or I/A lido 1ⓐ with Root ZX, Niti file, R/D(클램프 번호)
둘째 날	CE, CS(CP), CF Under B/A lido 1Ⓐ or I/A lido 1Ⓐ With Niti file, R/D(클램프 번호), 엑스레이(매수), 필요시 WLD

② 대구치 신경치료할 때

첫째 날	PE, ACP, WLD, CE, CP(CS), CD(CI) under B/A lido 1ⓐ or I/A lido 1ⓐ
둘째 날	CE, CS(CP), CF Under B/A lido 1Ⓐ or I/A lido 1Ⓐ With Niti file, R/D(클램프 번호), 엑스레이(매수), 필요시 WLD
셋째 날	CF, under B/A lido 1Ⓐ or lido I/A 1Ⓐ with Niti file, R/D(클램프 번호), 엑스레이(매수), 필요시 WLD

> Canal이 석회화되어 있거나 c형 canal같이 예후에 영향을 미치는 특이사항이 있다면 기록해 주세요.

③ CD(Canal dressing 또는 CI; Canal irrigation)만 할 때

CD(CI), calcipex filling, cotton, caviton, 엑스레이(매수)

* CD(CI)만 시행할 때는 마취와 엑스레이는 시행하지 않는 경우가 많다.

📝 충전 차팅 예시

기존 충전물을 제거했는지, 충치의 깊이는 깊었는지, 마취 여부를 꼼꼼히 작성한다.

① AF

치료 부위, 면수 기록 후 AF(필요시 마취)

36(MO, B) AF under B/A lido 1Ⓐ or lido I/A 1Ⓐ

N) Polishing

② RF

치료 부위, 면수 기록 후 RF(필요시 마취), shade

36(O, B) RF under B/A lido 1Ⓐ or I/A lido 1Ⓐ with Vitrebond base, flowable resin shade A2

RF under I/A lido 1Ⓐ, packable resin shade A3

* 기존 충전물이나 보철 제거 시 꼭 기록한다.

old am(또는 Resin, GI) removal under B/A 1Ⓐ or I/A 1Ⓐ

③ old am (또는 Resin, GI) removal under B/A lido 1Ⓐ or I/A lido 1Ⓐ

CA RF with SE Bond, flowable & packable resin shade A2.5

old am (또는 Resin, GI) removal under B/A lido 1ⓐ or I/A lido 1Ⓐ

📝 보철 차팅 예시

기존 충전물이나 보철물을 제거했는지, 충치의 깊이는 깊었는지, 마취 여부를 꼼꼼히 작성한다. 기공물 완성일을 차트에 적으면 이후 약속 및 환자응대 때 수월하다. 인래이나 크라운의 종류, 상황에 따라 shade(쉐이드)와 치아의 특이사항을 적는다.

① 보철물 프렙, 인상채득할 때 ▶Inlay(Gold, Resin, Ceramic)

G.In or R.In prep under B/A lido 1Ⓐ or I/A lido 1Ⓐ with Vitrebond base, impression

② Cr.(Gold, PFM, PFZ, Zir)

• 신경이 살아있는 치아(vital tooth)

core(Blue or Clear : Resin인 경우 shade 기입), crown prep, impression,

Temp. cr.

• 신경이 죽은 치아(non vital tooth)

cr. prep under B/A lido 1Ⓐ or I/A lido 1Ⓐ with core(Vitrebond base)
or resin(blue or A3), CLP(치조골삭제 동반), impression, Temp. cr.

※ 기존 보철 제거 시 꼭 기록합니다.
Old G.cr, PFM cr, Br 등 removal under B/A 1Ⓐ or I/A 1Ⓐ
old Am, RF, GIF 등 removal under B/A 1Ⓐ or I/A 1Ⓐ

충전치료나 보철치료 시 시행하는 치은절제술은 치은 일부만 절
제했는지, 전체를 절제했는지, 골삭제를 동반했는지 여부에 따라
급여 적용이 달라지니 자세한 차팅이 필요해요!

③ 보철물 접착할 때

• G.in or R.in settig with cement 종류

• Cr. G.cr. or PFM cr. or Zir cr., T/S or F/S cement 종류

📝 임플란트 차팅 예시

① 1차 수술날일 때

• 34i(임플란트 치식은 치아번호 뒤에 i 표시한다)

1차 OP under B/A lido 1Ⓐ 사용한 임플란트 스티커 부착(전자차트
일 경우 사진 촬영) 20 Ncm, cover screw or HA 사이즈, suture 4-0
Nylon(Dafilon)

• Panorama x 2(술 전 촬영, 술 후 촬영)

② 2차 수술날일 때

- 34i(임플란트 치식은 치아번호 뒤에 i 표시한다) 2차 OP under B/A lido 1 Ⓐ or I/A lido 1Ⓐ HA 사이즈
- suture 4-0 black slik
- 치근단 or 파노라마 엑스레이 x 2

③ 보철접착할 때

- Cap adap, shade A3, 엑스레이 x 1 크라운 종류 T/S with 30NCm tightening 크라운 종류 F/S with 30Ncm tightening

 덴쳐 차팅 예시

내원일에 맞추어 진료 순서대로 기록한다.

첫째 날	진단, panorama taking, impression for individual tray
둘째 날	Final impression with border molding
셋째 날	wax rim or frame work adaptation, 바이트 채득, shade A3
넷째 날	wax denture adaptation, 교합조정
다섯째 날	denture 장착 및 조정, 주의사항 설명

 구강 상태에 따라 전 처치(surveyed cr. prep, endo, ext. 등)가 필요할 수 있습니다.

차팅 시 쉽게 누락되는 내용

기본진료	검진 부위, 검진 내용, 진단 내용, 치료 계획 등을 상세히 기록한다. 예 허끝, 잇몸상처: 알보칠, JG, 오라메디 도포 예 충치기록: #17 #16 C1
치근단 촬영	• 촬영 부위, 판독 소견, 촬영 매수, 필름 등을 기록한다. – 동일 부위 다수촬영: 동일 목적인지 각각 다른 목적으로 촬영했는지 기록한다. – 동일 부위를 같은 목적으로, 각도를 달리하여 촬영하면 두 번째 장부터 행위료 50% 인정한다. 최대 5장까지 인정하며, 필름인 경우 6장부터 행위료 아닌 필름재료대만 인정한다.
파노라마	촬영 부위, 판독 소견, 증상 등을 상세히 기록한다(인정기준에 맞게 촬영한다).
CT촬영	판독소견서를 별도 비치하여 상세히 기록하거나 전자차트 내에 기록한다.
마취	마취 행위(전달 또는 침윤)의 종류, 마취제의 종류와 사용한 앰플 수를 기록한다.
발치	• 난발치: 골 유착, 치근 파절, 치근 만곡, 치근비대 등으로 골 삭제 또는 치근분리한 경우 사유기록. Bur 산정 가능하다. • 매복치발치: 상태에 따른 사유기록, 엑스레이 필수. Bur 산정 가능하다. – 단순매복: 잇몸절개(blade 사용, incision) 후 매복치 발치 – 복잡매복: 치아삭제 및 치아분리라는 내용을 기록한다. – 완전매복: 치관 2/3 이상 치조골 내 매복 + 치아분리 + 치조골 삭제 • 발치와 동시에 치조골 성형술을 시행한 경우에는 봉합사 산정도 가능하다. • 마취 행위(전달 또는 침윤)의 종류, 마취제의 종류와 사용한 앰플 수를 기록한다. 처방기록 및 주의사항 설명내용을 기록한다.
보철물제거	치식(지대치와 인공치 명확히 표시한다), 보철물제거 재료 내용 기록한다.
보철물재부착	치식(지대치 수대로 산정하므로 지대치는 명확히 표시한다) 예 #15 X 16, 17 브릿지 재부착
충전물연마	충전물연마 산정기준을 숙지 후 기록한다(당일, 익일 연마 가능 여부 확인한다).

지각과민처치	증상, 사용한 재료 및 기기를 기록한다. 예 찬물 먹을 때 시려함: #15 Gluma 도포(1st)
교합조정	교합지를 사용해서 조정했고 왜 조정했는지 이유를 기록한다.
충전	치식, 사용재료, 와동 면수, 충전한 목적을 기록한다(충전 부위는 영문으로 기록한다). 예 #17 우식 제거 후 아말감 충전(BO)
신경치료	• 치식, 근관 수를 기록한다. • 발수(PE), 근관와동형성(ACP), 근관확대(CE), 근관성형(CS or CP), 근관세척(CI or CD), 근관충전(CF) (충전재료 및 방법), 근관장 측정검사 (각 근관의 측정한 길이, Root ZX 사용여부를 기록한다) • 근관치료 재료(파일, 나이타이파일, 바브드브로치 등)
구강내소염술	사용한 blade, 마취종류 및 앰플 수, 봉합사 사용 유무, 엑스레이 등을 기록한다.
처방	• 처방 시 산정기준을 숙지하고 약재명, 투약량, 투약일, 교부번호를 기록한다. • set1, set2 등으로 기록하지 않도록 한다. 예 Rx) 곰실린캅셀 500 mg 1, 페노프로 캅셀1 * Tid for 3days (교부번호 1)
치석제거	치석 제거한 치식을 기록한다. 치주상태 및 앞으로의 치료계획을 기록한다.
치주	Silk 청구되는 항목 숙지 후 기록한다.
외과	Bur 청구되는 항목 숙지 후 기록한다.

✅ 다음 내원 시 진행할 진료 예약 할 때

- 차트에 기록되어 있는 치료 계획을 참고한다.
- 같은 부위에 있는 다수 치아는 같이 치료할 수 있도록 약속을 잡는다.
- Inlay set나 Cr F/S 시 다른 부위 치료도 같이 하여 내원 횟수를 줄인다.
- 간단한 진료를 예약한 날에는 다른 치료 계획이 있을 경우 함께 약속을 잡는다.
- 보험진료 숙지하여 다음 약속 잡기
    - 예 Cu. 후 dressing → 치주 후 처치(간단)
    - 예 AF 후 polishing → 충전물 연마
    - 예 Ext. 후 dressing, S/O → 수술 후 처치(간단)

* 물론, 이 모든 것은 예약하는 시간대의 상황을 잘 보고 잡아야 한다.

치과 방사선 촬영

1. 파노라마 촬영(Panorama taking)[Pano, panex]

✅ 이지덴트 사용 시

1) 이지덴트에서 직접 검색하는 방법으로 환자이름을 검색할 때 동명이인이 많을 수 있으므로 차트번호를 미리 확인한다.

(1) 이지덴트 접수목록에서 선택하는 경우, 이름 선택 후 외부 엑스레이를 클릭한다.

(2) 수진자의 이름 및 차트번호를 확인한다.

(3) 환자를 파노라마 촬영실로 안내한다.

(4) 혹시 기계의 준비가 완료된 상태가 아니라면 근처에 앉아있게 안내한다.

 "치아 전체가 나오는 큰 사진을 찍으실 건데요. 자리를 옮겨서 찍고 다시 안내해드리도록 하겠습니다."
"원장님께서 현재 상태 확인을 위한 간단한 엑스레이 한 장을 먼저 찍어 달라고 하시네요. 촬영 후 자리로 안내해드리겠습니다."

(5) 안내 시 가임기 여성일 경우 임신 가능성 여부를 한 번 더 확인한다.

(6) 구강내 가철성 장치, 안경, 귀걸이, 목걸이, 머리핀 등 파노라마 촬영결과 확인 시 방해가 되는 액세서리를 빼줄 것을 설명하고 외투가 두꺼울 시에 는 외투를 벗고 촬영할 수 있도록 한다.

(7) 틀니 등은 종이컵을 준비해 잠시 보관해 둘 수 있도록 한다.

(8) 빼놓은 액세서리 등이 분실될 수 있으므로 본인의 가방이나 주머니, 혹 은 보이는 곳에 두었다가 촬영이 끝나자마자 챙겨 갈 수 있도록 한다.

 "착용하고 계신 귀걸이나 목걸이, 머리핀은 모두 빼주시겠어요?" 눈에 띄 게 보이는 액세서리가 없는 경우라도 "귀걸이나 목걸이는 안하고 계신 것 맞으시죠?"라고 한 번 더 확인한다. 또한 외투를 입고 있을 경우, "사진을 찍을 때 외투가 방해가 될 수 있으니, 번거로우시겠지만 외투를 벗어주시 겠어요?"라고 안내한다.

2) 환자가 물고 있을 플라스틱 바이트를 씌우는 비닐은 환자가 보는 앞에서 씌우고 이때 환자의 입에 닿을 부위가 손에 닿지 않도록 주의한다.
무치악(구강내 잔존치가 없는) 환자나 전치부 바이팅이 힘든 환자는 코튼 롤이나 무치악용 바이트를 물게 하고 찍는다. 이때 틀니장착 여부를 한 번 더 확인한다.

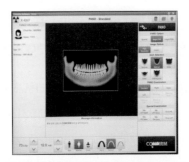

3) 환자의 키에 맞게 높이를 대략 조절한 후 환자를 파노라마 기기 앞에 위치
   시킨다.

   ◉ "양 발을 맞춰서 이쪽으로 서주시겠어요?"

(1) 환자에게 손잡이를 잡고 상체를 똑바로 세워 자세를 잡을 수 있도록 한다.

(2) 이때 환자의 허리에 살짝 손을 대서 허리를 펼 수 있도록 돕는다.

   ◉ "허리 다리 똑바로 펴시고 목도 똑바로 편 상태로 서 계시면 돼요.
      손바닥을 하늘 쪽으로 하셔서 여기 있는 손잡이를 잡아주세요."

(3) 이때 환자가 손잡이를 잘 찾을 수 있도록 팔목을 살짝 잡아 안내해준다.

(4) 다시 한번 환자의 키에 맞게 높이를 조절하고 환자의 턱을 받침대에 대
   고 바이트를 물도록 한다.

(5) 바이트를 문 상태에서 높이를 다시 한번 체크하고 정중선과 Frank-fort
   선(안와하연과 외이공 상연을 연결하는 선)을 맞추고 두부의 전후를 맞

추어야 정확한 상층의 파노라마 사진이 촬영된다.

> "여기 받침대에 턱을 살짝 대시고 홈 패어있는 부분을 위아래 앞니로 같이 살짝만 물어주세요."

> "머리가 움직이지 않도록 고정시켜드릴 거예요. 촬영 시간은 약 1분 정도 걸려요. 촬영이 시작되면 기계가 회전하니 놀라지 마세요. 이제, 가볍게 눈을 감아 주시고, 제가 들어올 때까지 움직이지 말고 그대로 계세요."

(6) 눈을 뜨고있게 되면 환자의 시선이 움직이는 기계를 따라가게 되어 머리까지 움직일 수 있기 때문에 반드시 눈을 감도록 안내한다.

4) [READY]를 누르라고 화면에 나오면 오른쪽 하단의 [READY] 버튼을 클릭한다.

5) 파노라마 모드인 것을 확인한다.

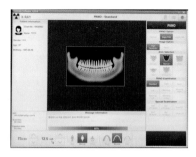

6) 버튼을 누를 준비가 되었는지 확인한다.

7) 방사선실 문을 닫고 촬영버튼을 누르면서 잘 찍히고 있는지 확인한다.

8) 나온 사진을 저장한 후 환자가 파노라마 촬영 위치에서 나오도록 안내한
다. 바이트에 끼워놓은 일회용 비닐은 환자가 보는 앞에서 버리도록 한다.
  ◎ "잘 도와주셔서 잘 나왔어요. 이쪽으로 오시겠어요? 자리로 안내해
    드릴게요."

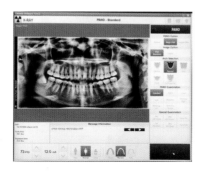

 최근 파노라마촬영 기기들은 대부분 자동으로 저장돼요. 이때는 잘 저장되었는지 확인만 하면 됩니다.

✅ 잘 나온 파노라마 VS 잘못 나온 파노라마

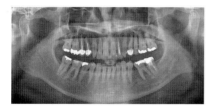

▲ 정상적인 자세일 경우

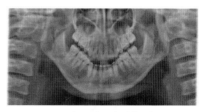

▲ 고개를 너무 숙였을 경우

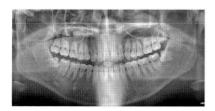

▲ 몸이 너무 뒤로 물러나서 선 상태의 자세일 때

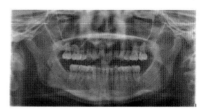

▲ 고개를 너무 들었을 경우

• 구부정하게 선 경우 하악 전치부에 경추(목뼈)가 촬영된다. 다리를 한발 안쪽으로 나온 상태에서 살짝 매달리게 서야 목이 펴지고 전치부가 잘 나온다.

✅ 차팅방법 예시

2022-11-17				CC. 이가 가끔 씹을 때 아파요, 충치 많아서 치료 받고 싶어요
	76	21	12 567	Panorama taking
	76		67	: 다발성 우식상태, 인레이 및 엔도 크라운 치료 필요
				Proximal caries 다수
				전반적 치석제거 후 재진단 필요
				Dr. 허준 / Staff. 새싹
				N) 치석제거, 재진단
				*오늘 시간 안되셔서 다음 내원 시 스켈링 및 재검진 하시기로

- 차팅-판독소견은 차트에 적는다.

  📋 어느 부위에 수직적 골 소실이 있다. 어느 부위에 우식이 있다. 어느 부위에 매복
  치가 있다.

- 그중에서 주 상병을 선택하여 보험 청구 시 이용한다.
- CT는 판독소견서가 반드시 있어야 하므로 원장님께서 작성하실 수 있도록 돕
  는다. 또한 CT는 의사와 방사선사만 촬영 가능하다. 원장님의 협조가 필요하다.

2. 포터블 엑스레이 치근단 촬영

✅ 이지덴트 사용 시

1) 수진자의 이름 및 차트번호를 확인한다. 왼쪽 상단에 촬영하려는 환자가
   선택되었는지 확인한다.

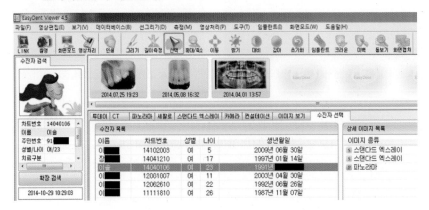

2) 포터블 엑스레이를 찍기 위한 센서가 유선이라면 컴퓨터에 연결하고 필름 형태의 무선이라면 연결하지 않아도 된다. 필름형태의 무선 센서는 별도의 스캔장비를 이용한 스캔이 필요하다. 센서에 비닐을 씌우고, 포터블 엑스레이를 준비한다.

▲ 포터블엑스레이

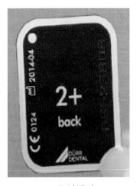

▲ 무선센서

▲ 유선센서

3) 촬영에서 치근단 촬영을 클릭한다.

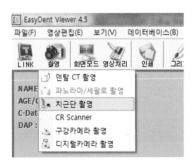

4) 촬영할 치아의 번호에 맞게 그림을 클릭한다.

5) 엑스레이의 촬영버튼을 누른다.

촬영버튼

6) DB 저장을 눌러 이지덴트에 저장한다. 다시 촬영 전 환자 화면으로 돌아
   와서 저장이 잘 되었는지 잘 찍혔는지 확인해 본다.

✅ 상악 시

환자가 체어에 앉은 상태라면 상악 교합면과 바닥이 평행하다고 여겨질 때까

지 고개를 숙이게 한다. 체어에 누워있는 상태라면 턱을 목쪽으로 당겨 숙이게 한 후 센서의 각도와 관구가 평행하게 위치할 수 있게 조절하여 촬영한다.

✅ 하악 시

환자가 체어에 앉은 상태라면 하악교합면과 바닥이 평행하다고 여겨질 때까지 고개를 들게 한다. 체어에 누워있는 상태라면 턱을 위쪽으로 들게 한 후 상악 촬영 시와 마찬가지로 센서의 각도와 관구가 평행하게 위치할 수 있게 조절하여 촬영한다.

센서의 두께 때문에 구토반사가 있을 수 있고 골융기가 있을 경우 통증을 호소할 수 있으므로 미리 고지한다.

혀에 힘을 빼지 못하고 구역질을 하는 환자는 센서를 가볍게 누른 상태에서 술자의 손가락을 살짝 물도록 하여 센서가 안쪽으로 충분히 눌러지게 한 후 촬영한다.

엑스레이 기계로 환자의 볼을 누르지 않도록 주의합니다.
이런 경우 볼에 자국이 남는 경우가 있어요. 가까이 눌러서 찍는다고 잘 나오는 것이 아니에요.

✅ 차팅방법 예시

		67	CC. 씹을때 아파요
2022-02-03			Dx. 상아질 우식
			치근단 촬영 : 인접면 상아질까지 우식이 진행된 상태
			치근단 촬영 * 1매
			Tx plan . 우식 제거 후 재평가
			인레이 혹은 endo 가능성 설명
			* 다음 내원시 치료 하시기로 함
			Dr. 허준 / Staff. 새싹
			N) 우식제거 후 재평가

DSLR 카메라 촬영

1. 환자분들의 치아 및 구강관리 상태를 선명하고 확대된 사진으로 보여줌으로써 치과 치료와 구강 관리의 필요성을 보다 확실히 알 수 있게 해준다.
2. 치료 과정에서 과거와 현재의 환자 치아 상태 기록을 보존함으로써 계속적인 구강관리 및 진료에 도움이 된다.
3. 의료진 입장에서 진료 결과를 보다 선명하고 확실하게 평가할 수 있어 더 나은 진료, 발전적인 진료를 위한 기반이 된다.

1. DSLR 카메라 촬영 준비물

• 준비물: DSLR 카메라, 구내촬영용 플래쉬, 리트랙터, 구내촬영용 미러

미러의 종류

구내촬영용 플래쉬로, 김서림 방지용 풀 (full) 미러이다. 위쪽 버튼을 눌러 줘야 한 다. 평상시 충전이 필요하다.	한 악의 교합면 전체를 찍을 수 있는 풀 (full) 미러이다.

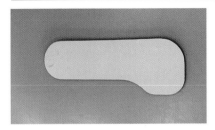

측면, 교합면 사진 촬영 시 사용한다.

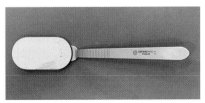

교합면의 최후방 구치나 측면 사진 촬영 시 사용한다.

리트랙터의 종류

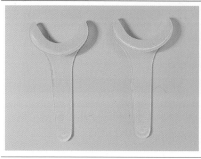	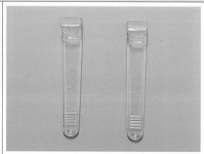
정면 사진 촬영 시 입술과 볼을 젖히는 역할을 한다.	입술을 들어올릴 때 사용한다.
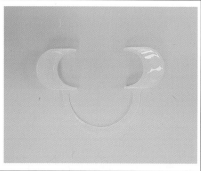	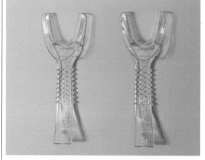
일체형으로 정면 사진 촬영 시 사용한다.	정면 사진과 측면 사진 촬영 시 입술과 볼을 젖히는 역할을 한다.

기타 촬영 기구

포토 콘트라스트

전치부 사진 촬영할 때 사용한다.

전치부 촬영 시 공간이 생기지 않고 해당 치아에 집중할 수 있는 사진을 찍을 수 있다.

2. DSLR 카메라 촬영방법

1) 환자에게 사진 촬영하는 이유를 설명하고 동의를 구한다.

   ○ "현재 입안 상태를 카메라로 찍어 보여드리겠습니다. 괜찮으실까요?
   조금 불편하실 수 있는데 제가 말씀드리는 대로 도와주시면 됩니다."

2) 입가가 건조한 상태에서 리트랙션을 하게 되면 입가가 찢어지거나 통증을
   느낄 수 있으므로 입가가 닿는 부위에 물을 분사한 뒤 위치시킨다(또는 바
   세린을 바르고 진행한다).

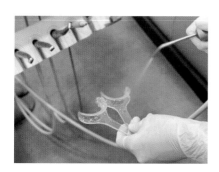

환자에게 리트랙터를 잡아달라고 부탁해보세요.
본인이 당기는 거라 불편감이 감소해요.

 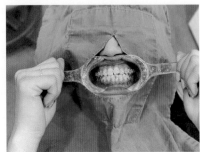

3) 석션과 에어로 입안과 치아에 있는 타액을 제거한다.

  (1) 구강 내에 미러를 넣어 찍는 경우, 김이 서리지 않게 토치로 미러를 살짝 달구거나 뜨거운 물에 잠깐 데운 후 뜨겁지 않은지 확인한 다음 촬영한다.

  (2) 도와줄 수 있는 스탭이 있을 경우, 미러에 김이 서리지 않도록 에어를 불어주는데 너무 세게 불면 환자가 놀라거나 거북함을 느낄 수 있으므로 살살 잘 불어준다. 이때 콧구멍으로 에어가 들어가지 않도록 주의한다.

  (3) 에어를 불 때 사전예고를 꼭 한다. "바람입니다~"

4) 상황에 필요한 사진을 촬영한다.

(1) 기본 정면, 상악 full, 하악 full 사진을 찍고, 맞물리는 상태(교합)의 확인이 필요한 경우에는 추가로 찍는다.

(2) 치석이 많거나 전치부 설측에 충치가 있는 경우 미러를 앞으로 당겨 그 부분만 클로즈업해서 찍는다.

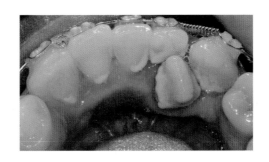

3. 기본적인 충치 검진 시 촬영 컷

충치 검진 시 정면, 상하교합면, 하악전치부 치석까지 네 컷을 준비한다.

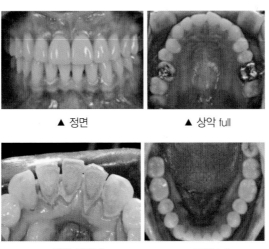

| ▲ 정면 | ▲ 상악 full |

| ▲ 하악 전치부 | ▲ 하악 full |

4. 추가 촬영 컷(필요에 의해 촬영)

스마일라인(smile line) 확인이 필요할 때, 정면에서 확인하기 어려운 부분을 명확하게 볼 필요가 있을 때, 수직적 피개교합(over bite) 촬영과 수평적 피개교합(over jet) 촬영 시와 전치부 사진 촬영 시 교합관계를 더 확인해야 할 때, 충치(caries)가 잘 안 나올 때 추가 촬영을 한다.

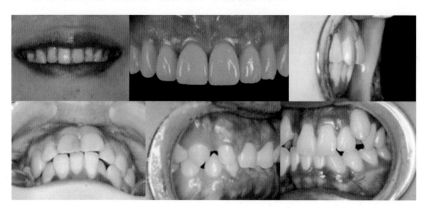

5. DSLR 촬영 팁

1) 정면 및 교합면 촬영

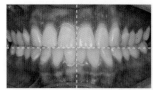 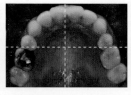 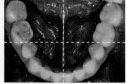

정면
* 정중선/절단연 중앙
* 견치 초점

상악 교합면
* 구개선 세로선 중앙
* #5 가로선 중앙
* 전치부 구개면과 구치부 교합면 평행
* 최후방 구치 나오게 촬영

하악 교합면
* 정중선/세로선 중앙
* #5 원심부위 가로선 중앙
* 전치부 절단연과 구치부 교합면 평행
* 최후방 구치 나오게 촬영

출처 : 우리사랑치과 김일연 원장님 제공

2) 부분 교합면, 측면 촬영

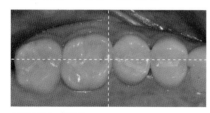
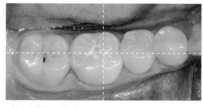

상악 부분 교합면
- #3 원심부터 #7까지 촬영
- 교합면 가로 중앙선 위치
- #3 #4 위치에 리트랙션

하악 부분 교합면
- #3 원심부터 #7까지 촬영
- 교합면 가로 중앙선 위치
- #3 #4 위치에 리트랙션

출처 : 남수원웰치과 박용호 원장님 제공

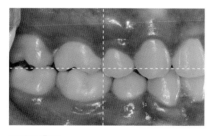
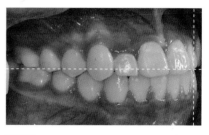

구치부 측면
- 상하 교합면이 가로 중앙
- #5 #6 사이가 세로 중앙
- #3 원심부터 최후방 구치까지 나오게 촬영

정측면
- 상하 교합면이 가로 중앙
- 반대 #2 원심 나오도록
- 견치에 초점

출처 : 남수원웰치과 박용호 원장님 제공

📝 구내촬영사진 편집방법 – (예시) 이지덴트 사용 시

1) 해당 환자 이름을 검색한다. 동명이인을 주의하여 검색한다.

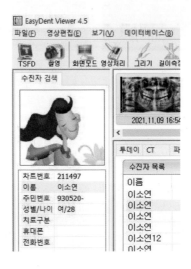

2) [촬영]을 누르고 [디지털카메라 촬영]을 누른다.

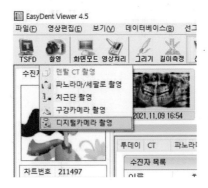

3) 작은 네모창 하나가 뜬다. 그 후에 [불러오기]를 클릭한다.

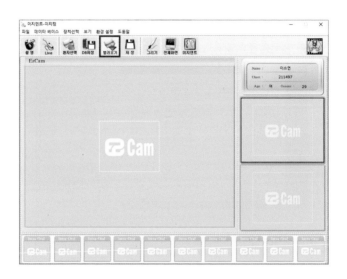

4) [EasyDent4]폴더를 클릭한다.

5) 화면이 너무 작으면 모서리로 커서를 가져가 드래그하여 창의 크기를 크게 한다.

6) Eyefi(아이파이)나 카메라 자체에 와이파이 기능이 있는 경우 자동으로 촬영한 사진이 연결된 컴퓨터로 전송이 되어 지정된 폴더에서 날짜별로 확인이 가능하다. 자동전송이 되지 않는 경우에는 메모리 카드를 직접 삽입하여 해당 사진을 찾아 클릭하고 [열기] 버튼을 누른다.

7) 오른쪽 상단의 버튼을 눌러 큰 아이콘으로 보기를 클릭하면 사진을 구분하기 쉽다.

8) 편집하고자 하는 사진을 선택한 후 이미지 편집을 누른다.

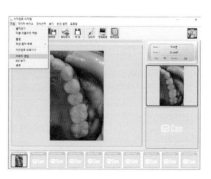

9) 종료를 누른 후에도 창에서 사진이 편집 완료된 것을 확인한 후 저장해야 편집한 사진이 이지덴트상에 저장이 된다. 바뀌지 않았다면 밑 부분의 작은 사진을 몇 번 클릭하면 된다. 환자 검색하는 화면으로 돌아가 저장이 잘 되었는지 확인한다.

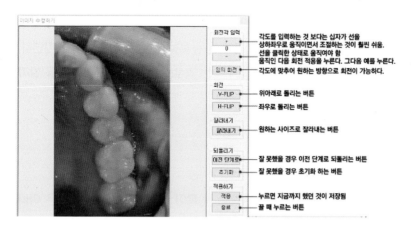

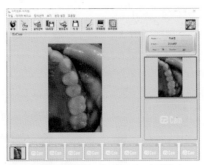

DB 저장을 눌러 이지덴트에 저장한다.
다시 이지덴트로 돌아와 확인해 본다.

✔ 편집 시 참고사항

상, 하 방향과 좌, 우 방향은 바뀌기 쉬우므로 잘 확인하여 올리도록 한다.
교정환자의 경우 치아배열 상태를 정확히 확인하기 위한 추가 촬영이 필요
하다.

▶ 술 후 주의사항 •

리트랙터에 분사한 물로 인하여 입가에 묻은 물을 닦을 수 있는 티슈를 건넨다.
입이 많이 건조한 경우 입술에서 피가 나는 경우도 있는데 이때 보습제를 발라
준다.

▶ 보험 청구 TIP •

▶ 사진 촬영은 보험 청구를 할 수 있는 항목이 아니어서 청구할 부분은 아니
지만, 정확히 기록할 수 있도록 한다. 추후 설명이 필요할 때나 컴플레인 시
자료가 될 수 있다.

사진을 메일로 보내 주실 수 있나요?

오늘 촬영한 사진 말씀하시는 건가요? 메일 주소 적어 주시면 메일로 보내 드릴게요. 죄송하지만 대기 환자분이 많으셔서 바로 보내드리기는 어려울 수 있는데 혹시 오후에 보내드려도 될까요?

본인진료 관련 자료를 환자가 요청했을 경우 의료법 제21조에 의거하여 담당 의사의 확인이나 승인 없이도 발급해야 한다. 다만 치과 상황상 바로 발급이 어려운 경우가 많으니 양해를 구하고 실장님이나 원장님께 보고드린 후 발송하도록 한다. 혹은 내규에 따라 처리하도록 한다.

차팅 예시 •

2022-05-09	6543		CC. 치아가 시려요
			Dx. 치경부마모로 인한 과민증상 호소
			포토촬영 : 여러부위에 치경부 마모있는 치아 존재
			*오늘은 시간이 안되셔서 검진만 원하심
			우선 GIF해보고 지켜보기로 설명드림
			Dr. 허준 / Staff. 새싹
			N) 증상 체크 후 GIF

치과 마취

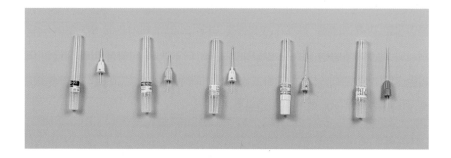

- 굵기와 길이가 각각 다른 니들팁(needle tip)이다.
- 마취 부위와 치료 목적에 따라 달리 적용한다.

1. 전달마취법의 종류

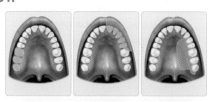

▲ 위턱의 전달마취법에 따른 마취부위

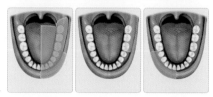

▲ 아래턱의 전달마취법에 따른 마취부위

2. 침윤마취법의 종류

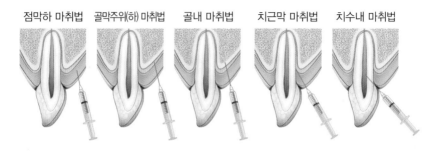

점막하 마취법　골막주위(하) 마취법　골내 마취법　치근막 마취법　치수내 마취법

3. 도포마취의 종류

주사 마취 전 자입통증경감 목적으로 주로 사용하며 코드삽입 또는 유치발치 전 도포하기도 한다.

1) 겔 타입

면봉이나 코튼펠렛을 이용하여 도포한다.

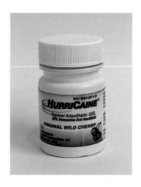

2) 스프레이 타입

마취하고자 하는 부위에 직접 분사한다.

4. 마취준비

1) 상악 마취 준비 예시

▲ 상악 마취 시 Needle
Short, 30G

2) 하악 마취 준비 예시

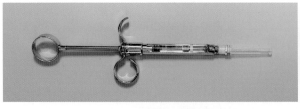

▲ 하악 마취 시 Needle
Long, 27G

☑ ICT 무통 마취 준비

마취 속도 조절 버튼

마취 시작버튼,
프레셔 봉 버튼

전원버튼

전원, 마취 속도
표시함

사용 후에는 항상 충전
기에 꽂아 둔다.

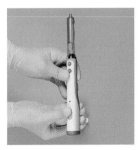

① 프레셔 봉이 올라가 있다면
조절 버튼을 눌러 메탈 봉
을 내린다.

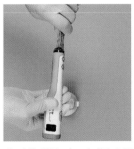

② 마취 앰플 카트리지를 오른
쪽으로 돌려 분리 한다.

③ 앰플 카트리지에 마취
앰플을 넣는다.

④ 앰플 카트리지를 다시 마
취기에 돌려 잠근 후, 마취
주사 바늘을 연결한다.

⑤ 무통 마취
주사 완성
모습

기본부터 탄탄하게 치과진료 기초 **93**

5. 마취 순서

1) 기본 기구를 준비한다.

2) 마취하기 전 표면마취제를 도포한다.

도포마취제를 바를 부위에 에어를 불면 도포마
취제가 더 잘 적용된다. 도포 후 물로 입안을 헹
궈내지 않도록 한다. 도포마취가 되는 동안 코튼
롤 등을 물고 있도록 하는 것도 좋다.

▲ 워머 (warmer)에 있는
따뜻한 앰플을 사용하면
마취 시 통증을 감소시키
는 데 도움이 된다.

> "주사마취 하시기 전에 덜 아프시라고 표면
> 마취제 발라 드릴게요. 입안에 침이 많이 고
> 이면 옆쪽에 가볍게 뱉어주세요."

3) 표면마취가 될 때까지 30초 이상 기다린다.

4) 마취 시린지를 이용하여 마취한다.

> "마취해드리겠습니다. 살짝 따끔하실 수 있어요. 괜찮으세요?"

5) 마취가 충분히 되었는지 확인한다.

(1) 상악 마취 시

> "얼얼하신가요? 입천장이 뻐근한 느낌 드세요?"

(2) 하악 마취 시

> "얼얼하신가요? (전달마취 시)혀, 볼, 입술 반쪽의 느낌이 다르신가요?"

6. 마취 진료 후 주의사항 설명

> "마취가 완전히 풀리는 데까지 3-4시간 정도 걸려요. 마취가 풀리지
> 않은 상태에서 볼이나 입술을 깨물지 않도록 조심해주세요."

> "마취 풀리기 전 식사를 하게 되면 감각이 없어서 뜨거운 음식에 의해
> 화상을 입거나 볼이나 혀를 깨물어 상처가 날 수 있어서 마취가 다 풀
> 리고 난 다음에 식사해주세요."

차팅 예시

2022-05-09	5		CC. 치아가 아팠어요
			Dx. Pulpitis
			cold(+) hot(+) mob(+)
			endo+core+ cr필요
			보통처치 Under B/A lido 1@ lido I/A 1@
			치근단촬영*1매
			발수전 일부 치수 제거, 치수강개방
			FC cotton
			Caviton filling
			*주의사항 설명드림
			마취 풀린 후 식사, 금주, 반대편으로 저작, 임시충전물 탈락가능성 등
			Dr. 허준 / Staff. 새싹
			N) 발수

마취 보험 청구 Tip

▶ 마취를 시행할 경우 마취 부위를 정확하게 기록한다.

  예 후상치조전달마취 1앰플, 침윤마취 1앰플 등

▶ 치수내 마취와 치주인대마취는 침윤마취에 속한다.

▶ 동일 부위에 전달마취와 침윤마취를 동시 시행하였을 경우에는 주된 마취인 전달 마취만 산정 가능하며 추가 시행한 침윤마취는 행위는 산정할 수 없고 앰플개수만 추가 산정할 수 있다.

  예 #46 발수 시 하치조신경전달마취 1앰플과 치수내 마취 1앰플을 사용하여 시행하였을 경우 하치조신경전달마취+앰플 2개로 산정

▶ 상악 전치부 수술을 시행할 경우 비구개 신경 전달마취 산정 가능하다.

  예 상악 정중매복과잉치 발치, 상악전치부 치근단 절제술 등

▶ 전달마취의 산정단위는 1/2악당, 침윤마취는 1/3악당이다. 하악 전체를 전달마취를 했다면 횟수가 2이고 침윤마취를 했다면 횟수는 3인 셈이다.

마취 부위나 앰플 개수에 따라 건강보험 본인부담액이 달라져요. 정확하게 기록하고 체크해야 한답니다. 프로그램 버튼 세팅이 전달마취로 되어있다고 하더라도 실제 시행한 마취가 침윤마취라면 수정하여 청구하도록 해주세요.

핸드피스와 버의 종류

1. 일반진료 핸드피스

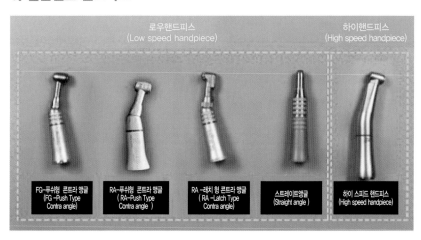

	로우 스피드 핸드피스 (Low speed handpiece)	하이 스피드 핸드피스 (High speed handpiece)
분당회전속도 (R.P.M)	20,000~30,000	300,000~450,000
사용가능 Bur	RA(CA), HP, FG	FG

2. 기타 핸드피스

교정용 엔진 핸드피스

- 스트립을 꽂거나 뺄 때 따로 누르는 버튼은 없다.
- 스트립은 단면과 양면이 있다. 술자가 원하는 스트립을 잘 구별하여 꽂도록 한다.

임플란트 엔진 전용 핸드피스

- 임플란트 엔진 전용 핸드피스로 이리게이션 튜브(핸드피스 급수용)를 연결할 수 있다.
- 수술 전 작동이 잘 되는지를 항상 확인하고 사용한다.

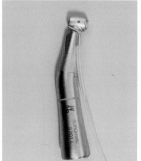
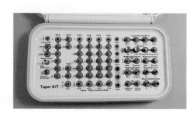

3. 콘트라앵글 – FG bur와 RA(CA) bur의 비교

1.60 mm FG bur Head

FG bur Type (Friction Grip bur)　RA bur = CA bur Type (Right Angeld bur = Contra Angled bur)

2.35 mm RA bur Head

4. 각 핸드피스와 전용 Bur의 종류

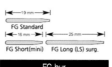

| FG – 푸쉬형 콘트라 앵글
(FG – Push Type) | FG bur
(Friction Grip bur) |

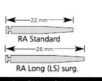

| RA – 푸쉬형 콘트라 앵글
(RA – Push Type) | RA bur = CA bur
(Right Angeld bur = Contra Angled bur) |

래치(latch) 란?

• (문의)걸쇠, (열쇠로 여닫는) 자물쇠, 걸쇠를
  걸다라는 뜻

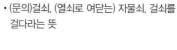

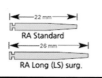

| RA – 래치형 콘트라 앵글
(RA – Latch Type Contra angle) | RA bur = CA bur
(Right Angeld bur = Contra Angled bur) |

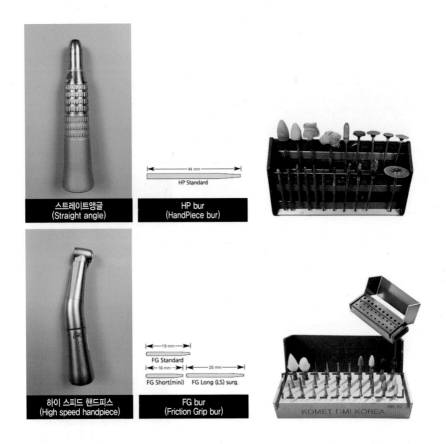

| 스트레이트앵글
(Straight angle) | HP bur
(HandPiece bur) |
| 하이 스피드 핸드피스
(High speed handpiece) | FG bur
(Friction Grip bur) |

HP Standard

FG Standard
FG Short(mini)   FG Long (LS) surg.

KOMET DMI KOREA

5. Bur의 종류

진료실에서 사용되는 버는 수많은 종류가 있다. 기본적인 버의 모양과 이름을 숙지하고, 버의 종류별로 치아에 어떻게 사용하는지 알아두면 좋다.

1) 모양에 따른 분류

Round

Football

Barrel

Flat end cylinder

Beveled end cylinder

Round end taper

Flame

Needle

Interproximal

Pear

2) 재질에 따른 분류

Carbide

Diamond

Stone

Silicone

Brush

BUR KIT										
콘트라앵글용	RA	Enhance point	Enhance cup	Round ½	Round 2	Round 4	Round 6	Green stone	White stone	Brown rubber	Green rubber
		Enhance point	Enhance cup	Round ½	Round 2	Round 4	Round 6	Green stone	White stone	Brown rubber	Green rubber
하이스피드핸드피스용	FG	TC-11F	TC-11F	Round ½	Round 2	Round 4	Round 6	TR-13	TR-13F	EX-21	EX-21EF
		330 Bur	Endo Z	SF-41	TF-S31	RS-31	SO-20	TC-21EF	TR-13EF	Green stone	White stone
		330 Bur	Endo Z	SF-41	TF-S31	RS-31	SO-20	TC-21EF	TR-13EF	Green stone	White stone

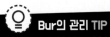

Bur의 관리 TIP

우리 병원에서 사용되는 버의 이름과 모양을 버통에 꽂혀져 있는 순서대로 정리해서 사진과 함께 준비실에 붙여 놓으면 신입 선생님들과 재료 주문자에게 도움이 된다. 뿐만 아니라 혼동되기 쉬운 파일, 수술기구 등 재료 정리의 이미지를 제작해서 부착하는 것만으로도 실수를 줄일 수 있다.

석션 잘 하는 방법

1. 석션할 때 주의사항

1) 핸드피스 이용에 방해가 되지 않게 한다.

2) 상황에 따라 석션기의 투입이 불가능할 경우 잠시 기다린 후 원장님이 버를 갈아 끼우는 등의 진료를 잠시 멈추는 순간 석션한다.

3) 메탈석션팁을 이용할 경우 석션팁 안으로 연조직이 빨려 들어가지 않도록 한다.

4) 치경(마우스미러)을 가리지 않도록 한다.

5) 원장님 시야를 가리지 않으면서 치료 부위의 시야를 확보해 준다.

6) 석션팁을 교합면 약간 상방에 위치시키면 최대의 석션효과를 얻을 수 있다.

✅ 석션팁을 가져다 대면 안되는 부분과 괜찮은 부분

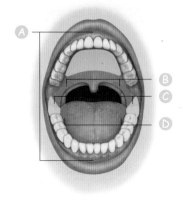

1) 안전영역

　ⓒ : 진료 중에 물이 잘 고이는 곳은 7번 치아 교합면에서 구후 결절 부분
　　 이다. 이곳에 석션팁을 가져다 대면 석션을 빨리 할 수 있고 빠른 만
　　 큼 환자도 편안함을 느낀다.

2) 위험영역

　ⓐ : 전치부의 순소대(labial frenum)에 석션팁의 경사 선단부가 들어가면
　　 아프다. 이것은 상하악이 모두 같다.

　ⓑ : 연구개에 닿으면 구토반사가 일어나기 쉽다.

　ⓓ : 이 부분을 너무 강하게 누르면 연하반사(혀나 점막에 음식물 등이 닿으
　　 면 삼키려 하는 반사작용)로 인하여 환자가 불편함을 느낄 수 있다.

상악구치부 10번대

석션팁을 상악 구치부의 구개측이나 하악 구치부 설면에 위치시킨다.

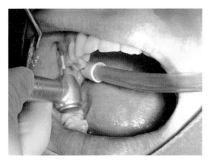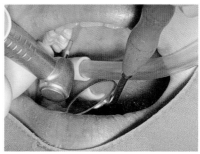

 상악구치부 20번대

석션팁을 상악 구치부의 구개측이나 하악 구치부 설면에 위치시킨다.

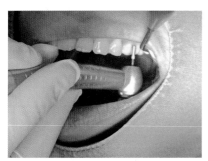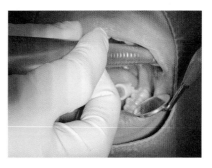

상악 전치부

필요시 메탈 석션팁을 상악 전치부 순측에 위치시킨다.

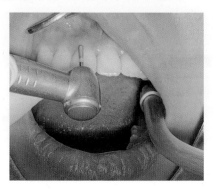

 하악 전치부

필요시 메탈 석션팁을 하악 순측에 위치시킨다. 하악 전치부 순면 치료 시에는 석션팁을 하악 전치부에 위치시켜 혀를 보호한다.

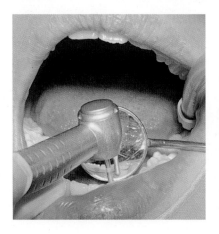 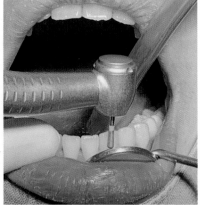

석션 잘 하는 방법

📝 하악 구치부 30번대

석션팁을 상악 구치부의 구개측이나 하악 구치부 설면에 위치시킨다.

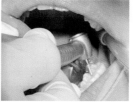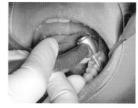

📝 하악 구치부 40번대

석션팁을 상악 구치부의 구개측이나 하악 구치부 설면에 위치시킨다.

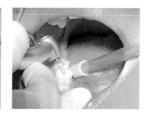

불소겔도포

- **시술 간단 설명(정의)**

  치아우식 예방 혹은 시린 증상 완화 목적으로, 겔 성분 불소를 트레이를 통해 구강 내에 적용시키는 예방 치료

- **시술명 – 한국어 표기(영어 표기)[약어]**

  산성불화인산염도포법(acidulated phosphate fluoride)[불소겔도포]

- **순서**

  술 전 설명 → 치면 세마 → 격리 및 방습 → 불소 도포 → 마무리

- **진료 기구 및 재료 준비**

  기본 기구, 글리세린이 없는 퍼미스, 러버컵, 로우 핸드피스(콘트라앵글), 일회용 트레이, 불소겔, 탈지면, 코튼롤

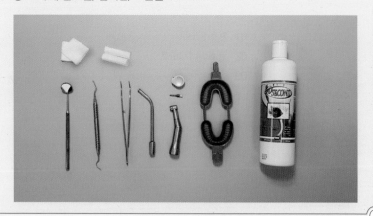

술 전 설명 •••••••••••••••••••••••••••••••••••••

환자가 어릴 경우 보호자에게 다음과 같이 설명한다.

➡️ "오늘 불소도포 진행할 거예요. 치아가 튼튼해지는 약을 바르는 거예요. 이것만으로 충치가 100% 예방되는 건 아니니까 칫솔질은 그래도 열심히 해야 해요. 치아 먼저 깨끗하게 닦은 다음 치아에 불소 약을 도포할 건데 시간은 15분 정도면 끝날 거예요. 아픈 건 아니니까 통증 부분은 걱정하지 않으셔도 돼요. 혹시 불편하시면 왼손 들어서 표시해 주세요."

치료 과정 •••••••••••••••••••••••••••••••••••••

① 글리세린이 없는 퍼미스를 이용하여 치면 세마를 시행한다.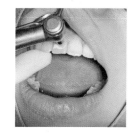

② 적절한 크기의 일회용 트레이를 정한다.

③ 트레이에 탈지면을 넣는다.

④ 트레이에 불소겔을 짜되 입안에 트레이를 넣어 치아에 적합시켰을 때 넘쳐흐르지 않을 정도로 알맞게 짜준다.

⑤ 코튼롤로 격리 및 방습 후 입안에 적합시킨다.

⑥ 1분 후 트레이를 제거하고 입안의 잔여 불소겔은 뱉을 수 있도록 한다.

체크 포인트 •••••••••••••••••••••••••••••••••••••

✅ 도포시간은 1분 내외이다.

✅ 도포 후 30분 동안 음식물 섭취를 하지 않도록 설명한다.

✅ 시린 증상 완화 목적으로 시행할 경우 부분적으로 적용하기도 한다.

술 후 설명 ▶

- ⊙ "오늘 다 끝나셨어요. 불소가 치아에 잘 스며들게 하기 위해서 앞으로 30분 동안 물이나 과자 드시는 걸 피해주세요. 불소 도포는 3개월마다 하는 것을 추천 드려요. 건강한 치아를 유지하기 위해서 집에서 칫솔질을 꼼꼼히 해주시고, 앞으로 3개월 후에 검진 겸 불소 도포 예약 해드릴 테니까 그때 오시면 돼요. 혹시라도 그전에 불편하시면 전화 주시고 오세요-"

보험 청구 팁 ▶

- ▶ 불소이온도포는 시린 증상 완화 목적으로 시행할 경우 지각과민처치(가)로 산정 가능하나 일반적으로 충치 예방 목적으로 시행한 불소겔과 불소바니시 도포는 보험 적용이 불가하다.
- ▶ 불소이온도포나 바니시를 우식증 예방 목적으로 급여 적용하는 경우는 다음과 같은 특수한 경우에 한한다.

고시 제2022-82호(2022.4.1. 시행)

불소를 이용한 치아우식증예방처치(불소바니시도포, 불소용액도포, 이온영동법 등)는 「국민건강보험요양급여의 기준에 관한 규칙」[별표2] 비급여대상 제3호 라목에 따른 비급여대상이나 다음과 같은 경우에는 요양급여함.

- 다 음 -

가. 급여대상

1) 두경부 방사선 치료를 받은 환자

2) 쉐그렌 증후군 환자

3) 구강건조증 환자(비자극시 분비되는 전타액 분비량이 분당 0.1 ㎖ 이하를 의미함)

4) 장애인으로 등록되어 있는 뇌병변장애인, 지적장애인, 정신장애인, 자폐성장애인

나. 수가 산정방법

차4가 지각과민처치 [1치당]–약물도포, 이온도입법의 경우의 소정점수를 산정하며, 약제료는 차4 지각과민처치 [1치당] '주'에 의거 별도 산정하지 아니함.

〈건강보험심사평가원 홈페이지 참고〉

FAQ

불소 도포 후에 30분 동안 침은 뱉어야 하나요?

삼켜도 농도가 약해서 크게 상관없는데, 혹시 찝찝하시면 뱉으셔도 돼요.

차팅 예시

2022-05-09	6 —— 6	CC. 불소도포하려고요
	6 —— 6	Dx. 현재 전반적으로 치료 요하는 우식이 없는 상태
		Tx plan. 불소겔 도포 – 비급여 비용 설명드림/보호자 동의하심
		전악 불소 겔 도포.
		주의사항 설명
		Dr. 허준 / Staff. 새싹
		N) 검진(or 불편하면 오시기로)

불소바니시도포

- **시술 간단 설명(정의)**

  충치 예방 목적이나 시린 증상 완화 목적으로 바니시 형태의 불소를 도포하
  는 예방 치료

- **시술명 – 한국어 표기(영어 표기)[약어]**

  불소바니시도포(fluoride varnish)[불소바니시]

- **순서**

  술 전 설명 → 치면 세마 → 격리 및 방습 → 불소 도포 → 마무리

- **진료 기구 및 재료 준비**

  기본 기구, 리트랙터, 불소바니시, 코튼롤, 글리세린이 없는 퍼미스, 러버컵,
  로우 핸드피스(콘트라앵글)

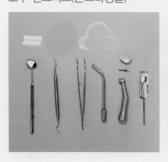
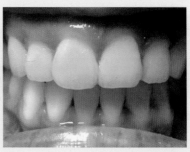

···

환자가 어릴 경우 보호자에게 다음과 같이 설명한다.

> ❂ "오늘 불소바니시라는 약을 치아에 발라 드릴 거예요. 입술을 움직이
> 시면 골고루 바르기가 어려워서 입술이나 혀가 닿지 않도록 기구 좀
> 끼우고 진행해 드릴게요. (리트랙터 끼운 후) 괜찮으신가요? 많이 불
> 편하시면 왼손 들어서 표시해주세요. 이제 치아에 바를 거예요. 시간
> 은 2-3분 정도면 끝날 거예요."

···

① 글리세린이 없는 퍼미스로 치면 세마를 시행한다.

② 리트랙터를 끼운다.

③ 필요한 경우 코튼롤로 격리, 방습한다.

④ 불소바니시를 골고루 도포한다.

⑤ 주의사항을 설명한다.

···

✅ 도포시간은 2분 내외이다.

✅ 도포 후 4–6시간 정도 차가운 물을 제외한 음식물 섭취를 제한한다.

✅ 약제에 따라 다르지만 끈적이는 정도가 심한 약제는 끈적이는 성분때문에
4–6시간이 지나 칫솔로 이를 닦았을 때 칫솔모에 약제가 달라붙어 칫솔이
다시 못쓰게 될 수 있다. 칫솔에 끈적한 약제가 묻어 사용하지 못하게 될 수
있기 때문에 첫 양치 시 일회용 칫솔을 사용하길 권장한다.

술 후 설명

◯ "네. 오늘 치료 다 끝나셨어요. 치아에 끈적끈적한 느낌이 드실 수 있는데 끈적하기 때문에 치아에 불소가 더 잘 침착될 거예요. 앞으로 최소 4시간 동안은 음식물 섭취 피해주시고 목마르시면 깨끗하고 시원한 물은 괜찮아요. 끈적한 꿀 같은 느낌이라 따뜻한 물 드시면 불소가 녹아 버릴 수 있으니 주의해주세요. 이거는 일회용 칫솔인데요. 첫 양치할 때 끈적한 성분 때문에 칫솔 못 쓰게 될 수 있어요. 첫 양치는 이걸로 닦으시고 버리시면 돼요. 불소는 3개월마다 도포하시는 걸 추천드려요. 3개월 후에 검진 겸 불소 예약 도와드릴게요. 그전이라도 불편하시면 전화 주시고 오시면 돼요-"

불소바니시는 종류에 따라 색이 진하면서 끈적이는 느낌이 많이 드는 것이 있고 그렇지 않은 것도 있다. 사용하는 불소바니시에 따라 설명을 달리한다.

끈적이는 불소바니시일 경우 불소바니시 후 첫 양치 시 칫솔을 계속 사용하지 못할 정도로 칫솔모에 불소가 달라붙을 수 있다. 이러한 불소바니시일 경우 일회용 칫솔을 주의사항과 함께 전달하여 첫 양치 시 사용할 수 있게 안내한다.

보험 청구 팁

▶ 불소이온도포는 지각과민처치(가)로 산정 가능하나 일반적인 우식 예방 목적의 불소겔과 불소바니시는 보험적용이 불가하다.

* 불소겔도포 보험 청구 팁 참고

FAQ ●

 30분 동안 침 뱉어야 하나요?

 삼켜도 농도가 약해서 크게 상관없는데 혹시 찝찝하시면 뱉으셔도 돼요.

선배가 알려주는 Tip ●

 불소바니시는 도포하고 얼마나 있다가 식사 가능하다고 설명해야 하나요?

 재료마다 주의사항이 조금 차이 날 수 있지만, 불소가 충분히 흡수될 수 있도록 바니시 도포 후 최소 4시간 이후에 불소를 칫솔로 닦아내고 식사 하실 수 있도록 설명드려 주세요. 대신 너무 뜨거운 음식은 피하는 게 좋아요.

24시간 동안 치아 부식을 일으킬 수 있는 탄산음료나 신 음식 등은 피해야 하고, 커피나 알코올이 함유된 음료도 피해야 하니 빠뜨리지 않고 잘 설명드려 주세요.

이런 주의사항이 있기 때문에 다음 예약이 불소바니시 도포인 환자분들에게는 시술 전 식사하시고 오시라 안내해 주시면 좋겠죠?

그 밖에 불소바니시 도포 후 주의사항도 참고해주세요!

바니시 도포 후 치아가 일시적으로 노랗게 보일 수 있어요. 시간이 지나면 점점 옅어지면서 자연스럽게 사라진다고 설명해주세요. 바니시 도포 후 6시간 이후부터는 칫솔질이 가능하고, 칫솔질할 때 점성이 높은 바니시가 칫솔에 묻어나올 수 있기 때문에 치과에서 사용하고 있는 일회용 칫솔을 선물로 드리는 것도 좋은 방법이에요.

요즘에는 노란 빛깔이 덜 한 바니시도 있으니 활용하셔도 좋아요.
불소바니시 도포 직후 물리적인 자극을 주지 않아야 해요. 예를 들면, 혀
나 손가락으로 치아를 건드리지 마시고 치아에 불소 성분이 충분히 흡수
될 수 있도록 기다려 주는 것이 좋아요.

차팅 예시

2022-05-12	6 ——————— 6	CC. 불소도포하려고요
	6 ——————— 6	Dx. 현재 전반적으로 치료 요하는 우식이 없는 상태
		Tx plan. 불소바니시도포 – 비급여 비용 설명드림/보호자 동의하심
		전악 불소 바니시 도포.
		주의사항 설명
		Dr. 허준 / Staff. 새싹
		N) 검진(or 불편하면 오시기로)

실란트

- 시술 간단 설명(정의)

  치아우식증 예방을 위해 치아의 교합면에 존재하는 홈을 메우는 예방적 치과 술식

- 시술명 – 한국어 표기(영어 표기)[약어]

  치면열구전색 ; 실란트(sealant)

- 순서

  치면세마 → 에칭 → 수세 → 건조 → 격리 및 방습 → (본딩) → 건조 → 큐어링 → 소와와 열구에 실란트 도포 → 큐어링 → 도포 부위 확인 및 교합 확인

- 진료 기구 및 재료 준비

  기본 기구, (필요시 러버댐 세트), 러버컵 또는 로빈슨 브러쉬, 글리세린 없는 퍼미스, 로우 핸드피스(콘트라앵글), 하이 핸드피스, 에찬트, 실란트, 광중합기, 프로텍터, 코튼롤, 교합지, 교합지 홀더

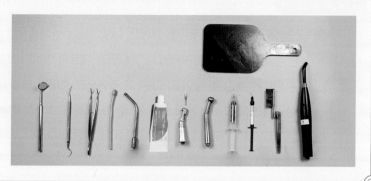

술 전 설명 ▶

➲ "오늘 치아 홈 메우는 치료 진행할 거예요. 치아 먼저 깨끗하게 닦고 충치가 잘 생기는 홈을 메울 건데, 아프진 않아요. 우선 한 개 해보고 괜찮으시면 더 진행해드릴게요. 불편하시면 왼손 들어주세요-"

치료 과정 ▶

① 해당 치아 교합면을 글리세린 없는 퍼미스를 이용하여 치면 세마한다.
② 코튼롤을 이용하여 격리시킨 후 소와와 열구 부위에 에찬트를 도포한다.
③ 15-60초 정도 후 깨끗하게 수세한다. 이때 너무 세게 뿌려 얼굴에 튀지 않도록 주의한다.
④ 젖은 코튼롤을 건조한 코튼롤로 교체하고 열구와 소와에 에어를 분다.
⑤ 실란트를 깊은 부위부터 기포 없이 도포한다.
⑥ 잉여 재료를 마이크로브러쉬나 코튼펠렛으로 닦아낸다.
⑦ 충분히 큐어링한다.
⑧ 경화가 잘 되었는지 확인 후 교합을 확인한다.

술 후 설명 ▶

➲ "오늘 이 치아에 홈 메우기를 했어요. 내일까지는 반대쪽으로 식사하시는 게 좋아요. 실란트 자체가 아주 단단한 재료가 아니다 보니 쓰다 보면 일부가 깨질 수 있어요. 그땐 그 주변으로 충치가 생길 수 있어서 정기검진 때 오셔서 체크 받는 게 좋아요. 18세 이하 첫 번째 두 번째 큰 어금니는 건강보험 적용되니까 비용 부담 갖지 말고 자주 오셔서 체크 받으세요-"

보험 청구 팁

▶ 교합면에 우식이 없는 18세 이하 소아의 제1, 2대구치에 적용 가능하다.

▶ 탈락이나 파절 등으로 2년 이내 재시행한 경우에는 진찰료만 산정 가능하다 (같은 치아, 같은 병원일 경우).

▶ 러버댐을 사용하더라도 별도 산정 할 수 없고 상병은 [Z29.8 기타 명시된 예방적 조치]로 적용한다.

FAQ

실란트를 해도 치아가 썩을 수 있나요?

잘 썩는 부위를 예방차원에서 막아 드린 거지 아예 안 썩는다고 볼 수는 없어요. 홈 부분 말고 다른 부분도 썩을 수 있거든요. 양치 잘 하시면서 실란트 잘 유지하시면 충치가 덜 생기긴 하더라구요. 그리고 사용하시다 보면 실란트 일부가 깨질 수 있어요. 그냥 방치하시면 깨진 부분으로 충치가 생길 수 있으니까 잘 유지되고 있는지 정기적으로 검진을 받으시는 게 좋아요. 실란트는 했지만 양치도 잘 해주시고 검진 때 꼭 오세요.

선배가 알려주는 Tip

실란트 하기 전 폴리싱을 할 때 글리세린이 없는 퍼미스로 하는 이유는 뭐예요?

글리세린 성분이 있는 퍼미스는 에찬트를 통해 치아표면을 탈회시킬 때 이를 방해하기 때문에 탈회를 효과적으로 해야 하는 진료를 할 때에는 꼭 글리세린 없는 퍼미스를 준비해 주세요.

차팅 예시

2022-05-09			CC. 홈메우기 하러 왔어요.
	6	6	Dx. # 46, 36 교합면 우식 없는 상태, 실란트 가능
			Tx plan. #46, 36 실란트
			치면열구전색 (보험적용, 비용설명 – 보호자 동의하심)
			주의사항 설명
			Dr. 허준 / Staff. 새싹
			N) 검진(or 불편하면 오시기로)

자 연 치 아
생 명 연 장 하 는
치 주 치 료

스케일링

- 시술 간단 설명(정의)

  치아의 표면에 붙어있는 치태, 치석, 착색 등을 제거하는 치료, 일반적으로 칫솔
  질 방법을 함께 설명한다.

- 시술명　한국어 표기(영어표기)[약어]

  스케일링(scaling)[SC]

- 순서

  엑스레이 띄우기 → 스케일링 → 폴리싱 → 치실질 → TBI 교육 → 주의사항 설명

- 진료 기구 및 재료 준비

  기본 기구, 초음파스케일러, 러버컵, 로우 핸드피스(콘트라앵글), 퍼미스, TBI
  KIT, (필요시 가글 마취)

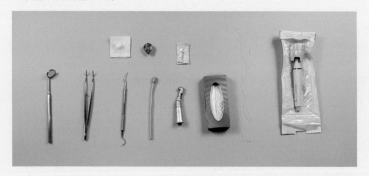

• 스케일링 전 마지막 스케일링을 받은 적이 언제인지 물어본다.

• 주기적으로 받는 경우 설명은 간단히 시행한다.

• 처음 받는 경우 스케일링 받을 때의 느낌, 스케일링 후의 느낌 등에 대해 가능한 한 자세하게 설명한다.

> ◉ "치석은 음식물, 세균 등이 굳어서 돌처럼 딱딱하게 된 거예요. 이게 바로 잇몸병의 원인이 돼요. 칫솔질로는 제거되지 않기 때문에 치과에서의 전문적인 제거가 꼭 필요해요."

> ◉ "스케일링이란 초음파를 이용하여 치아에 붙어있는 치석을 제거하는 거라, 울리는 느낌이 들어서 그렇지 치아가 손상되지 않아요. 안경을 초음파 기계로 클리닝하는 것과 비슷한 원리예요. 치석이 많이 있거나 잇몸이 부어있는 경우에는 치료 중 시리거나 피가 날 수 있어요. 조금 불편한 느낌이 드실 수 있긴 한데 혹시라도 심하게 아프시거나 염증이 심할 경우에는 별도의 마취가 필요할 수 있어요."

• 치석이 많거나 착색이 많이 된 경우, 시간이 오래 걸리거나 힘들면 두 번에 걸쳐 진행할 수 있음을 고지한다.

> ◉ "스케일링을 받는 동안 갑자기 팔을 올리거나 머리를 움직이면 위험할 수 있으니까 많이 시리시거나 불편하시면 왼손을 들어서 표시해주세요."

> ◉ "초음파 진동으로 인해 치석을 떼어내는 원리라서 초음파 진동으로

인해 발생하는 약간의 열을 식히려고 물이 나와요."

🔵 "입안에 물이 고일 수 있으니까 코로 숨 쉬시고요, 편하게 계시면 기계가 옆에서 계속 빼 드릴 거예요."

🔵 "치아가 울리는 느낌이 드실 텐데 치석만 떨어지는 거고 치아가 갈리거나 상하는 건 아니니까 걱정하지 않으셔도 돼요."

🔵 "스케일링 도중 피가 날 수 있어요. 눈에 염증이 생기면 충혈되는 것처럼 잇몸도 염증이 생기면 혈관이 확장돼서 약한 자극에도 피가 나는 건데요. 금방 멎을 거고 이따가 스케일링 끝난 후 소독 한번 해드릴게요."

연 1회 스케일링일 때

🔵 "지금 조회해 보니까 1년에 한 번 보험 적용되는 스케일링 가능하신 걸로 확인되셨어요. 비용은 2만 원 안팎으로 예상하시면 되고, 시간은 20-30분 정도면 끝날 텐데 오늘 시간 괜찮으시면 진행해드릴까요?"

치주치료일 때

다음 치료 계획이 치주치료이므로 치석이 깊은 곳은 연상치석 위주로 제거한다. 치주치료는 대부분 마취를 하기 때문에 연하치석을 제거할 때 환자가 느끼는 스케일링의 트라우마를 줄일 수 있다.

연 1회 보험 스케일링보다 치주치료를 위한 전악 치석 제거 시 비용이 더 나온다.

설명할 때 준비하면 좋은 부분
치주질환 진행단계에 대한 사진 혹은 그림, 모형 등을 이용하면 치주질환에 대해 효과적으로 설명하는 데 큰 도움이 돼요.

단계별 증상과 치료법

1단계	2단계	3단계	4단계
건강한 잇몸 (치주낭 깊이 3 mm 이하)	**치은염** (치주낭 깊이 3–5 mm 이하)	**초기 치주염** (치주낭 깊이 5–7 mm 이하)	**중기 치주염** (치주낭 깊이 7 mm 이상)
스케일링 치료	치근활택술 치료	치주소파술 치료	치주수술
정기적인 스케일링으로 플라그나 치석을 제거하며 올바른 칫솔질과 치실을 사용해 청결한 구강상태를 유지한다.	잇몸 하방에 부착된 치석과 플라그를 스케일링 및 치근활택술로 깨끗하게 제거한다.	잇몸 하방에 다량의 치석 및 염증을 치주소파술로 깨끗하게 제거하고 잇몸뼈 손실을 방지한다.	잇몸뼈 손실이 심하여 뿌리 부분 반 이상이 녹은 상태로 치아가 많이 흔들리게 된다. 따라서 치주수술을 통해 치료한다.

▶ 치료 과정 ● ···

① 가글 마취액으로 1분 동안 가글하게 한다.

② 간단히 환자교육을 한다.

③ 구강카메라 또는 DSLR 카메라로 치료 전 사진을 찍는다.

④ 가장 약한 강도로 스케일링을 시작한다. 치석의 상태에 따라 강도를 조절하며
   스케일링을 진행한다.

⑤ 폴리싱을 한다.

⑥ 치아 사이사이를 치실질로 깨끗하게 닦아준다.

⑦ 구강카메라로 치료 후 사진을 찍는다.

⑧ 좌우 2분할 사진을 띄워 보여드리며 전후 변화를 설명한다.

⑨ TBI를 한다. 칫솔과 거울을 이용하여 입안을 보면서 교육한다.

   * PART 04 잇솔질 교육을 참고한다.

⑩ 스케일링 후 주의사항을 설명한다.

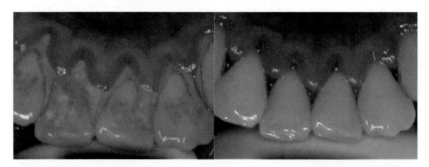

▲ 스케일링 전   ▲ 스케일링 후

출처: 서울 인성 치과 박인성 원장님 제공

◤ 술 후 설명 ◢ ....

◎ "스케일링 후 1-2주 정도는 뜨겁거나 차가운 음식에 민감해질 수 있어요. 치아 주변에 붙어 있던 치석이 떨어지고 부어있던 잇몸이 가라앉으면 원래의 치아 표면이 노출되면서 찬 음식이나 뜨거운 음식 드실 때 불편감을 느끼실 수 있는데요, 보통 3-4일 지나면 괜찮아집니다. 괜찮아질 때까지 너무 뜨겁고 차가운 음식물은 되도록 피하시고요. 칫솔질 열심히 하셔야 금방 가라앉으니까 살살 꼼꼼하게 닦아주세요."

◎ "잇몸 염증이 있으신 경우 하루 이틀 정도 칫솔질하실 때 피가 날 수 있습니다. 금방 괜찮아지실 텐데 하루 이틀이 지난 후에도 피가 나는 것 같으시면 치과로 전화주시고 오시면 체크해드릴게요."

◎ "스케일링 후 이 사이가 구멍이 생긴 것처럼 보이는 건 원래는 잇몸 자리인데요. 치석 때문에 잇몸이 내려가서 생긴 거예요. 그동안은 치석으로 메워져 있어서 공간이 없던 것처럼 느껴지셨을 텐데 치석을 깨끗하게 제거하면서 드러난 거예요. 당장은 보기 안 좋으실 수 있지만, 장기적으로 보면 잇몸건강을 위해서 치석제거는 정말 필요하고 중요한 치료예요."

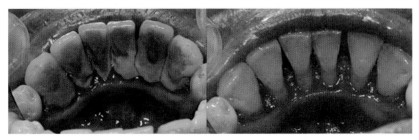

▲ 치석이 치아 사이에 끼어 있는 모습　　▲ 치석제거 후 공간이 드러난 모습

출처: 우리사랑치과 김일연 원장님 제공

◎ "잇몸 상태에 따라서 스케일링만으로 치료가 끝나는 경우도 있고, 잇몸이 안 좋으신 경우에는 스케일링 받으신 다음에 잇몸치료를 받으셔야 하는 경우도 있어요. 어떻게 진행될지는 원장님께서 진단 후에 말씀해주실 거예요."

◎ "건강한 잇몸을 유지하기 위해서는 6개월이나 1년에 한 번은 꼭 검진받으시고 평소에 칫솔질 잘하시는 게 중요해요. 양치 잘하실 수 있는 방법 알려 드릴게요."

FAQ

 스케일링 하고 났더니 이가 시려졌어요. 치아가 깎인 건가요?

 저희가 치석을 제거할 때 사용한 이 초음파 스케일러는 보시다시피 손톱도 갈지 못해요(직접 보여주는 것이 효과적이다). 물이 나오면서 진동이 있어 그렇게 느껴지실 수는 있어요. 이전에 치아 상태 기억나세요? 치석이 많았는데 그 치석을 다 제거해드렸잖아요. 쉽게 말씀드리면 입고 있던 더러운 옷을 벗은 상태라고 생각하시면 돼요. 옷이 없는데 추워지거나 바람이 불면 시리겠죠? 덮고 있던 것을 제거하고 나니까 시린 증상이 있으신 거고 치석이 많고 잇몸이 안 좋으실수록 시리다고들 하시더라고요. 당분간은 찬물 피해주시고 치약도 시린이 전용 치약으로 바꿔서 사용해보세요. 대부분 시간이 좀 지나면 이 환경에 적응하는데요. 그때까지는 찬물이나 찬 음식으로 자극 주지 말고 기다려 주셔야 해요. 그러면 좋아지실 거예요.

스케일링할 때 석션팁이 자꾸 빠져요. 어떻게 석션팁을 고정하나요?

석션팁을 아래의 사진처럼 갈고리 모양으로 접어주세요(사진 참고).

접어 놓은 석션팁을 환자의 입안에 넣었을 때 너무 연구개 쪽에 있으면 기구가 너무 깊게 들어와 있어 환자가 불편감을 느끼실 수 있습니다. 연구개보다는 37번이나 47번 치아 쪽과 가깝게 위치시켜 주세요.

한 번에 위치를 맞추기는 힘드니까 환자의 입안에 넣어보면서 위치를 조정하고, 환자가 불편감을 느끼는지 확인한 후에 괜찮다고 하시면 그대로 넣은 후 스케일링을 시작해주세요.

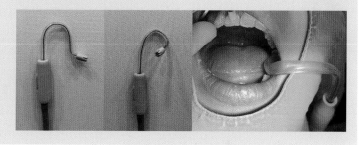

환자가 스케일링을 적당히 해달라고 할 때 어떻게 설명하면 좋을까요?

"혹시 지난번 스케일링 받으셨을 때 불편하셨던 부분이 있으신가요?"라고 질문을 드려 적당히 해달라고 하신 의도를 파악하는 것이 중요해요.

예를 들어, 시린 느낌 때문에 많이 불편하셨던 거라면 치경부가 노출되어 있는 부분이나 치석이 많은 부분은 수기구를 이용하는 것도 좋아요.

요즘에는 스케일링 시 따뜻한 물이 나오게 하는 기계도 있으니, 혹시 치과에 구비되어 있다면 활용해 보세요.

스케일링 시 통증에 너무 민감하시거나, 겁이 많으신 분들은 처음부터 치주낭 안까지 깊게 하지 않는 것이 좋아요. 스케일링을 시작하기 전 치석을 왜 제거해야 하는지에 대해서 충분히 설명해 주시고, 시작할 때에는 가장 낮은 세기로 시작해서 세기를 높여야 하는 단단한 치석을 제거할 때만 잠깐 세기를 높여서 진행하는 것이 좋아요. 세기를 높이기 전 "단단한 치석을 떼야 해서 잠시만 세기를 높일 거예요. 혹시라도 불편하시면 억지로 참지 마시고 왼손을 들어 주세요."라고 안내해 드린 후 진행해 주세요.

 스케일링할 때 전치부 물 안 흐르게 잘 하는 방법 없나요?

 전치부쪽 스케일링을 할 때 입술을 젖힌 후 코튼롤을 넣어주시면 리트랙션 효과도 있고, 물이 조금씩 튈 수는 있지만 물이 입술이나 턱을 타고 흐르는 건 많이 막아줄 수 있어요.

 스케일링할 때 미러로 입술을 젖히면 아프다고 하시는데 어떻게 해야 할까요?

 미러가 둥그런 모양이기 때문에 뾰족한 기구들보다는 덜 조심하게 되는 경향이 있어요. 하지만 대부분의 미러들이 딱딱한 소재이기 때문에, 잇몸뼈 부분을 누르면 심한 통증을 느낄 수 있어요. 미러로 입술이나 볼을 젖힐 때는 숟가락으로 푸딩을 뜬다고 생각하고 손에 힘을 빼고 퍼 올리듯이 리트랙션을 해주어야 잇몸뼈 부분을 누르지 않을 수 있어요.

또, 너무 말라있는 점막에 마른 미러로 리트랙션을 하게 되면, 점막과 미러가 붙어서 환자가 불편감을 느낄 수 있기 때문에 구강 안에 미러를 넣을 때는 미러를 물로 가볍게 적신 후 사용해 주는 것이 좋아요.

또 한 가지 많이 실수하는 부분이 미러를 사용할 때 미러로 치아를 치는 경우가 많아요. 스케일링을 하다 보면 있을 수 있는 일이라고 가볍게 생각할 수 있지만 실제로 환자 입장에서 경험해보면 상당히 불쾌한 느낌이 들어요. 이런 부분까지 섬세하게 신경써 주시면 진료받을 때 편안함을 주는 스탭이 될 수 있을거라 생각해요.

연 1회 치석제거 일 때

2022-05-12	7 —— 7	CC. 양치할때 피가 나요.
	7 —— 7	Dx. 전반적인 치은염 상태, 치석제거 필요
		Tx plan. 전악 치석제거 + TBI
		Tx. 전악치석제거 시행 (연1회 보험적용) +TBI시행
		전반적 swelling bleeding Redness 만성치은염
		Dr. 허준 / Staff. 새싹
		N) 검진(or 불편하면 오시기로)

치주치료 위한 치석제거 일 때

2022-05-04	7 —— 7	CC. 잇몸이 부었어요
	7 —— 7	Dx. 전반적인 치주염 상태, 치석제거 및 잇몸치료 필요
		Panorama taking-전반적 수평적 골소실
		Tx plan. 치주치료위한 전악 치석제거 +상하악 구치부 치주소파
		Tx. 치주치료위한 전악 치석제거 +TBI시행
		전반적 swelling bleeding Redness, 상하악 구치부 치은연하치석
		만성치주염 Dr. 허준 / Staff. 새싹
		N) 불편한 부위부터 치주소파술

치석제거 전후 사진 •••

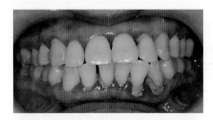 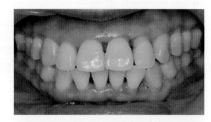

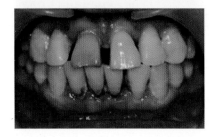 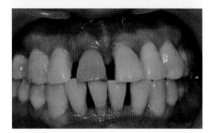

출처: 우리사랑치과 김일연 원장님 제공

스케일링 잘 하는 꿀팁

① 스케일링 전 자기소개를 하고 3분가량의 간단한 교육을 진행한다.

지방에 갈 일이 있어 고속버스를 탄 적이 있는데 기사님이 출발 전 자기소개를 하는 모습이 굉장히 인상적이었다. 5,000원도 안 되는 운임 요금에, 1시간 정도 가는 거리임에도 더 신뢰가 가고 마음이 조금 더 편안해졌던 기억이 있다.

가족여행으로 베트남을 간 적이 있는데 호텔에서 마사지해 주시는 분이 마사지 전 자기소개했던 것도 기억에 남는다.

→ 우리 또한 구강위생관리 전문가로서 신뢰도 향상과 전문가적인 이미지를 위하여 자기소개 후 진행할 것을 추천한다.

※ 스케일링 전 교육자료는 네이버 홍지혜 블로그(blog.naver.com/wlgp3423) 에서 다운받을 수 있다.

② 지난 스케일링에 대한 정보를 수집한다.

"오늘 스케일링을 도와드릴 치과위생사 OOO입니다. 이전에 스케일링 받아 보신 적 있으세요? 그때 어떠셨어요? 물이 계속 나와서 힘드셨어요? 그럼 오늘은 가능한 덜 힘드시게 스케일링 진행해 볼게요."
이전에 스케일링 했던 부분에 대해 물어보면서 환자가 어떤 부분에 예민했고 불편했는지 파악한 후 그 부분을 유의하며 진행하면 환자가 더 편안한 스케일링을 받을 수 있다.

③ 최대한 힘을 빼야 한다.

긴장이 될수록 손에 힘이 들어가게 되고, 그 힘은 스케일러를 통해 환자의 치아에 고스란히 전달된다. 또한 치아에 있는 치석을 탐지하며 제거해야 하는데 손에 힘이 들어가면 탐지가 어렵다. 많은 연습을 통해(친구, 가족 등) 힘을 빼는 연습을 하도록 한다.

④ 비교적 덜 예민한 구치부부터 시작한다.

⑤ 구치부부터 적용한 다음 불편한 느낌이 드는지 확인한다.

"지금 많이 시리거나 불편하진 않으세요? 이런 식으로 진행할 거예요. 가능한 한 살살 진행하긴 할 텐데 혹시라도 하다가 시리시거나 불편하시면 참지 마시고 왼손 들어주세요―"

⑥ 제일 약한 세기에서 치석의 상태에 따라 강한 세기로 조절한다.

처음부터 세기를 세게하거나, 혹은 세기를 확인 안 하고 이전에 세팅된 세기로 할 경우에 세기가 세서 환자도, 술자도 놀랄 수 있다. 환자는 이미 긴장되어 경직된 상태인데 찰나로 환자의 신뢰를 잃을 수 있다. Heavy급 치석일 경우 큰 치석을 1차로 떨어뜨릴 경우에만 세기를 강하게 하고 그 이후의 작은 치석은 가능한 한 세기를 살살하여 진행해야 한다. 스케일링이 아팠던 기억이 남으면 그 환자는 평생 스케일링을 아픈 것으로 기억하고 '앞으로는 안 한다'고 할 수 있다. 전문가로서 책임감을 가지고 가능한 한 편안한 스케일링을 위해 노력해야 한다.

⑦ 물을 자꾸 삼키는 환자, 코로 숨쉬기 힘들어하는 환자, 구역반사가 심할 때

가능한 한 체어 등받이를 세우고 고개를 석션팁을 건 쪽으로 젖히도록 한다. 기도가 확보되고 물이 구개부가 아닌 고개를 숙인 방향으로 고이게 되어 누워서 진행했을 때보다 편안해한다. 그럼 술자인 나는 거의 서서 하듯이 하게 되고 시야 확보가 어렵지만, 환자에게 이런 편안한 스케일링은 처음이라고 반응할 수 있다. 다만 이 자세로 할 경우 스케일러에서 분사되는 물이 입 밖으로 흐를 가능성이 있다. 이를 방지하기 위하여 입술 안쪽에 코튼롤을 넣으면 된다. 그러면 물이 입 밖으로 흐르지 않고 입안으로 흐르게 된다.

⑧ 턱관절 장애가 있을 때

코튼롤 중에 단단한 걸로 골라 반으로 접어 어금니에 물린다. 협측(buccal)이나 순측(labial)은 충분히 제거가 가능하다. 최대한 턱이 쉴 수 있도록 배려해준다. 하악 순측 후 양치, 하악 설측 후 양치를 자주 하여 쉴 수 있도록 배려한다.

너무 안 좋은 경우 내원 횟수를 늘리더라도 천천히 진행하고, 스케일링 후 교근 및 측두근 쪽을 손바닥을 이용하여 1―2분 정도 마사지해 준다.

⑨ 약한 세기에도 시리다고 할 때

이런 경우 치주치료용 스케일러 팁으로 어금니부터 살살 진행한다.
치주치료용 스케일러는 일반 스케일러 팁보다 얇고 조작이 어렵긴 하지만
진동이 약하게 전달되어 덜 시리다.
전치부는 일반적인 사람도 시려하기 때문에 세기도 살살하고 치주팁을 이
용하였는데도 시려한다면 핸드스케일러를 이용하거나 마취 후 시행하는 것
을 추천한다.

⑩ 플라그(plaque)가 너무 많을 때

스케일러로 플라그를 제거하려면 오래 걸린다. 일회용 칫솔이 있다면 잇몸
마사지하듯 잇몸 쪽과 치아 쪽의 플라그를 먼저 닦아낸다. 일회용 칫솔이
없다면 러버컵이나 로빈슨 브러쉬를 이용하여 플라그를 먼저 닦아내고 스
케일링을 하면 수월하다.

⑪ 스케일링 할 때 환자의 body language를 잘 보아야 한다.

불편하다고 말은 못하고 주먹 꼭 쥐기, 어깨나 입술에 힘주기, 다리 베베 꼬
기 등 환자가 보내는 신호를 무시하지 않도록 한다. 그런 신호를 받았을 때
재깍 반응하도록 한다.

◐ "긴장 많이 되시나 봐요. 주먹을 꼭 쥐고 계셔서요. 많이 아프세요? 괜찮으
시죠?"

◐ "지금 많이 아프지는 않으시죠? (포 위의 어깨부분에 살짝 손대며) 긴장 풀
어보시겠어요? 네, 앞으로 계속 이런 식으로 진행할거라 많이 불편하진 않
으실 거예요. 그래도 혹시 불편하시면 왼손 드시면 되세요. 왼손 한 번 들
어보시겠어요? 네, 제가 지금처럼 안아프고 깨끗하게 해드릴 거예요. 아-
해보시겠어요?"

스케일링 시 주의사항
1. 보철물은 스케일러로 건드려서 스크래치가 생기지 않게 주의한다.
2. 치경부 레진을 건드려 떨어지지 않도록 주의한다.
3. 임플란트는 임플란트 전용 스케일러를 사용하여 스케일링한다.

잇솔질 교육

- 시술 간단 설명(정의)
  환자의 구강 상태에 알맞은 칫솔질 방법을 교육

- 시술명 – 한국어 표기(영어 표기)[약어]
  잇솔질방법교육(tooth brushing Instruction)[TBI]

- 순서
  엑스레이 띄우기 → 술 전 설명 → 디스클로징 솔루션 도포 → 물세척 → 거울로
  확인 → 구외 TBI → 구내 TBI → 클리닝

- 진료 기구 및 재료 준비
  덴티폼, 칫솔, 치실, 첨단칫솔, 치간칫솔
  필요시 기본 기구, 치과마다 TBI SET를 만들어 두면 좋다.
  디스클로징 솔루션, 데픈디쉬, 바세린, 리트랙터

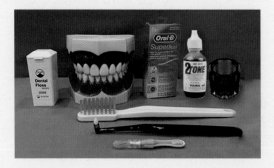

술 전 설명 ▶

🔵 "오늘은 칫솔질 방법에 대해서 설명을 드릴 거예요. 혹시 오늘 치과진료 마치시면 다른 약속 있으신가요?"

다른 약속이 있다고 하시면 디스클로징 솔루션 사용을 미루고 약속이 없다고 하시면 적용해드리는 것이 좋아요. 입술에 색깔이 남을 수 있기 때문이에요.

🔵 "다른 약속 없으시면 세균 검사하는 약을 바르고 자세히 알려드리려고 해요. 양치가 잘 안 되는 부위에만 염색이 되는 약이고 칫솔질하면 없어지는 약이니까 걱정 안 하셔도 돼요. 약속 있는지 여쭤본 것은 제가 조심조심 바르긴 하겠지만 입술이나 잇몸에 묻으면 잘 안지워지기 때문에 혹시나해서 여쭤봤어요. 그럼 이거 바르고 양치 잘 되는 부위, 안 되는 부위 보면서 효과적으로 닦는 법 알려드릴게요-"

치료 과정 ▶

① 디스클로징 솔루션을 데픈디쉬 등에 조금 따른 후 코튼펠렛 묻힌다.

너무 작은 솜은 핀셋으로 잡기가 어려우니까 사이즈가 큰 코튼펠렛으로 하시는 게 편하실 거예요. 사이즈가 큰 마이크로 브러쉬 등을 이용해도 괜찮습니다.

② 환자를 눕힌 후 소공포를 덮고 입술에 바세린을 바른 후 리트랙터를 끼운다.

🔵 "의자 내리겠습니다. 입술에 바세린 먼저 발라드릴게요. 이 약제가 입술에 묻으면 잘 안 지워질 수 있는데 바세린을 바르면 잘 안 묻게 되거든요. 포 덮고 약제 바르겠습니다."

③ 리트랙터로 인해 불편한 곳은 없는지 확인한다.

🔵 "치아에 약제를 잘 바르기 위해서 고리를 끼워드렸어요. 불편한 데는 없으세요?"

④ 입안에 고인 침이 있으면 석션을 하고 치아 면에 골고루 디스클로징 솔루션을 도포한다.

> ◐ "약제 발라드릴게요. 침 삼키지 말고 그대로 계세요."

⑤ 골고루 바른 다음 쓰리웨이시린지 이용하여 씻어낸다. 너무 센 압력으로 씻어내면 술자, 어시스트 뿐 아니라 환자의 옷에 튈 수 있으니니 주의한다. 옷에 디스클로징 솔루션이 묻게 되면 잘 안 지워진다.

> ◐ "물입니다. 삼키지 마시고 그대로 머금고 계세요. 빼 드릴 거예요."

* 이때 리트랙터를 빼고 환자 스스로 물 양치를 할 수도 있으나 이 과정에서 입술에 디스클로징 솔루션이 묻으면 잘 안 지워지기 때문에 리트랙터를 끼운 상태에서 한 번 씻어내는 것을 추천한다.

⑥ 어느 정도 씻어낸 후 리트랙터를 빼고 환자 스스로 입안을 한 번 더 헹굴 수 있도록 일으켜준다.

> ◐ "일으켜 드릴게요. 물로 양치하시겠어요?"

⑦ 거울을 들어 양치가 안 된 부위를 확인시켜준다.

> ◐ "치아 보이세요? 약제를 바르지 않았을 때는 잘 모르실 수 있지만 이렇게 약제를 바르고 나면 치아 사이사이하고 잇몸에도 플라그가 남아 있다는 것을 알 수 있어요. 이제 이 부분들을 어떻게 해야 잘 닦을 수 있는지 설명해 드릴게요."

⑧ 회전법, 바스법, 와타나베법, 폰즈법 등 중에서 환자 잇몸 상태에 따른 적절한 칫솔질 방법을 설명한다. 치아 모형상에서 한 번 보여주고 입안에서 직접

일회용 칫솔을 사용하여 다시 설명을 한다.

⑨ 환자 스스로 닦는 것을 확인한다.

⑩ 디스클로징 솔루션이 남아있는 부위가 잘 닦이는 것을 같이 확인하고 시간이
너무 오래 걸릴 경우 술자가 마무리하여 치면에 남아있는 약제를 제거해준다.

체크 포인트

✔ 나이가 너무 어리거나 고령인 환자의 경우 한 번에 이해하기 어려울 수 있
다. 그럴 때는 유난히 안 닦이는 포인트만 잘 닦을 수 있도록 집중적으로 교
육한다. 너무 무리하게 적용할 경우 환자가 칫솔질 자체를 포기하는 경우가
생길 수도 있으니 환자 성향이나 구강상태를 고려하여 적용해야 한다.

술 후 설명

❂ "오늘 양치하는 법에 대해서 설명해 드렸어요. 평소에 양치를 못하시
는 편이 아니라서 지금 설명 드린 대로 방법만 조금 바꾸시면 더 건강
하게 유지하실 수 있으실 거예요. 집에서 닦아 보시고 혹시 더 궁금하
시거나 이 부분은 잘 안 닦인다 하는 부위 있으면 언제든 말씀해주세
요. 다시 알려드릴게요."

차팅 예시 •••••••••••••••••••••••••••••••••••••••

2022-05-09			CC. 양치가 잘 안돼요
			Dx.플라그로 인한 전반적 치은염
			Tx plan. TBI with Disclosing solution
			와타나베법 설명, 치간칫솔 사용법 설명
			* 치아 사이사이 플라그가 많이 끼어있는 상태
			치간칫솔사용 강조
			Dr. 허준 / Staff. 새싹
			N) 검진(or 불편하면 오시기로)

치주치료_치근활택술, 치주소파술

- 시술 간단 설명(정의)
  - **치근활택술**: 치근부위의 치석과 독소를 제거하고 치근표면을 매끄럽게 해주는 치료
  - **치주소파술**: 치은연상 치석 제거를 시행한 다음 국소마취 하에 치주낭 내면의 염증조직과 치근부위의 치석 등을 제거하는 치료

- 시술명 – 한국어 표기(영어 표기)[약어]
  치근활택술(root planing)[RP]
  치주소파술(curettage)[Cu]

- 순서
  엑스레이 띄우기 → 마취 → 프루빙(probing) → RP/Cu → 치료 부위 drs → 주의 사항 설명

- 진료 기구 및 재료 준비
  기본 기구, 큐렛 기구 및 스케일러, 셀라인/헥사메딘 시린지 및 H_2O_2 코튼볼

•••

- ◉ "스케일링 받고 나서는 괜찮으셨어요? 오늘은 잇몸 깊숙하게 있는 염증과 단단한 치석을 제거하는 치료받으실 거예요."
- ◉ "혹시 오른쪽이나 왼쪽 중에 좀 더 불편한 부위가 있으셨나요?"

불편한 쪽이 있을 때

- ◉ "네 -쪽이 더 불편하셨죠? OO님께서 불편하셨던 -쪽 부위부터 먼저 치료해드릴게요."

특별히 불편한 쪽이 없었을 때

- ◉ "특별히 불편하셨던 부위가 없으셨으면 원장님께서 잇몸상태 확인하신 후에 잇몸상태가 비교적 좋지 않은 부위부터 치료해드릴게요."

마취 시행할 때

- ◉ "마취를 하지 않으시면 아프실 수 있기 때문에 마취하고 치료 진행해드릴게요."

•••

① 프루빙(probing)

- 마취를 안 한 경우
  - ◉ "잇몸치료를 하시기 전에 잇몸상태를 확인 위해서 잇몸주머니 깊이를 측정할 거예요. 살짝 따끔하실 수도 있어요. 많이 불편하시면 왼손 들어 주세요."

- 마취를 한 경우
  - ◎ "마취가 되는 동안 잇몸주머니 깊이를 측정할 거예요. 마취하셔서 불편하진 않으실 텐데 혹시 불편한 느낌 드시면 왼손 들어서 표시해 주세요."
② 치근활택술 또는 치주소파술 시행

하악 전치부 치료 시 턱을 손으로 잡아주면 술자나 환자가 편하다.
  - ◎ "사각사각하는 소리가 날 거예요. 기구를 사용할 때 나는 소리니까 놀라지 마세요."
③ 치료 시행한 부위 초음파 스케일러로 스케일링
  - ◎ "한 번 더 꼼꼼하게 청소해드릴 거예요. 물 나와요."
④ 치료 부위 소독(drs)
  - ◎ "치료하신 부위 소독하고 마무리해드릴게요. 소독약이에요. 맛이 좀 안 좋을 수 있어요. 조금만 참아주시면 금방 양치할 수 있도록 해드릴게요."
⑤ 주의사항 설명

술 후 설명을 참고한다.

▶ **체크 포인트** ▶ ·

✔ **약물을 복용할 때**

- 혈액응고를 방해하는 약물(아스피린계열 약물)을 복용하는 경우 치주치료 전 미리 복용 중단 여부 확인이 필요하다.
- 복용 중단이 필요한 경우 내과와 협진이 필요할 수 있다.
- 복용 중단 시점과, 다시 복용할 수 있는 시점 모두 파악해 환자에게 고지해야 한다.

✔ **프루빙할 때**

- 순서: 협측 ➡ 설측, 근심 ➡ 원심

- 꼭 이 순서가 아니더라도 한 방향으로 진행하여 빠뜨리는 부분이 없도록 한다.
- 술자가 수치를 불러주고, 어시스트가 확인 차 복창하며 기록하면 잘못 기록하는 실수를 줄일 수 있다.

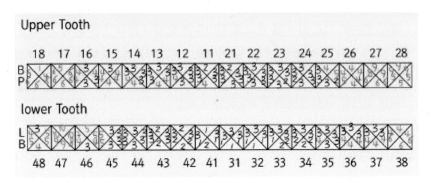

▲ 치주낭 측정검사 결과 기록표

기구 준비할 때

- 부위별 큐렛기구를 준비한다. 그레이시 큐렛 전치부 1-4, 소구치 5-10, 대구치 11-14, 혹은 유니버셜큐렛일 경우 한 가지만 필요하나 원장님께서 선호하시는 스타일 파악 후 필요시 더 준비하도록 한다.

  ◎ "괜찮으신가요? 오늘 잇몸치료 받으시느라 고생 많으셨어요. 잇몸 깊숙이 있는 치석과 염증을 제거하다 보니 며칠은 입안에서 피 맛이 날 수도 있고, 마취가 풀리면 욱신욱신하는 느낌이 드실 수 있어요. 대부분 시간이 지나면 괜찮아지시는데 증상이 더 심해지거나 더 붓는 느낌이 드시면 병원으로 연락주시고 내원해 주세요.

  잇몸치료 후에 잇몸 안쪽에 나쁜 염증들이 빠지면서 잇몸이 조금씩 내려가 보일 수 있어요. 치석과 염증으로 부었던 잇몸이 낫는 과정이니까 너무 걱정하지 않으셔도 돼요. 양치하시거나 식사하실 때 시린 느낌이 있을 수 있는데 1-2주 정도면 대부분 괜찮아 지시더라구요. 시린 증상이 있으신 경우에는 너무 차갑거나, 너무 뜨거운 음식은 피해 주세요. 잇몸치료를 진행하실 때는 칫솔질이나, 치간칫솔, 치실, 가글액 등을 사용해서 잘 관리해 주시면 잇몸 염증이 가라앉는 데 도움이 되니까 더 신경써서 관리 잘 해주세요."

✅ 약 처방이 나갈 때

◑ "염증이 있으신 편이라 조금 더 빨리 회복되실 수 있도록 약 처방을 해 드릴 거예요. 약은 아프지 않으셔도 드셔야 잘 낫는 데 도움이 돼요. 술이 나 담배는 치료 받으시는 동안 피해주세요. 낫는 데 방해가 되거든요."

✅ 마취를 했을 때

◑ "마취를 하고 치료를 받으셨기 때문에 식사는 마취가 풀린 후에 하셔 야 돼요. 마취가 깨고 난 뒤에는 약간의 통증이 있을 수도 있어요."

▶︎ 보험 청구 팁 ● ·

▶ 치근활택술은 초진에 시행이 가능하나 치주소파술은 전 처치(치석제거)가 필 요하다. 만약 타원에서 치석 제거 후 내원하여 치주소파술을 진행한다면 내 역 설명을 필수로 넣어야 한다(내역 설명 예시: 타원에서 일주일 전 스케일 링 받고 내원하심).

▶ 치근활택술은 마취, 처방, 치주낭 측정 검사 등이 필수가 아니고 선택이다. 케 이스에 따라 적용 가능하다. 그러나 치주소파술 시 마취가 누락되면 조정가 능성이 높다.

▶ 하루 최대 1악까지 산정 가능하다.

▶ 상태에 따라 전달마취도 산정 가능하다.

▶ 지난 내원 시 잇몸치료를 시행한 부위에 re–sc 혹은 drs 시행하였다면 치주 후 처치(간단) 산정 가능하다.

▶ 실크를 사용하였더라도 산정 불가하다.

▶ 시린 증상을 호소하더라도 치주소파와 지각과민처치는 같은 날 동일 부위 동시 산정이 불가하다.

▶ 지각과민처치(글루마 혹은 SE-Bond 도포)는 잇몸처치 1주일 후 산정 가능하다.

FAQ

잇몸 치료한 다음에 너무 아팠어요.

염증이 심하면 잇몸 치료 후에 많이 불편할 수 있어요. 원장님께서 잇몸 체크 해주실 거예요. 잠시만 기다려 주세요.
(원장님 잇몸 체크 후 설명)
원장님께서 말씀하신 대로 잇몸 염증이 심한 상태였어서 더 불편하셨던 거예요. 약 처방을 더 해주신다고 하니까 잘 드시고 양치하실 때 잇몸 부위에 닿지 않도록 치아만 살살 닦아주시고요. 칫솔을 대기 힘드시면 다음 내원 시까지는 치료 부위에 가글하는 소독약으로 소독해주세요.

차팅 예시

	7654321	CC. 지난 번 스켈링 받고 괜찮았어요-오늘 잇몸치료 예정
		Dx. 만성단순치주염
		Tx. 치주소파술(Curettage) Under I/A lido 1@
		probing #16(M:3mm, D:5mm) #17(M : 4mm, B:5mm, D:6mm)
2022-05-12		#16,17 치근단촬영 1매, #41-47 re scaling
		주의사항 설명 드림
		*오른쪽 위 먼저 진료 원하셔서 먼저 진행함
		Dr. 허준 / Staff. 새싹
		N)#20번대 cu, #10번대 치주후처치

수기구 큐렛의 종류

유니버셜 큐렛(Universal curette)

- 하나의 큐렛으로 모든 부위와 면에 사용될 수 있으며 2개의 절단연(cutting edge) 모두 사용 가능하다.
- 날의 내면과 터미날 쉥크(terminal shank)가 90도를 이룬다.
- 연결부의 길이가 짧고 각도가 작다.

그레이시 큐렛(Gracey curette)

- 기구 번호별 특정 부위와 치면에만 적합하도록 고안되었으며 손잡이 부분에 숫자가 쓰여있다.
- 전치부, 구치부(근심), 구치부(원심) 등 용도에 맞는 기구를 사용한다.
- 1~4번 전치부, 5~10번 소구치부, 11~14번 대구치부에 주로 쓰인다.
- 각도가 있기 때문에 편측의 날만 사용한다.

미니 큐렛(Mini curette)

- 터미날 쉥크는 길어지고 블레이드(blade)는 50% 정도 짧다.
- 깊은 치주포켓과 다근치의 분지부 사용에 적합하다.

PART 05

이 　 보 　 다
꼼꼼할 수 없는
충 전 치 료

글래스아이오노머 치료

- 시술 간단 설명(정의)

  치아우식증으로 인해 치아 경조직의 손상이 있을 경우, 글래스아이오노머를 이용하여 충전함으로써 기능을 회복하게 하는 치료이다. 자가중합형 또는 광중합형이 있다. 이 장에서는 자가 중합형을 소개하겠다.

- 시술명 − 한국어 표기(영어 표기)[약어]

  글래스아이오노머 충전(glass ionomer cement filling)[GIF]

- 순서

  엑스레이 띄우기 → 충치제거/와동형성 → 건조 → 와동내면의 처리 → 수세 → 건조 → G.I 충전 → 교합확인 → 폴리싱 → 주의사항 설명

- 진료 기구 및 재료 준비

  기본기구, 하이 핸드피스, 로우 핸드피스(콘트라앵글), 버세트, 글래스아이오노머, 레진 건, 미라클 니들 팁, 믹싱패드, 스파튤라, 교합지, 교합지 홀더

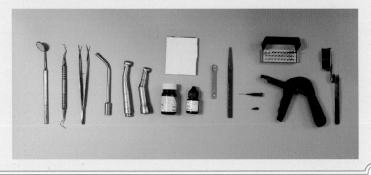

•••

• 거울을 보여주며 설명한다.
  ◉ "여기 충치 보이시죠? 충치 제거하고 치아 색 나는 보험재료로 메울
     거예요. 이 재료는 치아 색하고 조금 다를 수 있는 부분 상담받으실 때
     설명 들으셨었죠?"
  ◉ "충치가 깊지 않은 편이라 우선 마취 없이 진행할 건데요. 치료 도중
     에 혹시 불편하시면 마취해드릴 테니까 왼손 들어주세요."
• 통증에 대한 걱정이 많은 환자일 경우 충치가 깊지 않더라도 마취 후 치료를
  원할 수 있다. 마취 희망 여부를 확인 후 진행하도록 한다.
  ◉ "많이 걱정되시면 마취하고 진행해드릴까요?"
• 충치가 깊을 경우에 처음부터 마취하고 진행한다.
  ◉ "여기는 충치가 깊어서 마취하고 안 아프게 진행해드릴게요."

•••

① 충치제거/와동 형성할 때
  ◉ "물이 목 안에 고일 수 있어요. 잠깐 머금고 계시면 금방 빼드릴게요."
② 건조할 때
  ◉ "바람이에요."
③ 와동 내면의 처리할 때
  제품에 따라 와동의 내면 처리방법이 일정하지 않으므로 제품별 매뉴얼을
  확인 후 사용한다. 대부분 10% 폴리아크릴산과 같은 약산을 이용한다.
  ◉ "약제 바를게요."
④ 수세할 때
  ◉ "물입니다."

⑤ 건조할 때

완전히 건조되지는 않도록 한다.

    ◉ "잘 접착될 수 있도록 바람을 불 건데요. 바람 불 때 살짝 시릴 수 있습니다. 놀라지 마세요."

⑥ G.I 충전할 때

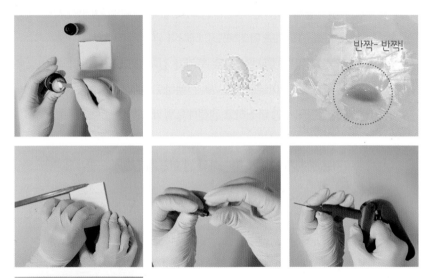

① 믹싱패드에 파우더와 리퀴드를 1:1로 믹스한다.

② 재료가 고루 섞일 수 있게 믹스한다.

③ 믹싱 후 믹싱팁 안에 믹스한 G.I를 넣고 뚜껑을 닫은 뒤 건에 넣어서 팁을 꺾은 뒤 술자에게 전달한다.

◎ "침이 닿으면 재료가 약해져서요. 재료가 굳을 동안 고개를 반대쪽으로 돌려주시겠어요? 침이 닿지 않게 솜 물려 드릴 거고요. 5분 정도 후 재료가 완전히 굳은 다음에 다듬어 드릴 거예요. 중간에 불편한 부분 생기시면 왼손 들어주세요."

· 환자의 곁은 떠나지 않는 것이 좋으나 그렇게 할 상황이 안 될 경우에는 불편한 부분은 없는지 자주 체크하고 입안에 침이 고이지 않았는지 확인한다.

· 약 5분 후 익스플로러로 충전한 G.I의 표면을 긁어보고 경화가 잘 되었는지 확인한다. 덜 되었을 경우 더 기다려야 함을 고지하고 경화가 완전히 되었을 경우 다음 진료순서로 진행한다.

⑦ 교합 조정할 때

교합지를 이용해 교합을 체크한다.

◎ "딱딱딱 평소에 식사하시는 것처럼 씹어보세요. 좌우로 지글지글 갈아보세요. 양쪽 같이 씹히세요? 불편하신 부분 없으세요?"

⑧ 폴리싱할 때

화이트 스톤 버(white stone bur), 혹은 하이스피드용 레진폴리싱버 등을 사용하여 폴리싱한다.

◎ "다듬는 중입니다."

· 하이 핸드피스 사용할 때

◎ "물 나옵니다. 물은 바로 빼 드릴 테니 잠깐만 머금고 계세요."

· 로우 핸드피스 사용할 때

◎ "돌돌돌하고 머리가 울리는 느낌 나고 물 나옵니다. 놀라지 마세요. 바람입니다."

⑨ 교합 확인할 때

한 번 더 불편한 게 없는지 확인한다.

○ "양쪽 같이 씹히세요? 불편한 부분은 없으세요?"

> **체크 포인트** ●‥‥‥‥‥‥‥‥‥‥‥‥‥‥‥‥‥‥‥‥‥‥‥

글래스아이오노머는 작업시간이 짧으므로 믹싱패드에서 분말과 액을 신속히 혼합해야 한다. 글래스아이오노머는 혼합한 반죽의 표면이 반짝거릴 때만 치질과의 충분한 화학적 결합이 가능하므로 경화 후 알맞은 사용 시간이 지나 표면의 윤기가 사라지면 사용해서는 안 된다.

> **술 후 설명** ●‥‥‥‥‥‥‥‥‥‥‥‥‥‥‥‥‥‥‥‥‥‥‥

거울이나 사진을 보여주며 설명한다.

○ "여기 보이세요? 충치 있던 곳에 치아 색 나는 재료로 치료해 드렸어요. 사용하시다 보면 착색되는 음식인 커피, 홍차 등을 많이 드시거나 흡연을 하시는 경우 재료의 색깔이 변하는 경우가 있어요. 단순 변색은 기능에 문제는 없긴 한데 혹시 신경 쓰이시면 그때 치료를 다시 받으시면 돼요. 변색 외에도 관리가 잘 안 돼서 치료받은 그 주변이 썩게 되면 추후에 더 큰 치료가 필요할 수 있으니까 평소에 관리 잘 해주세요. 충치가 심하진 않았지만 당분간 찬 음식에 시리거나 씹을 때 아프실 수 있어요. 계속 아프시거나 불편하시면 병원에 전화 주신 뒤 내원해주세요."

보험 청구 팁

▶ 아말감 충전은 당일 연마 산정이 불가하지만 글래스아이오노머 당일 연마 산정이 가능하다. 치수 보호제(다이칼; Dycal) 충전은 치수복조로 보험 청구가 가능한 항목이지만, 즉충이나 충전과 동시 시행 시 별도 산정 불가다. 당일 충치제거 후 충전은 즉충으로 산정한다.

FAQ

 티 안 나게 치아하고 비슷한 색으로 된 보험재료는 없나요?

 보험재료는 비보험인 레진처럼 색이 다양하지는 않아요. 그래서 조금 달라 보여요. 어금니라 잘 안 보이긴 할 텐데 치료 후에 많이 신경 쓰이시면 레진으로 교체 가능하시니까 교체 원하시면 전화주시고 내원해주세요.

차팅 예시

			CC. 단거 먹을 때 시려요
		6	Dx. 상아질의 우식
			치근단 촬영*1매 – 정확한 진단 위해 촬영 : 상아질까지 우식 진행
			*우선 GI로 충전하기 원하심
2022-05-12			Tx. GI filling Under I/A lido 1@ (self GI Fuji 1-1 pack)
			1면, 충치 깊어서 dycal 사용, polishing, 교합체크
			*우식이 깊음. 당분간 식사는 되도록 오른쪽으로,
			차가운 음식, 뜨거운 음식 피하시라고 말씀드림.
			Dr. 허준 / Staff. 새싹
			N) 1주일 후 체크

레진 치료

- 시술 간단 설명(정의)

  우식이나 파절 등으로 인해 치아 경조직의 손상이 있을 경우, 레진을 이용하여
  치아를 충전하여 기능을 회복하게 하는 치료

- 시술명 – 한국어 표기(영어 표기)[약어]

  레진충전(resin filling)[R/F]

- 순서

  엑스레이 띄우기 → 충치제거/와동형성 → 건조 → 에칭 → 수세 → 건조 → 본딩
  → 건조 → 레진충전 → 큐어링 → 교합확인 → 폴리싱 → 주의사항 설명

- 진료 기구 및 재료 준비

  - **교합면 레진충전할 때**: 기본기구, (필요시 마취), 하이 핸드피스, 로우 핸드피
    스(콘트라앵글), 버세트, 코튼롤, 에찬트, 본딩제, 마이크로 브러쉬, 레진, 레진
    어플리케이터, 광중합기, 프로텍터, 교합지, 교합지 홀더, 본딩 디쉬

  - **전치부, 인접면(프록시말; proximal) 레진충전할 때**: 기본 기구, (필요시 마
    취), 하이 핸드피스, 로우 핸드피스(콘트라앵글), 버세트, 코튼롤, 에찬트, 본딩,
    마이크로 브러쉬, 레진, 어플리케이터, 광중합기, 프로텍터, 교합지, 교합지 홀
    더, 셀룰로이드 스트립, (필요시 No.12 blade, 블레이드 홀더, 소프렉스 디스
    크, 소프렉스 스트립), 본딩 디쉬

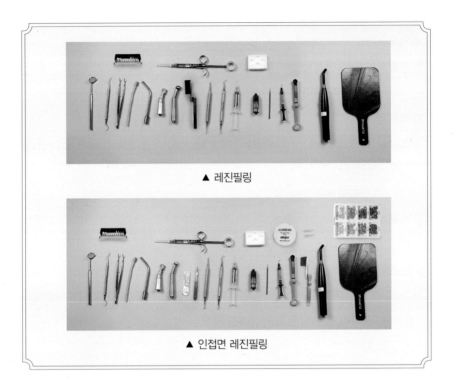

▲ 레진필링

▲ 인접면 레진필링

●・・・

· 거울을 보여주며 설명한다.

  ◎ "여기 충치 보이시죠? 오늘 치아색 같은 레진으로 치료해드릴 거예
    요. 충치가 심하진 않아서 우선 마취는 안 하고 진행할 건데 많이 불편
    하시면 마취하고 진행해드릴 거니까 왼손을 들어서 표시해주세요."

· 통증에 대한 걱정이 많은 환자일 경우 충치가 깊지 않더라도 마취 후 치료를
  원할 수 있다. 마취 희망 여부를 확인 후 진행하도록 한다.

  ◎ "많이 걱정되시면 마취하고 진행해드릴까요?"

· 충치가 깊을 경우에 처음부터 마취를 하고 진행한다.

  ◎ "여기는 충치가 깊어서 마취하고 안 아프게 진행해드릴게요."

구치부 치료 과정 •

① 충치제거/와동형성할 때
- ◉ "물 나옵니다."

② 에칭할 때
법랑질 변연을 따라 산부식제를 도포한다. 상아질용 산부식제가 있다면 별도로 적용한다.
- ◉ "약제 바르겠습니다."

③ 수세할 때
- ◉ "물입니다."

④ 건조할 때
- ◉ "물기가 있으면 접착력이 떨어져서 바람을 불 건데 조금 시리실 수 있어요."
케이스에 따라 상아질용 프라이머를 도포한다.

⑤ 본딩할 때
- 이때 본딩은 휘발성이 강한 재료라 도포 직전 준비하도록 한다.
- 본딩제를 바른 후 에어를 살살 불어 얇게 도포되도록 한다.
  - ◉ "접착력 높이는 약제 발라 드릴 건데 냄새가 좀 안 좋아요. (도포 후) 약제가 골고루 도포되라고 바람 좀 불겠습니다. 바람입니다."

⑥ 큐어링할 때
- ◉ "약제를 굳히는 중입니다. 눈감고 계세요."

⑦ 레진충전할 때
거즈를 준비해 술자의 기구에 묻은 잉여 레진을 닦아준다.

⑧ 큐어링할 때
- ◉ "단단하게 굳히는 중입니다. 눈 감고 계세요. 따뜻한 느낌 날 수 있어요."

⑨ 교합조정할 때
교합지를 이용해 교합을 체크한다.

○ "딱딱딱 평소에 식사하시는 것 처럼 씹어보세요. 좌우로 지글지글 갈
아보세요. 양쪽 같이 씹히세요? 불편한 부분 없으세요?"

⑩ 폴리싱할 때

화이트 스톤 버 또는 레진폴리싱 버를 사용한다.

○ "다듬는 중입니다."

• 하이 핸드피스 사용할 때

○ "물 나옵니다. 물은 바로 빼드릴 테니 잠깐만 머금고 계세요."

• 로우 핸드피스 사용할 때

○ "돌돌돌 울리는 느낌이 나고 물이 나옵니다. 치아를 가는 게 아니고
재료를 다듬는 거니까 놀라지 마세요."

⑪ 건조할 때

○ "바람입니다."

⑫ 교합체크할 때

한 번 더 불편한 부분이 없는지 확인한다.

○ "양쪽 같이 씹히세요? 불편한 부분은 없으세요?"

전치부 치료 과정 ● ·

① 충치제거/와동 형성할 때

○ "물 나옵니다."

② 에칭할 때

법랑질 변연을 따라 산 부식제를 도포한다. 상아질용 산 부식제가 있다면 별
도로 적용한다.

○ "약제 바르겠습니다."

③ 수세할 때

⊙ "물입니다."

④ 건조할 때

　케이스에 따라 상아질용 프라이머를 도포한다.

　　　⊙ "물기가 있으면 접착력이 떨어져서 바람을 불 건데 조금 시리실 수 있습니다."

⑤ 본딩할 때

　• 이때 본딩은 휘발성이 강한 재료라 도포 직전 준비하도록 한다.

　• 본딩제를 바른 후 에어를 살살 불어 얇게 도포되도록 한다.

　　　⊙ "접착력 높이는 약제 발라 드릴 건데 냄새가 좀 안 좋아요. (도포 후) 약제가 골고루 도포되라고 바람 좀 불겠습니다. 바람입니다."

⑥ 큐어링할 때

　　　⊙ "약제를 굳히는 중입니다. 눈감고 계세요."

⑦ 투명스트립 또는 셀룰로이드 스트립(병원마다 부르는 이름이 다름)

　　　⊙ "치아 사이에 재료를 넣겠습니다. 불편한 느낌 드실 수 있어요. 이따가 치료 후 빼 드릴 거예요."

⑧ 레진충전할 때

　거즈를 준비해 레진 어플리케이터의 잉여 레진을 닦아낼 수 있도록 한다.

⑨ 큐어링할 때

　투명스트립을 제거하지 않은 상태에서 큐어링 한다.

　　　⊙ "단단하게 굳히는 중입니다. 눈 감고 계세요. 따뜻한 느낌 날 수 있어요."

⑩ 투명스트립 제거할 때

　　　⊙ "치아 사이에 넣은 재료 제거하겠습니다."

⑪ 블레이드홀더와 블레이드(No.12)를 사용하여 잉여레진 제거할 때

　• 치아 사이에 있는 잉여 레진을 제거 시 사용한다.

　• 혹시라도 술자와 환자가 다치지 않도록 매우 조심하여 사용한다.

⑫ 소프렉스 사용할 때(⑬ 폴리싱 후 소프렉스를 사용하기도 한다.)

물을 뿌려준다.

◎ "다듬어 드릴 건데 진동이 있고 물이 나옵니다."

⑬ 교합조정할 때

교합지를 이용해 교합을 체크한다.

◎ "딱딱딱 평소에 식사하시는 것 처럼 씹어보세요. 좌우로 지글지글 갈
아보세요."

◎ "양쪽 같이 씹히세요? 불편한 부분은 없으세요?"

⑭ 폴리싱할 때

화이트스톤 버 또는 레진폴리싱 버를 사용한다.

◎ "다듬는 중입니다."

• 하이 핸드피스 사용할 때

◎ "물 나옵니다. 물은 바로 빼 드릴 테니 잠깐만 머금고 계세요."

• 로우 핸드피스 사용할 때

◎ "돌돌돌 울리는 느낌 나고 물이 나옵니다. 치아를 가는 게 아니고 재
료를 다듬는 거니까 놀라지 마세요."

⑮ 건조할 때

◎ "바람입니다."

⑯ 교합조정 확인할 때

한 번 더 불편한 부분이 없는지 확인한다.

◎ "양쪽 같이 씹히세요? 치료 받으신 부위 혀 대보셨을 때도 불편한 부
분 없으세요?"

체크 포인트 •••

✅ 소프렉스 스트립(병원마다 부르는 이름이 다르다)

두꺼운 것, 얇은 것 종류가 두 가지가 있다.

✅ 소프렉스 디스크

거칠거칠한 면이 위로 오게 꽂아 준다.

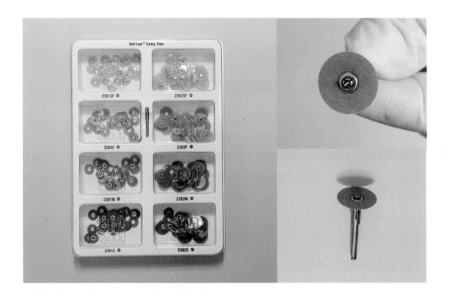

✅ 투명 스트립(셀룰로이드)

✅ 웻지

▲ 초록색이 더 두껍다.

✅ 투명 스트립과 웻지 사용한 사진

웻지의 삼각형 모양과 치간치은의 삼각형 모양이 같게 위치시킨다.

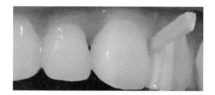

차팅 예시

2022-05-12		7	CC. 충치 있는것 같아요
			Dx. 상아질의 우식
			치근단 촬영*1매 – 정확한 진단 위해 촬영 : 상아질까지 우식 진행
			*상담 후 레진으로 하기로 결정
			Tx. Resin filling Under I/A lido 1@ (3M Flowable A2)
			1면(O), 충치 깊어서 dycal 사용, polishing, 교합체크
			*우식이 깊음. 당분간 식사는 되도록 오른쪽으로,
			차가운 음식, 뜨거운 음식 피하시라고 말씀드림.
			Dr. 허준 / Staff. 새싹
			N) 1주일 후 체크

임상 사진

▶ **구치부 레진**

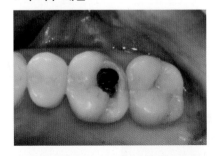 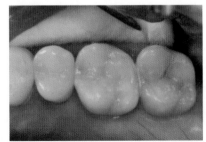

▶ **전치부 레진**

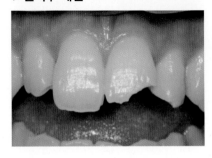 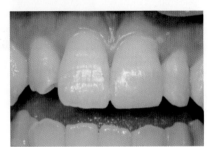

▶ 전치부 스페이스 레진(하악 전치부)

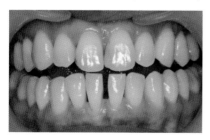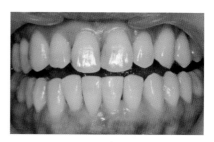

출처 : 우리사랑치과 김일연 원장님 제공

✅ 복합레진 필러의 종류

사진		
이름	압축충전가능혼합형(packable)	유동성혼합형(flowable)
용도	교합력이 필요한 치아, 모양의 성형이 필요한 치아	흐름성이 필요한 치아
적응증	와동이 큰 치아, 모양 성형이 필요한 경우	와동이 작은 치아, 치경부, 충치가 깊은 경우 베이스

치경부 마모증 치료

- **시술 간단 설명(정의)**

  치경부 마모로 인해 패인 부분을 레진이나 글래스아이오노머시멘트를 이용해 충전하는 치료

- **시술명 – 한국어 표기(영어 표기)[약어]**

  치경부마모증 레진치료(cervical resin filling)[CRF；Cer.RF]

  치경부마모증 글래스아이오노머치료(cervical glass ionomer cement filling)[CGIF；Cervical GIF]

- **순서**

  치경부 레진치료

  엑스레이 띄우기 → 표면처리 → 건조 → 코드 넣기 → 에칭 → 수세 → 방습 → 격리 → 본딩 → 건조 → 레진충전 → 큐어링 → 코드빼기 → 폴리싱 → 주의사항 설명

  치경부 지아이(글래스아이오노머) 치료

  엑스레이 띄우기 → 표면처리 → 건조 → 코드 넣기 → 방습 → 격리 → 글래스아이오노머충전 → 코드빼기 → 폴리싱 → 주의사항 설명

- **진료 기구 및 재료 준비**

  치경부 레진치료할 때

  기본기구, (필요시 마취), 하이 핸드피스, 로우 핸드피스(콘트라앵글), 버세트, 코드, 코드팩커, 에찬트, 본딩제, 마이크로브러쉬, 레진, 레진어플리케이터, 광중합기, 프로텍터

  치경부 지아이 치료할 때

  기본기구, (필요시 마취), 하이핸드피스, 로우 핸드피스(콘트라앵글), 버세트, 코드, 코드팩커, 글래스 아이오너머, 레진 건, 미라클 니들 팁 믹싱팁, 믹싱패드, 스파튤라

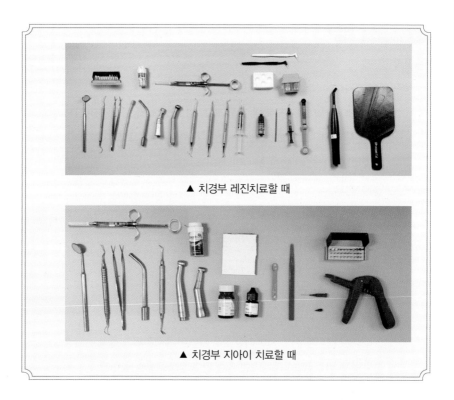

▲ 치경부 레진치료할 때

▲ 치경부 지아이 치료할 때

• 차트를 보고 치료할 재료를 확인한다.

• 거울을 보여주며 설명한다.

> "여기 치아 목 부분 패인 거 보이세요? 이 부분 치아 색 나는 재료로
> 메워 드릴 건데요. 지금은 표면이 매끈한 상태라 이 상태에서 그냥 메
> 우면 유지력이 떨어져서요. 표면을 거칠게 처리한 다음 메워 드릴 거
> 예요. 잠깐 시린 거라 마취 안 하고 진행해드리는 경우가 많긴 한데,
> 혹시 마취하고 진행하기를 원하세요?"

* 환자가 마취를 원하면 도포마취와 마취 시린지를 준비하여 마취 후 진행한다.

치료 과정

① 마취할 때

병원마다 다르다. 생략하는 경우도 많다.

> ◐ "마취 살짝하고 진행해 드릴게요. 덜 아프시라고 표면마취제 먼저 바르고 원장님 마취해 주실 거예요. 살짝 따끔하실 수 있고 쓴맛 나실 수 있어요. 삼키지 말고 잠시만 참아주세요."

② 코드 넣을 경우

> ◐ "치료 부위가 잘 보이도록 잇몸 안에 실을 넣을 거예요. 이 실은 진료가 끝나면 빼드릴 거고요. (마취 안 한 경우) 조금 따끔따끔한 느낌 드실 수 있어요."

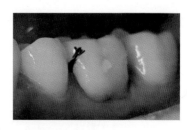

③ 에칭할 때(레진일 경우) * 지아이일 경우 지아이 충전(p153) 참고

> ◐ "약제 바르겠습니다. 약간 시큰한 느낌 드실 수 있어요."

④ 수세할 때

> ◐ "물 입니다."

⑤ 건조할 때

> ◐ "바람을 불겠습니다. 바람 불 때 시릴 수 있습니다. 놀라지 마세요."

⑥ 본딩할 때

- 이때 프라이머와 본딩은 휘발성이 있는 재료라 미리 준비하지 않고 진료 직전 준비한다.
- 마이크로 브러쉬나 미니브러쉬 등에 묻힌다.
- 본딩제를 바른 후 에어를 살살 불어 얇게 도포되도록 한다.

> ◐ "접착력 높이는 약제 발라 드릴 건데 냄새가 좀 안 좋아요. (도포 후) 약제가 골고루 도포되라고 바람 좀 불겠습니다. 바람입니다."

⑦ 큐어링할 때

◎ "약제를 굳히는 중입니다. 눈감고 계세요."

⑧ 레진충전할 때

거즈를 준비해 어플리케이터나 레진팁에 묻은 잉여 레진을 닦아낼 수 있도록 한다.

⑨ 큐어링할 때

◎ "단단하게 굳히는 중입니다. 눈 감고 계세요."

⑩ 코드 뺄 경우

◎ "잇몸 안에 있는 실 빼드리겠습니다."

⑪ 폴리싱할 때

◎ "다듬는 중입니다."

• 하이 핸드피스 사용할 때

◎ "물 나옵니다. 물은 바로 빼 드릴 테니 잠깐만 머금고 계세요."

• 로우 핸드피스 사용할 때

◎ "돌돌돌 울리는 느낌이 나고 물 나옵니다. 치아를 가는 게 아니고 재료를 다듬는 거니까 놀라지 마세요."

▶ 체크 포인트 ▶ ·····················

☑ 레진인 경우 치아색과 가깝고 글래스아이오노머일 경우 탁한 상아색을 띠는 경우가 많다.

☑ 심미적인 부분을 중요하게 생각한다면 레진을 권하고, 저렴한 비용으로 치료를 원한다면 글래스아이오노머를 권한다.

☑ 전치부, 구치부 다수의 치경부 마모증이 있는 환자가 비용부담을 느낀다면 전치부는 레진으로, 구치부는 글래스아이오노머로 권하는 것도 한 방법이다.

거울 또는 사진을 보여주며 설명한다.

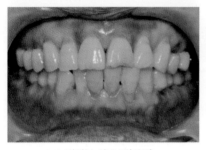 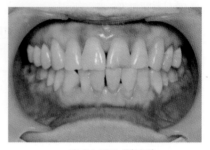

▲ 치경부 치료 전(상악)   ▲ 치경부 치료 후(상악)

출처: 우리사랑치과 김일연 원장님 제공

치아가 시려서 치료했을 때

바람을 불면서 보여준다.

○ "지금 바람 불고 있는데 시리세요? 치료 전과 비교해봤을 때 괜찮으시죠?"

치경부가 많이 패여서 치료했을 때

○ "치료 전 치아 목 부분이 패였던 거 생각나세요? 치아색 재료로 메꿔
드렸어요. 이 재료는 변색될 수 있어요. 착색되는 음식인 커피, 홍차
등을 많이 드시거나 흡연을 하신다면 변색될 수 있는데 기능적으로는
문제없는 경우가 많아요. 그래도 보기 안 좋으시면 교체해 주시면 돼
요."

선배가 알려주는 Tip ● ·······························

코드는 어떨 때 넣는 건가요?

충전해야 하는 부위가 잇몸에 덮여 있을 경우에 코드를 넣어요. 삼출물을 막고 치료부위가 노출되도록 하는 거예요. 코드를 약간 길게 잘라서 뺄 때 편하게 뺄 수 있도록 넣어 주시는 게 좋아요. 대신 치료할 때 방해가 되지 않도록 길이나 위치를 잘 조정합니다.

차팅 예시 ● ·······························

2022-05-09	45		CC. 찬물 먹을 때 시려요
			Dx. 치아의 습관성 마모
			치근단 *1매 - 정확한 진단 위해 촬영 : 우식 아닌 마모로 인한 증상호소
			*상담 후 레진으로 하기로 결정
			Tx. Resin filling Under I/A lido 1@ (3M composite A2)
			1면, polishing
			당분간 차가운 음식, 뜨거운 음식 피하시라고 말씀드림.
			Dr. 허준 / Staff. 새싹
			N) 1주일 후 체크

04
임시충전

- 시술 간단 설명(정의)

  충치를 제거하고 치수를 안정시킬 목적으로 IRM 등 치아진정효과가 있는 약
  제를 이용하여 임시로 충전하는 술식이다.

- 시술명 – 한국어 표기(영어 표기)[약어]

  임시충전(temporary filling)

- 순서

  엑스레이 띄우기 → 마취 → 충치제거 → IRM 충전 → 교합확인 → 주의사항 설명

- 진료 기구 및 재료 준비

  기본 기구, IRM SET, 유리 믹싱판, 메탈 스파튤라, 스타퍼(필요시 알코올 코튼
  펠렛, 마취)

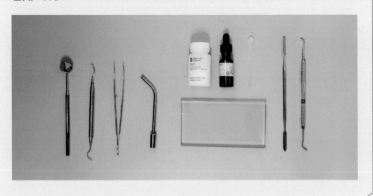

···

> ◐ "오늘 충치 제거하고 신경 보호하는 약을 넣어 드릴 거예요. 충치가 깊
> 어서 바로 다음 치료로 이어지진 못하고 상태 보고 치료 어떻게 진행하
> 실지 원장님께서 결정한다고 하셨어요. 혹시라도 충치가 깊으면 신경
> 치료 가능성도 있는데, 만약 신경치료가 들어가게 되면 저희가 다시 설
> 명드리도록 할게요. 가능한 한 신경치료는 안 하는 게 좋으니까 충치 제
> 거는 되도록 조심스럽게 하겠습니다. 혹시 불편하시면 왼손을 들어서
> 표시해 주세요."

···

① 충치제거/와동 형성할 때

> ◐ "물이 목 안에 조금 고일 수 있어요. 잠깐 머금고 계시면 금방 빼드릴
> 게요."

② 아파서 마취하는 경우

> ◐ "마취 살짝하고 진행해 드릴게요. 덜 아프시라고 표면마취제를 먼저
> 바르고 원장님 마취해 주실 거예요.
> (대기 후 마취 시) 마취해 드리겠습니다. 삼키지 말고 잠시만 참아주세
> 요."

③ 건조할 때

> ◐ "바람이에요."

④ 재료 믹싱

IRM 믹싱

- 유리 믹싱판에 IRM을 1:1로 믹싱한다.
- 1스푼 당 1방울의 혼합액을 파우더 옆에 떨어뜨린 후 증발과 오염을 방지하기 위하여 마개를 즉시 닫는다.
- 파우더/리퀴드 권장혼합비는 6:1(무게비율)이며, 묽게 혼합하면 경화 후 물리적 특성이 약화된다.
- 혼합물이 매우 뻑뻑하게 되면 5-10초 동안 넓게 펼치듯이 혼합한다.
- 점도를 보면서 파우더를 더 추가하거나 리퀴드를 추가한다. 너무 무르면 안 되며, 와동 내 충전하기 좋게 믹싱 한다. 혼합하는 시간은 약 1분 정도 소요된다.

⑤ IRM 전달

가장 알맞은 혼합물 상태가 되면 동그란 모양으로 만들어 스파튤라에 올려 원장님께 전달한다.

⑥ IRM filling

원장님께 스타퍼를 전달한다. IRM을 올려놓은 스파튤라는 원장님께서 사용하기 편한 방향으로 들고 있는다.

⑦ IRM을 다져 넣는다.

　　⊙ "신경 보호하는 약 넣어 드릴 거예요. 냄새가 좀 안 좋을 수 있어요."

⑧ 알코올솜을 동그랗게 말아 전달한다.

⑨ 사용 후에는 유리판, 스파튤라 모두 다 알코올 거즈로 깨끗하게 닦아 정리한다.

▶ 체크 포인트 ◀ ··

✔ ZOE과 IRM 비교

- IRM는 강화형 ZOE이다.
- ZOE가 타액에 용해가 잘되는 단점을 보완한 것이 IRM이다.

176

- ZOE에 '아세테이트' 경화 촉진제를 사용하면 IRM와 비슷한 특성을 가진다.
- ZOE는 복합레진의 중합을 방해하기 때문에 같이 사용하지 않는다.

 믹스 시 캐비톤 정도로 되직하게 해야 하는데 저년 차에 처음으로 믹스했을 때 너무 묽게 해서 와동에서 흘러내린 적이 있다.

➡ 선배님이 다시 되직하게 믹스해 주셨다.

술 후 설명

◎ "완전히 단단하게 굳을 때까지 1시간 정도 걸려요. 불편하시겠지만, 식사는 그 이후에 해주세요. 가루처럼 재료 일부가 떨어질 수 있는데 뱉어내시면 되고 가능한 한 오늘 하루는 따뜻한 음료는 피해주세요."

차팅 예시

	6		
2022-05-09			CC. 이가 씹을 때 아파요.
			Dx. 상아질의 우식
			치근단 촬영1매 – 정확한 진단 위해 촬영 : 상아질 우식
			*우선 충치 제거 하고 IRM filling, 증상보고 재평가예정
			Tx. Caries removal under B/A lido 1@
			IRM filling
			당분간 차가운 음식, 뜨거운 음식 피하시라고 말씀드림.
			Dr. 허준 / Staff. 새싹
			N) 체크 후 치료 계획결정

PART 06

복잡한 개념
한 번에
정리되는
보존치료

인레이치료_인레이프렙 & 인상채득

- 시술 간단 설명(정의)

  충치제거 후 선택한 인레이 종류에 따라 와동을 형성하고 본을 뜨는 치료

- 시술명 – 한국어 표기(영어 표기)[약어]

  인레이 프렙 & 인상채득(inlay preparation & impression)[In. Prep & IMP]

- 순서

  엑스레이 띄우기 → 도포마취 → 마취 → 인레이 프렙(inlay prep) → 베이스 충전 →
  인상채득 → 임시재료 충전 → 큐어링 → 교합확인 → 주의사항 설명

- 진료 기구 및 재료 준비

  기본 기구, 마취, 로우 핸드피스(콘트라앵글), 하이 핸드피스,버세트, 코드, 코드
  팩커, 트레이, 라이트바디 인상재, 해비바디 인상재, 인상재용 건, 임시충전재
  (Fermit, Quicks, Temp it) 등, 스타퍼, 광중합기, 프로텍터, 알코올 코튼펠렛, 교합
  지, 교합지 홀더

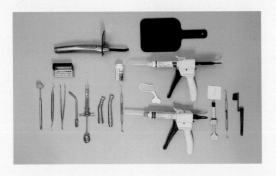

술 전 설명

- 이전에 치료받았던 곳이 불편하진 않았는지 확인한다.

  ◉ "전에 치료받으신 치아는 어떤가요? 사용해 보니 어떠셨어요?"

- 인레이 치료가 처음이라면 스몰 토크를 통하여 정보를 습득하고 긴장을 풀 수 있도록 돕는다.

  ◉ "오늘은 상담 때 말씀드렸던 것처럼 충치가 깊어서 마취하고 충치 제 거한 후에 치아 본을 뜰 거예요. 본을 뜨고 임시재료로 메워 드릴 거고 요. 다음에 오실 때 기공소에서 만들어온 재료를 맞춰 넣어드릴게요."

치료 과정

① 치료 부위 확인 후 표면마취제 도포할 때

  ◉ "마취 받으실 때 덜 불편하시라고 표면마취제를 발라드리겠습니다. 쓴맛이 날 수 있어요. 양치하시면 표면마취제가 씻겨 나갈 수 있어서 침이 나오더라도 물 양치는 하지 마시고 침만 뱉어주세요. 좀 얼얼한 느낌이 드실 수 있습니다. 몸에 긴장 풀어보세요."

② 마취할 때

  ◉ "이제 마취해드리겠습니다. 살짝 뻐근한 느낌이 드실 수 있어요."

- 눈을 꼭 감고 온몸에 힘을 주는 환자일 때

  ◉ "눈 떠 보시겠어요? 근육에 힘을 주시면 마취가 더 뻐근하게 느껴지 실 거예요."

- 앰플을 많이 사용했거나, 마취 속도가 빠를 때

  ◉ "마취약이 들어가서 일시적으로 심장이 약간 빨리 뛰는 느낌이 날 수 있어 요. 시간이 지나면 괜찮아질텐데 혹시 많이 불편하시면 말씀해 주세요."

③ 마취 후 가글할 때

　　◎ "입안에 쓴맛이 나실 수 있어요. 물로 양치하시겠어요?"

④ 마취 후 기다릴 때

　　◎ "마취가 충분히 될 때까지 기다렸다가 치료 진행해드릴게요."
진료실 상황이나 치아 상태, 부위에 따라서 환자에게 설명하는 시간(5분–10
분가량)은 달라질 수 있다.

　　◎ "마취가 잘 되었는지 확인하고 치료 시작하겠습니다."

⑤ 프렙할 때

　　◎ "마취가 잘 되셨어요. 이제 치료 시작하겠습니다. 불편하시면 얼굴은
　　　움직이지 마시고 왼손을 들어서 표시해 주시면 안 아프게 해드릴게
　　　요."

　・ 하이 핸드피스 사용할 때

　　◎ "물 나옵니다. 물은 바로 빼드릴 테니 잠깐만 머금고 계세요."

　・ 로우 핸드피스 사용할 때

　　◎ "돌돌돌 울리는 느낌이 나고 물이 나옵니다. 치아를 가는 게 아니고
　　　재료를 다듬는 거니까 놀라지 마세요."

⑥ 충치가 깊어 치수보호제(Base it–베이스잇) 등을 사용할 때

　・ 병원마다 다양한 재료를 사용하므로 미리 확인이 필요하다.

　・ AQ 본드, G.I 등을 사용하기도 한다.

　・ 본딩(필요시 SE bond를 이용해 프라이머와 본딩을 사용) 후 큐어링한다.
　　Base it을 도포한 뒤 익스플로러로 기포를 뺀 뒤에 큐어링을 한다.

　　◎ "충치가 너무 깊어서 신경을 보호하는 약을 넣었어요. 따뜻한 느낌이

드실 수 있는데 혹시 뜨거우시면 왼손을 들어주세요. 빛이 나와서 눈 부실 수 있으니 눈은 감고 계세요."

⑦ 치료 후 가글할 때

◐ "잘 도와주셔서 충치 제거를 모두 마쳤어요. 물 양치 먼저 하시겠어 요? 양치 후에 치료하신 곳 본을 뜰게요."

⑧ 인상채득할 때

◐ "오늘 진료 중 가장 중요한 과정이에요. 본이 정밀하게 나와야 돼서 조금이라도 부족한 부분이 있다면 본을 다시 떠야 할 수 있어요. 이해 부탁드릴게요. 본을 뜰 땐 평소 식사하시는 것처럼 어금니로 무시면 돼요. 연습 한 번 해볼게요."

◐ "앙 물어보세요. 식사하실 때 이렇게 무시는 거 맞으시죠? 이따가 본 뜰 때도 지금처럼 물고 계시면 됩니다."

• 인상채득하고 기다릴 때

중간 기다리는 시간에 환자 상태를 체크하고 시간이 얼마나 남았는지 알 려주면 좋다.

◐ "괜찮으신가요? 이제 2분 정도 남았어요."

• 침이 많은 환자일 때

휴지를 손에 쥐어주거나 치료하는 반 대쪽에 석션을 해준다.

• 인상채득이 잘 나왔을 때

◐ "네 감사합니다. 잘 도와주셔서 본이 한 번에 잘 나왔어요."

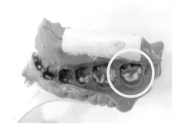

• 인상채득이 잘나오지 않았을 때

    ○ "잘 나왔는데 한 부분이 좀 아쉽게 나왔어요. 이를 만들 때는 모든 부분이 정확하게 나와야 하기 때문에 번거로우시겠지만 제가 본을 한 번 더 떠드릴게요."

⑨ 임시재료(Fermit, Quicks, Temp it 등) 충전

와동의 모양에 따라서 필요한 임시재료의 양이 다르다는 것을 알고, 적정량을 사용하는 것이 시간을 줄이는 데 가장 중요한 역할을 한다. 와동을 건조시키고 임시재료를 넣은 후 처음에는 글러브에 물을 살짝 묻혀 임시재료를 누른다. 압력으로 임시재료는 와동 안으로 들어가게 되고, 와동 밖의 불필요한 임시재료만 코튼으로 정리해 주면 시간이 훨씬 절약된다.

인접면 부분까지 연결된 인레이의 경우 인접면 부분까지 모두 메워주어야 치아가 이동하지 않아 접착 시 오류가 적다. 또한 하방의 잇몸이 인접면 부분까지 메워 주어야 할 경우, 하방의 잇몸이 눌리지 않도록 큐어링 전에 익스플로러를 통과시켜 보는 것이 좋다.

    ○ "다음번 내원까지 충치 제거 한 부분이 불편하지 않으시도록 파란색(대구치)/노란색(소구치) 임시재료로 메워드릴게요."

심미적인 부분을 중요하게 생각하는 환자라면 대구치라도 노란색으로 메운다. 노란색으로 메웠을 때 티가 잘 나지 않아 메우지 않았다고 오해하는 경우도 있으니 환자 성향에 따라 거울로 보여주며 설명을 해주도록 한다.

▲ Temp it

▲ Quicks

• 익스플로러를 이용하여 잇몸이 눌리지 않도록 수정하는 모습

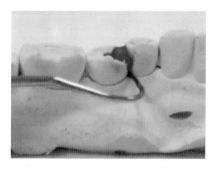

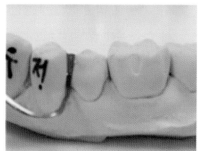

• 인접면이 포함된 경우의 임시재료의 모습

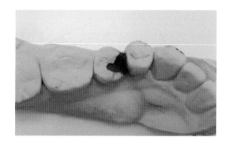

⑩ 큐어링할 때

　　◎ "단단하게 굳히는 중입니다. 눈 감고 계세요."

⑪ 교합 확인할 때

교합지를 이용해 교합을 체크한다.

　　◎ "딱딱딱 평소에 식사하시는 것처럼 씹어보세요.

　　　무신 상태에서 아래턱을 좌우로 지글지글 하고 갈아보세요.

　　　양쪽 같이 씹히세요? 불편하신 부분 없으세요?"

⑫ 임시재료 올린 곳이 높을 때

화이트스톤버, 라운드버를 사용한다.

  ◎ "다듬는 중입니다."

• 하이 핸드피스 사용할 때

  ◎ "물 나옵니다. 물은 바로 빼 드릴 테니 잠깐만 머금고 계세요."

• 로우 핸드피스 사용할 때

  ◎ "돌돌돌 울리는 느낌 나고 물이 나옵니다. 치아를 가는 게 아니고 재료를 다듬는 거니까 놀라지 마세요."

술 후 설명

  ◎ "오늘은 본을 뜨고 충치가 있었던 부위는 임시재료로 메꿔드렸어요. 다음 내원하실 때까지 캐러멜, 엿, 껌, 떡 같은 끈적한 음식을 드시면 임시재료가 빠질 수 있으니 조심하시고요. 단단한 음식은 반대쪽으로 식사해주세요. 혹시라도 빠지면 치과로 전화주시고 내원해주세요."

충치가 깊었을 때

  ◎ "충치가 너무 깊었기 때문에 신경보호제도 깔고 치료해드렸어요. 그래도 시린 증상이 일시적으로 있을 수 있습니다. 대부분은 시간이 지나면 좋아지니 너무 걱정하지 마시고, 당분간만 차고 뜨거운 음식 피해주세요. 치아도 적응하는 시간이 필요하거든요. 괜찮나 안 괜찮나 일부러 테스트해보시면 상처 부위를 건드려 덧나는 것과 마찬가지로 오히려 안 좋은 영향을 미칠 수 있으니까 일주일 정도만 미지근한 음식 위주로 드시고, 양치는 미지근한 물로 해주세요. 상담 때도 말씀드렸다시피 이 치아는 충치가 깊어서 신경치료 가능성도 있는 치아입니

다. 찬물이나 뜨거운 물이 닿았을 때 증상이 심해지면 나중에 신경치료에 들어가야 할 수도 있어요. 천천히 적응시켜 보면서 상태를 확인하겠습니다."

> **선배가 알려주는 TIP**

인레이 임프는 어떻게 하면 잘 나왔다는 걸 알 수 있나요?

인레이는 잔존 치질과 와동의 경계 부분이 가장 명확하게 채득 되어야 해요.

경계 부분에 기포가 있거나, 늘어지는 부분이 있으면 안 되는데, 이것을 가장 쉽게 확인하는 방법은 인상채득한 와동과 경계부분의 모양과 환자 구강 안의 프렙된 모양을 비교해 보는 거예요. 프렙된 모양과 채득한 모양이 똑같다면 인상이 잘 나왔다고 볼 수 있어요.

그리고, 코드를 넣고 인상을 채득하는 경우도 있어요.

만약 마진(경계 부분)이 잇몸과 높이가 같거나 잇몸보다 살짝 아래쪽에 위치했을 경우에는 코드를 넣어 마진을 노출시킨 후 임프를 채득해주세요. 코드를 넣고 임프레션 직전에 코드를 빼낸 후 인상채득을 하기도 하고 넣은 상태로 인상채득을 하기도 하는데 치아 상태나 원장님 진료성향에 따라 다르니 확인 후 인상을 채득해주세요.

코드를 제거하고 인상을 채득할 때는 가능한 한 빠른 시간 내로 인상재를 주입해야 좋은 인상을 채득할 확률이 높아요. 간혹 코드를 넣었음에도 마진이 잘 안 보일 때는 이중으로 넣기도 하는데 이때는 인상채득 직전에 두 번째로 넣었던 코드를 빼낸 후 채득하는 경우가 많아요.

인레이 여러 개를 임프할 땐 바이트트레이를 사용하나요?

교합이나 다른 요인에 따라 달라질 수 있겠지만, 인레이는 한 번에 여러 개의 임프를 채득해도 괜찮아요. 위 아래 3개씩 최대 6개 정도까지는 가능하답니다. 하지만 모든 상황에서 적용되는 건 절대 아니에요!

골드 인레이와 세라믹, 레진 인레이는 프렙 시 와동형성이 다른가요?

네 맞아요. 재료의 특징에 따라 프렙을 다르게 하는데요.
가장 큰 차이는 베벨(bevel; 비스듬한 면, 사면)을 주느냐 주지 않느냐에요. 금(gold)은 아무리 얇아도 깨지지 않아요. 금의 특성상 짓눌리면 늘어나 교합력에 의해 더 정밀하게 모양이 맞춰지기도 하지요. 치아와 인레이 마진의 정밀한 적합을 위해서 골드는 베벨을 주지만, 도재나 레진은 얇을수록 깨질 수 있기 때문에 베벨을 주지 않고 와동을 형성해요. 이 경우 시멘트를 잘 사용해야 하고 마진 부분의 2차 우식이 생기지 않도록 더욱 신경써서 세팅해 주세요.

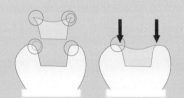

▲ 골드 인레이의 베벨

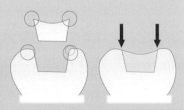

▲ 레진, 세라믹 인레이의 베벨

차팅 예시

▶ 골드인레이 프렙

2022-05-12		6	CC. 치료받았던 곳이 색이 변했어요
			Dx. 기타치아우식
			치근단 촬영1매 – 정확한 진단 위해 촬영 : 기존 레진하방으로 우식 진행
			Tx. Gold Inlay prep(MO), imp Under I/A lido 1@
			old resin removal, 충치 깊어서 GI base. Fermit filling
			*우식이 깊음, 당분간 차가운 음식, 뜨거운 음식 피하시라고 말씀드림.
			기공물 5/18 오후 도착예정
			Dr. 허준 / Staff. 새싹
			N) setting

▶ 레진인레이 프렙

2022-05-12		6	CC. 치료받았던 곳이 색이 변했어요
			Dx. 기타우식
			치근단 촬영1매 – 정확한 진단 위해 촬영 : 기존 레진하방으로 우식 진행
			Tx. Resin Inlay prep(MO), imp Under I/A lido 1@
			old resin removal, 충치 깊어서 GI base. Fermit filling
			shade : 교합면 #A2, 치경부 #A3
			*우식이 깊음, 당분간 차가운 음식, 뜨거운 음식 피하시라고 말씀드림.
			기공물 5/18 오후 도착예정
			Dr. 허준 / Staff. 새싹
			N) setting

* 레진 인레이나 세라믹 인레이 같은 경우에는 shade를 잊지 말고 차팅하도록 한다.

* 기공물이 도착하는 날짜를 적으면 데스크에서 예약을 잡을 때 도움이 된다.

임상사진 ▶ •

▶ 골드 인레이

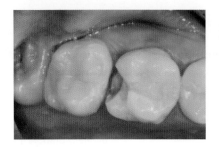 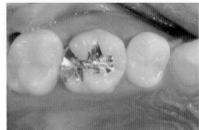

▶ 레진 인레이

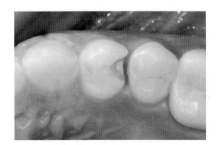 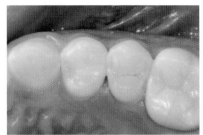

▶ 인접면 우식 눈으로 확인하기

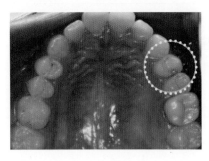 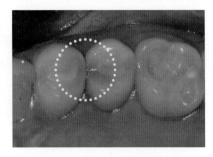

출처: 우리사랑치과 김일연 원장님 제공

인레이치료_ 골드 인레이 세팅

- • 시술 간단 설명(정의)

  골드 인레이를 치아에 접착하는 치료

- • 시술명 – 한국어 표기(영어 표기)[약어]

  골드 인레이 접착(gold Inlay setting)[G.In SET]

- • 순서

  엑스레이 띄우기 → 임시재료 제거 → 인레이 시적 → 접착 부위 소독 및 건조 → 접착제(cement) 도포 → 접착 → 잉여 접착제 제거 → 교합확인 → 폴리싱 → 주의사항 설명

- • 진료 기구 및 재료 준비

  기본 기구, 끈끈이(safe and sit), 스타퍼, 치실, 코튼펠렛. Fuji cement, 스파튤라, 믹싱패드, 기공물, 인레이세터, 교합지, 교합지 홀더, 버세트, 로우 핸드피스(콘트라앵글), 하이 핸드피스

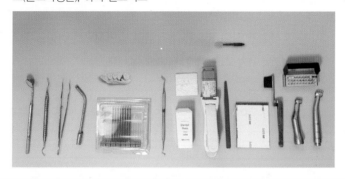

술 전 설명

⊙ "저번에 본뜬 것으로 보철물을 만들어 왔어요. 오늘 잘 맞는 것 확인하고 완전히 붙여드릴 거예요."

· 불편한 점은 없었는지, 임시재료가 빠지지는 않았는지 확인 후 C.C로 기입한다.

⊙ "치료한 치아는 괜찮으셨나요? 임시재료가 빠지지는 않으셨나요?"

· 기공물 상태를 궁금해 하는 환자에게는 기공물을 직접 보여주는 경우도 있는데 이 부분은 원장님과 협의 후 결정한다.

치료 과정

① 임시재료 제거할 때

⊙ "임시재료를 제거할 건데 약간 시큰한 느낌이 있을 수 있어요. 혹시 많이 불편하시면 왼손 들어서 표시해 주세요."

② 인레이 시적할 때

⊙ "원장님 오시기 전에 잘 맞는지 확인만 해볼게요. '아' 해주시겠어요?"

③ 인레이 시적 후 잘 맞을 때

⊙ "기공물이 잘 맞게 나와서요. 원장님 체크하신 후 붙여 드릴 거예요."

④ 건조할 때

⊙ "붙일 부위에 침이 있으면 접착력이 떨어지므로 바람을 불건데, 바람 불 때 많이 시릴 수 있어요. 놀라지 마세요."

⑤ 접착할 때

⊙ "접착제가 들어가면서 시큰한 느낌이 나실 수 있어요. 치아 좀 누를게요."

⑥ 치실 사용할 때

　▸ "치실입니다. 치아 사이의 접착제를 꼼꼼하게 제거해 드릴게요. 잇몸 쪽이 조금 욱신한 느낌 드실 수 있어요."

⑦ 인레이세터 사용할 때

　▸ "꽉 물고 계셔 주세요. 잘 맞게 들어가려면 꽉 물고 계셔야 해서요. 붙인 접착제 굳는 데 5분 정도 걸리는데 괜찮으시죠?

　　불편하시면 왼손을 들어주시고요. 제가 시간을 계속 확인해드릴 거고, 시간이 되면 기구를 빼고 마무리 도와드릴 거예요. 5분만 기다려주세요."

　▸ "이제 3분 정도 더 기다리실 거예요. 혹시 턱이 아프시거나 침이 많이 고이면 왼손 들어서 표시해주세요."

중간 중간 시간이 얼마나 남았는지 알려주고, 환자의 상태를 체크해주면 더욱 좋다.

⑧ 인레이세터 제거 후 잉여접착제 제거할 때

　▸ "붙이는 데 사용한 접착제가 주변에 남아있어서 제거해드릴 건데요. 입안에 좀 떨어질 수 있어요. 조금만 참아주시면 양치하실 수 있게 도와드릴게요. 네, 이제 일으켜 드릴 건데요. 붙인 주변에 혀를 대시면 좀 까끌거릴 수 있고, 다무시면 높은 느낌이 드실 수 있는데, 그 부분은 체크 후 다듬어 드릴 거니까 걱정하지 않으셔도 돼요. 잠시만 기다려주세요."

⑨ 교합 확인할 때

　▸ "딱딱딱 어금니로 식사하실 때처럼 깨물어보시고요, 좌우로 지글지글 갈아보세요. 높은 느낌이 드시거나 불편한 부분 있으면 말씀해주시겠어요?"

⑩ 폴리싱할 때

골드폴리싱용 러버와 실리콘을 사용한다.

　▸ "부드럽게 다듬어 드리는 중입니다."

- 하이 핸드피스 사용할 때
  - ● "물 나옵니다. 물은 바로 빼 드릴 테니 잠깐만 머금고 계세요."
- 로우 핸드피스 사용할 때
  - ● "돌돌돌 울리는 느낌이 나고 물이 나옵니다. 치아를 가는 게 아니고 재료를 다듬는 거니까 놀라지 마세요."

체크 포인트 ●

✅ 시멘트 믹싱할 때

- 시멘트 믹싱 시 비율을 최대한 1:1로 맞춘 상태에서 균일하게 믹싱해야 한다.
- 접착제는 미리 짜두면 일부가 굳을 수 있기 때문에 사용 직전에 바로 짜서 쓰는 것이 좋다.
- 환자가 인레이 세터를 과도한 힘으로 너무 세게 물지 않도록 설명한다.
- 인접면 부위의 접착제는 치실로 제거한 후 인레이 세터를 물리기 때문에 원장님께서 치실을 사용할 경우, 핀셋이나 스타퍼로 인레이를 눌러주면서 치실을 사용하는 동안 인레이가 구강 내로 탈락하지 않도록 주의한다.
- 영구접착제로 접착하는 것이기 때문에 시멘트가 잇몸에 남아있지 않도록 에어를 불어가며 꼼꼼하게 확인해야 한다.
- 인접면을 포함하여 인레이가 들어간 경우 반드시 치실을 사용하여 잔여 시멘트를 제거해야 한다.

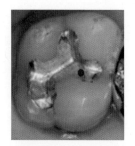

✅ 골드 인레이 시적할 때

- 네임펜으로 근원심을 표시한다.
- 시적할 때 적합도가 굉장히 좋거나 undercut에 걸리면 접착용 시멘트를 묻히지 않은 상태 그대로

출처: 우리사랑치과 김일연
원장님 제공

와동에서 빠지지 않는 상황이 생길 수 있으니 세게 누르지 않도록 주의한다.

- 익스플로러를 이용하여 기공물쪽부터 치면까지 걸리는 곳은 없는지 확인한다.
- 컨택(contact) 확인 시 치실이 저항감 있게 들어가고 나와야 한다.
- 치간에 익스플로러를 넣어서 교합면 쪽으로 올려 제거한다.
- 연성이 있으므로 교합조정과 폴리싱 과정에서 마진이 더 정밀하게 맞춰진다.

술 후 설명

- ◎ "본 떠서 제작한 부분 금 조각이 아주 잘 맞아서 오늘 완전히 붙여 드렸어요."
- ◎ "오늘 하루 정도는 너무 끈적한 음식은 피해주시고, 식사는 바로 하셔도 상관은 없지만, 접착제가 완전히 굳는 시간이 필요하기 때문에 1시간 정도만 뒤에 해주세요."
- ◎ "금이라는 재료는 치아보다 온도를 좀 더 빨리 느끼기 때문에 초반에는 불편하실 수 있지만, 대부분의 분들이 괜찮아지시고요. 혹시 많이 불편하시면 연락주세요. 1-2주 정도는 적응기간이라 생각하시면 돼요."

충치가 깊었을 때

- ◎ "충치가 너무 깊었기 때문에 시린 증상이 일시적으로 있을 수 있습니다. 대부분은 시간이 지나면 좋아지니 너무 걱정하지 마시고, 당분간만 차고 뜨거운 음식 피해주세요. 치아도 적응하는 시간이 필요하거든요. 괜찮나 안 괜찮나 일부러 테스트해보시면 상처 부위를 건드려 덧나는 것과 마찬가지로 오히려 안 좋은 영향을 미칠 수 있으니까 일주일 정도만 미지근한 음식 위주로 드시고, 양치는 미지근한 물로 해주세요. 상담 때도 말씀

드렸다시피 이 치아는 충치가 깊어서 신경치료 가능성도 있는 치아입니다. 찬물이나 뜨거운 물이 닿았을 때 증상이 심해지면 나중에 신경치료에 들어가야 할 수도 있어요. 다음 내원 때까지 조심해서 써주시고 불편하신 부분 있으시면 저희가 다시 확인해 드릴 테니 편하게 말씀해주세요."

> ### 선배가 알려주는 TIP
>
> 인레이, 크라운마다 사용하는 접착제가 원장님에 따라 달라요. 어떤 차이인가요?
>
> 개인 선호도의 차이라고 이해하면 돼요. 개인적 경험과 지식을 기본으로 재료를 정하시는 것이기 때문에 다를 수 있어요.

인레이 오류 시 대처방법!
- 안들어갈 때에는
  ① 내면의 Undercut(걸려서 안 들어가는 부위) 확인해주세요.
  ② Contact 확인해주세요.
- 마진이 짧을 때에는 어쩔 수 없이 re-make 해야해요.

인레이가 안 빠지는 경우 대처방법!
유틸리티왁스(utility wax)나 캔디리무버(candy remover)를 사용해서 제거해보세요.

> ### 차팅 예시

2022-05-09		6	CC. 불편한데 없었어요.
			Tx. Gold Inlay setting (MO) / RMGI cement setting
			polishing, 교합체크
			*우식 깊었어서 당분간 차가운 음식, 뜨거운 음식 피하시라고 말씀드림.
			Dr. 허준 / Staff. 새싹
			N) 1주일 후 체크

03
인레이치료_ 레진 인레이 / 세라믹 인레이 세팅

• 시술 간단 설명(정의)

　레진 or 세라믹 인레이를 치아에 접착하는 치료

• 시술명 – 한국어 표기(영어 표기)[약어]

　레진 인레이접착(resin inlay setting)[R.In SET]

　세라믹 인레이접착(ceramic inlay setting)[C.In SET]

• 순서

　엑스레이 띄우기 → 인레이 시적 → C.in/R.in 접착 → 잉여접착제 제거 → 큐어링
　→ 잉여접착제 제거 → 교합확인 → 폴리싱 → 주의사항 설명

• 진료 기구 및 재료 준비

　기본 기구, 기공물, 끈끈이(safe and sit), 스타퍼, 치실, 코튼펠렛, 레진시멘트, 스파
　튤라, 믹싱패드, 인레이 세터, 광중합기, 프로텍터, 교합지, 교합지홀더, 버세트, 로
　우 핸드피스(콘트라앵글), 하이 핸드피스

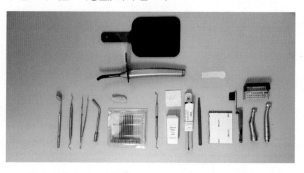

> **술 전 설명** ·······································

- ⊙ "저번에 본뜬 것이 제작되어서 오늘 맞춰보고 잘 맞으면 완전히 붙여 드릴 거예요."
- · 불편한 부분은 없었는지, 임시재료가 빠지지는 않았는지 확인 후 C.C로 기입 한다.
  - ⊙ "임시재료가 빠지지는 않으셨어요?"

> **치료 과정** ·······································

① 임시재료 제거할 때

  ⊙ "임시재료를 제거 해드릴 건데 약간 시큰한 느낌이 있어요. 많이 불편 하시면 왼손 들어서 표시해 주세요."

② 인레이 시적할 때

  ⊙ "기다리시는 동안, 본뜬 것 미리 맞 춰 볼게요. '아' 해주시겠어요?"

③ 거울 보여주며 환자와 쉐이드(shade)를 확인

  ⊙ "색깔 어떠세요? 괜찮으세요?"

④ 인레이 시적 후 잘 맞을 때

  ⊙ "기공물이 잘 맞게 나와서요. 원장 님 체크하신 후 붙여 드릴 거예요."

⑤ 건조할 때

이때 보철물에 전처리를 시행하고, 접착제를 믹스한다.

  ⊙ "붙일 부위에 침이 있으면 접착력이 떨어져서요, 바람 불건데 바람 불 때

▲ 유틸리티왁스와 스타퍼를 이용 하여 인레이 세팅 준비한 모습

▲ 끈끈이를 이용하여 인레이에 내 면처리 하는 모습

많이 시릴 수 있어요. 놀라지 마세요."

⑥ 큐어링할 때

　◎ "단단하게 굳히는 중입니다. 눈 감고 계세요."

⑦ 보철물 접착할 때

이때 보철물을 스타퍼를 이용해 보철물이 떨어지지 않게 잡아준다.

　◎ "접착제가 들어가면서 시큰한 느낌이 날 수 있습니다. 죄송하지만 조금만 참아주세요."

⑧ 치실 사용할 때

　◎ "치실입니다. 치아 사이의 접착제를 꼼꼼하게 제거해 드릴 거예요."

⑨ 접착제 제거 및 큐어링할 때

　◎ "단단하게 굳히는 중이에요. 따뜻한 느낌이 날 수 있습니다. 혹시라도 뜨거우시면 왼손 들어 주세요."

⑩ 교합확인할 때

　◎ "평소처럼 어금니로 딱딱딱 씹어 보세요. 불편하신 점 있으신가요?"

　◎ "불편하신 부분이 없으시면 매끄럽게 다듬고 마무리해드릴게요. 돌돌돌 울리는 느낌이 날 수 있고 물이 나옵니다. 입안에 떨어지는 가루는 조금만 머금고 계시면 금방 양치하실 수 있도록 도와드리겠습니다."

⑪ 폴리싱할 때

화이트스톤 버 또는 전용 폴리싱버를 사용한다.

　◎ "다듬는 중입니다."

・하이 핸드피스 사용할 때

　◎ "물 나옵니다. 물은 바로 빼 드릴 테니 잠깐만 머금고 계세요."

・로우 핸드피스 사용할 때

　◎ "돌돌돌 울리는 느낌 나고 물이 나옵니다. 치아를 가는 게 아니고 재료 다듬는 거니까 놀라지 마세요."

✅ 레진 인레이 / 세라믹 인레이 시적할 때

- 네임펜으로 근원심을 표시한다.
- 시적할 때 적합도가 굉장히 좋거나 undercut에 걸리면 접착용 시멘트를 묻히지 않은 상태 그대로 와동에서 빠지지 않는 상황이 생길 수 있으니 세게 누르지 않도록 주의한다.
- 익스플로러를 이용하여 기공물쪽부터 치면까지 걸리는 곳은 없는지 확인한다.
- 컨택(contact) 확인 시 치실이 저항감 있게 들어가고 나와야 한다.
- 인접면을 포함한 인레이는 치간에 익스플로러를 넣어서 교합면 쪽으로 올려서 제거한다.
- 교합조정과 폴리싱 과정에서 마진을 더 정확히 맞출 수 있다.

✅ 치료 시 주의 사항

- 듀얼큐어(dual cured)레진 시멘트같은 경우는 유니트 체어 라이트에도 금방 굳을 수 있기 때문에 라이트를 치우거나 턱쪽으로 내린 후 세팅하기도 한다.
- 세팅 직후 미리 준비한 여러 개의 코튼펠렛으로 기공물 주변으로 밀려나온 잉여 시멘트를 재빨리 닦아 내야한다.
- 레진시멘트는 완전히 경화되고 나면 제거가 굉장히 어렵기 때문에 처음에는 1~3초만 큐어링을 하고 살짝 굳은 상태에서 잉여 시멘트를 제거한다. 인접면을 포함한 경우 치실을 이용하여 잉여 시멘트를 제거하는데 치실을 넣고 치실질을 할 때 교합면측에서 핀셋으로 인레이를 고정을 해주어야 한다. 인레이의 교합면 부분을 누르되 미끄러지지 않도록 주의한다. 핀셋이 미끄러지면 환자의 협,설측 연조직이 다칠 수 있다. 치실질을 통하여 잉여

시멘트제거가 끝나면 치실은 옆으로 빼도록 한다. 위로 빼면 인래이가 탈락할 위험이 있다.

- 잉여 시멘트를 대부분 제거하고 난 후 완전히 큐어링을 할 때는 부위 당 20초씩, 사방에서 충분한 시간을 큐어링 해야 한다.

술 후 설명

◉ "본 떠서 제작한 것이 아주 잘 맞아서 오늘 완전히 붙여 드렸어요. 오늘 하루 정도는 너무 끈적한 음식은 피해주세요."

* p195 술 후 설명 참고

선배가 알려주는 TIP

동시에 #17, #16 R.in 세팅해야 하는데 어떤 걸 먼저 원장님께 드려야 할까요?

원장님이 구강 내 시적하고 주시는 보철물의 역순으로 드리면 돼요.
예를 들어 원장님이 #17, #16 순으로 주셨다면 우리는 #16, #17 순서로 드려요.
때때로 기공물에 번호가 적혀있는 경우도 있어요. 꼭 순서대로 세팅해야 하니 잊지 마세요!

인레이 세팅 후 인접면 잉여 시멘트 제거하는 게 힘들어요.

세팅 시 사용하는 접착제는 큐어링 후 단단하게 변해버려요.

인레이 세팅 시 큐어링을 3-5초가량 짧게 한 후 남아있는 접착제를 익스플로러나, 치실로 제거한 후 여러 면에서 큐어링을 20초씩 해주어 굳혀주는 것이 좋아요.

만약, 세팅 후 남아있는 접착제를 발견했다면, 익스플로러나, 스케일러를 이용하여 제거해주세요. 스케일러 이용 시, 세기는 낮게 조절하여야 해요. 직접적으로 인레이에 강한 세기로 조절한 스케일러가 닿으면 심한 경우 인레이가 파절되는 경우가 있기 때문에, 인레이에 스케일러가 닿지 않도록 각별히 조심해 주세요. 혹시 이렇게 했는데도, 제거가 되지 않는 부분들이 있다면 원장님께 도움을 청해주세요!

차팅 예시

| 2022-05-09 | | 6 | CC. 불편한데 없었어요.
Tx. Resin Inlay setting (MO) / Maxcem cement setting
　　 polishing, 교합체크
*우식 깊었어서 당분간 차가운 음식, 뜨거운 음식 피하시라고 말씀드림.
　　　　　　　　　　　　　　　　Dr. 허준 / Staff. 새싹
　　　　　　　　　　　　　　　　　N) 1주일 후 체크 |

04
근관치료의 이해

- 시술 간단 설명(정의)

  흔히 신경치료라고 부르며, 치아 내부의 신경과 혈관이 들어있는 치수조직을
  제거한 후, 그 공간 내에 치과재료가 잘 들어갈 수 있도록 모양을 형성하고
  재료를 넣어 밀봉시키는 치료

- 시술명 – 한국어 표기(영어 표기)[약어]

  근관치료(endodontic treatment)[ENDO]

치료 과정

일반적으로 치과에서 대구치부를 기준으로 이루어지는 근관치료 과정을 4회
차에 걸쳐 일자별로 기술하였다. 치료방법이나 상황에 따라 이 과정이 하루,
이틀에 끝나는 치과도 있고, 치료기간이나 횟수가 더 길어질 수도 있다.

① 근관치료 1일차▶ 엑스레이 촬영(진단), 시술 전 처치, 발수, 근관와동형성, 근관장측정

- 교합면 삭제

근관치료 과정 중에 교합외상을 피하고, 치아의 파절을 방지하기 위해 교합면을
삭제한다. 또한 근관장 측정 시 일정한 기준점을 유지하기 위한 목적도 있다.

• 근관와동형성

충치 및 병소를 제거하고 와동을 형성한다.

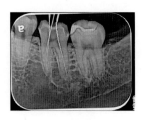

• 발수

근관 내 신경을 제거한다.

• (필요시) 근관장측정검사

근관길이를 측정한다(필요시 엑스레이 촬영).

② **근관치료 2일차▶근관장측정, 엑스레이 촬영(근관장측정확인), 근관확**
   대, 근관성형, 근관세척

• 근관장측정

  − Endodontic explorer 이용하여 근관입구를 찾는다.

  − Root ZX 또는 엑스레이를 이용하여 근관장을 측정한다.

• 근관확대

  − 근관벽의 상아질을 삭제하여 세균과 괴사된 치수, 변성상아질 등을 제
    거하고, 근관충전에 알맞은 모양이 되도록 한다.

  − 핸드파일(H−file 또는 K−file 등), 나이타이파일(Ni−Ti file) 등을 이용하여
    근관을 확대한다.

• 근관성형

  − 기구사용을 용이하게 하고 근첨부까지 세척액이 잘 도달하게 하며 근관
    충전 시 충전물 삽입을 쉽게 할 수 있도록 하는 과정이다.

  − 근관형태를 끝은 좁고, 근관 입구 쪽으로 넓어지는 깔대기 모양으로 만
    드는 과정이다.

• 근관세척

  − 소독액을 이용하여 근관 내 세균, 치수잔사, 절삭편 제거와 항균 및 기
    구 삽입 시 윤활작용을 돕는다.

③ 근관치료 3일차▶근관확대, 근관성형, 근관세척(필요시 근관장측정검사)

④ 근관치료 4일차▶근관 충전, 엑스레이 촬영(근관충전 확인), (필요시 근관장측정검사

• 근관충전

 – 형성된 신경관 내로 생체친화성이 있으며 인체에 무해한 재료(지피콘; GP cone)를 채워 넣는다.

 – 단순근관충전, 가압근관충전방법이 있으며 가압근관충전방법은 측방가압법, 수직가압법으로 나눌 수 있다.

근관치료_1일차

- 시술 간단 설명(정의)

  충치를 제거하고, 교합면을 삭제한 뒤 근관을 찾기 위해 치아 가운데에 와동을 형성한다. 그 후 치수를 제거하는 치료이다.

- 시술명 – 한국어 표기(영어 표기)[약어]

  시술 전처치(pre-treatment)

  근관와동형성(access cavity preparation); 치수강개방(pulp chamber opening)

  발수(pulp extirpation)[P/E]

- 순서

  엑스레이 촬영 → 엑스레이 띄우기 → 신경치료 동의서 받기 → 마취 → 러버댐 장착 → 근관와동형성 → 발수 → 근관건조 → 코튼펠렛 및 캐비톤필링 → 러버댐 제거 → 주의사항 설명

- 진료 기구 및 재료 준비

  기본 기구, 마취, 러버댐세트, 로우 핸드피스(콘트라앵글), 하이 핸드피스, 버세트, 파일세트, 파일꽂이, Root ZX, 룰러, NiTi엔진, 10 cc 주사기에 5.25% NaOCl, 셀라인 세척액, 페이퍼포인트, 멸균코튼펠렛, 캐비톤(caviton), 스타퍼, 알코올코튼펠렛, (필요시 바버드브로치)

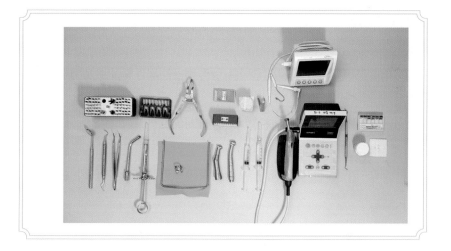

◎ "오늘 신경치료를 하실 거예요. 신경치료에 대해서 간단한 설명 드릴 게요.

신경치료는 충치가 신경까지 감염되어서 뿌리쪽 염증이 있는 경우와 신경에 염증이 생긴 경우에 신경까지 노출된 신경을 제거하고 신경관을 깨끗하게 소독한 후 밀폐해서 치아를 보존해주는 치료예요.

이 치료는 하루 만에 마무리되는 치료가 아니고 여러 번 받으셔야 돼요. 신경치료 후엔 치아가 깨질 가능성이 높아요. 그래서 단단한 재료로 메운 다음 치아를 씌우는 치료까지 하셔야 치아를 튼튼하게 쓰실 수 있어요. 신경치료는 치아를 살릴 수 있는 제일 마지막 치료예요. 그리고 성공률이 100%가 아니기 때문에 경과가 좋지 않으면 치료계획이 변경되어 이를 빼는 경우도 있어요.

성공률이 높긴 하지만 적은 가능성이라도 설명해드려야 하는 의무 때문에 말씀드리는 거니까 너무 걱정은 하지 않으셔도 돼요."

치료 과정 ▶ ··

① 마취할 때

⊙ "이제 마취해 드리겠습니다. 살짝 뻐근한 느낌 드실 수 있어요."

- 상악블록 마취 확인

⊙ "얼얼하신가요? 입천장이 뻐근해 지는 느낌 드시나요?"

- 하악블록 마취 확인

⊙ "얼얼하신가요? 혀, 볼, 입술 반쪽의 느낌이 다르신가요?"

② 러버댐 걸기

- 러버댐 걸기 전

⊙ "신경치료를 할 때 소독약도 사용하고, 기구도 좀 작기 때문에 시작
전에 입안에 보호막을 하나 걸어드릴 건데 마취를 하셔서 아프지는 않
으실 거예요. 조금 조이는 느낌만 있어요."

- 러버댐 걸기 후

⊙ "이 정도의 느낌만 있어요. 혹시 아프시거나, 입술이 눌리시나요? 괜
찮으시죠? 입안에 고이는 침은 삼키셔도 되는데 삼키기 어려우시면
빼 드릴 테니까 불편하신 부분이 있다면 왼손 들어서 표시해 주세요."

입술이나 코가 많이 눌릴 경우 그 부분에 거즈를 대주거나, 러버댐 시트를
살짝 느슨하게 조정해 준다.

③ 교합면 삭제

교합면을 삭제해 대합치와 닿지 않게 조정한다.

주로 diamond bur를 사용한다.

⊙ "맞닿는 치아와 닿지 않게 치아 다듬을게요. 물이 나옵니다. 불편하시
면 왼손을 들어주세요."

④ 치수강 개방 및 발수

충치 및 병소를 제거하고 와동을 형성하는 술식이다. 마취를 했음에도 통증을 호소하는 경우에는 치주인대마취나 치수내 직접 마취를 추가로 시행하기도 한다. 치수강 개방 시 주로 엔도지버(Endo-Z bur)를 사용하며 신경이 노출되었을 경우 타액이 닿지 않게 석션한다.

　◎ "기계소리나고 물나옵니다. 혹시 불편하시면 왼손들어서 표시해주세요."

• 바버드브로치를 사용할 때

근관이 넓고 치수가 생활력이 남아 있을 때이다. 좁은 근관에 바버드브로치를 사용해 치수를 제거하면 날이 근관 내부에서 부러지거나 박힐 우려가 있으므로 사용하지 않는다.

• 파일을 이용할 때

근관이 좁거나 치수가 괴사되어 잔사가 남았을 때이다.

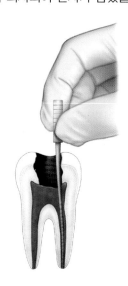

⑤ 근관와동 형성

엔도용 익스플로러(endodontic explorer), GG버, 라운드 버(혹은 long neck Bur 등)를 이용하여 근관입구를 찾고 근관와동을 형성한다.

* 필요시 근관장측정검사를 시행한다.

⑥ 근관건조

근관 건조 시에는 각 근관에 맞는 페이퍼포인트로 근관을 건조시킨다. 구치부의 경우 너무 굵은 페이퍼포인트는 준비하지 않아도 된다. 근관이 좁아서 주로 얇은 것을 사용하기 때문이다.

⑦ 코튼펠렛 및 캐비톤필링할 때

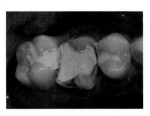

◑ "신경치료하신 부위에 약을 넣고 깨끗한 상태로 유지할 수 있도록 임시재료로 막 아드릴게요. 살짝 누르는 느낌 있어요."

출처: 우리사랑치과 김일연 원장님 제공

⑧ 러버댐 제거할 때

◑ "오늘 치료는 끝나서 입안에 걸고 있었던 보호막을 빼드릴게요. 오늘 잘 도와 주셔서 치료도 잘 진행되었어요."

▶ 술 후 설명 ▶ ··········

첫날 바로 모든 신경을 제거하기 어려운 것을 근관장 확대 시 제거하게 된다거나 신경관의 길이가 정확하게 재어지지 않았을 때 발수 후 통증의 원인이 된다. 지속적 통증 시 치아 균열 또는 부근관의 존재에 대해 설명한다.

◑ "오늘 잘 도와주셔서 신경치료 마무리되었어요. 주의사항 설명 드릴게요. 치료기간은 2-7일 간격으로 3-4회 방문할 수 있어요. 증상에

따라서 횟수와 기간이 늘어날 수 있어요."

● "치아 뿌리 속 신경관에는 눈에 보이지 않는 미세한 신경 다발이 있어
서요. 신경치료가 끝난 후에도 약간의 불편감이나 시큰거림이 남아있
을 수 있어요. 그래서 신경치료 중에는 통증이 있을 수 있는데, 불편하
시면 처방받은 약 또는 진통제 복용하면 돼요. 나아지지 않으면 치과로
내원해 주세요."

● "지금 남아있는 치아의 양이 별로 없는 상태거든요. 치료받으시는 치
아로 식사를 하시면 치아가 깨질 수 있어요. 치료가 완전히 끝날 때까
지는 반대쪽으로 식사하시고, 반대쪽으로 하시더라도 딱딱하거나 질
긴 음식은 피하는 것이 좋아요.

오늘 임시로 메워 드린 거라 약재가 빠진 경우 치아 안쪽에 세균이 들어
갈 수 있어서요. 치과로 전화 주시고 오시면 다시 메워 드릴 거예요."

체크 포인트 ●

✅ 치아별 치근 및 근관의 수

• 근관장 측정(WLD)할 때 참고한다.

분류	중절치 상, 하악	측절치 상, 하악	견치 상, 하악	제1소구치 상악	하악	제2소구치 상, 하악	제1, 2대구치 상악	하악
치근수	1	1	1	2	1	1	3	2
근관수	1	1	1	2	1	1	3	3
근관 위치				B, P			MB, DB, P	MB, ML,D

• 하악 제2대구치가 C-shape/ U-shape의 형태나 근단에서 1개로 모아지
는 경우도 있다.

• 하악 중절치나 측절치, 상악 제2소구치가 2근관인 경우도 있다. 그때의 위

치는 B, P로 표시한다.

- 상악 대구치가 4근관일 때에는 근관의 위치가 MB1, MB2, DB, P, 하악 대
  구치 4근관일 때에는 근관의 위치가 MB, ML, DB, DL인 경우가 많으니 참
  고하여 잘 기록한다.

✅ 러버댐 구멍(hole)의 위치

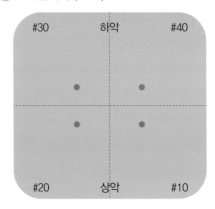
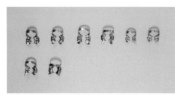

✅ 러버댐 부위별 클램프

전치	220	211	212	6	9	90N
소구치	00	27	207	2	206	
대구치	7a	5	14	18	201	205
유치	5	7	56	201	202	

상악일 때	하악일 때
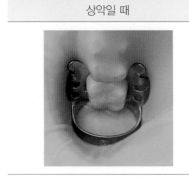	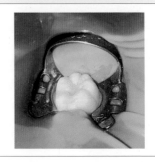

✅ 프로테이퍼 파일

- 삭제력이 매우 뛰어난 전동파
일이며, 석회화가 많이 진행
된 근관, 성형이 어려운 근관
일 때 사용한다.
- 탄성, 유연성, 내구성 등의 물
리적 성질이 우수하다.

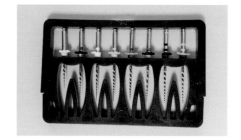

- 속도를 매우 느리게 회전시켜야 하므로 별도의 전기 모터를 사용한다.
- 종류

  - SX: 띠가 없다. 임상에선 금색이라고도 부르며, 총길이는 19 mm이다.
  - S1: 보라색
  - S2: 흰색
  - F1: 노란색
  - F2: 빨간색
  - F3: 파란색
  - F4: 검은색 2줄
  - F5: 노란색 2줄

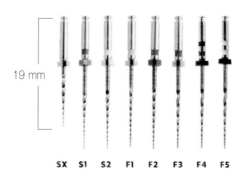

✅ 페이퍼포인트

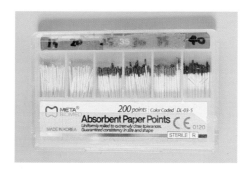

✅ Endo-Z 버와 Sugical 버의 비교

Endo-Z 버	Surgical 버
• 금색 테두리가 있다. • 끝부분에 손가락을 대보면 끝이 뭉뚝하다.	• 끝부분에 손가락을 대보면 끝이 뾰족하다. • 치수강 개방 시 써지컬버(surgical 버)를 사용할 경우, 분지부 등이 뚫릴 가능성이 있다.

 Endo-Z 버를 꽂아 놓아야 하는데 sugical 버가 꽂혀져 있는 걸 원장님 오시기 직전에 확인한 적이 있다.

* Endo-Z 꽂을 때 한 번 더 확인하고 꽂는 습관을 가져야 한다.

✅ K-file과 H-file의 비교

K-file	H-file	파일 통에 꽂혀진 모습
• 상하, 회전 동작으로 근관벽을 삭제한다. • 가장 중요하고 민감한 치근단 ⅓ 부위에서는 반드시 사용하여 근관형성한다.	K-file에 의해 확대된 근관 내에서만 사용한다.	• K-file: 까만 네모 • H-file: 까만 동그라미

214

신경치료는 언제 끝나나요?

보통 3–5번 정도에 끝나는데 치아상태에 따라 결정됩니다.
원장님께서 치아상태 보신 후에 말씀드릴게요.

신경치료는 왜 한 번에 안 끝나죠?

치아 상태에 따라 한 번에 끝내도 경과가 괜찮은 경우도 있지만, 대부분
은 여러 번 내원해서 소독하고 치아 내에 염증 조직 제거하였을 때 경
과가 더 좋은 경우가 많아요.

충치를 제거하고 치아 안쪽에 있는 신경을 찾아내 신경 하나하나의 길
이를 재고요. 신경이 있었던 자리의 모양을 다듬고 소독한 후 치과용 깨
끗한 재료로 메워주는 과정을 거치게 됩니다. 치아를 살리는 마지막 치
료인만큼 매우 정밀한 치료예요.

이론적으로는 치아 한 개당 네, 다섯 번 정도 내원해주셔야 마무리가 돼요.
머리카락보다 가느다란 신경관 안의 염증과 감염된 조직을 깨끗하게 제
거 해야 하는데 게다가 큰 어금니의 경우 신경이 3–4개 정도 되기 때문
에 하루 만에 마무리해서 좋은 치료 경과를 얻기가 어려울 때가 많아요.
○○○님께서 이 치아를 오랫동안 편하게 쓰시게 해드리려고 노력하는
과정이니 양해 부탁 드릴게요.

신경치료를 받았는데도 왜 아프죠?

신경치료 후에도 아프실 수는 있어요. 짧게는 며칠, 길게는 수개월 정도까지 불편감이 생길 수 있는데요. 대부분 시간이 지날수록 통증이 점점 줄어들어요. 만약 그렇지 않다면, 부신경관이 존재하고 있을 수 있어요. 치아의 신경은 한 개가 아닌 식물의 잔뿌리처럼 가느다랗고 다양한 모양의 잔 신경관이 많이 있어요. 그런 잔 신경가지까지는 신경치료를 진행할 수 없다 보니 그 부분의 염증이 심한 경우 통증이 지속되기도 해요. 재신경치료가 통증 완화에 도움이 될 거라 판단되면 신경치료를 다시 시도해 볼 수 있어요.

보험 청구 팁 •

▶ 발수는 근관당 적용하며 발수가 완료되었을 때 전 치료과정 중 1회만 산정한다.

▶ 치수강개방 후 FC cotton만으로 마무리하였을 경우 발수가 아닌 보통 처치로 산정한다.

▶ 러버댐은 악당 산정 가능하다.

▶ 마취는 전달마취와 침윤마취 동시 시행 시 전달마취만 인정된다. 대신 추가 사용한 앰플은 산정 가능하다.

▶ 발수 시 근관세척을 시행하였더라도 발수와 근관세척은 동시 산정 불가하다.

▶ 치수가 괴사된 경우 마취를 산정하지 않더라도 발수가 인정된다.

▶ 바버드브로치와 파일은 근관당 산정 가능하다.

▶ Re-endo 시 발수 적용은 산정오류이다.

▶ 발수하는 날 가압근충까지 진행하였다면 당일 발수근충으로 청구하며 이때는 파일, NiTi파일 같은 재료 외에 다른 행위(근관장측정검사 등)는 청구하지 않는다.

▶ 교합면 삭제한 행위는 교합조정으로 산정할 수 없다(교합조정 산정기준에 부합되지 않는다).

차팅 예시

2022-05-06 (오후 8시 5분 내원)	6		CC.어딘지 모르겠는데 일주일전부터 오른쪽으로 씹을때 아파요.
			Dx. 가역적치수염 – air(+) bite(+)
			치근단 촬영 1매 – 정확한 진단 위해 촬영 : 우식으로 인한 치수염
			Tx. AO, PE, ACP Under B/A lido 1@ I/A lido 1@ – 4근관
			WLD (MB: 12mm, ML : 12mm, DB : 12.5mm, DL: 13mm)
			근관장 확인 위한 치근단 동시2매 촬영
			Paper point, Cotton pellet, caviton filling, R/D
			Dr. 허준 / Staff. 새싹
			N) CE

* 보통 발수만 시행하는 것이 아니라 근관확대, 근관성형, 근관장측정검사 등의 진료가 수반되나 효율적 설명을 위해 구분한 순서대로 기술한 바 발수와 함께 다른 행위를 한 경우 P60 차팅을 참고하시기 바랍니다.

근관치료_2일차

- 시술 간단 설명(정의)

  근관장측정: 근관의 길이를 측정

  근관확대 및 성형: 근관충전을 하기 좋게 근관을 넓히고 모양을 만드는 치료

- 시술명 – 한국어 표기(영어 표기)[약어]

  근관장측정(working length determination)[WLD]

  근관확대(root canal enlargement)[C/E]

  근관성형(root canal shaping) [C/S] or [C/P]

  근관세척(canal irrigation) [C/I]

- 순서

  엑스레이 띄우기 → 필요시(마취) → 러버댐 장착 → 캐비톤제거 → 근관장측
  정 → 근관확대/성형/세척 → 근관건조 → 코튼펠렛 및 캐비톤필링 → 러버댐
  제거 → 주의사항 설명

- 진료 기구 및 재료 준비

  기본 기구, 마취, 러버댐세트, 파일세트, 파일꽂이, Root ZX, 룰러, NiTi엔진, 5
  or 10cc 주사기에 5.25% NaOCl, 셀라인 세척액, 페이퍼포인트, 멸균 코튼펠
  렛, 캐비톤, 스타퍼

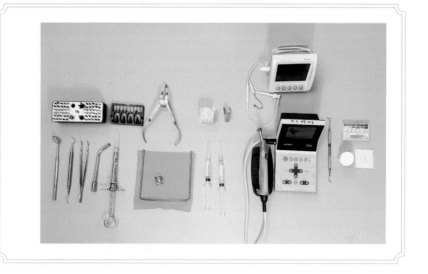

술 전 설명

> ⊙ "오늘 신경치료 이어서 진행하겠습니다. (마취가 필요한 경우) 먼저 마취하고 시작할게요."

치료 과정

① 마취할 때

> ⊙ "이제 마취해드리겠습니다. 살짝 뻐근한 느낌 드실 수 있어요."

• 상악블록 마취 확인

> ⊙ "얼얼하신가요? 입천장이 뻐근해지는 느낌 드시나요?"

• 하악블록 마취 확인

> ⊙ "얼얼하신가요? 혀, 볼, 입술 반쪽의 느낌이 다르신가요?"

② 러버댐 걸기
- 러버댐 걸기 전
  - ◉ "신경치료를 할 때 소독약도 사용하고, 기구도 좀 작기 때문에 시작 전에 입안에 보호막을 하나 걸어 드릴 건데, 마취를 하셔서 아프지는 않으실 거예요. 조금 조이는 느낌만 있어요."
- 러버댐 걸기 후
  - ◉ "이 정도의 느낌만 있어요. 혹시 아픈 부분이 있거나, 입술이 눌리시나요? 괜찮으시죠? 입안에 고이는 침은 삼키셔도 되는데 삼키기 어려우시면 빼드릴 테니까 불편하신 부분이 있다면 왼손 들어서 표시해 주세요."

입술이나 코가 많이 눌릴 경우 그 부분에 거즈를 대주거나, 러버댐 시트를 살짝 느슨하게 조정해 준다.

③ 임시재료를 제거할 때
지난번 진료 후 통증이 있다거나 현재 통증이 있는 경우에는 마취 먼저 진행한다.
  - ◉ "소독을 위해서 임시로 막아 두었던 재료를 제거할 거예요. 소리가 좀 납니다. 이 정도의 누르는 느낌이 있어요. 혹시 통증은 없으신가요? 혹시 불편하시면 왼손 들어주세요."

④ 방사선 사진을 이용하여 근관장측정[WLD]하는 경우
- 진단을 위해 찍은 사진과, 치아의 평균 길이를 참고로 file을 선택한다.
- 파일에 인스트루먼트스탑(instrument stop)을 끼워 길이를 표시하고 근관에 넣는다.
- 이때 참조점을 전치부는 절단연에, 구치부는 교두정에 둔다.
- 근관장은 해당 치아의 참조점에서 치근 끝보다 0.3-0.5 mm 뺀 것이 근관장이 된다.

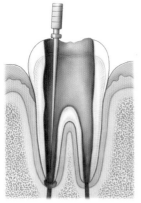
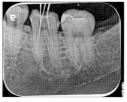

⑤ Root ZX를 이용하여 근관장측정[WLD]하는 경우

Root ZX 사용방법

① 전원을 켠다.
② 근관 내에 세척액을 채워둔다. 경우에 따라 건조(이때 석션 및 에어로 건조시켜야 한다)한다.
③ 적당한 크기의 file을 선택한다.
④ 은색 고리를 치료하는 치아의 반대쪽 볼에 건다.
 "근관의 길이 확인 위해서 기계 사용할 거예요. 입꼬리 쪽에 고리 하나 걸어 드릴 게요. 마취하셨지만 잠깐 찌릿한 느낌 들 수 있어요. 혹시라도 많이 불편하시면 왼손 들어주세요."
⑤ 건조하면 일반적 근관길이보다 더 파일을 삽입하더라도 기계가 반응이 없고 너무 습하면 입구에 넣자마자 "삐-"하고 근관장 끝까지 측정된 것과 같은 소리가 난다. 건조할 때 원장님께서 세척액을 근관 내에 넣으시는데 이때 와동 밖으로 넘치는 세척액만을 석션한다.
 습할 때는 메탈석션팁을 와동입구와 수직으로 위치시켜 근관 내의 혈액이나 세척액을 석션하도록 한다.
 들어간 file의 길이를 확인한 다음 0.3-0.5 mm를 뺀 것이 근관장이 된다. 측정기의 계기판에 나타나는 숫자는 실제 길이와는 상관없다. 근관장 길이가 확인되면 파일과 NiTi file을 이용하여 근관을 확대한다.
⑥ 펜이나 테블릿을 준비해 원장님이 불러주는 길이를 적는다.

원장님께서 레퍼런스 팔라탈(reference palatal)이라고 하시면서 근관장 길이를 말씀해 주시는 경우가 있는데요. 이건 팔라탈(palatal) 기준이라는 뜻이랍니다.

⑥ 근관 확대 & 성형할 때

- 근관 내벽을 삭제하여 근관 내에 있는 괴사된 치수와 잔사를 제거한다.
- 근관 입구가 넓어지므로 기구 도달이 용이해져 근관 세척과 근관 성형이 쉬워진다.
- 파일에 있는 인스트루먼트스탑(Instrument stop; rubber stop)을 사용하여 기구가 근단공을 넘어가지 않도록 해야 한다.
- 기구는 크기가 작은 것부터 순차적으로 사용한다. 부러짐을 막고, 렛지(ledge) 형성을 방지한다.
- 기구 사용 전에 삭제 날, 변형 등을 확인한다.

근관확대 방법

- 재래식 방법: 예전에 많이 사용하던 방법으로, 기구의 작은 번호부터 순차적으로 크기를 증가시켜 원추형 모양의 근관을 형성한다.
- 스탭백 방법: 보편적으로 사용하는 근관확대방법으로, 치근단 부위를 가능한 작게 유지해 변형을 최소화하는 동시에 치경부로 갈수록 넓혀줌으로써 원래의 치근 형태를 유지한다.
- 크라운-다운 방법: 재래식 방법이나 스탭-백 방법과는 반대로 큰 파일(file)부터 작은 파일(file)을 사용하면서 점차 치근단 방향으로 확대한다.
- 근관은 항상 세척액이나 윤활제로 채우고 사용한다.

⑦ 근관 세척

- 니들을 느슨하게 위치하고 펌프질하는 동작으로 서서히 세척제를 주입한다.
- NaOCl 석션 시 반드시 세척이 끝날 때까지 팁을 치아 바로 옆에 대고 있는다.

⑧ 근관건조

- 근관 건조 시에는 각 근관에 맞는 페이퍼포인트로 근관을 건조시킨다.
- 구치부의 경우 근관 끝 쪽까지 건조시키기 용이하지 않기 때문에 너무 굵은 페이퍼포인트는 준비하지 않는 것이 좋다.

⑨ 코튼펠렛 및 캐비톤필링할 때

- 임시재료를 가봉할 때는 치아의 벽보다 낮게 충전해야 한다.
- 치아의 벽보다 높게 임시재료를 가봉하면 임시재료가 먼저 닿아서 신경치료를 하고 있는 치아에 통증이 생길 수 있다.
    - ☺ "신경치료하신 부위에 임시재료로 막아드릴게요. 살짝 누르는 느낌 있어요."

⑩ 러버댐 제거할 때

- ☺ "오늘 치료는 끝나서 입안에 걸고 있었던 보호막 빼드릴게요."

<blockquote>술 후 설명</blockquote>

☺ "오늘도 잘 도와주셔서 신경치료 잘 진행했어요. 주의사항 설명해 드릴게요. 식사는 반대쪽으로 해주시고요. 혹시 집에 가셔서 불편하시면 진통제를 드셔도 돼요. 많이 불편하시면 치과로 전화주세요."

✅ 신경치료에 사용되는 기구 및 재료

핸드파일(Hand file)	프로테이퍼 NiTi파일(Protaper NiTi file)

• 손을 이용해 사용하는 파일
• 크기

손잡이색	기구의 크기		
회색	8		
보라색	10		
흰색	15	45	90
노란색	20	50	100
빨간색	25	55	110
파란색	30	60	120
녹색	35	70	130
검정색	40	80	140
빨간색	25	55	110

• 전동기구를 이용해 사용하는 파일
• 크기

손잡이색	이름	파일 길이 (mm)	팁 크기
금색	SX	19	#19
보라색	S1	21/25/31	#18
흰색	S2	21/25/31	#20
노란색	F1	21/25/31	#20
빨간색	F2	21/25/31	#26
파란색	F3	21/25/31	#30

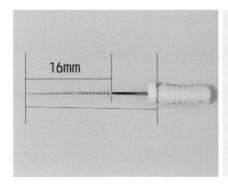

파일 규격의 표준화

- 파일의 날 부위는 16 mm로 일정하다.
- 파일의 각 번호는 파일 끝의 직경이다. (#35 = 0.35 mm)
- 파일 끝에서 1 mm씩 위로 올라갈수록 0.02 mm씩 굵어진다. = 02 Taper
- NiTi file은 04, 06, 08 taper 등이 있다.
- 손잡이에 색깔이 표시되어 있어 크기를 구별할 수 있다.

▶ 근관확대는 치료 기간 중 2번 산정 가능하다.

▶ 타치과에서 근관치료 중 내원한 경우 근관확대부터 산정 가능하며, 이 또한 2회 산정 가능하다. 단, 타치과에서 발수 후 내원이라고 내역 설명을 필수로 적는다.

▶ 근관성형은 근관확대와 같이 치료기간 중 2번 산정 가능하며 근관세척과 산정 또는 단독산정은 불가하다.

▶ NiTi file(나이타이파일)은 치아당 산정한다.

▶ 근관장 측정검사는 근관당 3회 산정이 가능하다.

▶ 근관장 측정기만을 이용하여 측정을 하는 경우 장비신고가 필요하다.

▶ File과 NiTi file을 둘 다 사용하였을 경우 둘 중 하나만 산정한다. 이때 수가가 높은 NiTi file을 산정한다.

▶ NiTi file은 치아당 1만 2천원으로 정해져 있고(정액수가) hand file은 근관 당 570원(2024년 기준: 매년 수가가 바뀐다)이다.

▶ 발수 후 오랜 시간이 지난 다음 내원하였더라도 진료가 종결되지 않았으므로 재진으로 산정한다.

▶ 근관 수를 정확하게 기록한다.

▶ 근관장 측정검사 결과를 반드시 진료기록부에 기록한다.

▶ 치근단은 진단목적, 근관장 길이 확인 목적, 근관 충전 후 결과 확인 목적 등으로 촬영한 경우 각각 산정 가능하다.

▶ 상병은 보통 발수 상병을 그대로 사용한다.

			CC. 괜찮아졌어요.
		6	Dx. 가역적치수염
2022-05-12			Tx. CE Under I/A lido 1@ - 3근관
			CS, CI with Ni-ti file, K-file, saline, NaOCl
			WLD (MB: 12mm, ML : 12.5mm, D: 12mm)
			근관 길이 확인 위한 치근단 촬영 1매
			Paper point, Cotton pellet, caviton filling, R/D, Root zx
			Dr. 허준 / Staff. 새싹
			N) CI+WLD

근관치료_3일차

- 시술 간단 설명(정의)

    근관세척 : 근관내부를 소독하고 세척하는 치료

- 시술명 – 한국어 표기(영어 표기)[약어]

    근관세척(canal irrigation)[C/I]

- 순서

    엑스레이 띄우기 → (필요시 마취) → 러버댐 장착 → 캐비톤제거 → (필요시 근관장 측정 → 근관확대 → 근관성형) → 근관세척 → 근관건조 → 코튼펠렛 및 캐비톤필링 → 러버댐 제거 → 주의사항 설명

- 진료 기구 및 재료 준비

    기본 기구, 러버댐세트, Root ZX, 룰러, (필요시 NiTi엔진), 5 or 10 cc 주사기에 5.25% NaOCl, 셀라인 세척액, 페이퍼포인트, 멸균 코튼펠렛, 캐비톤, 스타퍼, 필요시 마취

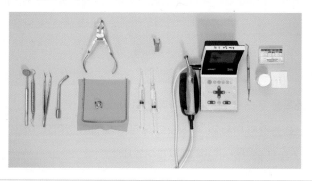

술 전 설명

◉ "오늘은 저번에 이어서 신경치료를 진행하겠습니다.

보통 통증이 없어서 마취는 안 하고 진행할 건데요. 아플까봐 걱정되시거나 치료 도중 통증 느끼시면 마취하고 진행해 드릴 거예요. 마취하고 진행하기를 원하시면 말씀해주세요."

치료 과정

① 러버댐 걸기

• 러버댐 걸기 전

◉ "신경치료를 할 때 소독약도 사용하고, 기구도 좀 작기 때문에 시작 전에 입안에 보호막을 하나 걸어 드릴 건데, 마취를 하셔서 아프지는 않으실 거예요. 조금 조이는 느낌만 있어요."

• 러버댐 걸기 후

◉ "이 정도의 느낌만 있어요. 아프신 부분 있으시거나 입술이 눌리시나요? 괜찮으시죠? 입안에 고이는 침은 삼키셔도 되는데 삼키기 어려우시면 빼드릴 테니까 불편하신 부분이 있다면 왼손 들어서 표시해 주세요."

입술이나 코가 많이 눌릴 경우 그 부분에 거즈를 대주거나, 러버댐 시트를 살짝만 느슨하게 조정해 준다.

② 임시재료를 제거할 때

◉ "소독을 위해서 임시로 막아 두었던 재료를 제거할 거예요. 소리가 좀 나요. 놀라지 마세요. 이 정도의 누르는 느낌이 있어요. 아프진 않으세요? 혹시 불편하시다면 왼손 들어주세요."

③ NaOCl/셀라인을 이용한 근관 소독 및 세척할 때

세척, 항균, 치수조직 용해, 윤활효과, 도말층 제거하는 술식이다.

· NaOCl, 셀라인 시린지의 기포가 없게 준비한다.

· 니들을 느슨하게 위치하고 펌프질하는 동작으로 서서히 세척제를 주입한다.

· 근관세척 시 주사침을 근첨부 1/3까지 느슨하게 도달할 수 있게 하여 5.25% NaOCl 세척액 또는 셀라인 세척액을 서서히 주입한다.

· NaOCl 석션 시 반드시 세척이 끝난 후 입안에서 구외로 꺼낼 때까지 팁을 치아 바로 옆에 대고 있어야 한다.

> ◎ "소독약으로 소독할 거예요. 냄새가 좀 날 수 있어요."

* 필요시 근관장측정검사를 시행한다.

④ 소킹(socking)할 때

· 소킹(socking)이란 '액체 속에 푹 담그다, 적시다'라는 뜻으로 NaOCl을 근관 내부에 충분히 넣어두고 기다린 후 세척하는 과정이다. 세척이 잘 되지 않으면 근관충전 후 염증이나 통증 등을 유발시킬 수 있다.

> ◎ "소독을 충분히 하셔야 해서, 소독약을 넣어두고 5분 정도 기다릴 거예요. 냄새는 조금 날 수 있어요. 저는 계속 옆에 있을 테니, 혹시 불편하신 점 있으시면 왼손 들어서 알려주세요."

NaOCl을 시린지에 담은 채 오랜 시간 방치하면 시린지 팁이 막히는 경우가 있어요. 락킹시린지를 잘 잠근 상태에서는 팁이 막혀도 분리되지 않지만 락킹시린지를 사용하지 않는 치과에서 근무했을 때 시린지와 팁이 분리가 되면서 NaOCl이 환자 입안에 흐른 적이 있었답니다.
환자를 모시고 이비인후과에 가고 치료비 등을 보상해드린 적이 있어요. 다른 선생님은 환자 옷에 튀어서 세탁 비용을 배상해드린 적도 있다고 해요.
∟, 시린지를 준비할 때 락킹시린지가 잘 잠겼는지, 시린지에 담은 세척액이 잘 나오는지, 기포는 없는지 확인하는 것이 중요해요.

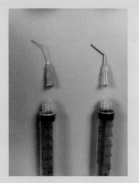

▲ 근관세척용 락킹 시린지(locking syringe) & 시린지팁

⑤ 근관건조

• 근관 건조 시에는 각 근관에 맞는 페이퍼포인트로 근관을 건조시킨다.

• 구치부의 경우 근관 끝 쪽까지 건조시키기 용이하지 않기 때문에 너무 굵은 페이퍼포인트는 준비하지 않는 것이 좋다.

⑥ 코튼펠렛 및 캐비톤필링할 때

◑ "신경치료하신 부위에 약을 넣고 깨끗한 상태로 유지할 수 있도록 임시재료로 막아드릴게요. 살짝 누르는 느낌 있어요."

⑦ 러버댐 제거할 때

◉ "오늘 치료는 끝나서 입안에 걸고 있었던 보호막 빼드릴게요."

· ·

◉ "오늘도 잘 도와주셔서 신경치료 잘 진행했어요. 주의사항 설명 드릴
게요. 저번이란 비슷해요. 식사는 반대쪽으로 해주시고요. 혹시 집에
가셔서 불편하시면 진통제 사 드셔도 돼요. 많이 불편하시면 치과로
전화주세요."

· ·

☑ NaOCl의 작용

• NaOCl이 근관내에 어느 정도 있어야 효과가 있으므로 마지막 가봉 혹은
근관충전 직전이 아닌 이상 완전히 석션하지 않는다. 근단공이 넓은 경우
NaOCl 사용 시 세심한 주의가 필요하다.

• 항균: 미생물에 강력한 살균효과가 있다.

• 용해: 치수조직, 세균 등의 단백질을 녹인다.

• 윤활: 미끌거려서 기구가 좁은 근관 속으로 잘 미끄러져 들어간다.

• 표백: 치수실 내를 희게 하여 근관입구가 잘 보이도록 한다.

• 도말층 제거: EDTA 등과 함께 사용하면 도말층을 효과적으로 제거할 수 있다.

도말층이란 근관형성이나 와동형성 등의 치아가 삭제되는 모든 과정에
서 그 표면의 두께 1-2 μm 정도의 얇은 찌꺼기층을 형성한 것을 말해
요. 도말층에는 유기질과 무기질이 함께 섞여 있으며 세균도 있어요.

보험 청구 팁 •·······························

▶ 근관세척을 5회 이상 시행하였을 경우에는 내역 설명이 필요하다.

▶ 근관확대, 근관성형, 근관장측정검사 등을 시행하였을 경우 산정기준에 따라 산정 가능하다.

▶ 상병명은 보통 이전 상병명을 그대로 사용한다.

차팅 예시 •·······························

2022-05-15			CC. 괜찮았어요.
		6	Tx. CE, CS, CI Under I/A lido 1@ – 3근관
			WLD (MB: 12.5mm, ML : 12.5mm, D: 12mm) 치근단 1매
			with saline, NaOCl, k-file, Ni-ti file
			Paper point, Cotton pellet, caviton filling, R/D, Root ZX
			Dr. 허준 / Staff. 새싹
			N) 증상 체크 후 CF

08
근관치료_4일차

- 시술 간단 설명(정의)

  근관 충전

  완전히 근관이 폐쇄되지 않을 경우 근관 내에 남아있던 미생물이 치근단에 염증을 야기시킬 수 있다. 감염경로를 차단하기 위해 폐쇄한다. 형성된 신경관내로 생체친화성 있는 인체에 무해한 재료(지피콘; GP cone)를 채워 넣는다. 측방가압법, 수직가압법이 있다.

- 시술명 – 한국어 표기(영어 표기)[약어]

  근관충전(canal filling)[C/F]

- 순서

  엑스레이 띄우기 → (필요시 마취) → 러버댐 장착 → 캐비톤제거 → 근관세척 → (필요시 근관장측정 → 근관확대 → 근관성형) → 근관세척 → 근관건조 → 근관충전 → 코튼펠렛 및 캐비톤필링 → 러버댐 제거 → 엑스레이 촬영 → 주의사항 설명

- 진료 기구 및 재료 준비

  기본 기구, 러버댐세트, (필요시 마취 기구), 페이퍼포인트, 멸균코튼펠렛, (렌툴로스파이럴), 실러(sealer), 스파튤라, 믹싱패드, 근관 스프레더, 근관 플러거, 가타퍼챠콘[GP cone] (액세서리콘), 알코올솜, 근관 충전기(알파&베타), 코튼롤, 캐비톤, 스타퍼, 5 or 10 cc 주사기에 5.25% NaOCl, 셀라인 세척액, 알코올거즈

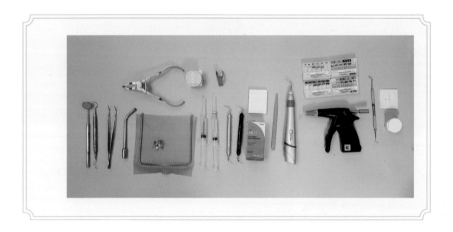

> **술 전 설명** ·······································

○ "오늘은 신경치료 마무리해드릴 거예요. 오늘 마취 없이 진행하고요. 혹시 아프시면 마취 후에 아프지 않게 진행해드리겠습니다."

> **치료 과정** ·······································

① 러버댐 걸기

・러버댐 걸기 전

○ "신경치료를 할 때 소독약도 사용하고, 기구도 좀 작기 때문에 시작 전에 입안에 보호막 하나 걸어드릴 건데, 마취를 하셔서 아프지는 않으실 거예요. 조금 조이는 느낌만 있어요."

・러버댐 걸기 후

○ "이 정도의 느낌만 있어요. 혹시 아프신 부분이나, 입술이 눌리시나요? 괜찮으시죠? 입안에 고이는 침은 삼키셔도 되는데 삼키기 어려우시면 빼 드릴 테니까 불편하신 부분이 있다면 왼손 들어서 표시해 주세요."

입술이나 코가 많이 눌릴 경우 그 부분에 거즈를 대주거나, 러버댐 시트를 살짝만 느슨하게 조정해 준다.

② 임시재료를 제거할 때

지난번 진료 후 통증이 있다거나 현재 통증이 있는 경우에는 마취 먼저 진행한다.

> ◉ "소독을 위해서 임시로 막아 두었던 재료를 제거할 거예요. 소리가 좀 나요. 놀라지 마세요. 이 정도의 누르는 느낌이 있어요. 혹시 통증은 없으신가요? 혹시 불편하시다면 왼손 들어주세요."

③ NaOCl/셀라인을 이용한 근관 소독 및 세척할 때

> ◉ "소독약으로 소독할 거예요. 냄새가 좀 날 수 있어요."

④ 근관건조

근관 건조 시에는 각 근관에 맞는 페이퍼포인트로 근관을 건조시킨다.

⑤ 근관충전

- 충분한 양의 실러를 준비하고 사용하며 GP cone, 액세서리 콘(accessory cone)의 끝부분이 구부러지지 않게 주의해야 한다.
- 실러를 종이 믹싱 패드에 1:1비율로 짠 후 스파튤라로 한 가지의 색이 되도록 균일하게 믹싱한다.
- 실러의 효과는 최대 2시간 지속되기 때문에 먼저 믹싱해도 되지만 원장님의 의견을 고려하여 믹싱 타이밍을 보도록 한다.

> ◉ "조금 열감이 있는 기구를 사용해서 재료를 안쪽으로 밀어 넣을 거예요. 약간 욱신한 느낌이 날 수 있어요. 머리를 움직이시면 위험할 수

있으니 불편하시더라도 움직이지는 마시고, 왼손 들어주세요."

- 근관 충전 시 고온의 열이 발생하므로 환자의 피부나 점막에 닿지 않도록 주의해야 한다.
- 어시스트 시 지켜보며 피부에 닿을 것 같은 경우 기구를 사용하여 리트랙션 해준다.
- 메탈 석션 팁으로 CF 시 발생하는 연기를 석션하며 GP cone의 잔여물을 제거한다.
- 이때 치아에 너무 가까이 닿지 않도록 한다. 고정되지 않은 GP cone이 석션의 압력에 의해 딸려 나올 수 있다.

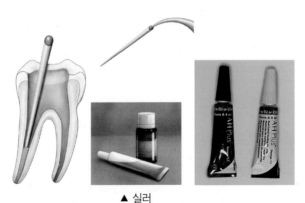

▲ 실러

⑥ 코튼펠렛 및 캐비톤필링할 때

    ◐ "신경치료하신 부위에 약을 넣고 깨끗한 상태로 유지할 수 있도록 임시재료로 막아드릴게요. 살짝 누르는 느낌 있어요."

⑦ 러버댐 제거할 때

    ◐ "오늘 치료는 끝나서 입안에 걸고 있었던 보호막 빼드릴게요."

⑧ 근관 충전 후 엑스레이 촬영할 때

약재가 치근단까지 잘 들어갔는지 엑스레이를 찍어서 확인한다.

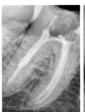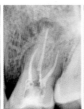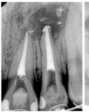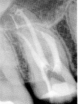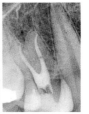

출처: 우리사랑치과 김일연 원장님, 서울 인성치과 박인성 원장님 제공

 근관이 2개 이상인 경우에는 근관 충전한 부위가 겹쳐 보일 수 있으므로 원래 촬영하는 각도보다 근심 또는 원심 쪽으로 살짝 틀어서 찍는 것이 좋아요. 신경치료 전 촬영했던 엑스레이 참고하여 치아의 위치를 파악하고, 충전한 모든 치근단이 나오도록 찍는 것이 중요해요. 이 경우에는 치관보다 치근이 잘 나오는 게 중요해요. 만약 2장 이상 촬영 시 환자에게 양해를 구하고 촬영해 주세요.

술 후 설명

◎ "오늘도 잘 도와주셔서 신경치료 잘 마무리되었어요. 여기 보시면 하얗게 나온 것이 뿌리 안에 약제가 들어간 표시예요. 끝까지 잘 들어갔어요. 신경치료가 끝나도 치료가 완전히 마무리된 건 아니고, 다음번에 기둥 세우고 씌우는 크라운 치료까지 해야 이 치아의 치료가 끝나게 돼요. 그때까지 식사는 치료 중인 치아의 반대쪽으로 해주세요. 오늘부터 며칠 동안은 욱신욱신한 느낌 드실 수 있어요. 혹시 집에 가셔서 불편하시면 진통제 사 드셔도 돼요. 진통제 드셨는데도 불편하시면 치과로 전화 주세요."

체크 포인트 ●

✅ 근관 충전 시기

- 환자에게 통증이나 불편감이 적거나 없어야 한다.
- 누공이 없어져야 한다.
- 근관에서 삼출액이 배출되지 않는다.
- 근관이 적절한 크기로 확대되었을 때 한다.
- 임시재료가 완전하게 유지되어 있어야 한다.

✅ 가압근충 전 지피콘(GP cone) 준비 시

- 근관길이에 잘 맞는지 확인한 지피콘에 실러를 묻히기 전에 NaOCl용액에 1분 정도 담가 둔 후 알코올거즈로 닦아서 사용하기도 한다. 원장님 진료 성향을 파악 후 준비하도록 한다.

✅ 근관충전재의 종류

- 가타퍼차콘(gatta percha cone) = 지피콘(GP cone)
  - 현재 가장 많이 사용되고 있는 반고형체이다. 열이나 압력을 가하면 변형 된다.
  - 근관충전 직전에 알코올거즈로 소독 후 사용하거나 NaOCl에 1분간 담가 두었다가 알코올거즈로 닦은 후 사용하기도 한다.
- 주콘(master cone)

  근관충전 시 첫 번째로 도입되는 콘이다.
- 보조콘(accessory cone)

  근관충전 시 보조적으로 도입되는 콘이다.
- 실러(sealer, cement)
  - 근관충전 시 가타퍼차가 들어갈 수 없는 부위를 충전해준다.
  - 근관의 상아질벽에 가타퍼차를 고정해준다.

✔ 근관충전방법

- 단순근관충전
  - 유치근관충전, 미완성 치근, 염증이 있는 경우에 비타펙스 등으로 충전하는 방법
- 가압근관충전
  - 측방가압법(lateral condensation technique)
    가타퍼차와 근관벽 사이에 스프레더를 넣어 공간을 확보하고 액세서리콘을 넣어 근관을 충전하는 방법이다.
  - 수직가압법(vertical condensation technique)
    가열된 플러거를 이용해 열로 가타퍼차에 수직 방향으로 압력을 가해 흘러 들어가게 해근관을 충전하는 방법이다.

✔ 알파 & 베타 준비 시

① 전원 버튼을 눌러 가열한 뒤 남은 것은 버린다.
② 뒤의 Bar를 빼내고 알코올거즈로 깨끗이 닦는다.
③ 가타퍼챠 캡슐은 반드시 한 개씩만 주입한다.
④ Bar를 다시 끼워 나오는지 확인한다.

- 팁을 구부릴 때는 꼭 전용 기구를 사용한다. 그냥 구부릴 경우 부러질 가능성 있다.
- 무선알파의 전원을 켜고 적합한 온도로 조정한다. 사용 전 잘 나오는지 확인 후 가타퍼챠 캡슐이 없으면 미리 충전해 놓는다.
- 온도의 설정은 전원 스위치를 짧게 누르면 변경된다. 이때 제품의 초기 설정온도는 200°에 맞추어져 있다.
- 원장님이 페이퍼포인트로 근관건조시킬 때 알파, 베타를 미리 켜놓는다.

신경치료 시작 전에 캐비톤을 제거하고 코튼펠렛이 잘 안 빠질 때는 어떻게 빼야 하죠?

 익스플로러를 이용해 제거를 시도해봐도 잘 안될 때가 있죠? 그때는 조금 두꺼운 파일을 이용해서 살살 돌리면서 파일에 코튼펠렛이 걸리도록 해서 밖으로 빼내면 쉬워요! 그러려면 K파일보다는 H파일이 더 쉬울 수 있겠죠?
하지만 너무 깊게 파일을 집어 넣으면 절대 안 되기 때문에 너무 깊숙이 있는 코튼펠렛은 제거하지 마시고 원장님께서 직접 제거하실 수 있도록 해주세요.

 엔도 파일 정리할 때 어떤 파일을 버려야 할지 구분하기가 어려워요.

 ①처럼 끝 부분이 풀려있는 듯한 파일들이 있어요. 이런 파일들은 제 기능을 할 수 없기 때문에 정리할 때 과감하게 버려주세요.
또, ②처럼 Niti file의 끝이 부러져 있는 경우가 있어요. 끝이 좀 뭉뚝하거나 다른 파일들과 비교해 봤을 때 길이가 짧다면 부러져 있는 것이니, 그 또한 과감하게 버려주세요.

①

②

신경치료할 때 칼시펙스, RC-prep은 어떤 용도로 사용하나요?

 칼시펙스는 수산화칼슘(칼슘 하이드록사이드)과 황산바륨을 주 원료로 하여 부드러운 연고형태로 만든 기성품 약제입니다.

칼시펙스는 발수 후 감염을 예방하는 목적이나, 감염된 근관치료를 할 때, 근관에서 지속적인 삼출물이 나오는 경우, 치근단의 염증으로 인해 타진에 예민하게 반응하는 치아에도 자주 쓰여요. 이 밖에도 유치나 미성숙 영구치의 근관충전재, 근관치료 중인 치아에 임시 충전재 역할로도 쓰인답니다.

RC-prep은 EDTA가 들어있는 연고형태의 약제에요.

가느다란 근관이나, 석회화가 많이 진행되어 기구 접근이나, 근관의 확대가 어려울 때 주로 사용하게 돼요. 쉽게 생각해서 윤활제 역할을 하는 거예요!

또한 EDTA가 들어 있어 상아질 탈회효과와 살균작용도 있는 재료입니다.

보험 청구 팁

▶ 근관충전은 치료기간 중 1번만 산정 가능하다.

▶ 근관충전 시 근관세척을 시행하였더라도 산정 불가하다.

▶ 비타팩스 등으로 충전하였을 경우 단순근관충전으로 산정한다.

▶ Master cone을 꽂고 방사선사진 촬영, 가압근충 후 방사선 촬영하더라도 각각 산정 가능하다.

▶ 같은 목적으로 동일부위 2장을 촬영할 경우 치근단 동시 2매로 산정한다.

▶ 러버댐 산정 가능하다.

▶ 상병은 대체로 발수 시 적용한 상병을 적용한다.

▶ 근관충전시 시행한 근관장측정검사는 산정기준에 따라 산정가능하다.

2022-05-20		6	CC. 괜찮았어요.
			Dx. 가역적치수염
			Tx. CF Under Lido I/A 1@ – 3근관
			CE, CI with Ni-ti file, K-file, saline, NaOCl
			WLD (MB: 13mm, ML : 12.5mm, D: 12mm)
			치근단 2매 (GP cone 넣고 촬영, 근관충전후 확인 위해 촬영)
			Paper point, Cotton pellet, caviton filling
			Dr. 허준 / Staff. 새싹
			N)체크 후 core, prep

•••••• 칼시펙스와 비타펙스 ••••••

구분	칼시펙스(Calcipex)	비타펙스(Vitapex)
사진		
재료의 주된 구성	**수산화칼슘 + Barium sulfate** 수산화 칼슘 24%, 황산 바륨 24% 프로필렌글리콜, 정제수, 기타: 52%	**수산화칼슘 + iodoform** 수산화 칼슘 30%, 요오드포름 40.4% 실리콘 오일 22.4%, 기타: 6.9%

	수산화칼슘(Calcium hydroxide)
	• 치료 도중 근관을 비워 두었을 때 세균이 증식하는 것을 막는다.
	• 대부분의 세균은 높은 염기성에서 생존하기 어렵다. 주로 수산기(OH-)에
	  의한 항균작용을 한다.
	• 근관이 잘 보이지 않는 경우, 방사선 사진에서 근관의 주행 방향이나 치
	  근단공의 위치 파악에 도움이 된다.	

재료의 특성	• 수용성 기재로 물을 사용한다. • 추후 제거가 쉽다.	• 지용성 기재로 오일을 사용한다. • 추후 제거가 어렵다.
방사선 투과	불투과성	
생체 친화성	• 생체친화성이 높다. • 신생골 및 석회화를 촉진한다.	• 비교적 생체친화성이 낮다. • 기포로 인해 신생골 저하 가능성 이 있다.

적응증	• 지속적인 삼출을 보이거나 지속적인 타진 반응을 보이는 치아 • 감염 근관치료(삼출액의 억제) • 치근단 병소가 있는 치아 • 내흡수 치아 • 발수처치 후의 소독 • 임시 근관충전(천공, 파절치, 내부, 외부흡수치, 재이식치, 외상치) • 유치의 근관 충전, 생활치수 절단 시의 복수(pulp capping) 등	• 감염 근관치료(삼출액의 억제) • 치근첨 형성술 • 발수 처치 후 소독 • 임시 근관충전(천공, 파절치, 내부, 외부흡수치, 미완성 근첨치, 근첨 병변이 큰 증례, 이식치−재이식치, 외상치) 등
	• 주로 임시근관충전할 때 사용한다. • 단기적이다.	• 주로 치근첨 형성술할 때 사용한다. • 비교적 장기적이다.
사용방법	**일반적인 근관치료할 때** • 근관내에 가볍게 칼시펙스를 주입한 후 주 근관장 파일로 한번 작업장을 확인해 주는 정도가 좋다. • 압력이 가해져서 환자가 아파할 정도로 칼시펙스를 짜 넣는 행위는 술 후 민감증의 제일 중요한 원인이다. **치근단 염증이 심한 경우** • 근관에 팁을 꼽고 적당한 약간의 압력과 함께 주입한다(과도한 압력으로 주입하면 환자의 통증이 커짐). • 기포가 생기지 않게 바늘을 빼면서 주입한다. • Patency 파일로 근관에 칼시펙스가 있는 상태에서 patency를 확인해 근첨에 확실히 칼시펙스가 적용되도록 한다.	• 팁은 근단부에서부터 근관 길이의 1/5지점까지 삽입한다. 여기부터 시작하여 시린지를 천천히 눌러 약제를 주입한다. 이 과정에서는 눈금게이지를 통해 충전량을 확인한다(근관의 APEX까지 지나치게 들어갈 정도로 과량의 페이스트를 충전하는 것을 피하기 위해 눈금을 주의하여 본다). 페이스트가 치수강에서 넘쳐 올라오면 팁을 천천히 뺀다. • 비타팩스로 충전 시에는 삼출물이 억제되었을 때에만 시행하도록 한다.

근관치료 후 보강_레진 코어

- 시술 간단 설명(정의)

  치관부 치질이 손상되어 있는 경우, 단단한 재료로 채워 넣어 본래 치아 상태
  로 회복시켜주는 치료이다. 종류는 크게 글래스아이오노머(보험), 레진(비보험)
  이 있다. 여기에서는 레진코어에 대해 기술하였다.

- 시술명 – 한국어 표기(영어 표기)[약어]

  레진코어(Resin core)

- 순서

  엑스레이 띄우기 → 러버댐 장착 → 와동내부 세척 → 에칭 → 수세 → 건조 →
  본딩 → 큐어링 → 블루 또는 화이트코어레진 빌드 업 → 큐어링 → 러버댐 제거

- 진료 기구 및 재료 준비

  기본 기구, (필요시 마취기구), 에찬트, 본딩제, 마이크로브러쉬, 코어용 레진, 레
  진 어플리케이터, 광중합기, 프로텍터, 로우 핸드피스(콘트라앵글), 하이 핸드피
  스, 버세트, 교합지, 교합지 홀더, (필요시 러버댐세트)

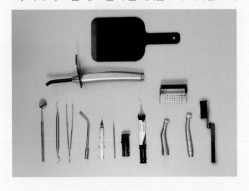

거울을 보여준다.

> "여기 보시면 치아가 많이 없어요. 그래서 치아에 단단한 재료로 채워 넣을
> 거예요. 물이 많이 나올 거예요. 혹시 불편하시면 왼손 살짝 들어주세요."

① (필요시) 마취할 때

> "마취하겠습니다."

② (필요시) 러버댐 장착

• 러버댐 걸기 전

> "입안에 보호막 걸겠습니다."

• 러버댐 걸기 후

> "이 정도의 느낌만 있어요. 혹시 아프신 부분이나, 입술이 눌리시나요?
> 괜찮으시죠? 입안에 고이는 침은 삼키셔도 되는데 삼키기 어려우시면
> 빼드릴 테니까 불편하신 부분이 있다면 왼손 들어서 표시해 주세요."

③ 와동내부 세척 시

> "물 나옵니다."

④ 에칭할 때

> "약제 바르겠습니다."

⑤ 수세할 때

> "물입니다."

⑥ 본딩할 때

• 마이크로브러쉬나 미니브러쉬를 이용하여 본딩제를 바른 후 에어를 살살
불어 얇게 도포되도록 한다.

- 휘발성이 높으니 바르기 직전에 뚜껑(캡)을 열도록 한다.
  - ◎ "접착력 높이는 약제 발라 드릴 건데 냄새가 좀 안 좋아요. (도포 후) 약제가 골고루 도포되라고 바람 좀 불겠습니다. 바람입니다."
⑦ 큐어링할 때
  - ◎ "약제를 굳히는 중입니다. 따뜻한 느낌 드실 수 있어요."
⑧ 레진충전할 때
블루 또는 화이트 레진코어 재료를 이용하여 충전한다.
⑨ 큐어링할 때
  - ◎ "재료를 단단하게 굳히는 중입니다. 따뜻한 느낌 있습니다."
⑩ 러버댐 제거할 때
  - ◎ "오늘 치료는 끝나서 입안에 걸고 있었던 보호막 빼드릴게요."

체크 포인트

블루 또는 화이트레진 코어 구분할 때

- 화이트코어: 전치부 & 구치부의 지르코니아 크라운
- 블루코어: 구치부 지르코니아 외 크라운 시

* 캐비톤을 제거하고 와동 내부의 상한 치질을 제거하고 나면 와동 표면이 고르지 않은 경우가 있다. 케이스에 따라 에칭, 본딩 후 플로우레진으로 어느 정도 균일하게 만든 다음 레진코어를 충전하기도 한다. 균일하지 않은 치질의 와동을 플로우 레진없이 레진코어로 바로 충전할 경우 기포가 생기지 않게 더 세심하게 충전해야 한다.

"지금 신경치료 한 치아의 머리 부분을 단단한 재료로 메우는 치료를 했어요. 이제 치아 다듬은 다음 본뜨는 것 진행해드릴거예요."

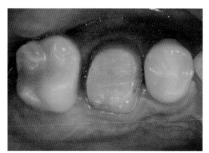

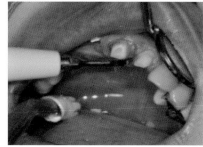

▲ 레진으로 와동 필링

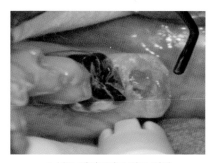

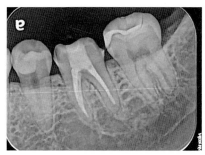

▲ 블루 레진코어로 와동 필링

▲ 코어 후 엑스레이

출처: 우리사랑치과 김일연 원장님 제공

10

근관치료 후 보강_포스트 코어

• 시술 간단 설명(정의)

　치관부 치질이 많이 손상되어 있는 경우, 형성하고자 하는 코어가 치근으로부터 분리되지 않고 유지할 수 있도록 치근과 치관부 코어를 연결해주는 장치를 치아에 접착하는 치료

• 시술명 – 한국어 표기(영어 표기)[약어]

　포스트 코어(post core)

• 순서

　엑스레이 띄우기 → 포스트프렙(post preparation) → 맞는 사이즈의 포스트 선택 → 포스트 세팅(post setting) → 잉여 접착제 제거 → 건조 → 에칭 → 수세 → 건조 → 본딩 → 건조 → 큐어링 → 코어용 레진(core resin) 빌드 업 → 큐어링 → 본딩 → 크라운 프렙(crown preparation)

• 진료 기구 및 재료 준비

　기본 기구, 마취기구(필요시), 다이렉트 포스트(메탈 또는 파이버), 시멘트, 스파튤라, 믹싱패드, 에찬트, 본딩제, 마이크로브러쉬, 코어용 레진(블루 or 화이트), 광중합기, 프로텍터, 하이 핸드피스, 로우 핸드피스(콘트라앵글), 버세트, 레진 어플리케이터

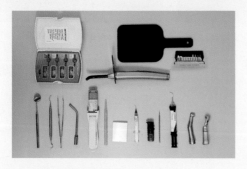

▶ 술 전 설명 ◀ ···

거울을 보여준다.

○ "여기 보시면 치아가 많이 없어요. 그래서 치아에 기둥을 세워 튼튼한
뼈대 역할을 하여 치아의 수명을 연장시키는 치료를 할 거예요.

이 기둥은 한 번 세우면 제거가 불가능하거나 굉장히 어렵고, 기둥없
이 치료한 치료보다 수명이 짧을 수밖에 없어요. 그래도 치아를 살리
는 마지막 방법이니까요. 조심하셔서 오래 쓰셨으면 좋겠습니다."

▶ 치료 과정 ◀ ···

① 마취할 때(필요시)

○ "마취하겠습니다."

② 프렙할 때

지지버(Gates Glidden bur=GG bur)로 근관
의 상부 지피콘을 제거한 후, 포스트 프렙버
를 이용하여 포스트 들어갈 자리를 만든다.

○ "물 나옵니다. 갑자기 다무시면 안돼요."

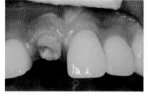

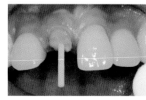

③ 포스트 세팅할 때

맞는 사이즈의 포스트를 선택한다.

출처: 우리사랑치과 김일연 원장님 제공

④ 시멘트(cement) 믹스할 때

• 원장님께 믹싱패드 채로 드리거나 포스트에 묻혀드린다.

• 경화될 때까지 기다린다(레진시멘트인 경우에는 광중합기를 이용하여 중
합시킨다).

⑤ 시멘트(cement) 제거할 때

○ "접착제 제거해드릴게요."

⑥ 건조할 때

     ◎ "바람입니다."

⑦ 에칭할 때

     ◎ "약제 바르겠습니다."

⑧ 수세할 때

     ◎ "물입니다."

⑨ 본딩할 때

     ◎ "접착력 높이는 약제 발라 드릴 건데
       냄새가 좀 안 좋아요. (도포 후) 약제

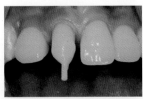
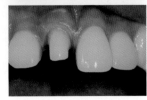

출처: 우리사랑치과 김일연 원장님

가 골고루 도포되라고 바람 좀 불겠습니다. 바람입니다."

     ◎ "약냄새가 납니다."

⑩ 큐어링할 때

     ◎ "약제를 굳히는 중입니다. 눈감고 계세요."

⑪ 레진충전할 때

플로우에이블, 블루 또는 화이트 레진코어 재료를 이용하여 충전한다.

⑫ 큐어링할 때

     ◎ "재료를 단단하게 굳히는 중입니다. 따뜻한 느낌 있습니다."

> 체크 포인트 ••••••••••••••••••••••••••••••••••

✔ 포스트의 원리

술 후 설명

◯ "치아 뿌리 속에 기둥을 세우는 치료를 했어요.

잘 도와주셔서 감사합니다. 이제 본 떠드릴 거예요."

선배가 알려주는 TIP

포스트에는 어떤 종류가 있나요?

대표적으로 많이 사용되는 포스트는 3가지 정도가 있어요.

▶ **메탈포스트(metal post)**

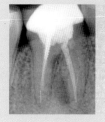 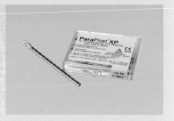

출처: 우리사랑치과 김일연 원장님 제공

메탈 소재의 기성품 포스트로, 유지력을 증가시키기 위해 포스트 자체에 홈이 파여있거나, 아예 나사처럼 생긴 모양도 있어요. 가장 오래 사용된 포스트 재료이고, 캐스팅포스트와 마찬가지로 치아의 균열이 생길 가능성이 있고, 오래 사용하다 보면 뿌리 부분이 부러지는 경우가 종종 있어요. 사용방법은 파이버포스트와 같이 포스트를 시멘트로 접착한 뒤 필요한 치아의 양만큼 코어용 레진을 쌓아 올리고, 버를 이용하여 다듬어야 완성돼요.

▶ 파이버포스트(fiber post)

포스트의 재질이 섬유재질로 만들어 지다보니 탄성을 가지고 있고, 치아와 접착이 된다는 장점을 가지고 있어요. 파이버포스트도 기성포스트다 보니 와동에 파이버 포스트를 시멘트로 접착한 뒤 필요한 치아의 양만큼 코어용 레진을 쌓아 올리고, 버를 이용하여 다듬어야 완성돼요.

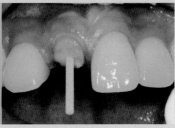

출처: 우리사랑치과 김일연 원장님 제공

▶ 캐스팅포스트(casting post)

메탈이나 골드를 이용하여 맞춤형으로 제작되는 포스트예요. 맞춤으로 제작되기 때문에 굉장히 정밀하고, 버로 많이 다듬지 않아도 된다는 장점이 있지만, 소재 자체가 단단하기 때문에 치아 자체에 잔금이 많거나, 뿌리가 약한 경우 치아에 균열을 일으킬 가능성이 있어요.

사용방법은 인상재나, 패턴레진을 이용하여 와동과 신경관 내부를 재현하고, 인상재나 경화된 패턴레진을 기공소에 보내면 메탈이나 골드로 포스트가 제작된 포스트를 시멘트를 이용하여 신경관 내부와 와동 안에 합착시켜 사용하게 돼요.

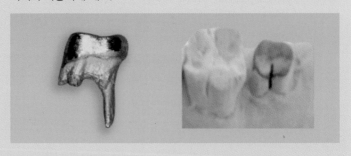

차팅 예시

			CC. 신경치료 한데 괜찮았어요
2022-05-09		6	Tx. Post core (fiber post, Blue core filling)
			*오늘 시간 안되서서 코어까지만 진행
			Dr. 허준 / Staff. 새싹
			N) cr prep, imp

- 포스트만 하는 경우보다 포스트와 크라운 프렙을 같이 진행하는 경우가 많다.
- 간혹 예후가 불량할 것으로 예상되면 포스트만 하고 지켜보는 경우도 있다. 이때는 치아 상태와 왜 크라운 치료를 바로 이어서 하지 않는지 상세하게 차팅한다.

한 꼿 차이로
사 용 기 간 이
달 라 지 는
보 철 치 료

01
크라운치료_크라운프렙 & 인상채득

- 시술 간단 설명(정의)

  크라운 제작을 위해 치아를 적절한 모양으로 다듬고 본을 뜨는 치료

- 시술명 – 한국어 표기(영어 표기)[약어]

  크라운 프렙 & 인상채득(crown preparation & impression)[Cr. Prep & IMP]

- 순서

  엑스레이 띄우기 → 도포마취 → 마취 → 크라운프렙(Cr. prep) → 코드패킹(cord packing) → 인상채득 → 필요시 shade 선택 및 photo 촬영 → 임시치아 제작 및 세팅

- 진료 기구 및 재료 준비

  기본 기구, 마취, 하이 핸드피스, 로우 핸드피스(콘트라앵글), 버세트, 코드, 코드패커, 헤비바디, 라이트바디, 필요시 알지네이트, 필요시 바이트인상 재, 트레이(bite, partial, full 중 선택), shade guide, (필요시 임시치아 제작 재료, 임시접착제, 믹싱패드, 스파튤라, 지혈제)

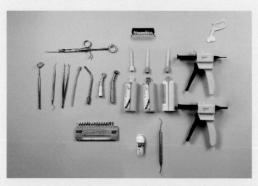

술 전 설명 ● ·

프렙의 개수에 따라서 시간을 설명하되 여유 있게 설명한다.

　　◎ "치아의 상한 부분을 없애고, 크라운을 씌울 수 있도록 치아 모양을 다듬을 거예요."

　　◎ "오늘은 진료 시간이 1시간 정도 걸릴 거예요. 시간은 괜찮으세요?"

🦷 마취를 하는 경우

　　◎ "오늘 마취하고 진행하실 거라, 조금 더 편하게 진료받으실 수 있으실 거예요. 마취 먼저 하고 마취가 충분히 될 수 있도록 기다렸다가 치아 다듬을게요."

🦷 마취를 하지 않는 경우

　　◎ "오늘 치료는 통증이 심한 치료가 아니라서 마취 없이 진행할 텐데 원하시면 언제라도 마취해 드릴 거예요. 너무 힘들면 왼손 들어서 표시해주세요. 마취해 드릴게요."

치료 과정 ● ·

① 치료 부위 확인 후 도포마취할 때

　　◎ "마취 받으실 때 덜 불편하시라고 표면마취제를 좀 발라드리겠습니다. 쓴맛이 날 수 있어요. 양치하시면 표면마취제가 씻겨 나갈 수 있어서 침이 나오더라도 물 양치는 하지 마시고 침만 뱉어주세요. 좀 얼얼한 느낌 드실 수 있습니다."

② 마취할 때

　　◎ "이제 마취해드리겠습니다. 뻐근한 느낌 드실 수 있고요. 갑자기 움직이

시면 위험하니까 불편하시더라도 움직이지 마시고 왼손 들어주세요."

- 눈을 꼭 감고 온몸에 힘을 주는 환자일 때
  - ◐ "눈 떠 보시겠어요? 근육에 힘을 주시면 마취가 더 뻐근하게 느껴지실 거예요."
- 앰플을 많이 사용했거나, 마취 속도가 빠를 때
  - ◐ "마취약이 들어가서 일시적으로 심장이 약간 빨리 뛰는 느낌이 날 수 있어요. 시간이 지나면 괜찮아지실 텐데 혹시 많이 불편하시면 말씀해 주세요."

③ 마취 후 가글할 때
  - ◐ "수고하셨어요. 입안에 쓴맛이 나실 수 있어요. 물로 헹궈주세요."

④ 마취 후 기다릴 때
  - ◐ "마취가 충분히 될 때까지 기다렸다가 치료 진행해드릴게요."

진료실 상황에 따라서 환자에게 설명하는 시간(5-10분가량)은 달라질 수 있다.

  - ◐ "마취가 잘 되었는지 확인하고 치료 시작하겠습니다."

⑤ 프렙할 때
  - ◐ "마취가 잘 되셔서요, 이제 치료 시작하겠습니다.
    불편하시면 얼굴은 움직이지 마시고 왼손 들어주세요."

- 하이 핸드피스 사용할 때
  - ◐ "물 나옵니다. 물은 바로 빼드릴 테니 잠깐만 머금고 계세요."
- 로우 핸드피스 사용할 때
  - ◐ "돌돌돌 울리는 느낌 나고 물이 나옵니다."

⑥ 치료 후 가글할 때
  - ◐ "너무 잘 도와주셔서 치아 다듬는 과정은 모두 마쳤어요. 물 양치 먼저 하시겠어요? 양치하신 다음에 치료하신 곳 본을 뜰게요."

⑦ 코드 패킹(cord packing)할 때

　◉ "보철물과 잇몸이 맞닿는 부분의 모양이 정교하게 나오기 위해서 본 뜨기 전에 치과용 실을 넣을 거예요. 본을 뜬 후 실을 빼드릴게요."

・ 마취를 한 경우

　◉ "마취해서 아프지 않아요. 살짝 누르는 느낌만 있어요."

・ 마취를 하지 않은 경우

　◉ "조금 따끔하실 수는 있어요. 괜찮으시면 이대로 마취 없이 진행해드 려도 될까요?"

⑧ 인상채득할 때

・ 바이트트레이를 사용할 경우

　◉ "오늘 진료 중 가장 중요한 과정이에요. 본이 정밀하게 나와야 돼서 조금이라도 부족한 부분이 있다면 본을 다시 떠야 할 수 있어요. 이해 부탁드릴게요. 본을 뜰 땐 평소 식사하시는 것처럼 어금니로 무시면 돼요. 연습 해보신 다음에 본 떠 드릴게요."

　◉ "(바이트트레이 입안에 시적한 후) '앙' 물어보세요. 식사하실 때 이렇게 무시는 거 맞으시죠? 이따가 본뜰 때도 지금처럼 물고 계시면 됩니다."

　◉ "이제 본뜨겠습니다. (지대치 인상재 주입 후 바이트트레이 입안에 삽 입) 아까처럼 '앙'하고 물어보세요. 네 좋습니다. 이대로 5분 기다리실 거예요."

・ 파샬트레이(partial tray)나 풀트레이(full tray)를 사용할 경우

트레이를 시적한 후 불편한 곳은 없는지, 트레이의 크기가 적당한지 확인한다.

　◉ "(적당한 트레이 선정 후 입안에 시적해보면서) 제가 이렇게 눌렀을 때 아프거나 눌리는 부분이 있으신가요?"

　◉ "이제 본 뜰게요. (지대치 인상재 주입 후 트레이 삽입) 본뜨는 재료가 입안에 들어가면서 약간 물컹한 느낌날 수 있어요. 코로 숨 쉬어 주세

요. 불편하시겠지만 이 상태로 움직이지 마시고 조금만 도와주세요. 5분 기다리실 건데, 그동안 제가 틀을 잡고 있을게요."

- 인상채득하고 기다릴 때

  ◑ "괜찮으신가요? 이제 3분 정도 남았어요."

기다리는 시간에 환자 상태를 체크하고 얼마나 남았는지 알려주면 좋다.

- 침이 많은 환자일 때

휴지를 손에 쥐여주거나 치료하는 반대쪽에 석션을 해준다.

- 인상채득 후

  – 인상채득이 잘 나왔을 때

    ◑ "네 감사합니다. 잘 도와주셔서 본이 한 번에 잘 나왔어요."

  – 인상채득이 잘 나오지 않았을 때

    ◑ "잘 나왔는데 한 부분이 좀 아쉽게 나왔어요. 이를 만들 때는 모든 부분이 정확하게 나와야 하기 때문에 번거로우시겠지만 제가 본을 한 번 더 떠드릴게요."

- 대합치 채득 시

  ◑ "맞물리는 치아의 생김새를 알아야 높이를 정확하게 맞춰올 수 있어요. 반대편은 간단하게 본뜨겠습니다."

- 바이트 채득 시

  ◑ "마지막으로 물리는 것 본뜰 건 데, 연습 먼저 해 보실 거예요. 식사하실 때처럼 편하게 다물어보세요. 이따가 재료 넣고도 이렇게 무시면 돼요.

  (바이트를 구강 내에 주입 후) 이제 아까 연습했던 대로 편하게 다물어주세요."

- 잘 문 경우

  ◑ "움직이지 마시고 그대로 물고 계세요."

• 다르게 문 경우

◉ "원래 다무시던 것과는 조금 달리 다무셔서 재료 굳은 다음에 본 다시 떠 드릴게요."

체크 포인트 ▶ ·

✅ 임프레션의 순서

지대치 확인 → 마진 확인 → 잇몸상태 확인 → 코드패킹(코드를 넣지 않아도 마진이 눈에 보이는 경우 생략 가능) → 블리딩(bleeding), 플루이드(fluid) 컨트롤 → 지대치 완전 건조 → 인상재 주입(한 방향으로 주입) → 완전 경화 후 제거

러버 인상채득 시 주의할 점

① Under cut에 인상재가 흘러 들어갈 경우 제거 시 인상재가 찢어지거나 구강 내에서 빠지지 않을 수 있으므로 반드시 블록아웃(block out)을 해야 한다(유틸리티왁스, 코튼펠렛, 테프론테잎 등을 사용).
특히 치주가 좋지 않아 치아 사이 공간이 많은 경우는 잊지 말고 드러난 치아 사이에 블록아웃을 해야 한다. 트레이가 빠지지 않아 트레이를 버로 잘라내어 구강내에서 제거하는 경우도 있었다.
② 너무 많은 양의 인상재를 주입할 경우 목 쪽으로 흘러 환자가 구역질(gagging)을 할 수 있으니 적당량을 파악해야 한다.
③ Setting time을 지켜야 최대한 오류를 줄일 수 있다. 트레이 고정은 반드시 술자 또는 어시스트 손으로 한다.

인상을 떠야 하는 지대치의 개수가 많은 경우(러버 인상재로 인상을 뜰 때)
실리콘(러버) 인상재는 상온보다 냉장고에 보관하면 working time(작업시간)을 좀 더 길게 가질 수 있어요!

코드 선택 시 TIP

① 마진의 위치를 파악해야 해요.

- 에어를 불어보았을 때 마진이 치은에 덮혀있지 않고 보이는 경우(플루이드가 나오지 않고)나 치은에 살짝 덮혀 있더라도 치은이 얇아서 인상재가 그 사이의 공간에 들어가기에 무리가 없는 경우에는 코드 없이 그대로 인상재를 주입해도 됩니다.

- 에어를 불어도 마진이 치은에 덮여 인상재가 들어가지 않을 것 같은 경우, 익스플로러로 탐침해 보았을 때 치은연하일 경우 코드를 삽입해요. 코드는 넣었을 때 마진이 보일만한 크기로 선정해야 합니다. 애매하게 똑같거나 넣어도 마진이 보이지 않는 경우 더 굵은 코드를 사용해야 해요. 에어를 불었을 때 코드가 펄럭이며 빠져나오는 경우는 너무 작은 코드를 사용했거나 굳이 안넣어도 되는 경우에요. 2차 코드(투 코드)나 3차 코드(쓰리 코드)를 삽입하는 경우는 마진과 치은 사이의 포켓이 깊고 치은이 두꺼워 원코드 만으로 마진을 덮어 보이지 않는 경우 아래에 1차 코드를 넣고 위에 2차 코드를 넣는 식으로 해서 사이를 벌어지게 하고 벌어진 사이에 인상재를 주입하여 마진을 인기할 수 있도록 합니다. 2차 코드만으로 안될 경우에는 3차 코드나 코튼을 얇게 말아 위에 치은 사이에 끼워 두고 치은을 벌린 뒤 빼면서 인상재를 주입하기도 합니다.

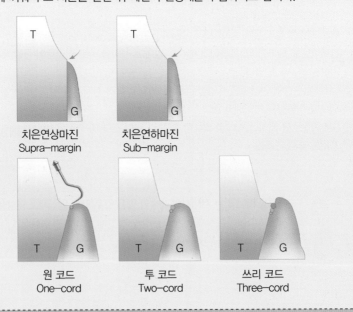

치은연상마진
Supra-margin

치은연하마진
Sub-margin

원 코드
One-cord

투 코드
Two-cord

쓰리 코드
Three-cord

② 코드를 삽입할 때 코드패커의 팁을 치은 쪽으로 내려가면서 넣으려고 하면(①번 방향) 출혈만 유발하고 잘 안 들어갑니다. 치아의 모양을 따라(②번 방향) 내려가야 합니다.

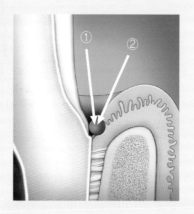

• 플루이드가 완벽히 컨트롤되지 않은 상태에서 임프레션을 채득하게 되면 아래의 사진처럼 마진이 명확히 인기 되지 않게 됩니다.

✅ 프렙의 종류

보철물 타입별로 프렙의 모양이 달라질 수 있으므로, 반드시 보철물의 타입을 프렙 전에 확인한다.

• Shoulder margin

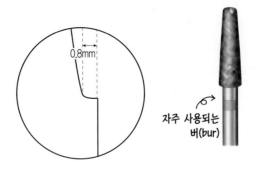

0.8mm

자주 사용되는
버(bur)

- 치관축에 대해 직각 또는 약간 예각으로 계단모양이다.
- 치질의 삭제량이 많으나 그만큼 크라운의 두께를 확보할 수 있으며 심
  미성이 좋다.
- 완전 도재관에 사용하고 교합력에 저항하는 충분한 강도를 가지고 있
  어서 도재 파절을 최소화할 수 있다.

• Champer margin

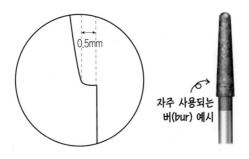

0.5mm

자주 사용되는
버(bur) 예시

- 형성된 부분과 측면이 완만한 모양이다.
- 파절이 없고 주조 수복물에서 가장 이상적인 프렙이다.

• Knife-edge margin

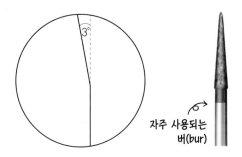

자주 사용되는
버(bur)

    – 변연이 불분명할 수 있다.

    – 보철이 일정한 두께를 가지기 위해서 보철물이 과풍융하게 제작될 위
      험성이 있다.

술 후 설명

    ⊙ "긴 시간동안 잘 도와주셔서 감사합니다. 오늘 본뜬 것으로 보철물을
      제작해서 다음번 오실 때 붙여 드릴게요."

마취를 한 경우

    ⊙ "2-3시간(상악)/4-5시간(하악)가량 지속될 수 있어요.

      마시는 것은 괜찮지만, 식사는 되도록 마취가 풀린 다음에 해주세요.

      마취되었을 때 식사를 하시면 볼, 혀, 입술 등을 깨물어도 모르시는 경

      우가 있으니, 마취 풀린 후에 식사하시면 돼요."

임시치아 주의 사항

○ "오늘 본뜨신 치아 위쪽으로 임시치아를 붙여드렸어요. 크라운보다 강도가 훨씬 약해서 딱딱하거나 질긴 것, 끈적한 것을 씹으시면 깨지거나 빠질 수 있습니다. 예를 들면 껌, 떡, 엿같은 끈적이는 음식이나 누룽지, 견과류처럼 딱딱한 음식을 드시면 그럴 수 있어요. 임시치아는 심미적인 목적도 있지만 치아의 이동을 방지하거나 안의 치아를 보호하는 역할이 커요. 임시치아가 빠진 후 오랜 시간이 지난 후 내원하시면 치아가 이동하여 오늘 힘들게 본을 떠서 만든 보철물이 맞지 않아서 본을 다시 떠야 하는 경우도 있어요. 혹시라도 깨지거나 빠지면 불편하시더라도 임시치아를 가지고 최대한 빨리 내원해주세요."

○ "임시치아 쪽으로 식사를 아예 할 수 없는 건 아니지만, 자연 치아에 비해 조금 덜 씹히는 느낌이나, 불편한 느낌은 당연히 있을 수 있어요. 식사는 가능하면 반대편으로 해주시는 것이 좋아요.
많이 불편하시겠지만, 저희가 최대한 빨리 제작해서 맞춰 드릴 테니 조금만 양해 부탁드릴게요."

01

크라운치료_크라운프렙 & 인상채득

어떤 재료가 제일 좋아요?

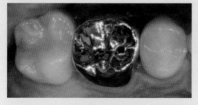

▲ 골드 크라운

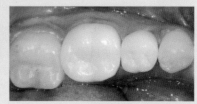

▲ 지르코니아

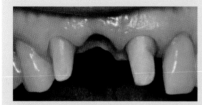

▲ 도재금속브릿지(PFM Br)

출처: 우리사랑치과 김일연 원장님 제공

사람마다 적합한 재료가 있어요. 구강상태와 OOO님이 중요하게 생각하시는 부분 고려해서 결정하시면 돼요. 어금니의 경우 보이는 게 중요하시면 치아색, 심미적인 것보다 기능적인 면이 중요하면 골드 크라운을 추천해 드려요. 치아 색이 중요한 경우에는 크게 도재금속크라운(PFM Cr)이나 지르코니아 크라운을 추천해 드릴 수 있어요. 금속 알레르기가 있거나 심미적으로 민감하시다면 지르코니아 크라운을 제일 추천해드립니다. 변색이 심한 경우나 지대치에 메탈 포스트(Metal post)가 있는 경우나 비용 부담이 있으시다면 도재금속크라운(PFM Cr)을 추천드리기도 합니다. 재료마다 특성과 장단점이 있어서 원장님 의견 잘 들어보시고 결정해주시면 됩니다. 치아 색의 경우에는 크게 도재금속크라운(PFM Cr)과 지르코니아크라운을 추천해 드릴 수 있어요.

> 치과에서 사용되는 크라운의 종류는 여러 가지가 있지만, 예시를 위하여 3가지 정도만 간단하게 추천드렸습니다.

임시치아는 꼭 해야하는 건가요?

임시치아는 심미적인 목적도 분명 가지고 있지만, 치아를 보호하고 치아의 이동을 방지하는 목적이 더 큽니다. 크라운을 위해 확보해 놓은 공간으로 치아가 움직이게 되면 오늘 열심히 도와주셨던 본으로 만든 크라운이 맞지 않아서 다시 치아를 다듬고 본을 다시 뜨게 될 수도 있어요. 크라운보다 완벽할 수는 없겠지만, 임시치아를 씌워드리면 보철물 기다리는 동안 치아를 보호할 수 있어요.

선배가 알려주는 TIP •

 인상재를 주입 시 TIP

① 마이크로 팁은 인상재 주행 방향과 반대로 꺾어서 사용해요.
② 인상재를 인접치부터 시작하여 지대치 쪽으로 끌고 가듯이 짜주세요.
③ 한 방향으로만(시계 방향, 반시계 방향 상관 없음) 인상재를 고르게 주입합니다. 한 방향으로 인상재를 짜주고, 한 바퀴를 다 돌아 시작 지점에 오면 마이크로 팁을 처음보다 더 높게 위치시켜 짜주는 것을 계속 반복하면서 지대치가 인상재로 모두 덮일 때까지 반복해 주세요.
④ 처음 주입한 부위를 꼭 중첩하며 인상재를 주입해줍니다.

 **바이트 채득 시 TIP**

* 환자에게 편안한 교합을 찾아내는 것이 가장 중요해요.

① 체어에서 허리를 펴고 바르게 앉고 턱이 들리지 않은 자연스러운 자세에서 준비합니다.

② 다물었다 물었다를 반복하여 환자의 교합을 확인합니다.

- 빠르게 다물었다 물었다를 반복하여 무의식 중에 반복적으로 편안하게 물리는 교합을 찾아냅니다.
- 물리는 위치가 계속 바뀌는 경우: 거울을 보면서 안정적인 교합의 위치를 잡고 반복적으로 연습시킵니다. 바이트를 채득할 때도 거울을 든 상태에서 올바르게 물고 있는지 보면서 채득해요.

③ 편안한 교합을 찾아내었을 때 맞물리는 치아의 번호를 기억합니다(2–3개의 포인트를 기억). 바이트트레이의 경우 반대쪽의 교합을 기억합니다.

④ 교합지를 물려 치아에 교합지점이 찍히도록 합니다.

⑤ 바이트를 제거한 후 교합지에 찍힌 점들이 바이트에 물린점과 일치하는지 확인합니다.

⑥ 채득된 바이트를 구강내에 넣고 다물려 보았을 때 이전에 기억했던 올바른 교합으로 물리는지 확인합니다.

⑦ 바이트 채득 시 미끌어지듯이 좌우로 움직이는 상태를 채득하면 안 됩니다.

바이트 채득 시 문 상태로 움직이지 않는지 확인해야 해요. 바이트를 한 번에 물지 않고 턱을 좌우로 움직이며 미끌어지는 상태를 채득하게 되면 교합이 뭉개져 기공물 제작에 어려움이 있기 때문이에요.

인상채득을 할 때 환자분이 너무 힘들어 하시는데 좀 더 편하게 해드릴 수 있는 방법이 있나요?

① 인상재가 굳을 동안 의자를 세워서 기다리게 해주세요.

누워있으면 인상재가 목 쪽으로 흐르는 느낌이 더 들 수 있고, 침이 목 안 쪽으로 바로 고이기 때문에 앉아서 대기하는 것이 더 편안하게 느껴져요. 환자분께 여쭤본 후 세워주시면 돼요.

② 체어나 머리 받침이 너무 뒤로 넘어간 상태에서 임프레션을 뜨지 말아주세요. 인상재는 굳기 전까지 흐르는 성질을 가지고 있기 때문에 머리가 너무 뒤쪽으로 젖혀진 상태에서 입안에 인상재를 주입하면 목구멍 쪽으로 인상재가 흘러내리면서 구역질을 일으킬 수 있고, 환자가 느끼는 불편감이 커질 수 있어요.

③ 리트랙션을 할 때 주변 조직을 너무 세게 당기거나 누르지 마세요.

입안에 에어를 불어 건조해진 상태이기 때문에 세게 잡아당기거나 기구 조작이 미숙할 시 입안에 상처가 날 수 있어요.

입안을 건조시킨 후 글러브를 낀 손을 이용하여 리트랙션 하거나, 리트랙션 할 기구에만 물을 살짝 발라 당기면 환자가 느끼는 불편감이 줄어들어요.

기구가 잇몸뼈 부분을 누르면서 리트랙션 하지 않도록 꼭 주의해 주세요.

구역반사가 심한 환자의 임프레션을 떠야할 때 좋은 방법이 있나요?

① 체어를 살짝 세운 상태에서 최대한 빨리 인상재를 주입해주세요.

인상재가 목쪽으로 가지 않도록 하기 위해 일자로 누운 상태보다는 체어를 살짝 세우고, 고개를 한쪽으로 완전히 돌린 후 인상재를 주입해주세요.

② 하악 임프레션 시 혀를 너무 세게 잡거나 누르지 마세요.

혀를 강한 힘으로 제어하려고 하면 오히려 구역반사가 더 심해지는 경우가 있기 때문에, 혀 리트랙션 시 미러로 혀를 옆으로 밀어서 치운다는 생각으로 센 힘을 주지 않도록 해주세요.

③ 트레이를 넣은 후 환자를 체어를 세워 앉은 자세로 만든 후 환자가 목쪽으로 턱을 당겨 고개를 숙이게 해주세요.

침이 많이 흐를 수 있어서 소공포나 휴지를 입쪽으로 받친 후 환자에게 침이 흘러도 괜찮으니 고개를 숙이시고 심호흡하듯이 천천히 코로 숨 쉬어 달라고 말씀드리며 환자를 안정시켜주세요.

환자를 세운 경우에도 계속 구역반사가 일어나는 경우에는 다리를 한쪽씩 들어달라고 해주시면 복근에 힘이 들어가고, 화제가 전환되기 때문에 일시적으로 구역반사가 줄어들어요. 구역반사가 어느 정도 줄어들었으면 심호흡하듯이 아주 천천히 호흡하시라고 말씀드리면 대부분 다시 구역반사가 일어나지 않아요.

④ 스프레이형 도포마취제를 연구개에 분사하거나 가글마취제를 이용하여 마취 시행한 후 인상채득을 하면 구역반사를 줄일 수도 있어요.

우리도 구역질이 나면 너무 힘들잖아요? 환자분도 굉장히 힘드신데 치료를 위해서 열심히 도와주시고 계시니 최대한 본을 한 번에 채득하도록 하고, 환자의 마음을 헤아려주세요.

크라운임프를 뜰 때 2개 이상이면 무조건 풀트레이를 사용하나요?

무조건 크라운 개수에 따라서 트레이를 선택하지는 않아요.
절대적인 방법은 아니지만, 참고할만한 몇 가지 방법을 알려드릴게요.

트레이 선정 방법

바이트트레이를 사용하는 경우
　① 크라운 1개까지 가능(최후방 구치 제외)　　② 인레이 2–4개까지 가능
편측트레이(metal partial tray)를 사용하는 경우
　① 인접치에 손상이 없는 대부분의 싱글 보철물
　② 최후방 구치를 포함하지 않는 브릿지 보철물
　③ 위 조건을 만족하고, 교합이 불안정하지 않은 경우
　④ 소구치 모두 있는 6전치 가능
풀트레이(full tray)를 사용하는 경우
　① 교합이 불안정한 경우　　　　　　　② 인접치가 2개 이상 상실된 경우
　③ 최후방 구치를 포함하는 크라운, 브릿지 보철물
　④ 3개 이상의 브릿지의 경우(다수의 크라운)
　⑤ 부분 틀니(RPD) 사용 중인 환자

분명히 잘 건조하고 임프레션을 뜬 것 같은데 확인해 보면 자꾸 기포가 있어요. 왜 그런가요?

 기포가 생기는 이유는 블리딩과 플루이드 컨트롤이 되지 않았거나, 인상재 주입 시 실수가 있었기 때문이에요. 에어를 충분히 불어 지대치를 건조시키는 것만으로 완전 건조를 하기는 어려워요. 임프레션을 채득하기 이전에, 잇몸의 블리딩과 플루이드를 완전히 차단한 후 적당한 세기로 에어를 불어 완전 건조시켜야 임프레션을 뜨기 적합한 상태를 만들 수 있어요. 블리딩과 플루이드 컨트롤을 위해서는 적합한 굵기의 코드가 패킹되어야 하고, 손상된 잇몸의 출혈을 지혈제로 완전히 지혈시켜 주어야 해요. 지혈제를 3~5분가량 사용 후 물을 살짝 뿌려 인상채득 할 부위를 세척한 후 지혈이 확인되었으면 인상을 채득하면 돼요.

 TIP

플루이드(fluid)란?
삼출물이라고도 부른다. 잇몸 안쪽에서 스며 나오는 세포 성분과 액체 성분을 말한다.

 풀트레이 사이즈는 어떻게 맞추나요?

 ① 보통의 성인 여자, 무치악 노인은 S or M, 성인 남자는 M or L을 먼저 시적해봅니다.
② 구강 내 직접 시적하여 border에 트레이 끝 부분이 만나도록 합니다.
③ 트레이가 최후방 구치보다 약 0.5 cm 정도 더 후방까지 위치하도록 합니다.

④ 구개측은 hamular notch, Ah-line까지 포함합니다. 하악은 retromolar pad까지 포함합니다.
⑤ 시적 후 환자에게 아픈 곳이 없는지 확인합니다.

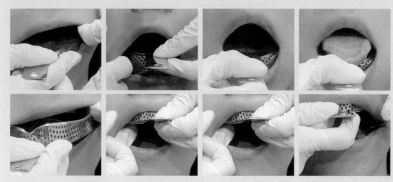

⑥ 트레이 M사이즈는 작고 L사이즈는 클 때
인상을 잘 뜨기 위해서는 악궁에 맞는 트레이 선정이 매우 중요해요. 사이즈가 다를 경우 유틸리티 왁스를 이용하여 트레이를 연장해줍니다.

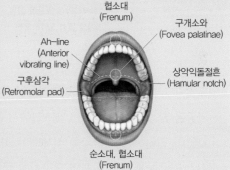

크라운 임프레션할 때 인상재를 주입하고 나서 에어를 꼭 불어야 하나요?

에어는 불어도 되고 안 불어도 돼요.

에어를 부는 가장 큰 이유는 인상재가 잇몸 쪽으로 충분히 들어가도록 하기 위함인데, 에어를 불지 않아도 인상재를 짜는 힘만으로도 충분히 인상재가 잇몸 안쪽까지 주입되고, 마진이 있는 위치까지 충분히 덮혔다면 굳이 에어를 불지 않아도 돼요.

차팅 예시

2022-05-13		6	CC. 불편한데 없었어요.
			*재료 한번 더 확인. Zir cr 동의하심
			Tx. Zirconia cr prep, imp, temporary cr (tembond)
			shade : 치경부 A3, 교합면 A2.5, 바이트, 대합치 채득
			*임시치아 주의사항 설명
			기공물 완성 5/19 오전
			Dr. 허준 / Staff. 새싹
			N)Zir cr T/S

- 포셀린크라운이나 지르코니아크라운인 경우에는 쉐이드를 반드시 기록한다.
- 기공물 완성 날짜를 적으면 데스크에서 예약을 정할 때 수월하다.
- 교합이 긴밀하여 대합치를 삭제해야 하거나 생활치인 경우, 리메이크인 경우, 기공물에 관한 환자의 요구사항 등이 있을 경우에는 가능한 한 자세하게 기록한다(차트와 기공의뢰서에 기록).

크라운 치료_크라운 임시접착

• 시술 간단 설명(정의)

　보철물을 임시접착제를 이용하여 치아에 접착한다.

• 시술명 - 한국어 표기(영어 표기)[약어]

　크라운 임시접착(crown temporary setting)[Cr.T/S]

• 순서

　엑스레이 띄우기 → 임시치아 제거 → 크라운 시적 → 크라운 조정 → 임시접착
　제로 접착 → 잉여접착제제거 → 교합 확인 → 주의사항 및 술후 설명

• 진료 기구 및 재료 준비

　기본 기구, 최종 보철물, 크라운 리무버(이젝터, 그리퍼, 필요시 포세린 그리
　퍼), 치실, 버세트, 로우 핸드피스(콘트라앵글, 스트레이트앵글), 하이 핸드피
　스, 임시접착제, 믹싱패드, 스파튤라, 교합지, 교합지홀더, 심스탁, 심스탁홀더,
　스트레이트앵글용 버세트, 스타퍼

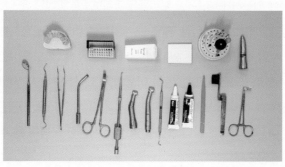

술 전 설명

- ◎ "지난번 오셨을 때 본을 떠서 만든 보철물이 나와서 오늘 맞춰보고 잘 맞으면 붙여드릴게요."
- 임시치아가 빠지거나, 불편한 점은 없었는지 확인한다.
  - ◎ "혹시 임시치아가 빠지거나 불편한 점은 없으셨어요?"
- 임시치아가 빠졌다고 하는 경우
  - ◎ "임시치아가 빠지고 시간이 지나면 치아가 이동하려는 성질 때문에 저번에 본떠서 만든 보철물이 완벽하게 맞지 않을 수도 있어요. 우선, 확인해 보고 다시 말씀드릴게요."

치료 과정

① 임시치아 제거할 때

- ◎ "저번에 붙여드렸던 임시치아를 먼저 빼 드릴게요. 약간 뻐근한 느낌이 있으실 수 있으니 놀라지 마세요."

② 지대치 접착제 제거할 때

- 임시치아를 제거한 후 지대치에 남아있는 접착제를 제거한다.
  - ◎ "안쪽에 깨끗하게 해드리고 보철물을 맞춰보도록 할게요. 물 나옵니다."
- 지대치가 생활치(Vital tooth)일 경우, 스케일러를 이용하여 접착제를 제거하게 되면 시릴 수 있으므로, 환자의 상태 체크한 후 되도록이면 시리지 않도록 익스플로러와 코튼펠렛 등을 이용하여 조심스럽게 제거한다.
  - ◎ "신경치료가 되어 있지 않은 치아라서 시릴 수 있어요. 지금은 붙이기 전에 깨끗하게 해야 하다 보니까 약간 더 시큰한 느낌이 들 수 있어요. 지금 괜찮으세요?"

③ 크라운시적 및 조정할 때

⦿ "보철물을 맞춰보도록 할게요. 아직 조정이 된 상태가 아니기 때문에 불편하실 수 있어요."

• 치실 사용할 때(인접면 contact 확인)

치실로 사이 간격을 확인할 때 보철물이 입안으로 떨어지지 않도록 스타퍼로 보철물을 지그시 눌러 준다.

⦿ "치실을 이용하여 사이 간격을 확인할 거예요. 치실이에요."

• 교합지 사용할 때(교합 확인)

⦿ "높이 조정을 위해 딱딱딱 하고 식사하실 때처럼 씹어보세요."

• 하이 핸드피스를 사용할 때

⦿ "불편하셨던 높이를 조정해 드릴 거예요. 입안에 물 나와요. 조정하는 동안 잠시만 머금고 계셔 주시면 금방 빼드릴게요."

• 로우핸드피스(스트레이트앵글)을 사용할 때

⦿ "높이를 조정하기 위해 잠깐 보철물을 뺄 거예요. 뺄 때 조금 불편하실 수 있어요. 조정하는 동안 편하게 다물고 계세요."

④ 임시접착제 접착할 때

⦿ "보철물이 잘 맞아서 이제 붙여 드릴 거예요. 불편한 부분이 생기면 고쳐드려야 하기 때문에 지금은 임시로 붙이고, 1-2주 정도 사용기간을 가질 거예요. 그러고 나서, 불편하신 점이 없으시면 그때 더 단단하게 붙여드릴게요. 붙이려는 치아에 침이 있으면 안되서 바람을 불건데 조금 불편하실 수 있어요. (에어를 충분히 불어서 건조시킨다) 이제 붙여드릴게요."

• 지대치가 생활치인 경우 에어를 불면 굉장히 시려할 수 있으니 코튼펠렛 등을 이용하여 닦아내고 에어를 불어서 건조시키더라도 가능한한 살살 불도록 한다.

○ "잘 맞게 들어가도록 누를 거예요. (잘 적합 된 것 확인 후) 솜입니다. 물어보세요. 접착제가 굳으려면 3분 정도 걸려요. 그 동안에 솜을 지그시 물고 계세요."

⑤ 접착제 제거할 때

○ "아 해보시고, 솜 빼드릴게요. 이제 잇몸 쪽에 불필요하게 남아 있는 접착제를 제거해 드릴 거예요. 접착제가 잇몸 안쪽에 남아있으면 불편하실 수 있어요. 잇몸 안쪽까지 확인하면서 제거하기 때문에 따끔따끔한 느낌이 있어요. 꼼꼼하게 제거해드릴게요. 입안에 떨어지는 가루는 조금만 참아주시면 제가 금방 물 양치 하실 수 있도록 도와드릴게요."

⑥ 가글 및 진료 마무리

○ "이제, 물 양치 하실 수 있도록 세워 드릴게요. 물 양치 충분히 하신 후에 식사하실 때처럼 딱딱딱하고 씹어 보세요. 조금 전 확인했을 때와 높이가 똑같나요?"

▰▰ 술 후 설명 ▰ ···

○ "아까 설명드린 것처럼 오늘은 임시접착제로 붙여드렸어요. 1~2주 정도 임시로 붙인 상태로 사용해 보시고 다음번 예약 때까지 불편한 점이 없으시면 그때 영구접착제로 단단하게 붙여드릴게요.
불편하신 점을 확인하셔야 하기 때문에, 식사는 오늘 붙이신 쪽으로 꼭 해보세요. 처음부터 너무 단단하거나, 질긴 음식을 드시려고 하지 마시고 부드러운 음식부터 천천히 드셔보세요. 엿, 떡, 껌, 캐러멜과 같은 끈적한 것을 드시게 되면 빠질 수 있으니 되도록 끈적한 음식은 피해주시는 것이 좋아요. ○○님이 조심하셔도 임시로 붙여 놓은 치아이기 때문에 빠질 수 있으니, 삼키지 않도록 조심해주시고, 치과에 가지고 오시면 다시 붙여드릴 거예요. 빠지고 시간이 너무 많이 지나면 치아가 이동해 맞지 않을 수도 있으니까 불편하시더라도 최대한 빨리 내원해 주세요. 사용해 보시고 불편한 점이 있으면 다음 오셨을 때 말씀해 주시거나, 중간이라도 전화 주시고 나오시면 조정해 드릴게요."

FAQ

크라운은 영구적으로 쓸 수 있는 거죠?

모든 치과치료는 영구적이지는 않아요. 칫솔질로 깨끗하게 관리가 되지 않고, 정기검진을 잘 오시지 않으면 원래 수명보다 훨씬 일찍 탈이 나는 경우도 있어요. 기본적으로 칫솔질과, 치실, 치간 칫솔로 항상 깨끗하게 관리해주시고, 정기검진 잘 받으시면 수명만큼 혹은 그 이상 쓰시는 경우도 많으시더라구요. 검진 연락드릴 때 꼭 와주세요.

왜 임시로 사용해봐야 하나요?

처음부터 완전히 붙이면 좋겠지만 실제 식사해보시고, 혹시라도 불편하신 부분이 있다면 수정이 필요한 경우가 있어요. 간단한 수정은 입안에서 가능하지만 복잡한 수정을 해야 하면 기공소에서 수정을 해와야 할 수도 있어요. 오늘처럼 임시로 붙인 상태라면 간단하게 빼낸 후 수정해오면 되지만, 완전히 붙인 상태에서 복잡한 수정이 필요하게 되면 마취하고 붙여드린 것 뜯어내고 본뜨고 하는 과정을 다시 하셔야 돼요. 여러 과정을 거쳐서 만든 보철물이 정밀하게 잘 맞는지, 불편함 없이 쓰실 수 있는 상태인지 확인하는 과정이니까 양해 부탁드려요.

선배가 알려주는 TIP

크라운이 왔는데 너무 높아요. 인상채득했을 때 어떤 실수가 있었을까요?

다른 실수가 있었을지도 모르지만, 바이트 채득 시 오류가 있었을 가능성이 가장 높아요.(바이트 채득 시 TIP을 참고해 주세요!)

그 밖의 이유로는 인접치와 대합치의 인상이 정확하게 채득되지 않아 기공물 제작 시 교합의 오류가 생겼을 수 있어요.

차팅 예시

2022-05-13			CC. 괜찮았어요.
		6	Tx. Zir cr T/S with Tembond
			shade, 모양 다 괜찮다고 하심.
			* 임시접착 주의사항 설명
			일주일 정도 써보시고 F/S 여부 결정하기로
			Dr. 허준 / Staff. 새싹
			N)1w체크 후 Zir cr F/S

크라운 치료_크라운 최종접착

- 시술 간단 설명(정의)

  임시접착상태의 보철물을 환자의 동의 하에 영구접착제로 접착하는 치료

- 시술명 – 한국어 표기(영어 표기)[약어]

  보철물 최종접착(final setting)[F/S]

- 순서

  엑스레이 띄우기 → 보철치료 완료 동의서 작성 → 보철물 제거 및 잉여 접착제
  제거 → 최종접착제 접착 → 잉여 접착제 제거 → 가글 및 교합확인 → (필요시
  구강포토찍기 I/O (Intra oral photo) taking)

- 진료 기구 및 재료 준비

  기본 기구, 보철치료 완료 동의서, 크라운 글리퍼(이젝터), 로우 핸드피스(콘트
  라앵글, 스트레이트앵글), 하이 핸드피스, 버세트, 스트레이트앵글용 버세트,
  영구접착제(final cement), 믹싱패드 및 스파튤라, 치실, 교합지, 교합지홀더, 심
  스탁, 심스탁홀더, (보철과 카메라, 리트랙터, 전치부가 아닌 경우 동의서와 카
  메라 생략 가능), 스타퍼

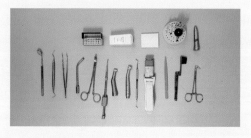

- ◎ "오늘은 저번에 붙여드린 크라운 체크해보고 괜찮으면 완전히 붙여드릴게요."

치료 과정

① 환자의 만족도 확인할 때

- ◎ "임시로 붙여드렸던 치아를 사용해 보시니 어떤가요? 혹시 수정할 부분이 있으신가요?"
- 색과 모양을 확인한다.
  - ◎ "저번에 붙여드린 치아의 색과 모양은 모두 마음에 드세요?"
- 교합을 확인한다.
  - ◎ "씹을 때 빠드득하고 갈리는 느낌이 있거나, 반대편 치아가 덜 물리는 듯한 느낌이 있으신가요?"
  - ◎ "음식을 씹을 때 덜 씹히는 느낌을 받으신 적이 있으신가요?"
- Contact(인접면 간격)를 확인한다.
  - ◎ "음식을 드신 후 저희가 이번에 붙여드린 치아 쪽으로 음식물이 많이 끼신 적이 있나요?"

크라운 최종 접착 시 환자의 만족도를 확인한 후 보철물 완료 동의서를 작성한다.

- 동의서를 받을 때에는 주요 내용을 설명드리고 환자의 자필 서명/고지한 스탭의 서명을 기록해야 한다.
- 동의서를 받을 때 주요 내용은 다른 색 펜으로 강조해 주면 더 좋다.
  - ◎ "치아가 마음에 드신다고 하니 좋네요. 제가 봐도 정말 잘 나왔어요. 오늘 완전히 붙일 예정이라서, 붙이시기 전에 동의서 하나 작성 부탁

드릴게요. 이제 보철물을 완전히 붙이시게 되면 더 이상 수정이 어려워요. 불가피하게 수정을 원하셨을 경우, 보철물을 모두 잘라서 제거하게 돼요. 그때 느낄 수 있는 환자의 불편감이나, 치아 손상의 가능성, 추가적인 비용이 발생될 수 있음을 미리 설명드릴게요. 동의서에 적혀있는 내용 다시 한 번 더 읽어보시고, 이해가 잘 되셨으면 아래쪽 서명란에 성함과 서명해 주세요. 혹시라도 궁금한 점이 있으시면 말씀해 주세요."

◎ "네, 감사합니다. 이제 치아를 완전히 붙여드릴거예요."

② 임시 접착된 최종 보철물 제거 및 cement 제거할 때

• 보철물 제거 전일 때

◎ "접착제를 교체해야 해서 보철물을 잠깐 뺄 거예요. 뺀 후에는 치아와 보철물을 깨끗하게 청소한 후에 단단한 접착제로 붙여 드릴게요."

• 보철물 제거 중일 때

◎ "보철물을 제거할 거예요. 약간 뻐근한 느낌이 드실 수 있으니 놀라지 마시고, 혹시 통증이 있으시거나 불편한 점이 있으시면 왼손 들어주세요."

• 보철물 제거 후 임시접착제를 제거할 때

◎ "보철물을 잘 제거했어요. 치아에 남아있는 임시접착제를 제거하고 보철물도 깨끗하게 해서 단단하게 붙여 드릴게요."

③ 건조할 때

◎ "침이 닿으면 접착력이 떨어질 수 있어서 불편하셔도 '아' 하시고 다물지 말아주세요. 바람이에요."

④ 접착제 최종 접착할 때

    ◯ (정확히 적합된 것을 확인 후) "잘 붙이기 위해 꽉 누를게요. 놀라지 마세요."

    ◯ "솜입니다. 꽉 물어보세요. 이제, 접착제가 굳을 때까지 5분 정도 지그시 물어주세요."

⑤ 완전히 경화되기 까지 시간이 얼마나 남았는지 알려주며 환자 상태를 확인한다.

    ◯ "이제 3분 정도 남았습니다. 제가 계속 옆에 있을 거예요. 침이 많이 고여서 불편하시거나, 턱이 아프거나 하시면 왼손을 들어서 표시해 주세요."

⑥ 잉여 접착제 제거할 때

    ◯ "잘 도와주셨고, 입안에 솜 빼드릴게요. 이제, 바깥쪽으로 튀어나온 불필요한 접착제를 제거할게요. 접착제가 잇몸 안쪽에 남아있으면 염증이 생길 수도 있어서 잇몸 안쪽까지 확인하기 때문에 따끔따끔한 느낌이 나실 수 있어요. 입안에 떨어지는 가루는 조금만 참아주시면 제가 금방 물 양치하실 수 있도록 해드릴게요."

⑦ 치실 사용할 때

    ◯ "사이 부분에 남아 있을 수 있는 접착제를 한 번 더 확인해서 제거할 거예요. 치실입니다. 놀라지 마세요. 조금 불편하실 수 있어요. 혹시 아프시면 왼손 들어서 알려주세요."

✅ "임시로 쓰시는 동안 괜찮으셨어요?"라고 묻는 것도 좋은 방법이지만, 환자의 성향에 따라 조금 불편했어도 '괜찮아지겠지.' 하고 굳이 말을 하지 않는 경우도 있고, 불편한 점이 있었지만 깜빡 잊고 말하지 못하는 경우도 있다. 그런 환자를 조금 더 배려하기 위해 우리 질문의 포인트를 바꾸어 볼 필요가 있다. **'치료 과정 ① 환자의 만족도 확인할 때'**의 질문을 활용하여 예시를 들면서 질문하면 환자들의 상태를 조금 더 명확하게 알 수 있다.

✅ 잉여 접착제 제거 시 치간에 남아있지 않도록 주의한다. 시멘트 특성상 완전히 경화된 후에 제거가 유난히 어려운 시멘트일 경우가 있다. 완전히 경화되기 전 치실 등을 이용하여 완벽히 제거하는 것이 중요하다. 치아 사이에 시멘트가 남아있으면 세팅 후 환자가 불편감을 호소할 수 있고 잇몸에 염증이 생길 수 있다. 보철물과 잇몸에 남아있는 시멘트 부스러기는 물 묻힌 코튼펠렛이나 거즈를 이용하여 닦으면 잘 떨어진다. 보철물 교합면이나 대합치 교합면 시멘트가 남아있으면 교합이 높다고 할 수 있으니 대합치도 잘 살펴 보아야 한다.

 전치부 최종접착할 때

　　◎ "오늘 앞니 보철물은 완전히 붙여드렸어요. 하루이틀 정도는 앞니로 베어드시는 것은 피해주세요. 앞니 보철물은 어금니에 비해 약하기 때문에 조심해서 써주셔야 예쁘게 오래 쓰실 수 있어요. 앞니로 딱딱하거나 질긴 것을 드시게 되면 힘이 가해져서 보철물은 물론 뿌리 쪽에

도 무리가 갈 수 있으니까 앞니는 최대한 조심해서 써주시는 것이 좋아요."

🦷 구치부 최종접착할 때

◎ "오늘 완전히 붙이셨기 때문에 식사는 바로 가능하시지만, 접착제가 조금 더 단단하게 굳을 수 있도록 하루 정도는 끈적한 음식이나, 치실 사용은 피해주시는 것이 좋아요."

◎ "그동안 치료받으시느라 수고 많으셨어요. 불편한 사항이나, 문의사항이 있으시면 언제든지 전화로 연락 주시고 내원해 주세요."

FAQ

그럼 이제 아예 안 떨어지나요?

가장 강력한 접착제라서 오래가긴 하지만 영구적이라고 말하기는 어려워요. 시간이 오래 지나고 나면 떨어지는 경우도 종종 있거든요. 그래도 너무 걱정하지는 않으셔도 돼요. 혹시라도 빠지면 저희가 치아 상태하고 보철물 상태 확인한 다음 붙여드릴 거니까 보철물 가지고 치과로 오시면 돼요.

차팅 예시

			CC. 괜찮았어요.
		6	Tx. Zir cr F/S with RMGI cement
			shade, 모양, 교합 재확인-괜찮다고 하심
2022-05-13			* 주의사항 설명, 오른쪽 충치치료는 2주 후 하시고싶다 하심.
			Dr. 허준 / Staff. 새싹
			N) 2w후 오른쪽 충치치료 시작

04
틀니(의치) 치료_ 틀니(의치)의 이해

1. 부분틀니와 완전틀니

	부분틀니	완전틀니
한국어 표기 (영어 표기) [약어]	부분틀니(removable partial denture) [RPD]	전체틀니(full denture)[FD] 완전틀니(complete denture)[CD]
순서	진단 → 개인트레이를 제작하기 위한 인상채득 → 최종 인상채득(잔존치 치료계획에 따라 다름) → 악간관계 기록(바이트채득) → 금속구조물 및 납의치시적 → 부분틀니 완성	진단 → 개인트레이를 제작하기 위한 인상채득 → 최종 인상채득 → 악간관계 기록(바이트채득) → 납의치시적 → 완전틀니 완성
사진	출처: 서울인성치과 박인성 원장님 제공 ▲ 부분틀니	▲ 레진상 완전틀니 ▲ 금속상 완전틀니 출처: 서울유앤이치과 이규형 원장님 제공

2. 임시틀니

	임시틀니	임시틀니 사진
한국어 표기 (영어 표기) [약어]	임시틀니(temporary denture)[T/D]	
설명	치아를 발치하고 나면 잇몸 모양이 변하게 되는데 보통 잇몸뼈나 잇몸 모양이 안정이 된 상태에서 틀니 제작을 시작하게 된다. 잇몸뼈가 안정이 되기를 기다리는 동안 식사나 심미적인 부분으로 환자가 불편을 겪을 수 밖에 없는데 그때 임시틀니를 사용한다.	

3. 한 눈에 보는 틀니 제작과정-완전틀니의 경우

	치료내용	사진	기공의뢰서 작성 내용
1일차	• 진단 및 치료계획 수립 • 개인트레이 인상 (individual tray impression)		전체틀니(full denture)[F/D] 완전틀니 (complete denture)[C/D]
2일차	• 최종인상채득 (final impression)		왁스림 (wax rim)
3일차	• 악간관계 기록 (수직교합고경 및 수평적 악간관계 기록, 바이트채득)		인공치 배열 (wax denture)

288

| 4일차 | 납의치시적
(수직관계 및 중심위 확
인, 교합체크 및 조정) | | 완성
(curing) |
| 5일차 | 틀니 장착 및 교육
(denture delivery) | | |

출처: 알지네이트 인상-우리사랑치과 김일연원장님 제공
그 외 상악 완전틀니, 하악 부분틀니케이스-서울유앤이치과 이규형원장님 제공

틀니 치료_틀니의 진단과 예비 인상채득

※ 완전틀니 치료과정만 담았습니다.
부분틀니의 경우 치료과정이 추가될 수 있습니다.

- 시술 간단 설명(정의)

  검진을 통해 틀니의 치료계획을 수립하고 최종인상을 채득하기 전 환자의 구강에 최적화된 트레이 및 진단모형을 만들기 위해 본을 뜨는 틀니의 첫 치료과정이다.

- 시술명 – 한국어 표기(영어 표기)[약어]

  개인트레이 인상채득(individual tray impression)[indy tray imp.]

- 순서

  구강내 검진 → 엑스레이 찍기 → 치료계획 수립 → 개인트레이 인상채득

- 진료 기구 및 재료 준비

  기본 기구, 트레이 및 알지네이트, 러버보울, 스파튤라

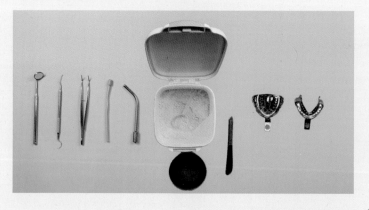

술 전 설명 ....

◎ "오늘은 틀니를 만들기 전에 입안이 어떤 상태인지 확인하고 틀니 만들 때 꼭 필요한 본을 뜨고 가실 거예요. 검사부터 하시고 좀 더 자세히 설명드릴게요."

치료 과정 ....

① 구내 검진할 때

◎ "입안을 보고 어떤 치료를 하시는 것이 더 좋을지 확인해 드릴게요."

② 엑스레이 찍을 때

◎ "입안 상태는 잘 확인했어요. 전체적인 잇몸뼈 상태와, 치아 상태를 조금 더 정확히 봐야 해서 전체적으로 나오는 엑스레이 사진을 한 장 찍으실 거예요. 준비되면 엑스레이실로 안내해드릴게요. 여기서 잠시만 기다려 주세요."

③ 전체 치료계획 수립

④ 예비인상채득할 때

◎ "OO님께 딱 맞는 틀니를 만들기 위해서는 여러 종류의 본을 떠서 맞춰봐야만 해요. 오늘은 OO님 잇몸에 딱 맞는 틀을 만들기 위한 본을 뜰 거고, 다음번에 오시면 오늘 본떠서 만든 딱 맞는 틀로 틀니 본을 뜰 거예요."

◎ "본을 뜨기 전에 본이 잘 나오기 위해서 몇가지 연습 해보고 본 떠드릴게요."

• 상악

◎ "아 해보시고, 여기서 반 정도만 다물어 보세요. 좋아요. 이대로 다무신 상태로, 아래턱을 좌우로 왔다갔다 해보시겠어요?"

• 하악

◎ "아 해보시고, 아주 조금만 다물어 보세요. 이 상태에서 혀 끝을 입천장에 붙여 보세요. 혓 바닥을 앞으로 쭉 내밀어 보세요. 그 상태에서 좌우로 왔다갔다 움직여 보시겠어요?"

◎ "OO님 잇몸에 딱 맞는 틀을 만들기 위해서는 조금도 덜 나오는 부분이 없어야 해서, 완벽하게 본을 뜨려면 오늘 본을 여러 번 뜨실 수도 있어요. 이제 제가 말씀드리면 저와 연습했듯이 해주시면 돼요. 본을 뜰 때 제가 입술이나, 볼을 많이 잡아당길 수 있어요. 불편하셔도 얼굴에 힘을 빼주세요."

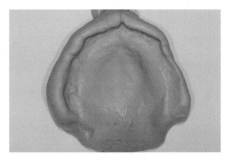

출처: 우리사랑치과 김일연 원장님 제공

체크 포인트 •

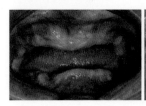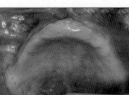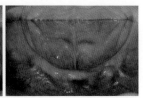

출처: 남수원 웰치과 박용호 원장님 제공

✅ 개인트레이 인상이 잘 나오게 하는 방법

① 환자와 함께 충분히 연습한다.

트레이를 시적하지 않은 상태, 트레이를 시적한 상태에서 충분히 연습한 후 인상을 채득한다. 트레이를 시적하지 않은 상태에서는 환자를 마주 보면서 환자가 해야 할 동작을 직접 보여주는 것이 환자의 이해도를 높일 수 있고, 인상채득 후 더 좋은 결과를 얻을 수 있다.

② 정수기 찬물을 활용한다.

정수기 찬물을 써서 원래 알지네이트를 믹스할 때보다 아주 약간만 묽게 믹스하면 굳기까지의 시간을 늘려주어서 근육이나 점막의 움직임을 모두 재현하기가 쉽지만 너무 묽게 믹스해버리면 알지네이트가 너무 흘러서 border(보더) 쪽으로 가지 못하니 주의해야 한다. 믹싱에 능숙해지면 되직하게 믹스해보자. 보더 쪽이 더 잘 나온다.

③ 손과 손목에 과한 힘을 빼고 천천히 트레이를 압접한다.

무치악의 경우, 치아가 전혀 없기 때문에 트레이를 압접할 때 힘을 조금만 많이 줘도 힘을 준 쪽으로 트레이가 쑥 들어가 버리는 경우가 많다. 세숫대야에 고여 있는 물을 밖으로 튀는 것 없이 천천히 아래로 밀어낸다고 생각하고 손과 손목에 과한 힘을 빼고 천천히 트레이를 압접하면 과하게 눌리는 부분 없이 인상채득 하기가 쉽다.

④ 입술과 볼을 충분히 움직여준다.

트레이를 압접한 후에 볼과 입술을 움직여 주면 소대와 보더가 더 잘 나온다. 한 번에 좋은 인상체를 얻지 못했다면 유틸리티왁스를 이용하여 보더를 연장해주고 잘 안 나온 부분에 충분히 페인팅을 해보자. 입안 타액이

너무 많다면 석션과 에어를 이용해 인상채득에 적합한 환경을 만들어야
한다.

⑤ 상악/하악 채득 시 잘 나와야 하는 포인트를 기억한다.

- 상악을 인상채득할 때 입을 크게 벌리면 최후방 경계라인까지 인상채득
  이 잘 된다.
- 하악을 인상채득할 때 혀를 들어올린 다음 최대한 앞으로 내밀게 하고,
  그 상태로 좌우로 움직여서 인상채득을 해야 한다.
- 혀를 들어 올리는 이유는 설측보더 길이를, 최대한 혀를 앞으로 내미는
  것은 설측보더 두께를 잘 채득하기 위함이고, 혀를 좌우로 움직이게 하
  는 것은 개인트레이 제작 시 설소대의 상태를 감안하여 제작하기 위해서
  이다.

▶ 술 후 설명 ◀ ·

틀니를 제작할 때 환자는 예비인상채득을 최종인상이라고 생각하는 경우가
대부분이다. 예비인상을 채득할 때 환자에게 오늘은 틀을 만드는 본을 뜨는
것이고, 다음번에 틀니를 만드는 본을 뜨는 것이라고 충분히 고지할 필요가
있다.

　　◎ "오늘 본뜨느라 힘드셨죠? 잘 도와주셔서 오늘 뜬 본으로 ○○님께
　　　딱 맞는 틀을 만들어 올 거예요. 다음번에 오시면 본격적으로 틀니를
　　　만드는 본 떠드리겠습니다."

FAQ

다음번에 오면 틀니가 나오는 건가요?

○○님께 잘 맞는 틀니를 만들려면 거쳐야 하는 과정이 많아요. 이가 없는 상태에서 틀니를 만들려면 입안 상태를 재현하는 본을 뜨시고, 그 본으로 틀니가 어떻게 들어가야 편하게 쓰실 수 있을지 높이도 재야 하고, 완성이 되기 전에 틀니 모양이 괜찮은지, 부족한 점은 없는지 한 번 더 보고 확인하는 과정을 모두 거쳐야 해요. 과정이 많아서 불편하시겠지만 OO님께 잘 맞는 틀니를 만들어 드리기 위해서 꼭 거쳐야만 하는 과정이기 때문에 양해 부탁드릴게요.

틀니 완성까지 내원 방문 횟수가 궁금해요.

최소 5번은 내원하셔야 해요. 틀니는 정밀하고 세밀한 작업이기 때문에 치아 모양과 교합이 맞지 않을 경우 내원 횟수는 늘어날 수 있어요.

차팅 예시

	7 –		–7	CC. 오늘 틀니치료 시작한다고 했어요. 불편한데 없었어요.
	7 –		–7	Tx. Individual tray impression (개인트레이인상)
				*하악 보더 연장하여 인상채득함.
2022-05-13				상하악 완전 틀니 예정 (급여틀니-금속상완전틀니)
				Dr. 허준 / Staff. 새싹
				N)정밀인상채득

06

틀니 치료_ 최종 인상채득

- 시술 간단 설명(정의)

  개인트레이를 이용해 틀니를 만드는 과정으로 정밀한 인상을 채득하는 과정

- 시술명 – 한국어 표기(영어 표기)[약어]

  최종틀니인상채득(final impression)[F/IMP.]

- 순서

  개인트레이 시적 및 border molding → 건조 및 인상채득 → 임프레션 확인

- 진료 기구 및 재료 준비

  기본 기구, 개인트레이(individual tray), 컴파운드 왁스, 따뜻한 물과 차가운 물
  (또는 얼음물), 토치, 알코올 램프, 어데시브, 덴쳐용 인상재, 인상재용 건, 로
  우 핸드피스(스트레이트앵글), 덴쳐버세트

◎ "저번에 본을 떠서 만들어온 맞춤틀로 오늘은 정밀한 본을 뜰거예요. 조금 이라도 덜 나온 부분이 있으면 나중에 틀니를 만들 때 어려움이 있어서, 본이 완벽하게 나올 때까지 본을 여러 번 뜨실 수도 있어요. 편하게 쓰실 수 있는 틀니를 만들기 위해서 하는 가장 중요한 작업이니, 조금만 도와주세요. 저희도 최대한 횟수를 줄일 수 있도록 신경 써서 봐 드릴게요."

① 개인트레이를 맞춰볼 때

출처: 서울유앤이치과 이규형원장님 제공

개인 트레이를 구내에 시적하고, 얼굴에 힘을 뺀 상태로 입술, 뺨, 혀 등을 움직여 본 후 border가 닿는 부분을 덴쳐버(denture bur)로 삭제한다.

◎ "틀을 맞춰 볼게요. 얼굴에 힘을 빼보세요. 입안에 본뜨는 틀이 들어가요. 조금 눌리는 부분이 있을 수 있어요. 제가 확인해서 조정해 드릴 테니 조금만 참아주세요."

개인 트레이 가장자리를 구강내 보더 아래쪽으로 2 mm 정도 삭제하여야 그 부분으로 인상재가 흘러 들어가 보더와 연조직, 근육들의 움직임을 잘 채득할 수 있어요.

② 보더몰딩(border molding)할 때

불에 녹인 컴파운드 왁스를 필요 부위에 올려둔 후 따뜻한 물에 살짝 담갔다가 손으로 모양을 다듬은 뒤 환자의 구강 내에 적합시켜 혀와 볼, 점막 등을 움직여본다. 혀와 근육의 움직임대로 컴파운드 왁스 모양이 변하게 되면 그 상태 그대로 구강 밖으로 빼내어 찬물(혹은 얼음물)에 넣어 굳힌다. 이후 기공용 메스와 토치로 모양을 다듬는다. 그리고 다시 컴파운드 왁스를 녹여서 얹고 굳히고 다듬는 과정을 반복하여 보더몰딩을 완성한다.

　◎ "이제 조정한 틀을 이용해서 혀나 볼, 근육들이 어떻게 움직이는지 확인해서 기록할 거예요. 나중에 틀니가 잘 붙어있게 하기 위한 확인 작업이에요."

보더몰딩이 완성되면 트레이의 보더를 기공용 칼로 전체적으로 동그랗게 0.5-1 mm 정도 잘라낸다.

트레이의 불필요한 부분을 없애 환자의 불편감을 덜어주고, 보더 위쪽으로 인상재가 충분히 흘러 들어갈 수 있도록 하기 위함이다.

　◎ "입안에 재료가 들어가는데 조금 따뜻하고, 물컹할 수 있어요. 놀라지 마세요."

③ 임프레션 전 최종적으로 개인트레이를 맞춰볼 때

　◎ "본을 뜨기 전에 연습 먼저 하실 거예요. 지금 저랑 연습하신 내용을 잘 기억해 두시고, 이따가 연습했던 것처럼 움직여 달라고 말씀드리면 지금처럼 해주시면 돼요."

- 상악
  - ◎ "아 해보시고, 여기서 반 정도만 다물어 보세요. 좋아요. 지금 상태로 아래턱을 좌우로 움직여 보세요."
- 하악
  - ◎ "아 해보시고, 아주 조금만 다물어 보세요. 이 상태에서 혓 바닥을 입 천장에 붙여 보세요. 혓 바닥을 앞으로 쭉 내밀어 보시겠어요? 그 상태에서 좌우로 왔다갔다 움직여 보세요."

환자가 충분히 이해하고, 따라 할 수 있을 때까지 반복적으로 연습 후 임프레션을 진행하도록 한다.

④ 어데시브(adhesive) 바를 때

출처: 서울유앤이치과 이규형원장님 제공

- 개인 트레이에 불순물이 없도록 가볍게 세척한 후 에어를 불어 완전 건조 시킨다.
- 어데시브를 개인 트레이 위에 매니큐어를 칠하듯이 균일하게 발라 준다. 보더 부분까지 러버가 잘 접착되도록 꼼꼼하게 바른다. 전체적으로 에어를 부드럽게 불어 어데시브를 바른 표면이 조금 더 균일하게 퍼질 수 있도록 해준다.

• 어데시브를 너무 많이 바른 경우, 트레이의 표면에 파란색 알갱이처럼 어데시브가 뭉칠 수 있으므로 처음에 바를 때부터 최대한 적은 양을 전체적으로 겹겹이 쌓듯이 발라주는 것이 중요하다.

⑤ 인상채득할 때

  ◑ "습기가 있으면 안 돼서 제가 바람을 불 거예요. 많이 불편하실 수 있어요. 본뜨는 동안만 양해 부탁드릴게요. "

트레이가 구강 내로 들어가기 전까지 건조한 상태로 계속 리트랙션을 하고 있기 때문에 환자의 입술과 입꼬리 쪽에 바세린을 발라주는 것이 좋다. 인상재가 입술쪽에 많이 묻을 수 있기 때문에 바세린을 넉넉하게 발라주면 나중에 환자의 얼굴에 묻은 인상재를 제거할 때도 편하다.

• 환자의 입술과 볼을 리트랙션할 때

  ◑ "잇몸 안쪽까지 모두 잘 나와야 해서 저희가 입술과 볼을 좀 많이 잡아당길 거예요. 입안에 틀이 들어갈 때까지 움직이지 마시고 그대로 계세요."

술자가 트레이를 구강내에 넣을 때 트레이에 주입된 인상재가 환자의 입꼬리나 협점막으로 쓸려서 사라지면 안 되기 때문에 어시스트는 미러나, 글러브 낀 손을 이용하여 환자의 입꼬리와 볼을 최대한 리트랙션 하여야 한다.

• 인상재가 구강내로 들어갈 때

  ◑ "본뜨는 재료가 입안으로 들어갈 거예요. 물컹하고 흐르는 느낌이 나요. 숨은 코로 천천히 쉬어 주세요. 아까 연습했던 것 기억하시죠? 아까 연습했던 것처럼 움직여 보세요.
  잘 도와주셔서 감사합니다. 이제는 입안에 있는 재료가 굳을 때까지 코로 숨 쉬면서 기다려주시면 돼요."

- 술자는 border를 정확하게 채득하기 위해 인상재가 굳기 전 환자의 볼과 점막을 충분히 움직여 주어야 한다. 이때, 어시스트가 술자와 반대편에서 같은 움직임을 주며 도움을 주는 것도 좋은 방법이다.

- 어시스트는 면봉이나 거즈를 가지고 있다가 재료가 모두 굳기 전에 입천장으로 과하게 흐르는 인상재를 닦아 준다.

  ◎ "잘 도와주셨어요. 이제 입안에 있는 재료를 빼 드리겠습니다. 제거하기 위해 제가 힘을 조금 줄 거예요. 놀라지 마세요."

- 개인트레이 제거 시 인상재가 단단하게 경화되어 제거가 어려울 수 있다. 한번에 과한 힘을 주기보다는 지그시 누르거나(상악), 당기는 힘(하악)을 주는 것이 좋다. 트레이가 잘 제거되지 않을 경우 트레이와 환자의 구강 점막 사이로 에어를 불어 주면 미세하게 틈이 생기면서 트레이 제거가 조금 쉬워진다.

⑥ 임프레션을 확인할 때

• 잘 나왔을 경우

  ◎ "힘드셨을 텐데 잘 도와주셔서 본이 아주 잘 나왔어요. 얼굴에 묻은 것만 떼드리고 마무리해드릴게요."

• 잘 안 나왔을 경우

  ◎ "지금 본도 좋지만, 볼과 잇몸 깊숙한 곳까지 세밀하게 나와야 해서 본을 한 번 더 떠드릴게요."

✔ 인상채득 방법에 따른 분류

Two step impression: 두 번에 걸쳐 인상채득을 하는 방법

① 개인트레이의 보더 쪽을 포함한 내면에 단단한 인상재를 짜서 구강 내에 넣은 후 굳힌다(일반 heavy body, denture용 heavy body, regular body 등을 사용한다).

② 인상재가 완전히 굳은 후 개인트레이를 구강내에서 제거하고, 과하게 눌려 인상재가 벗겨진 부분이 있다면 덴쳐버를 이용해 삭제한다.

③ 경화된 인상재 위로 어데시브를 얇게 덧발라 주고, 에어를 불어 준비한다.

④ 술자는 건조된 구강내에 인상재를 기포가 나지 않도록 얇게 도포하듯이 짜준다. 어시스트는 인상재를 준비해 둔 개인트레이에 짜준다. 이때 사용되는 인상재는 이전에 사용했던 인상재보다 흐름성이 좋은 인상재를 이용하여야 한다(denture용 light body).

어시스트가 개인트레이에 인상재를 주입할 때도, 술자와 같이 기포가 나지 않도록 얇게 도포하듯이 주입해야 하며, 보더 부분에는 충분히 주입해주는 것이 좋지만, 압접이 많이 되는 입천장 같은 부위는 과량을 주입할 경우 인상재로 인해 구역반사를 일으킬 수 있으므로 주의해야 한다.

⑤ 인상재가 완전 경화되면 구강내에서 개인트레이를 제거한다.

One step impression: 한 번에 인상을 채득하는 방법

2 step에서 2번에 나눠서 했던 ①과 ④를 한 번에 시행한다. 개인트레이에 어데시브를 발라 준비한 후 트레이의 보더 쪽을 포함한 트레이 내면에는 단단한 인상재를 주입하고, 구강내에는 흐름성이 좋은 인상재를 주입한 후 인상재가 주입되어 있는 트레이를 구강내로 넣어 한 번에 임프레션을 시행한다.

Surveyed crown(서베이드 크라운) 세팅 후 임프레션

일반 크라운 임프레션을 한다고 생각하면 쉽다. 서베이드 크라운을 프렙된 지대치라
고 생각하고, 서베이드 크라운 부분에 기포가 나지 않도록 인상재를 주입해야 한다(크
라운 임프레션을 할 때처럼 필요에 따라 에어를 불어주어도 된다).

다른 부분의 인상도 명확하게 채득되어야 하지만, 특히 clasp(클라스프)가 걸리는 부
분은 정밀한 인상채득이 필요하다.

준비방법과 진행방법은 앞서 소개했던 틀니 임프레션 방법과 같다.

서베이드 크라운 임프레션의 경우에 반드시 정해진 인상채득 방법은 없고, one step,
two step 중 술자가 판단하여 진행한다.

✅ 틀니 인상채득 시 알아두면 좋은 구조물

▶ **상악**

출처: 서울유앤이치과 이규형 원장님 제공

① Incisive papilla(절치 유두)

틀니 장착 후 자극을 피하기 위해 눌리지 않도록 만들어야 하는 부위이
다. 배열 시 전치부 위치와 틀니의 전체적인 높이를 결정하고, 정중선 설
정에 도움을 준다.

② Maxillary labial frenum(상악 순소대)

필요 이상으로 넓게 제작되면 틀니의 유지력이 떨어질 수 있다.

③ Maxillary buccal frenum(상악 협소대)

틀니 장착 후 움직일 수 있는 공간을 부여해 주기 위해 충분히 넓게 채득
되어야 한다.

④ Vibrating line area(진동선)

환자가 소리를 낼 때 떨림이 생기는 구개 부위이다. 구개소와와 같은 위
치에 존재한다. 말할 때마다 떨림이 생기는 부위이기 때문에 이 부분을
충분히 재현하지 않을 경우 말할 때마다 틀니가 툭툭 떨어진다.

⑤ Palatine fovea(구개 소와)

틀니의 입천장 부분의 후방 경계 부분을 설정하는 중요한 위치이다.

⑥ Hamular notch(익돌상악절흔)

인공치의 배열은 없지만, 상악 틀니의 유지력에 중요한 역할을 하는 부분이
자, 상악 틀니의 뒤쪽 경계를 어디까지 형성할 것인지 결정하는 위치이다.

⑦ Vestibule(전정)

보더라고 부르는 부분이다.

▶ **하악**

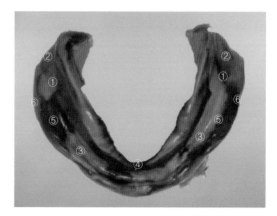

출처: 서울유앤이치과 이규형 원장님 제공

① Retormolar pad(구후 융기)

하악 최후방 구치가 있다고 가정할 때 그 위치보다 뒤쪽으로 볼록하게 튀어나온 연조직으로 교합평면을 설정할 때, 인공치 배열의 후방경계로 참고하는 위치이다.

② Mylohyoid ridge(악설골근선)

틀니를 장착하고 기능적인 움직임을 할 때 통증이 생기지 않도록 이 선 아래로 틀니가 연장되어야 한다.

③ Mandibular residual ridge(하악 잔존 치조제)

틀니의 주된 지지부위. 인상채득 시 눌리는 부분이나 변형이 없도록 채득되어야 한다. 과도한 압력으로 트레이를 누르지 않아야 한다.

④ Lingual frenum(설소대)

틀니의 탈락에 중요한 요인으로 작용한다. 인상채득 시 "메롱 해보세요. 혀를 좌우로 움직여보세요", "혀를 입천장 위로 올려보세요" 이런 식으로 혀의 기능운동을 잘 연습해서 채득해야 한다.

⑤ Buccal shelf(협측붕)

하악 틀니의 지지대 역할을 하는 부위이다. 저작력에 대해 수직방향이기 때문에 저작력에 대응할 수 있다.

⑥ External oblique line(외사선)

하악 잔존 치조제의 뒤쪽에서부터 하악 턱의 앞쪽으로 예리하게 연장된 부분으로, 틀니에서 외형 부분을 형성하는데 도움을 준다.

술 후 설명

◎ "오늘 본뜨시느라 힘드셨을텐데 정말 잘 도와주셨어요.

오늘 했던 본뜨기가 가장 중요하고, 힘든 치료였어요. 오늘 잘 뜬 본으로 다음번에 오시면 전체 높이를 잴 거예요. 다음번부터는 이렇게 힘들지는 않으실 거니까 너무 걱정하지 말고 와주세요. 제가 얼굴에 묻은 것을 정리해 드리기는 했지만, 혹시 제가 못 본 부분에 본뜨는 재료가 묻었을 수도 있으니 가시기 전에 거울 한 번만 보시고요. 저희는 다음번에 틀니 높이를 재는 약속으로 다시 뵐게요."

선배가 알려주는 TIP

덴쳐 임프를 뜰 때 어디가 잘 나와야 하나요?

틀니의 유지력을 결정하는 문제이기 때문에 어디가 꼭 나와야 한다기 보다, 틀니가 덮는 면적 모두가 정밀하게 채득되어야 해요.

틀니의 유지력은 틀니와 잇몸 사이에 침의 표면장력에 의한 것으로 틀니가 덮는 면적이 크면 클수록 유지력이 강해져요.

덴쳐 개인트레이 보더몰딩의 목적이 뭔가요?

 개인트레이를 위한 예비인상을 뜰 때 미세하게 나오지 않는 부위를 조금 더 세밀하게 재현하고자 하는 목적이 커요. 해부학적 구조뿐 아니라 구강내의 근육 움직임들을 더 자세하게 인지해 결과적으로 덴쳐 유지력을 높이기 위한 작업이라 생각하시면 돼요.

차팅 예시

2022-05-20	7 –	–7	CC. 불편한데 없었어요.
	7 –	–7	Tx. 정밀인상 with 개인트레이, border molding
			(급여틀니-금속상완전틀니)
			*구역반사가 심하심
			앞으로 3~4번 정도 더 오셔야 틀니완성.
			틀니 상태에 따라 추가 내원 가능성도 설명.
			Dr. 허준 / Staff. 새싹
			N)Wax rim&bite 채득

07

틀니 치료_왁스림 시적

- 시술 간단 설명(정의)

  틀니의 구체적인 배열을 잡기 전 왁스로 전체 높이와 전체적인 얼굴 모양을
  확인하는 과정

- 시술명 – 한국어 표기(영어 표기)[약어]

  왁스림(wax–rim)

- 순서

  왁스림 시적 → 안모 확인 및 바이트 채득 → shade 결정

- 진료 기구 및 재료 준비

  기본 기구, 왁스림, 캘리퍼스(calipers), 왁스용 스파튤라, 기공용 메스, 알콜거
  즈, 교합평면결정판(occulusal plane plate), 베이스 플레이트 왁스, 토치, 알코
  올 램프, shade 가이드, 러버 바이트, 인상재용 건

○ "저번에 뜬 본으로 전체적인 틀과 높이를 잴 수 있는 촛농으로 만든 틀니를 만들어 왔어요. 틀니의 자세한 모양을 만들기 전에 전체 높이와, 틀니를 끼셨을 때 얼굴의 모양이 어떻게 변화될지를 확인해서 다음번에 오시면 자세한 모양을 같이 보실 수 있도록 해드릴게요."

 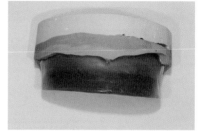

출처: 서울유앤이치과 이규형원장님 제공

① 왁스림 시적할 때

○ "입안에 틀니 한번 맞춰볼게요."

② 왁스림 조정할 때

• 베이스 플레이트 왁스를 잘라내거나 녹여서 덧대는 과정을 반복한다.
• 익스플로러(explorer)로 정중선을 표시하고, 왁스덴쳐를 착용했을 때 입술이나 볼의 볼륨감 정도를 확인한다. 거울로 환자와 같이 확인해도 좋다.
• 확인할 때는 얼굴이나, 입에 힘을 빼고 최대한 자연스러운 상태에서 확인해야 한다.

◉ "얼굴에 힘을 빼시고 입술을 자연스럽게 다물어보세요. 얼굴 모양을 확인하고 있어요."

③ 바이트 채득할 때

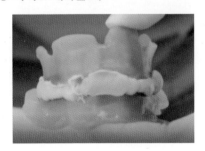

◉ "물리는 높이를 잴 거예요. 편하게 다물어보세요."

④ 치아 색을 정할 때

• Shade 가이드를 가지고 환자와 거울을 보면서 색상을 선택한다.
• 완전틀니의 경우 환자와 얼굴색을 고려해서 고르는 것이 좋다. 부분틀니의 경우는 남아있는 치아를 고려해서 고르는 편이 더 자연스럽다. 밝을수록 조금 더 젊어 보이는 느낌이 있다.

◉ "다음번에 오시면 치아를 가지런하게 배열해서 올 텐데, 틀니에 배열되어 오는 치아 색상을 같이 고르실 수 있도록 보여드릴게요."

⟩ 체크 포인트 ◦ ···

바이트 채득 전 환자를 편하게 앉힌 후 물을 한 모금 마셔보게 하거나, 숫자를 1부터 10까지 세어 입술과 혀가 불편한 곳은 없는지, 발음은 잘 되는지 확인해 보면서 틀니의 적합성을 한 번 더 확인한다.

◎ "다음번에 오셔서 최종 틀니 모양을 보시고 마음에 드시면 그 다음번에 오실 때 완성해드리도록 할게요. 잘 도와주셔서 감사하고요. 다음번 약속 때 뵙겠습니다."

차팅 예시

	7 –	–7	CC. 불편한데 없었어요.
	7 –	–7	Tx. Wax rim check & bite 체득(급여틀니-금속상 완전틀니)
2022-05-27			수직고경, 교합평면 확인 ok
			Wax rim del 상태에서 환자 및 보호자 안모 확인 및 설명드림
			Dr. 허준 / Staff. 새싹
			N)인공치배열 및 교합조정

08
틀니 치료_배열

- 시술 간단 설명(정의)

  최종 틀니의 완성 전 단계로, 틀니가 완성 되기 전 최종적인 형태, 교합상태 등의 기능적인 면을 점검하는 과정

- 시술명 – 한국어 표기(영어 표기)[약어]

  인공치배열(artificial teeth arrangement)

- 순서

  왁스덴쳐 시적 → 덴쳐의 기능 및 형태 확인 → 환자와 최종 모형에 대한 상의

- 진료 기구 및 재료 준비

  기본 기구, 왁스덴쳐, 로우 핸드피스(스트레이트앵글), 덴 쳐버 세트, 교합지 홀더2개, 교합지 2장 이상(필요시 말발굽 모양 교합지)/심 스탁 및 홀더, (필요시 바세린, 캘리퍼스)

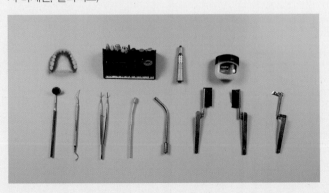

술 전 설명

◎ "틀니가 완성되기 전에 모양이 어떻게 나올지 확인할 거예요. 저희가 먼저 확인하고, ㅇㅇ님과도 같이 거울 보면서 확인할텐데, 혹시라도 불편한 점이 있거나, 고치고 싶은 부분이 있다면 꼭 말씀해주세요."

◎ "오늘 보신 모양으로 그대로 완성해 드릴 거예요. 틀니의 잇몸쪽은 아직 완성된 상태가 아니라서 색이 좀 다를 수 있어요. 수정이 필요하면 고쳐야 하기 때문에 오늘은 촛농 같은 걸로 만들어왔어요. 완성되면 단단하고, 색도 자연스럽게 바뀌어서 올테니 너무 걱정하지 마세요."

치료 과정

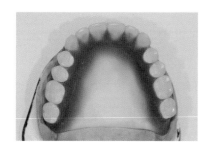 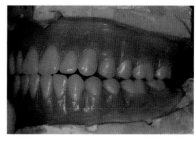

출처: (좌) 서울유앤이치과 이규형원장님 (우)남수원웰치과 박용호 원장님 제공

① 납의치 시적(wax denture 시적)할 때

◎ "꼈을 때 틀니 모양을 확인해야 해서 입 안에 한 번 맞춰볼게요."

② 덴쳐 형태 확인할 때

왁스덴쳐를 시적한 상태로 안모와 치은의 형태, 전치부 인공치아의 심미성,

연조직의 운동, 교합상태, 발음같은 기능적인 면을 점검한다.

⊙ "틀니가 만들어지기 전에 마지막으로 확인하는 단계예요. 앉으셔서 물 한 모금 정도만 드셔보세요. 괜찮으신가요? 물이 넘어갈때 틀니가 덜그덕하거나 들뜨는 느낌은 없나요? 발음하실 때 편안하신지 확인도 해볼게요."

• 교합 조정이 필요한 경우

⊙ "저번과는 다르게 이가 배열되어 왔어요. 이들끼리 물리는 높이를 좀 수정해서 좀 더 편하게 만들어드릴게요. 딱딱딱 하고 씹어주세요."

③ 환자와 전체적인 모양을 확인할 때

• 거울을 보고 환자와 함께 이야기하면서 전체 모양을 확인한다.

⊙ "저희가 기능적인 부분은 모두 확인했어요. 음식물을 씹거나, 삼키거나, 발음하거나 했을 때 이상은 없어요. 이제 저랑 같이 보면서 모양을 한 번 더 봐주세요. 거울 한 번 보시겠어요? 다음번에 완성이 되면 이것과 같은 모양으로 나올 거예요. 저희가 봤을 때는 잘 맞는 것 같은데 OO님께서 보시기에는 어떠세요? 어디 고치고 싶으신 곳이 있나요? 거울 들어보시고, 틀니를 낀 지금 상태에서 입 주변 부분하고 볼 부분, 모양 확인해보세요. 괜찮으세요?"

⊙ "지금 말씀하실 때도 틀니가 덜그덕거리거나 하는 느낌은 없으시죠?"

⊙ "침 한 번 더 삼켜보세요. 침 삼킬 때 불편하시지는 않으시죠?"

- 괜찮다고 하셨을 경우
  - ◉ "OO님께서도 마음에 드신다니 다음번에는 이 모양으로 완성해서 끼워드릴게요."
- 수정할 부분이 있는 경우
  - ◉ "OO님께서 보시기에 -한 부분이 -하게 수정되셨으면 좋겠다고 말씀하신 거죠? 최대한 OO님께서 말씀하셨던 부분을 고쳐 오도록 할게요."

환자가 수정하고 싶어 하는 부분을 말하면 말한 내용을 정리해서 한 번 더 되묻고, 수정을 어떻게 할 것인지 재확인하면 오차를 줄일 수 있다.

체크 포인트 ●···········

기능적인 면뿐만 아니라 틀니를 장착했을 때 안모의 변화 등을 관찰해야 하기 때문에 환자와 함께 확인해야 한다. 필요시 수정하여 배열 단계를 다시 거칠 수도 있어서 환자와 충분한 논의 후에 완성을 진행해야만 한다.

술 후 설명 ●···········

- ◉ "오늘 확인해 주신 모양으로 틀니를 만들어서 올 거예요. 이제 다음번에 오시면 최종적으로 틀니가 나오게 될 건데요, 잘 맞게 왔는지 확인하고 넣어 드릴거예요."

FAQ

잇몸이 원래 이렇게 빨갛게 나오는 건가요?

지금 보시는 건 최종적으로 완성된 상태가 아니라서 잇몸쪽은 촛농과 같이 물렁물렁하게 되어있어요. 저희가 고쳐드릴 점이 있으면 빨리 고쳐드릴 수 있도록 지금은 촛농 위에 이를 배열에 둔 것이고, 이제 완성이 되고 나면 선홍색으로 자연스럽게 잇몸색을 맞춰 올 거니까 너무 걱정 안 하셔도 돼요.

차팅 예시

	7 –	–7	CC. 불편한데 없었어요.
	7 –	–7	Tx. 인공치 배열 및 교합조정(급여틀니-금속상 완전틀니)
			*치아색하고 모양 마음에 든다고 하심
2022-06-03			Wax denture del 상태에서 환자 및 보호자 안모 확인 및 설명드림
			Dr. 허준 / Staff. 새싹
			N)Curing (틀니 완성 및 장착, 교육)

틀니 치료_완성

- 시술 간단 설명(정의)
  완성된 틀니의 적합성을 다시 한 번 확인하고 교육한 뒤 장착하는 과정

- 시술명 – 한국어 표기(영어 표기)[약어]
  틀니장착(denture delivery)[Denture Del]

- 순서
  덴쳐 시적 → 내면 확인 → 교합 확인 → 안모 확인

- 진료 기구 및 재료 준비
  기본 기구, 최종덴쳐, 로우 핸드피스(스트레이트앵글), 덴쳐버 세트, 교합지
  홀더2개, 교합지 2장 이상(필요시 말발굽 교합지)/심스탁 및 홀더, (필요시
  바세린)

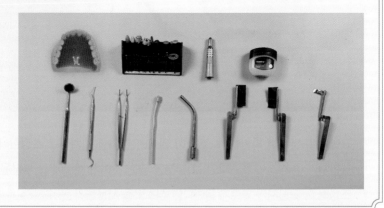

술 전 설명

◎ "저번에 저희랑 보셨던 모양으로 최종 틀니가 만들어졌어요. 높이를 한 번 더 확인해서 식사하실 때 편하시도록 조정해드릴게요."

치료 과정

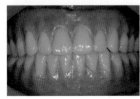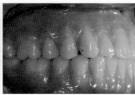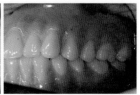

출처: 남수원 웰치과 박용호 원장님 제공

① 틀니 시적할 때

◎ "틀니 넣어드릴게요. 단단하게 만들어져서 저번에 꼈을 때 하고 느낌이 조금 다를 수도 있어요. 불편하시면 왼손을 들어서 말씀해주세요."

② 교합 조정할 때

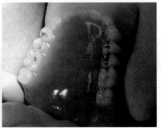

· 교합지로 씹어서 확인한 후 조정이 필요한 부위를 덴처버로 조정한다.
· 교합지가 한 부분만 물린다면 그 부분만 닿는 것이기 때문에 그 부분을 먼저 조정하고, 교합지가 고르게 물린다면 심스탁을 사용해서 높이를 확인한다.

⚬ "조금 높을 수 있어요. 확인해서 조정해드릴게요. 아- 해보시고, 앙 다 물어보세요(반복 후 균일하게 물린다면 가이드 교합을 본다). 좌우로 턱을 움직였을 때 과하게 닿는 부분이 있으면 틀니가 쉽게 빠져요. 한 번 더 확인해서 좌우로 걸리는 부분이 있는지 확인할게요. 다무신 상 태에서 오른쪽으로 천천히 갈아보세요."

반복한 후 한쪽 가이드 조정이 끝나면 반대편을 조정한다.

③ 교합 조정 후

⚬ "앉으셔서 딱딱딱하고 씹어보세요. 괜찮으신가요? 턱이나 입술을 움 직였을 때도 편안하신지 확인 한 번 더 부탁드려요. 괜찮으시면 조금 더 부드럽게 해서 껴드릴게요."

▶ 체크 포인트 ⚬ ·········

틀니는 처음에 끼시고 난 뒤 조정을 자주 오실 수 있다는 점을 강조해서 말씀 드리는 것이 좋다.

▶ 술 후 설명 ⚬ ·········

⚬ "새로운 틀니에 적응하기까지 볼이나 혀가 조금 불편하실 수 있어요. 저희가 확인을 계속했지만, 처음엔 발음이 좀 어색하실 거예요. 서서 히 적응하게 되니 너무 걱정하지 마시고요. 신문이나 잡지를 소리 내 어 읽으시면 발음이 더 빨리 좋아질 거예요."

⚬ "새신발을 신으면 처음에는 뒷꿈치가 까지고 불편하잖아요? 틀니도

마찬가지예요. 처음 끼시게 되면 불편하거나 잇몸이 아픈 곳이 생길 수 있습니다. 초반에는 병원에 자주 오셔야 할 거예요. 저희가 계속 보면서 필요한 부분을 조금씩 조정해드려야 해요. 새 신발도 신고 다니다보면 적응이 되면서 좀 더 편해지죠. 틀니도 적응이 될 때까지는 불편해도 계속 껴보시고, 조정받고 해주셔야 더 빨리 적응이 돼요. 불편하시다고 아예 안 끼시면 적응이 더딜 수 있으니까 초반에는 힘드시더라도 계속 껴주시고, 불편하시면 바로 가지고 나와주세요. 너무 아프시다고 해서 ○○님께서 집에서 조정하는 것은 절대 안 돼요."

◎ "처음부터 질기거나 단단한 것을 드시는 것보다는, 부드러운 음식부터 드시면서 적응하시는게 좋아요. 평소에 드시는 것보다 음식을 잘게 썰어 드시는 것이 도움이 많이 되실 거예요. 한쪽으로만 씹게 되면 틀니가 빠질 수 있어요. 의식적으로라도 양쪽으로 식사할 수 있도록 해주세요.

하루에 한 번은 틀니를 반드시 닦아주셔야 해요. 닦으실 때 칫솔에 주방세제를 묻혀서 흐르는 물에 닦아 주세요. 치약은 사용하면 틀니 표면이 거칠어질 수 있으니까, 사용하지 마세요.

틀니는 딱딱한 바닥이나 세면대에 떨어뜨리면 깨져버려요. 떨어뜨리지 않도록 조심하셔야 해요. 바닥에 앉으신 채로 대야에 물을 받아놓고 그 위에서 닦으시는 것이 가장 안전해요.

틀니는 열에 굉장히 약해요. 틀니를 소독한다고 끓는 물에 담그시면 망가져서 새로 만들어야 해요. 약국이나 마트에 가시면 '틀니세정제'라고 틀니전용 소독제가 있어요. 소독하고 싶으시면 구입해서 사용하시면 돼요. 그리고 주무실 때는 꼭 빼고 주무셔야 해요. 주무시는 동안 잇몸도 쉬어야 하거든요. 그동안 틀니는 저희가 드리는 통에 틀니 잠길 만큼 깨끗한 찬물을 담아서 보관하시면 돼요. 다른 데 두시면 잃어 버리실 수도 있고 틀니가 마르면 모양이 조금 변할 수도 있어서 물에 담가 두셔야 해요. 그동안 여러 번 오시고 입도 오래 벌리시고 고생 많으셨어요. 틀니 잘 쓰고 계신지도 확인하고 필요하면 조금씩 조정해 드려야 해서, 다음 체크 약속 도와 드릴 건데요. 오늘부터 약속 날까지 두부, 삶은 고구마 같은 부드러운 음식부터 드셔 보시고 다음번 치과 오셨을 때 불편하셨던 부분 있으시면 말씀해주세요."

FAQ

안 아프면 안 와도 되나요?

아프지 않으시다면 정말 다행이지만, 아프지 않으셔도 저희가 정해드리는 체크 날짜에는 꼭 와주셔야 해요. OO님께서 느끼지 못하는 잇몸이나 뼈의 변화가 있을 수 있어요. 그런 부분들은 저희가 보고 적절하게 수정해 드려야 하기 때문에 정기체크 날짜에는 반드시 와주셔야 해요. 괜찮다고 계속 오지 않으시면 잇몸이나 뼈가 망가지는 경우도 간혹 있기 때문에 귀찮다고 안 오지 마시고 꼭 내원 부탁드릴게요.

틀니 조정할 때 어떨 때는 티슈컨디셔너를 넣고, 어떨 때는 도쿠소 리베이스를 넣는데 결정하는 기준이 뭐예요?

 틀니가 헐거워져서 잇몸에 상처가 나거나 헐어서 아픈 부위가 생겼다면 잇몸이 눌리는 부분을 완화해 주는 작용이 필요하기 때문에 말랑한 성질을 가진 재료를 사용해야 해요. 하지만, 이러한 재료들은 오랜 시간 동안 사용할 수 있는 재료가 아니기 때문에, 잇몸이 가라앉고 나면 단단한 성질을 가진 이장재로 반드시 변경해 주어야 해요.

하지만 틀니를 계속 사용하다 보면 잇몸과 뼈상태가 변하게 되면서 지속적으로 라이너만 사용하기는 힘들 수 있어요. 계속 조정하였음에도 불편하다면 틀니의 분홍색 잇몸 부분을 모두 다시 만드는 리베이싱(rebasing; 개상)을 진행해야 하고, 리베이싱은 기존 사용하는 틀니를 트레이 용도로 사용하여 내면에 인상재를 이용해 본을 떠야 하기 때문에 환자에게 틀니를 맡기고 가셔야 하는 불편감이 있을 수 있어 미리 양해를 구해야 해요.

① 비교적 무른 성질을 가진 재료: 티슈컨디셔너(tissue conditioner), 코소프트(coe-soft), 소프트 라이너(soft liner)
② 비교적 단단한 성질을 가진 재료: 도쿠야마 리베이스(Tocuyama rebase), 제트 덴쳐 리페어(Lang-Jet denture repair)

오버덴처와 RPD의 차이가 뭔가요?

오버덴처는 똑딱이 틀니라고 생각하면 돼요. 틀니의 유지력에 도움을 주기 위해 임플란트를 2-6개 정도 심은 후 틀니와 연결부위를 오링 및 로케이터를 사용하여 임플란트와 틀니를 연결하는 구조를 가지고 있어요. 주로 유지력이 없는 전체틀니에서 고려해볼 수 있는 방법이에요.
RPD는 잘 알고 있는 부분틀니예요. 부분틀니의 클라스프가 걸릴 자리에 크라운을 묶어서 서베이드 크라운으로 만든 후 걸어서 사용하게 돼요.

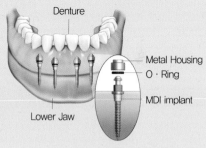

Denture
Metal Housing
O · Ring
MDI implant
Lower Jaw

출처: 우리사랑치과 김일연 원장님 제공

타치과에서 덴처하시고 저희 병원에 오셔서 덴처수리를 원하시는데 가능할까요?

만든 지 얼마나 되셨는지, 보험틀니 인지 비보험틀니 인지에 따라 과정이나 비용이 달라지니 정확하게 확인 후 안내해드리도록 해요.
만약 만든 지 얼마 안 된 보험틀니라면 기존에 제작한 곳으로 가셔야 무상유지관리로 진찰료만 발생하는데 타병원으로 가시면 유상유지관리비용이 발생해요. 가능한 한 비용이 덜 들면서 덜 고생스러운 쪽으로 설명하고 안내해드립니다. 만약 보험틀니가 아니라면 각 병원의 시스템에 따라 진료를 진행하면 됩니다.

차팅 예시

	7 –	–7	CC. 불편한데 없었어요.
2022-06-10	7 –	–7	Tx. 완성틀니 장착 및 교육 (급여틀니-금속상 완전틀니)
			*교합 조정 및 체크 –>완성 동의하심 (환자분, 보호자분)
			색하고 모양 재확인, 주의사항, 관리방법 설명
			–> 환자분, 보호자분 같이 들으심
			Dr. 허준 / Staff. 새싹
			N)3일 후 체크

일 사 천 리 로
진 행 되 는
외 과 치 료

단순 발치

- 시술 간단 설명(정의)

  잇몸절개, 치아 및 치조골 삭제 없이 포셉이나 엘리베이터만으로 발치하는 술식

- 시술명 – 한국어 표기(영어 표기)[약어]

  단순발치(simple extraction)[Simple Ext.]

- 순서

  엑스레이 띄우기 → 동의서 받기 → 마취 → 발치 및 소파 → (필요시 봉합) → 주의사항 설명

- 진료 기구 및 재료 준비

  기본 기구, 마취 기구, 포셉(forcep), 엘리베이터(elevator), 써지컬 큐렛(surgical curette), 셀라인, [필요시 니들홀더(needle holder) 및 블랙실크(black silk), 씨져(scissors)]

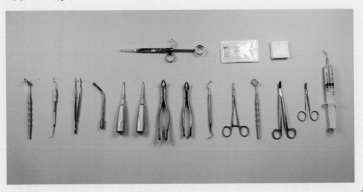

술 전 설명 ● ·

◉ "─쪽 치아 빼기로 한 것 맞으시죠? 이 빼기 전에 설명 먼저 드릴게요."

▶ 근단부에 병소(리전; lesion)가 존재하거나, 발치 부위가 많이 부어 있을 때

◉ "염증이 많은 치아를 발치하는 것이기 때문에 발치를 하고 난 후 통증
이 있을 수 있고, 피가 많이 날 수 있어요. 만일 피가 너무 많이 나면 저
희가 피가 멎는 것을 확인하고 다음 예약 도와드릴게요."

▶ 상악동에 뿌리(root)가 걸려 있을 때

◉ "앞쪽에 사진 보면서 설명을 좀 드릴게요. 사람은 양쪽 광대뼈 안쪽으로
공기 주머니가 있어요. (상악동을 가리키면서) 제가 가리키고 있는 이 부
분이 바로 공기 주머니예요. 이 공기 주머니는 아주 얇은 막으로 둘러싸
여 있어요. 그런데 오늘 빼게 될 치아의 뿌리 끝 쪽이 공기주머니에 살짝
걸쳐져 있죠? 저희도 최대한 조심해서 발치를 하지만, 계란 속의 얇은 막
만큼 얇다 보니, 상처가 나는 경우가 있어요. 상처가 나게 되면 물을 삼킬
때 물이 코로 넘어가는 느낌이 나요. 저희가 최대한 조심해서 치아를 빼
기 때문에 공기주머니가 상처가 나는 경우는 아주 드물고, 혹시 상처가
나게 되더라도, 시간이 지나면 상처는 자연적으로 아물어요. 잘 아물으
라고 약도 처방해드리는데 주의사항 지켜주시면서 드시면 대부분 괜찮
아지니까 너무 걱정하지 않으셔도 돼요."

◉ "혹시 궁금한 점 있으신가요? 제가 말씀드린 내용은 일어날 수 있는
모든 가능성을 설명드린 거예요. 저희도 최대한 조심스럽게 ○○님께
무리가 되지 않도록 치아를 뺄 테니 너무 긴장하지 않으셔도 돼요."

> **치료 과정** •••

① 마취할 때

> ◎ "마취하고 진행해 드릴 건데 마취할 때 덜 아프시라고 표면마취제 먼저 바르고 원장님 마취해 주실 거예요.
>
> (대기 후 마취 시) 따끔하실 수 있고 쓴맛 나실 수 있어요. 삼키지 말고 잠시만 참아주세요."

② 발치할 때

- 엘리베이터 사용할 때

> ◎ "마취해서 아픈 느낌은 없어요. 잠깐 누르는 느낌이 날 거예요."

- 포셉 사용할 때

> ◎ "치아를 한 번 잡아 볼 거예요. 놀라지 마세요. 약간 뻐근한 느낌이 있을 수 있어요. 아픈 건 아니니 너무 긴장하지 마세요."

- 써지컬 큐렛 사용할 때

> ◎ "안쪽에 있는 염증들을 깨끗하게 긁어내고 있어서 조금 불편하실 수 있어요. 혹시 힘드시면 왼손 들어서 알려주세요."

석션을 발치와 안쪽으로 너무 깊게 하면 미세한 혈관들이 터져서 손상을 입는 경우가 많다.

발치와의 깊은 곳까지 무리해서 석션하지 않도록 하고, 만일 출혈(블리딩; bleeding) 때문에 시야 확보가 어려운 경우라면, 거즈로 살짝 찍어내거나 셀라인으로 이리게이션(irrigation)하는 것이 더 좋다.

- 봉합할 때

> ◎ "치아는 다 뽑았어요. 잘 아물으라고 봉합하고 마무리 할게요."

포셉(forcep)

치아를 직접적으로 잡고 치아를 빼낼 때 사용한다.

상악포셉	하악포셉
상악은 2번 꺾여 있다.	하악은 1번 꺾여 있다.

루트포셉
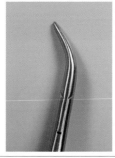
상ㆍ하악 관계없이 한 번 꺾인 구조이다.

✅ 엘리베이터(elevator)

치아 제거를 위해 치아의 주위 조직과 분리하거나, 다른 해부학적 구조들을 들어올리는 데 이용하고, 치근쪽으로 기구를 밀어 넣어 치아를 탈구시키는 역할이다.

엘리베이터	
	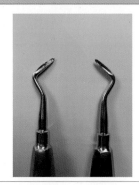
Straight elevator	Curved elevator

루트피커
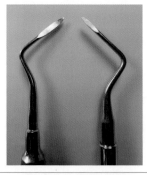
루트피커가 조금 더 뾰족한 모양을 하고 있다.

써지컬 큐렛(surgical curette)

발치 후 발치와에 남아있는 육아조직을 제거한다.

니들홀더(needle holder)

봉합 시 니들(needle)을 잡는 용도이다.

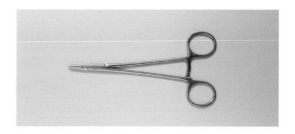

술 후 설명

◐ "괜찮으세요? 잘 도와주셨어요. 제가 지금부터 설명드리는 주의사항
은 정말 중요한 내용이니 잘 들어주시고 꼭 지켜주세요.

입안에 솜을 하나 물려 드렸어요. 지금 물고 계신 솜은 2시간 정도 물
고 계시다가 뱉어내 주시면 돼요. 물고 계시는 중에는 말씀을 많이 하
는 것도 피가 멎는 데 방해가 될 수 있어요.

이제부터 입안에 고이는 침과 피는 모두 삼키셔야 해요. 불편하신 것
은 알지만, 계속 뱉어내면 피가 잘 멎지 않으니 반드시 삼켜주세요.

가능하다면 식사는 마취가 다 풀린 다음에 해주세요. 마취가 덜 풀린

상태에서 식사하시면 입안의 살이나 혀를 깨물 수 있어요.

하루 이틀 정도는 미지근하고, 자극적이지 않은 음식을 드시는 것이 편하실 거예요. 흡연이나, 음주는 일주일 정도 피해주셔야 해요. 염증이 생길 수도 있고, 잇몸이 아무는 속도를 늦추는 것들이기 때문에 반드시 피해주세요. 음료나 물을 드실 때 빨대는 사용하지 마세요. 빨대를 사용할 때 빨아들이는 힘 때문에 피가 멎었다가도 다시 나는 경우가 있으니까 일주일 정도는 빨대 대신 컵 사용해주세요.

조금 더 잘 아물 수 있도록 봉합해 놓았어요. 손으로 만져 보거나, 혀로 건드시면 덧날 수 있으니까 궁금하시다고 손으로 볼을 젖히거나 건드리지 마세요.

칫솔질은 이를 뺀 부위만 안 닿게 다른 부위는 평소처럼 하시면 돼요.

땀이 날 정도의 심한 운동이나, 사우나, 찜질방은 피해주세요. 혈압이 올라가서 지혈에 방해될 수 있어요. 그리고 오늘은 가능하면 쉬시는 게 좋아요.

약은 O일치 처방 해드릴 건데 아프지 않으셔도 모두 드셔야 상처가 잘 나을 거예요. 주의사항 잘 지켜주시고요, 다음 예약 때 다시 뵐게요."

FAQ

 내일 소독하러 꼭 와야 하나요?

 지혈이 잘 되었는지 확인차 오시는 건데 혹시 시간이 안 되셔서 저희 병원에 못 오실 것 같으면, 저희 병원 아니더라도 가까운데 가셔서 소독 받으시는 게 좋아요. 만약 그마저도 안되시면 주의사항 잘 지켜주시고요. 출혈도 2-3일 정도 조금씩 날 수 있는 거니까 너무 걱정하지는 마시고요. 혹시 궁금하시거나 불편하신 부분 생기시면 전화 주세요.

▶ 봉합하더라도 봉합사는 별도 산정할 수 없다.

▶ 전달마취와 침윤마취를 동시 시행하였을 경우 전달마취만 산정 가능하고 앰플은 사용한 개수대로 산정 가능하다.

▶ 상병은 시멘트질의 우식, 만성치주염, 잔존치근 등 발치하게 되는 원인에 대한 상병을 적용하면 된다.

▶ 발치 후 Drs, S/O은 수술 후 처치 간단을 산정하며 보통 2-3회 산정 가능하다. 추가로 시행할 경우에는 내역 설명을 하는 것이 좋다.

▶ 발치 후 써지컬 큐렛으로 발치부위를 소파하더라도 발치와재소파술 산정은 불가하다.

2022-05-13		7	CC. 치아가 흔들려요
			Dx. 만성복합치주염
			치근단 촬영1매 - 진단 위해 촬영: 심한 수직적 골소실.(mot+++)
			발치 권유-> 동의 하심.
			Tx.단순발치 Under B/A lido 1@, I/A lido 2@
			with Gauze biting
			신경손상가능성 ,얼굴 멍, 부종 가능성 설명
			Suture black silk 3/0 3 stich
			RX) 아목시실린, 아나프록스, 알마겔 tid 3days
			Dr. 허준 / Staff. 새싹
			N) drs

02
수술 발치

- **시술 간단 설명(정의)**

    매복되어 있는 치아의 잇몸절개, 골삭제 및 치아 삭제가 필요한 발치나, endo된 치아의 골유착이나 치근의 만곡으로 인해 치아분리술이 필요한 경우의 발치

- **시술명 – 한국어 표기(영어 표기)[약어]**

    수술발치(surgical extraction)[Surg. EXT]

- **순서**

    엑스레이 띄우기 → 동의서 받기 → 마취 → 잇몸절개 및 박리 → 치조골 삭제 및 치아 분리하여 발치 → 봉합 → 주의사항 설명

- **진료 기구 및 재료 준비**

    기본 기구, 마취 기구, 수술가운, 수술포, 수술용 글러브, 세니슬리브, No. 15/12 블레이드 및 블레이드 홀더, 페리오스틸 엘리베이터 2개 이상, 써지컬 버(round/fissure), 하이 핸드피스, 로우 핸드피스, 엘리베이터, 루트피커, 기본 포셉, 루트 포셉, 써지컬 큐렛, 니들 홀더 및 봉합사, 씨져, 셀라인, 포셉타월클램프, 몰트큐렛

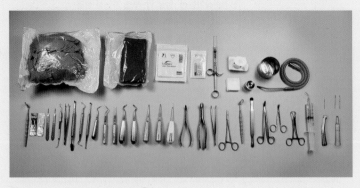

술 전 설명 ● ·

◎ "오늘 이 치아 뽑기로 하신거 맞으시죠? (뽑기로 한 치아 재확인) 지 난번 상담 때도 말씀드렸지만 오늘 뽑으려는 치아가 신경치료를 한 치 아라서 쉽게 뽑기가 어려워요. 치아를 쪼개서 빼야 할 가능성이 높아 요. (상황에 따라 설명) 쉽게 쏙 뽑으면 시간도 얼마 안 걸릴 텐데 오늘 은 시간이 오래 걸릴 수도 있어요. 마취도 충분히 할 텐데 혹시라도 중 간에 많이 불편하시거나 하시면 왼손 들어주시면 돼요.

저희가 이렇게 수술로 이를 뽑는 경우에는 주의사항 설명드리면서 동 의서도 받고 있어요. 설명 들으시고 치료에 동의하신다는 서명 부탁드 릴게요."

* 동의서 부록 참고

치료 과정 ● ·

① 마취할 때

◎ "마취하고 진행해 드릴 건데 마취할 때 덜 아프시라고 표면마취제 먼 저 바르고 원장님 마취해 주실 거예요. (대기 후 마취 시) 따끔하실 수 있고 쓴맛 나실 수 있어요. 삼키지 말고 잠시만 참아주세요."

② 잇몸 절개 및 박리할 때

◎ "잇몸을 조금만 눌러 볼게요. 마취했기 때문에 아프지 않고 느낌만 나 요. 괜찮으시죠? 계속 누르는 느낌이 있어요. 놀라지 마세요."

③ 치아분리 및 골 삭제하여 발치할 때

- 리트랙션할 때

  ◉ "안쪽에 있는 치아를 빼야하기 때문에 제가 입술/볼을 좀 잡아 당길 게요. 제가 당기는 쪽으로 따라 오지 마시고 힘드시더라도 머리를 고 정하신 상태로 계셔 주시면 돼요. 혹시 입술이나 볼이 많이 불편하시 면 왼손 살짝만 들어주세요."

리트랙션 시 어쩔 수 없이 입술과 볼을 많이 잡아당기는 경우가 많다. 이런 경우 입술이 메마른 상태로 계속 잡아당기게 되면 나중에 입꼬리 쪽에 흉터 도 생길 수 있고, 입술 자체도 건조해져서 찢어질 수 있다. 셀라인이나, 물을 수시로 환자 입술과 입꼬리 쪽에 발라야 한다. 바세린을 바르는 것도 좋은 방법이지만, 바세린은 기구가 많이 미끄러져 오히려 불편한 경우가 많다. 가 까이에 있는 물과 셀라인을 이용한다.

- 하이 핸드피스 사용할 때

  ◉ "물이 좀 나올 거예요. 움직이지 마시고 물은 그대로 머금고 계시면 금방 빼드릴게요. 조금만 머금고 계셔 주세요. 혹시 힘드시면 머리 움 직이지 마시고 왼손 들어서 표시해 주세요."

- 로우 핸드피스 사용할 때

  로우 핸드피스 사용 시 이마를 살짝 잡아주면 울리는 느낌이 조금 덜 하다.

  ◉ "돌돌돌하면서 머리가 조금 울리는 느낌이 들 수 있어요."

  − 이마를 손으로 감싸듯 가볍게 눌러 준다.

  ◉ "불편한 느낌을 좀 덜어드리기 위해서 이마를 살짝 누를게요"

  − 셀라인을 너무 가까이서 뿌리게 되면 술자의 시야 확보가 어려우니 적 정 거리를 두고 뿌려준다. 버가 움직이고 있는 위치에 정확하게 뿌려야 치아와 치조골에 열로 인한 손상을 덜 입힐 수 있다.

  − 퍼스트 어시스트는 리트랙션과 석션을 같이 잡고 있는 경우가 많다. 가

능하다면 세컨드 어시스트가 셀라인을 뿌려주는 것이 훨씬 도움이 된다.

④ 발치할 때

> ◉ "치아 조각들을 빼내면서 뚝 하는 소리가 날 수 있어요. 놀라지 마시
> 고, 혹시 입안에 조각이 떨어져도 삼키거나, 움직이지 말아 주세요. 저
> 희가 빨리 빼낼게요."

써지컬 발치 시 치아를 분리하는 경우가 많다. 그 과정에서 부러지는 경우도
많다. 조각이 입안으로 떨어지면 환자분들께서 불편하셔서 자꾸 뱉어내려고
혀를 움직이거나, 입을 다무는 경우가 있다. 발치하는 쪽에 석션팁을 가까이
대고 있으면 튀어나가는 조각들을 줄일 수 있고, 입안에 조각이 떨어져도 석
션팁으로 금방 빨아내서 처리할 수 있다.

⑤ 봉합할 때

> ◉ "이제 다 뺐습니다. 잘 아물도록 몇 바늘 봉합해 드리고 의자 세워드
> 릴거예요."

- 봉합 시 니들이 나오는 방향을 미리 알고 혀나 볼이 다치지 않도록 끝까지
  리트랙션 해야 한다.
- 조직이 두꺼운 경우 니들이 통과하기 힘든 경우가 있다. 니들이 통과하려
  는 쪽의 조직을 핀셋과 같은 기구로 살짝만 눌러주면 니들이 더 잘 통과
  할 수 있다.
- 반대로 조직이 너무 얇은 경우에는 기구를 잘못 대면 봉합해야 하는 부분
  이 아예 찢어져 버리는 경우가 있으니 그럴 경우에는 오히려 눌러주지 않
  는 편이 더 좋다.
- 봉합사는 커팅 시 0.5 cm 가량을 남겨두고 자른다.

체크 포인트 ●

✅ 봉합(Suture)

절개되어 있는 조직이나, 외상으로 갈라진 자리를 의료용 실로 꿰매는 것

✅ 봉합의 원칙

① 봉합침(needle)은 조직 표면에 수직으로 들어가 조직으로 통과해야 한다.

② 절개된 조직인 경우 움직이는 조직(유동조직; free side)에서 고정된 조직
(fixed side)으로 봉합한다.

③ 양쪽 조직의 두께 차이가 있다면 봉합침은 얇은 조직에서 두꺼운 조직으
로 통과하고 조직의 높이 차이가 있을 경우 깊은 쪽에서 얕은 쪽으로 통
과한다.

✅ 간단하게 보는 봉합의 종류

① Simple: 가장 기본적이고 흔하게 사용되는 봉합 방법이다.

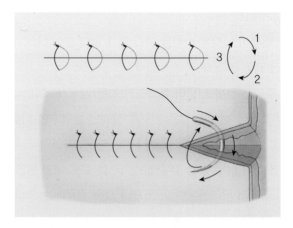

② Horizontal: 벌어지려는 힘이 강한 경우 사용되는 봉합 방법이다.

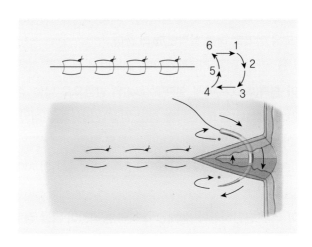

③ Vertical: 상처가 깊은 경우 사용하게 되는 봉합 방법이다.

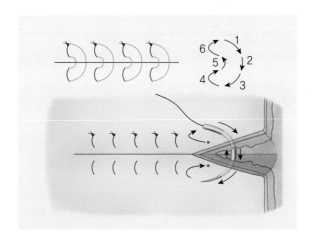

✔ 봉합 시 어시스트 방법

주변 조직을 리트랙션하여 술자가 봉합하고자 하는 위치가 확실히 보이도록 돕는다.

① 상악: 기본적으로 볼과 입술을 리트랙션한다. 혀가 크거나 움직임이 많아 상악에 닿는 환자의 경우 봉합침이 조직을 통과할 때 혀가 바늘에 찔리지 않도록 미러로 혀를 살짝만 눌러 준다.

② 하악: 볼, 입술, 혀를 리트랙션한다. 리트랙션 시 주로 혀에 집중한다. 봉합침이 협측(buccal)에서 설측(lingual)의 방향으로 나올 경우 혀 때문에 시야가 방해되지 않고, 환자의 혀가 찔리지 않도록 미러와 같이 둥근 기구를 이용하여 혀를 리트랙션한다. 술자가 혀를 이미 잡고 있는 경우에는 볼, 입술 등의 외부적인 요소들을 리트랙션하여 술자의 시야 확보를 돕는다.

③ 조직이 너무 단단하거나, 절개된 조직의 움직임이 많을 경우 봉합침이 조직을 통과하기 힘든 경우가 있다. 이때는 봉합침이 관통해야 할 조직을 기구를 이용하여 잡거나 눌러준다. 조직이 찢어질 수 있기 때문에 너무 과한 힘을 주어 누르거나 잡지 않도록 주의한다.

④ 술자가 봉합사를 매듭짓는 순간에는 볼, 입술을 리트랙션하고 있는 부위에 살짝 힘을 풀어주어 강하게 당기지 않도록 한다. 볼과 입술 등을 강하게 당길 경우 술자가 봉합사를 단단히 매듭짓는 과정을 방해할 수 있기 때문이다.

⑤ 술자가 봉합사를 단단하게 매듭짓고 난 후 메탈 석션팁을 이용하여 봉합된 자리를 석션해 준다. 술자가 봉합되어진 부분을 확인할 수 있도록 돕는다.

⑥ 봉합이 모두 끝나면 대략 0.5-1 cm 정도로 봉합사를 자른다. 너무 짧게 자르면 봉합사가 풀릴 수 있고, 너무 길게 자르면 환자가 불편감을 호소할 수 있다.

✅ 약물 복용을 확인할 때

발치 전 전신질환이 있는지 반드시 확인한다. 복용을 중단해야 할 약물이 있는 경우 반드시 환자에게 미리 고지해야 하며, 발치 당일에도 반드시 확인을 거친 후 발치를 해야 한다.

통증이 심하거나, 많이 부은 경우 등 당일 발치가 어려운 경우에 약 처방이 미리 나가게 되는데, 이때 언제부터 언제까지 복용하는지 예를 들어서(요일이나, 날짜) 이해하기 쉽도록 환자에게 알려야 한다.

써지컬 발치의 경우, 많이 부을 수 있고, 얼굴에 멍이 들 수 있다는 점을 환자에게 충분히 말한다. 미리 설명하지 않으면 컴플레인이 발생할 수 있다.

술 후 설명 ●

◎ "많이 힘드셨죠? 정말 잘 도와주셨어요. 이제부터 주의사항 설명드릴게요. 잘 듣고 꼭 지켜주세요.

입안에 솜을 하나 물려 드렸어요. 지금 물고 계신 솜은 2시간 정도 물고 계시다가 뱉으시면 돼요. 물고 계시는 중에는 말씀을 많이 하는 것도 피가 멎는 데 방해가 될 수 있으니, 물고 계시는 2시간 동안 말씀하시거나 움직이지 않도록 해주세요. 이제부터 입안에 고이는 침과 피는 모두 삼키셔야 해요. 불편하신 것은 알지만, 계속 뱉어내게 되면 피가 잘 멎지 않으니 반드시 삼켜주세요.

식사는 마취가 다 풀린 다음에 하시면 되는데, 맵고 뜨겁고 짠 음식같이 자극적인 음식은 피해주세요. 오늘은 맵고 짜지 않은 미지근한 죽종류로 드시는 것도 좋아요. 흡연이나, 음주는 일주일 정도 피해주셔야 해요. 염증이 생길 수도 있고, 잇몸이 아무는 속도를 늦추는 것들이기 때문에 반드시 피해주세요."

◎ "음료나 물 드실 때 빨대는 사용하지 말아주세요. 빨대를 사용할 때 빨아들이는 힘 때문에 피가 멎었다가도 다시 나는 경우가 있으니까 일주일 정도는 빨대 대신 컵 사용해주세요.

조금 더 잘 아물 수 있도록 한두 바늘 정도 봉합했어요. 손으로 만져 보거나, 혀로 건드시면 덧날 수 있으니까 궁금하시다고 손으로 볼을 젖히거나 건드리지 말아 주세요.

칫솔질은 이 뺀 부위만 안 닿게 다른 부위는 평소처럼 하시면 돼요. 땀이 날 정도의 심한 운동이나 사우나, 찜질방은 피해주세요. 혈압이 올라가서 지혈에 방해될 수 있어요. 그리고 오늘은 가능하면 쉬시는 게 좋아요."

◎ "약은 O일치 처방 해드릴 건데 아프지 않으셔도 모두 드셔야 상처가 잘 나을 거예요.

그리고 얼음팩 드릴 건데요, 이건 10분 대고 10분 떼고 하시면서 만 48시간만(오늘 내일만) 하시면 돼요. 그리고 동의서 작성하실 때 말씀드렸던 것처럼 붓거나 멍이 들 수 있어요. 얼음찜질 열심히 하셔야 덜 부으니까 잘 해주셔야 해요. 이 빼시고 4-5일 후까지 부을 수 있고 붓거나 멍든 건 없어질 때까지 시간이 좀 걸릴 수 있어요. 오늘 이 빼느라 정말 고생 많으셨어요. 내일 소독하러 꼭 오시고 실밥은 7-10일 정도 후에 제거해 드릴 거예요. 내일 소독 때 다시 뵐게요."

보험 청구 팁 ●

▶ 발치 도중 치근이 부러져 치근분리 발치를 시행한 경우 Bur 사용 여부와 상관없이 난발치로 산정한다.

▶ 매복치아 중 잇몸을 절제한 후 치근분리 없이 발치한 경우에는 단순 매복치로 산정한다.

▶ 매복치아 중 치관 대부분이 치조골 위로 노출 되어있고, 치근 분리하여 발치 시행한 경우 골삭제 여부와 상관없이 복잡 매복치 발치로 산정한다.

▶ 매복치아 중 치관(2/3 이상 치조골 내 매복)의 대부분이 치조골에 묻혀 있어, 골삭제 및 치근분리가 필수적으로 시행되어 발치한 경우에는 완전 매복치 발치로 산정한다.

▶ 난발치, 매복치 발치 시 사용한 Bur는 (가)Bur로 산정 가능하다.

▶ 상, 하악 동시 발치하여 Bur를 두 군데 사용하였더라도 Bur는 한 번만 산정 가능하다.

▶ 동일 부위에 전달마취와 침윤마취를 동시 시행 시 전달마취만 산정 가능하나 사용한 앰플은 개수대로 추가 산정 가능하다.

▶ 치근이 부러져서 촬영한 치근단은 기존 파노라마 여부와 상관없이 산정 가능하다.

▶ 치조골 성형술과 발치를 동시 시행한 경우 '높은 수가 100:낮은 수가 50'으로 적용한다.

▶ 매복치 발치와 동시 시행한 치조골성형술은 따로 산정할 수 없다.

▶ 써지컬 큐렛을 이용하여 발치 후 발치와를 소파하였더라도 발치와재소파술은 산정 불가하다.

▶ 구강내 소염술과 발치를 동시 시행하였을 경우에는 발치만 산정 가능하다.

▶ 브릿지 제거와 발치를 동일부위에 동시 시행하였을 경우에는 각각 산정 가능하나, 브릿지 제거 없이 브릿지 째로 발치했을 경우에는 발치만 산정한다.

▶ 발치 후 후처치는 수술 후 처치(간단)으로 일반적으로 2–3회 산정 가능하다. 그 이상 시행할 경우에는 내역 설명을 넣는 것이 좋다.

No.12/No.15 블레이드는 각각 어떨 때 사용하나요?

원장님마다 다를 수 있지만, 보통 12번 블레이드는 절개 부위가 좁거나, 깊게 절개해야 할 때 사용하고, 15번 블레이드는 절개해야 할 부위가 넓고, 얕은 부위를 절개할 때 사용해요.

왜 블랙 실크를 쓰나요? 다른 봉합사는 언제 쓰나요?

블랙 실크는 실크 중에 비용이 가장 저렴하기도 하고, 나일론 실크들에 비해 흐물흐물해서 봉합해 놓았을 때 환자가 불편감을 가장 덜 느낍니다.

하지만, 여러 갈래의 실타래가 꼬여서 만들어진 실크이기 때문에 음식물과 치태가 굉장히 잘 달라붙고 제거가 어렵습니다. 그래서 감염에 취약한 부분에는 보통 나일론 봉합사를 쓴답니다!

발치할 때 석션타이밍 팁이 있을까요?

일단, 술자의 시야 확보가 가장 중요해요.

피가 너무 많이 나서 시야가 확보되지 않으면, 그때는 발치하는 자리로 석션팁을 넣어 살짝 누르듯이 석션을 해 시야를 확보해 주세요. 이때, 발치하는 곳을 너무 오랫동안 가리고 있거나, 세게 누르듯이 석션하면 안돼요. 의미 없이 너무 자주 하지 말고 한 번을 하더라도 제대로, 빠르게 해주세요. 피가 너무 많이 나는 경우에는 석션을 지속적으로 대고 있기도 하고, 살짝 젖은 거즈를 이용해 눌러주기도 해요.

이건 어시스트를 하는 사람마다, 원장님마다 다를 수 있어요.

▶ 난발치

2022-05-13		6	CC. 왼쪽 어금니가 부러졌어요
			Dx. 우식으로 인한 치아 파절
			치근단촬영 1매 : 치근까지 심하게 우식되어있음. Endo 된 치아.
			Tx plan : 발치 후 뼈상태 보고 임플란트 시기 결정
			Tx.난발치 Under B/A lido 1@, I/A lido 2@ : 치아의 강직
			치근분리, 골삭제 동반한 난발치, Bur 사용
			gauze biting, Suture black silk 3/0 3 stich, 주의사항 설명
			신경손상가능성, 얼굴 멍, 부종 가능성 설명 및 발치동의서 작성.
			RX) 세파클러,나프록소정, 알마게이트 tid 3days
			Dr. 허준 / Staff. 새싹
			N) drs

▶ 단순매복치발치

2022-05-13		8	CC. 사랑니쪽 잇몸이 부은것 같아요
			Dx. 단순매복치
			파노라마 촬영 – 매복치 위치 확인 위하여 : 단순매복치상태
			Tx.단순매복치발치 Under B/A lido 1@, lido I/A 2@
			잇몸절개 후 단순매복치 빌치, gauze biting
			신경손상가능성 설명, 얼굴 멍, 부종 가능성 설명
			동의서 작성함, 주의사항 설명
			Suture black silk 3/0 3-stich
			RX) 아목시클라정, 나프록소정, 알마겔정 tid 3days
			Dr. 허준 / Staff. 새싹
			N) drs

▶ 복잡매복치발치

2022-05-13			CC. 사랑니쪽이 아파요
		8	Dx. 복잡매복치
			파노라마 촬영 - 매복치 위치 확인
			치관1/3 치조골매복상태-수평매복치
			Tx.복잡매복치발치 Under B/A lido 1@, lido I/A 2@
			절개 후 치근분리, 골삭제 동반한 매복치 발치, Bur 사용
			gauze biting, 주의사항설명.
			신경손상가능성, 얼굴 멍, 부종 가능성 설명-> 동의서 작성
			Suture black silk 3/0 3 stich
			RX) 아목시클라정, 나프록소정, 알마겔정 tid 3days
			Dr. 허준 / Staff. 새싹
			N) drs

▶ 완전매복치발치

2022-05-13			CC. 사랑니쪽이 아파요
		8	Dx. 완전매복치
			파노라마 촬영 - 매복치 상태, 위치 확인
			치관 2/3이상 치조골 매복상태-완전매복
			CBCT 촬영(일반)-매복치치근이 파노라마상에서 하치조관과 겹쳐보임
			Tx.완전매복치발치 Under B/A lido 1@, lido I/A 2@
			절개 후 치근분리, 골삭제 동반한 매복치 발치, Bur 사용
			gauze biting, 주의사항설명
			신경손상가능성, 얼굴 멍, 부종 가능성 설명-> 동의서 작성
			Suture black silk 3/0 4-stich
			RX) 아목시클라정, 나프록소정, 알마겔정 tid 3days
			Dr. 허준 / Staff. 새싹
			N) drs

구강내 소염술

- 시술 간단 설명(정의)

  병소를 절개하고 고름을 배농하는 치료이다.

  고름이 차 있는 곳을 블레이드로 절개해서 고름을 빼내고 씻어주는 치료

- 시술명 – 한국어 표기(영어 표기)[약어]

  구강내 소염술(incision & drainage)[I&D]

- 순서

  엑스레이 띄우기 → 마취 → 절개 → 배농 → 치료 부위 소독 → 주의사항 설명

- 진료 기구 및 재료 준비

  기본 기구, 마취 시린지, No.12 블레이드, 블레이드 홀더, 써지컬 큐렛, 헥사메딘 시린지, 셀라인 시린지, 슈쳐, H_2O_2 볼, (필요시 슈쳐, 니들홀더, 씨져, 드레인)

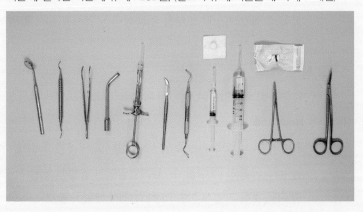

술 전 설명 ●

◎ "여기 부어서 많이 아프셨죠? 고름이 차서 붓고 아프신 거라서 마취하고 고름을 빼내는 치료를 진행해 드릴 거예요. 염증이 심해서 마취를 해도 좀 아프실 수 있어요. 많이 불편하시면 왼손 들어주시고요. 주의사항도 몇 가지 있어서 잘 지켜 주셔야 해요."

치료 과정 ●

① 마취할 때

◎ "마취하고 진행해 드릴 건데 마취할 때 덜 아프시라고 표면마취제 먼저 바르고 원장님 마취해 주실 거예요. (대기 후 마취 시) 따끔하실 수 있고 쓴맛 나실 수 있어요. 삼키지 말고 잠시만 참아 주세요."

② 잇몸 절개할 때

◎ "잇몸을 조금만 눌러 볼 거예요. 마취를 했지만 염증이 심해서 조금 불편하실 수 있어요."

③ 염증 제거할 때

◎ "염증을 제거하는 중이예요. 긁는 느낌 드실 수 있어요. 가능한 한 깨끗하게 제거해야 다시 부을 가능성이 낮아지거든요. 불편하시더라도 조금만 참아주세요."

④ 소독할 때

◎ "염증부위 소독합니다. 삼키지 마시고 그대로 계시면 빼 드릴 게요."

⑤ (필요시) 봉합할 때

◎ "고름이 더 나와야 하는데 덜 나온 상태로 아물면 또 부을 가능성이 높아요. 고름이 더 나올 수 튜브연결해서 봉합해 드릴 거예요. 봉합한 다음 소독 가볍게 한번 더 하고 의자 세워 드릴게요."

✅ 극심한 통증을 호소하는 경우가 많다. 통증이 심한 만큼 환자가 예민할 수 있다.

✅ 술 전에는 꼭 필요한 설명만 하고 나머지는 통증이 완화된 다음 설명할 수 있도록 한다.

✅ 통증이 심한 상태에서 매뉴얼대로 장황하게 설명했다가는 컴플레인으로 이어질 수 있다.

술 후 설명

◎ "입안에 나오는 피나 침은 뱉지 마시고 삼켜주세요. 찝찝하다고 계속 뱉으시면 지혈에 방해가 돼요. 고름이 많이 나올 시 가볍게 찬물로 헹궈주세요."

◎ "술, 담배는 일주일 정도 피해주세요. 치료한 부위에 칫솔이 닿지 않도록 조심해주시고 나머지 치아들은 깨끗이 닦아주세요. 2-3일 정도 너무 뜨겁거나 맵고 짠 음식은 피해주세요."

◎ "아프지 않더라도 처방해 드린 약은 다 드셔야 해요."

◎ "마취는 짧게는 1-2시간, 길게는 3-4시간 후에 풀릴 텐데 식사는 마취가 완전히 풀린 걸 확인하신 후에 하시면 돼요. 마취가 풀리기 전에 식사하시면 얼얼한 느낌 때문에 볼이나 혀를 씹어서 상처가 날 수 있어요. 술이나 담배는 염증이 나아지는 데 방해가 되니까 잇몸 염증이 가라앉을 때까지는 꼭 피해주세요."

보험 청구 팁

▶ 마취는 필수로 산정해야 한다. 마취 누락 시 조정 가능성이 매우 높다.

▶ 여러 군데 시행하였을 경우 상, 하, 좌, 우로 나누어 하루 최대 3군데까지 산정 가능하며 1부위일 경우 100%, 2번째 부위, 3번째 부위는 50%씩 산정하여 하루 최대 200%까지 산정 가능하다.

▶ 치관 주위, 치은 부위에 구강내 소염술을 시행할 경우 구강내 소염술(가), 구개부나 치조부위일 경우 구강내 소염술(나)로 산정한다.

▶ 배액관 고정을 위하여 사용한 봉합사는 심평원에 등재된 재료에 한하여 산정 가능하다. 단 재료대 신고를 미리 해야 한다.

▶ 드레싱(Dressing)이나 발사(Stitch out)등의 후 처치는 수술 후처치(간단)으로 보통 2~3회 산정한다. 이 이상 시행할 경우 내역 설명을 넣는다.

▶ 일률적으로 후 처치가 없을 시에는 조정될 가능성이 있다.

▶ 상병명은 주로 K04.7 동이 없는 근단주위 농양, K05.20 동이 없는 잇몸기원의 치주농양을 사용한다.

▶ 절개 및 절제 없이 익스플로러나 큐렛으로 배농했을 때는 산정할 수 없다.

▶ 치수강 개방을 통해 배농되는 경우 산정할 수 없다.

▶ 동일 날짜, 동일 부위 발치와 구강내 소염술을 동시 시행했을 경우 발치만 인정된다.

FAQ ●··

 마취했는데도 왜 이렇게 아파요?

 저희가 마취제로 쓰는 약하고 염증이 만나면 마취가 잘 안 되고 마취약이 퍼져버려요. 원래는 마취를 해드리면 그 부위에 마취약이 잘 머물러야 하는데 염증이 심하면 그렇지 않거든요. 다른 치료보다 마취를 많이 해드려도 염증이 심하신 상태로 오시면 좀 아파하시더라구요. 아파하신다고 마취를 계속해드릴 수는 없고, 적정량을 해드리다 보니 좀 불편하셨을 수 있어요. 고름 많이 빠졌으니까 약 꼬박꼬박 드시고 주의사항 지켜주시면 가라앉을 거예요. 오늘 잘 도와주셔서 치료 잘 끝났어요.

차팅 예시 ●···

2022-05-13	54		CC. 잇몸이 부었어요, 너무 아파요.
			Dx. 동이 없는 근단주위 농양
			Tx plan. 구강내소염술
			Tx. 구강내소염술 B/A lido 1@, I/A lido 1@
			절개 및 절제를 통한 구강내소염술 시행
			치근단 1매 : 농양원인 찾기 위한 치근단 촬영
			RX) 로도질정, 나프록소정 , 알마게이트 tid 3days
			주의사항 설명.
			Dr. 허준 / Staff. 새싹
			N) drs

04
봉합사 제거

- **시술 간단 설명(정의)**

  발치 및 수술 후 봉합해 놓은 봉합사 제거

- **시술명 – 한국어 표기(영어 표기)[약어]**

  봉합사 제거(stitch out)[S/O]

- **순서**

  엑스레이 띄우기 → 기구 준비 → 잇몸 상태 확인 → 봉합사 제거 → 제거부위 소독 → 현재 상태 설명

- **진료 기구 및 재료 준비**

  기본 기구, 딘씨져/아이리스씨져, 셀라인, 헥사메딘 시린지, H_2O_2 혹은 베타딘 볼

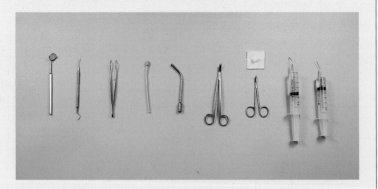

① 안내 시 환자의 상태 확인할 때

> "발치/수술하시고 괜찮으셨나요? 약은 잘 챙겨 드셨나요?
> 원장님께서 지난 번 치료받으셨던 부위 잘 나았는지 확인하시고 실밥
> 제거해 드릴 거예요."

② 봉합사 제거할 때

> "실밥을 풀 때 약간 따끔한 느낌이 있을 수 있습니다."

③ H_2O_2/베타딘 볼을 이용하여 발치/수술 부위 소독할 때

> "소독합니다. 쓴 맛이 날 수 있어요. 삼키지 말고 그대로 계시면 빼드
> 릴게요."

④ 셀라인/헥사메딘을 이용하여 이리게이션할 때

> "소독합니다. 삼키지 말고 그대로 계시면 빼드릴게요."

⑤ 가글 및 술 후 설명할 때

> "실밥 다 제거해 드렸어요. 물양치 한번 하시겠어요? 양치하시고 나
> 면 주의사항 설명 드릴게요."

☑ 필요에 따라 봉합사 제거 시 핀셋으로 봉합사를 잡아달라고 하시는 경우가
있을 수 있다.

☑ 세게 잡아당기면 환자가 많이 불편하실 수 있다. 최대한 살짝 잡아당기면서
원장님의 시야를 확보해야 한다.

술 후 설명

◎ "잇몸이 잘 아물고 있어서 실밥은 모두 제거했어요. 아주 잘 낫고 있으니 걱정하지 마세요. 발치하신 후에 잇몸이 예전과 똑같이 돌아오려면 한두 달 정도 걸립니다. 일상생활에 지장은 없지만, 양치가 잘 안되면 음식물이 고일 수 있으니까 양치하시는데 조금만 더 신경 써주세요."

FAQ

이제 완전히 다 아문 건가요?

일반적으로 보이는 잇몸은 1-2주 정도면 거의 다 아물 거예요. 그래도 아직은 칫솔질 때 아플 수 있으니 주의해주세요. 뼈가 차는 데는 한달 이상 걸려서 그 기간 동안은 음식물이 좀 낄 수 있어요. 음식물 끼더라도 이쑤시개 등으로 억지로 빼내시려고 하면 덧날 수 있으니까 가글하셔서 뱉어내도록 하시면 돼요. 혹시라도 음식물이 잘 안 빠져서 불편하시거나 냄새나는 것 같으면 치과로 전화 주시고 내원해 주세요.

차팅 예시

			CC. 실밥제거하려고요. 괜찮았어요.
		8	Dx. 하악제3대구치의 매복
2022-05-13			Tx. S/O, saine dressing. Healling good
			Dr. 허준 / Staff. 새싹
			N)불편하시면 오시기로

알 고 나 면
쉬   운
임 플 란 트

임플란트 1차 수술

- 시술 간단 설명(정의)

  임플란트 고정체(Implant fixture)를 잇몸뼈에 식립 하는 수술
- 시술명 – 한국어 표기(영어 표기)[약어]

  임플란트 1차 수술(implant 1st operation)[IMPL 1차 op]
- 순서

  엑스레이 띄우기 → 수술 부위 확인 → 수술동의서 받기 → 마취 → 엔진 및 기구 준비 → 마취 확인 후 구외 및 구내 소독 → 절개(incision) 후 드릴링(drilling) 및 식립 → 봉합(suture) → 파노라마 촬영 → 파노라마 판독 및 설명 → 주의사항 설명
- 진료 기구 및 재료 준비

  구내소독용 헥사메딘 용액, 포타딘 볼, 써지컬 글러브, 셀라인 팩, 이리게이션 튜브, 임플란트 핸드피스 엔진, 임플란트 드릴세트, 새니슬리브, 멸균된 소공포, 기본 기구 2세트, 마취, 미네소타, 블레이드 홀더 2개, No.12/15 블레이드, 페리오스틸 엘리베이터 2개 이상, 써지컬 큐렛, 푸르브, 헤모스테이트, 티슈포셉, 슈처, 니들홀더, 씨져, 셀라인, 셀라인 시린지

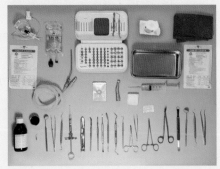

① 수술 준비할 때
- 멸균 글러브를 끼지 않은 상태에서 수술 세트에 없는 소모품을 준비한다.
- 20 cc 시린지, 봉합사, No.12/15 블레이드, 셀라인, 구외 소독용 헥사볼, 구내소독액(헥사메딘) 등

② 임플란트 수술용 엔진 연결 및 멸균된 기구를 준비할 때
- 셀라인 팩과 연결 주수를 알맞게 연결한다.

- 석션을 켠다.
- 수술 준비용 멸균 글러브를 낀다.
- 포 안의 기구를 순서대로 정리한다.
- 새니슬리브를 이용하여 수술용 핸드피스, 석션을 감는다.

③ 마취 & 구내소독할 때
- ◎ "마취하고 진행해 드릴 건데 마취할 때 덜 아프시라고 표면마취제 먼저 바르고 원장님 마취해 주실 거예요. (대기 후 마취 시) 따끔하실 수 있고 쓴맛 나실 수 있어요. 삼키지 말고 잠시만 참아주세요."

- 보통 일반 진료체어에서 마취 및 대기하였다가 수술방으로 안내하는 경우가 많다.
- 수술 부위 마취가 끝나면 구내 소독을 하도록 한다.
- 헥사메딘을 30초~1분가량 머금게 한 후 물 양치는 하지 않은 상태를 유지한다.

  ◎ "수술 하시기 전에 가글 소독액을 먼저 드릴게요.

  소독액을 머금고 1분 정도 가글해 주세요.

  맛이 좀 안 좋습니다.

  뱉으실 때 되시면 다시 말씀 드릴게요. (1분 지난 후)

  뱉어주세요.

  뱉은 후 물로 헹구지 말아주세요."

④ 구외소독할 때

헥사메딘 또는 베타딘을 적신 멸균 코튼볼을 이용하여 입술부터 시계방향으로 겹치지 않게 점차 큰 원을 그리면서 (소공포 구멍으로 노출되어 수술 시 멸균글러브나 기구가 닿을 수 있는) 입술을 포함한 입 주변 부위를 넓게 닦아준다.

  ◎ "임플란트 수술을 위해서 얼굴쪽 소독하겠습니다."

◎ "오늘은 임플란트의 뿌리를 심는 수술을 하실 거예요. 마취가 잘 되면 편하게 치료 받으실 수 있을 거니까 너무 긴장하지 마시고, 진행하시기 전에 중요한 부분을 좀 더 자세히 설명 해드릴게요."

* 임플란트 수술 동의서 설명

① 멸균 포를 환자에게 덮을 때

◎ "멸균된 포를 덮을 거예요. 모두 멸균된 상태로 진행될 예정이니, 손을 얼굴 쪽으로 올리지마세요.
포 위쪽으로 손을 올리시거나, 머리 움직이거나 하지 마시고, 입으로 '아'라고 소리 내셔서 알려주시면 불편하신 부분 체크 해드릴게요."

② 절개 후 점막 박리할 때

◎ "누르는 느낌이 있어요. 혹시 아프시면 소리 내서 알려주세요."

③ 리트랙션할 때

◎ "제가 볼 쪽(또는 입술 쪽)을 좀 당길 거예요. 고개에 살짝 힘을 주시고 제가 당기는 쪽으로 따라오지 마세요."

④ 드릴링할 때

◎ "임플란트가 들어갈 수 있는 길을 만들 거예요. 돌돌돌 하고 머리가 울리는 느낌이 나면서 물이 나올 거예요. 입안에 고이는 물은 조금만 머금고 계셔주시면 금방 빼드릴게요."

⑤ 식립 및 cover screw 체결할 때

◎ "임플란트 뿌리를 심고 있어요. 오늘 수술 중에 가장 중요한 작업이

기 때문에, 불편하시더라도 지금은 입을 다물지 마시고 최대한 크게 '아-'하고 계세요. 돌돌돌 울리면서 물이 나와요."

⑥ Bone 사용할 때

◐ "뼈를 이식하고 있어요. 입안에 가루가 조금 떨어질 수 있으니, 불편하셔도 조금만 참아주시면 빼드릴게요."

⑦ 봉합할 때

◐ "잘 도와주셔서 임플란트는 다 심었어요. 이제 더 잘 아물게 하기 위해서 봉합한 다음에 세워드리도록 할게요."

— 봉합 시 하악일 때

◐ "몸에 힘을 쭉 풀어 보세요. 저희가 혀를 좀 잡거나, 누를 수 있습니다. 그대로 힘을 뺀 채로 있어주세요."

⑧ 가글할 때

◐ "잘 도와주셔서 잘 끝났어요. 이제 세워드릴게요. 왼쪽에 있는 소독약으로 가볍게 한두 번 정도만 헹궈주세요."

⑨ 파노라마 촬영할 때

◐ "이제 수술은 마무리되었고, 잘 심어진 임플란트를 확인하기 위해 큰 사진 하나만 찍어 볼 거예요. 안내해드릴거니까 잠시만 앉아서 기다려주세요."

> 체크 포인트 •••

✔ 골다공증 환자의 임플란트 시술

골다공증을 앓고 있는 환자 중에 비스포스포네이트계열의 약을 장기간 복용하거나 주사로 맞는 경우에는 간혹 이를 뺀 자리나 임플란트 심은 곳의 치조골이 괴사되는 경우가 발생할 수 있다. 내과에 의뢰하여 치료가 가능한지 먼저 확인한 후 투약 중단 여부 확인이 필요하다.

✔ 식립된 임플란트의 인증서 활용법

"상담받으신 대로, ○○임플란트로 식립하셨다는 정품 인증서를 챙겨드릴게요."라고 응대하면서 인증서를 발급해 드리면 본원에 대한 신뢰도를 높일 수 있다. 인증서는 해당 임플란트 회사에 신청하면 원하는 만큼 발급해준다.

> 술 후 설명 ···

• 수술 후 찍은 파노라마를 보면 수술 결과에 대해 설명할 때 어시스트의 긴 설명보다 수술한 원장님의 짧은 확인이 신뢰도나 만족도에 큰 영향을 준다. 환자는 수술이 잘 되었다는 말을 원장님으로부터 직접 들었을 때 마음을 놓여한다.

• 원장님 설명 후 정리된 내용을 주의사항과 함께 설명한다.

    ◉ "오늘 치료 잘 도와 주신 덕분에 원장님께서 설명하셨던 것처럼 임플란트가 잘 들어갔어요. 지금은 뼈하고 임플란트가 잘 붙으라고 완전히 묻어 놓은 상태라 거울로 봐도 보이지는 않아요. 저희가 1-2달마다 확인해서 3개월(하악)/6개월(상악)가량 지나고 잇몸 위쪽으로 나사뚜껑을 연결하는 2차 수술을 한 후에 이가 올라갈 거예요. 뼈에 살짝 금이 가서 깁스를 하더라도 한 달은 기다리는 만큼, 당연히 임플란트는 임플란트와 뼈가 서로 잘 붙을 때까지 시간이 더 오래 걸려요. 뼈하고 임플란트가 잘 붙어야 오래 잘 쓰실 가능성이 높아지는 거니까 그 기간 동안 힘드시겠지만 양해 부탁드릴게요. 처방해드린 약 드시면 통증이 심하진 않으실 텐데 혹시 약을 드셨는데도 많이 아프시거나 궁금하신 부분이 생기시면 치과로 전화주세요."

•

- 임플란트나 본 사용 시 케이스 안에 들어있는 스티커를 차트에 붙이거나 전
  자 차트인 경우 사진을 찍어 저장을 하여 고유번호를 기록한다.
- 여러 개를 식립하였을 경우 헷갈리지 않도록 세컨드 어시스트가 잘 체크하도
  록 한다. 어떤 치식에 어떤 임플란트가 들어갔는지 정확하게 파악해야 한다.
- 식립 시 특이사항이 있으면 꼼꼼하게 기록한다.

		6i	CC. 임플란트 수술-불편한데 없었어요.
2022-05-13			1st Operation Under B/A lido 2@, I/A lido 2@
			TSⅢCA fixture 4.5*10 Osstem, cover screw
			Bone graft bio-oss 0.5cc, bio-guide사용
			suture Dafilon 4/0 7-stich
			Panorama taking - 식립 후 촬영, 결과 설명 드림
			얼굴 멍, 부종 가능성 설명->동의서 작성, 주의사항 설명
			RX) 아목시클라정, 나프록소정, 알마겔정 tid 5days
			Dr. 허준 / Staff. 새싹
			N) drs

FAQ •

임플란트하고 언제까지 양치하면 안 되나요?

임플란트 수술 부위는 실밥을 제거할 때 까지 칫솔이 닿지 않게 해주세요.
임플란트와 가까운 부위를 닦을 때는 가능한 한 조심스럽게 닦고, 다른 부
위는 평소처럼 닦아주세요.

임플란트 kit에서 많이 쓰는 버들의 용도를 알고 싶어요.
예를 들면 가이드 드릴은 어떤 용도인가요?

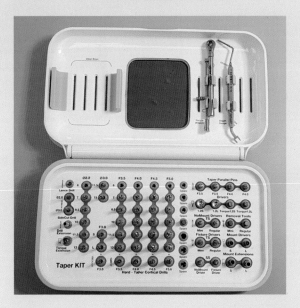

• Guide drill(Initial drill)

피질골(단단한 뼈 표면의 얇은 층)을 뚫어 뒤에 사용될 드릴들의 위치를
정해주는 역할을 해요. 재미있게 생각해 보면, 길을 안내하는 역할을 하
는 드릴이기 때문에, 이름이 가이드 드릴인 거겠죠?

• Twist drill

꽈배기 모양으로 꼬여져 있는 모든 드릴들을 모두 통틀어서 말해요. 작은 직경부터 큰 직경까지 여러 굵기의 드릴들을 사용해서 치조골을 원하는 만큼의 직경과 깊이로 넓혀주는 역할을 해요.

• Parallel pin

임플란트 픽스쳐가 들어가기 전 최종적인 위치를 확인할 수 있어요. 드릴링이 되어 있는 치조골에 핀을 넣고, 환자에게 다물어보게 한 후 치조골이 삭제된 위치와 각도를 확인할 수 있어요.

• Drill extension

드릴의 길이를 연장시켜 주는 역할을 해요. 사용하는 드릴이 구강 내에 적용 시 너무 짧거나, 수술용 핸드피스가 인접치아에 부딪혀 접근이 어려운 경우에 사용하게 되고, 드릴 뒤쪽을 익스텐션 앞쪽과 연결하여 사용하게 돼요.

• Mount driver/No-mount driver

임플란트 픽스쳐에 직접 연결하여 픽스쳐를 구강 내로 식립할 때 사용하는 드라이버예요.

임플란트 픽스쳐에는 마운트 타입과 노마운트 타입이 있어요. 마운트는 임플란트 픽스쳐가 식립된 직후에 파라렐 핀같은 역할을 해요. 마운트 타입과 노마운트 타입의 픽스쳐는 술자의 기호에 따라 선택되는 경우가 많아요. 마운트가 있는 픽스쳐는 마운트드라이버를 이용하여 임플란트 픽스쳐를 식립하면 되고, 마운트가 없는 픽스쳐는 노마운트 드라이버를 이용하여 식립하면 돼요.

▲ Mount type driver

▲ No-mount type driver

▲ Mount(pre-mount) type fixture

▲ No-mount type fixture

• Fixture driver

임플란트 픽스쳐를 심고 난 후 수동으로 픽스쳐를 식립하거나 제거할 때 사용해요. 열이 발생할 수 있기 때문에 술자의 시야가 가리지 않는 위치에서 셀라인을 뿌려주세요.

• Hand driver

힐링 어버트먼트나 커버스크류를 픽스쳐에 체결할 때 사용해요.

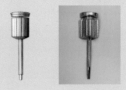

• Toque driver & Toque wrench

임플란트 픽스쳐 내부에 직접 연결하여 사용하고, 치조골에 픽스쳐를 단단하게 고정시키는 힘을 줄 때 사용해요.

Toque wrench에 있는 홀에 toque driver의 머리 부분을 넣어 연결시킨 후 사용해요.

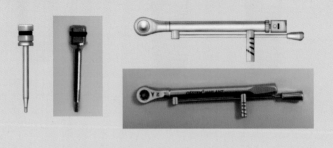

- 힘을 주어 조일 때

Toque wrench의 머리쪽에 적혀있는 'IN'이라는 글씨가 하늘쪽을 향하게 둔 후 손잡이쪽의 고리를 시계방향으로 당기면서 힘을 주는 방식이에요. 너무 과도한 힘은 임플란트에 악영향을 줄 수 있기 때문에, 힘을 줄 때는 손잡이 쪽에 있는 숫자를 보면서 필요한 만큼의 힘을 전달해야 해요.

- 조여져 있는 상태를 풀어낼 때

Toque wrench의 머리쪽에 적혀있는 'OUT'이라는 글씨가 하늘쪽을 향하게 둔 후 손잡이를 시계 반대 방향으로 밀어 주면 돼요.

• Depth gauge

- 길다란 막대형 부분: 그어진 눈금을 이용해 임플란트가 들어갈 부분의 대략적인 길이를 측정하는 용도예요.

- 스패너의 여러 가지 형태

▲ 각(6각)이 있는 스패너　　　▲ 둥근 모양의 스패너

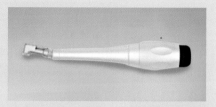

▲ 구치부에 접근이 용이하도록 손잡이가 길게 디자인 된 토크렌치

상악동 거상술

- 시술 간단 설명(정의)
  상악동을 거상하여 뼈를 이식하는 술식

- 시술명 – 한국어 표기(영어 표기)[약어]
  상악동 거상술(sinus elevation)[Sinus]

- 순서
  엑스레이 띄우기 → 수술 부위 확인 → 수술동의서 받기 → 마취 → 기구 및 재료 준비 → 마취 확인 후 구외 및 구내 소독 → 절개 후 상악동 거상(sinus elevation), 뼈이식(bone graft) → 봉합 → 파노라마 촬영 → 파노라마 판독 및 설명 → 주의사항 설명

- 진료 기구 및 재료 준비
  임플란트 수술기구 세트, 로우 핸드피스(스트레이트앵글), 스트레이트앵글용 라운드 버, 상악동 거상술 키트(sinus elevation kit)

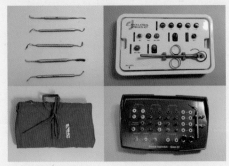

◎ "상담하셨을 때 들으셨던 것처럼, 임플란트를 심기 위한 뼈가 부족하기 때문에 임플란트 식립을 위한 뼈이식을 할 거예요. 오늘은 뼈이식만 하고, 대략 6개월 정도 뒤에 튼튼한 뼈가 잘 만들어진 것을 확인한 후에 임플란트를 심을 거예요."

▶ 치료 과정 ●

① 마취&구내 소독할 때

◎ "마취하고 진행해 드릴 건데 마취할 때 덜 아프시라고 표면마취제 먼저 바르고 원장님 마취해 주실 거예요. (대기 후 마취 시) 따끔하실 수 있고 쓴맛 나실 수 있어요. 삼키지 말고 잠시만 참아주세요."

• 마취가 끝나면 구내 소독을 하도록 한다.

• 헥사메딘을 30초−1분가량 머금게 한 후 물 양치는 하지 않은 상태를 유지한다.

② 절개 후 점막 박리할 때

◎ "누르는 느낌이 있어요. 혹시 아프시면 소리 내서 알려주세요."

③ 윈도우 오픈(window open)

− 로우핸드피스 이용하여 뼈 삭제할 때

◎ "뼈이식을 충분히 할 수 있는 길을 만들고 있어요. 돌돌돌 하고 머리가 울리는 느낌이 나면서 물이 좀 나와요. 입안에 고이는 물은 조금만 머금고 계세요. 혹시 불편하시면 머리 움직이지 마시고 소리 내서 알려주세요."

④ 상악동 거상할 때

◎ "공기주머니를 위쪽으로 올려서 뼈이식을 할 거예요. 정말 중요한 치

료에요. 힘드시더라도 완전히 다물지 마시고, '아-' 하신 상태 그대로 계세요."

⑤ 뼈 이식재 및 멤브래인(membrane) 이식할 때

　◎ "뼈를 이식하고 있어요. 뼈가 잘 붙도록 만들어주는 막을 하나 넣을 거예요."

⑥ 봉합할 때

　◎ "잘 도와주셔서 뼈이식은 잘 되었어요. 수술 부위 잘 아물게 하기 위해서 봉합한 후 의자 세워드릴게요."

⑦ 가글할 때

　◎ "잘 도와주셔서 잘 마무리되었어요. 왼쪽에 있는 소독약으로 가볍게 헹구고 살살 뱉어 주세요."

⑧ 파노라마 촬영할 때

　◎ "이제 수술은 마무리되었고, 뼈이식을 확인하기 위해 큰 사진 하나 찍어드릴건데, 우선 앉아계시면 엑스레이 찍을 준비하고 안내해드릴게요."

▶ 체크 포인트 ▶ ···

✅ 상악동 수술 시 어시스트 방법

• 상악동 거상술 시 상악동 막이 드러난 부분에 석션팁을 직접 대지 않도록 한다. 직접 대면 상악동 막이 찢어질 수 있다.

• 뼈이식 부위 근처를 석션할 때는 흐르는 혈액만 석션 하고 뼈이식 부위에 출혈이 많은 경우에는 거즈를 접어서 찍어내듯 하도록 한다.

리트랙션할 때 입술이 건조한 상태면 수술 후 입술이 터서 환자가 불편감을 호소할 수 있다. 진료에 방해되지 않는 선에서 입술에 셀라인을 자주 발라준다.

- 리트랙션은 미끄러지지 않도록 힘주어 시행한다. 시야가 잘 확보되어야 시술이 수월하다. 가능한 한 능숙한 어시스트가 하는 것이 좋다.
- 잇몸을 절개한 부분을 리트랙션을 할 경우, 힘으로만 절개된 잇몸을 젖히는 것이 아니라 사용하고 있는 기구를 치조골에 대고 눌러 기구를 고정한 후 힘을 주어 잇몸을 젖힌다.

술 후 설명

- 환자와 함께 파노라마를 보면서 설명드린다.
- 원장님 설명 후에 한 번 더 설명드리는 것도 좋다.

  - "오늘 잘 도와주신 덕분에 원장님께 설명들으셨던 것처럼 뼈 이식이 잘 되었어요. 저희가 체크해드리다가 뼈가 잘 생겨서 임플란트를 심을 수 있는 튼튼한 기반이 만들어진 게 확인되면 그때 임플란트 뿌리를 심을 거예요. 보통 6개월 정도 걸리다 보니까 길게 느껴지실 수 있는데 좀 더 튼튼한 기반에 임플란트를 심으셔야 오래 쓰실 수 있기 때문에, 양해 부탁드려요.

    주의 사항 중에 가장 중요한 것은 공기주머니에 무리가 가지 않도록 해주시는 거예요. 콧물이 나면 닦아내는 것은 괜찮지만, 절대로 세게 풀지는 마세요. 또, 기침이나 재채기가 나오면 꼭 입을 벌린 채 해주세요. 입을 다문 채로 기침과 재채기를 하게 되면 공기주머니에 압력이 세게 가해질 수 있으니 꼭 주의해주세요. 오늘은 뼈를 많이 이식했어요. 개인차는 있는데 코피가 나는 경우도 있고, 많이 붓거나 멍들 수도 있어요. 뼈 이식을 충분히 하시게 되면 나타날 수도 있는 증상이니 너무 걱정하진 마시고, 증상이 심하시면 언제든지 전화 주시고 치과에 오시면 돼요."

아래 할 때는 이렇게 많이 안 기다렸던 것 같은데 왜 더 오래 기다려요?

아래턱 뼈의 구조와 위 턱뼈의 구조가 달라서 기다리는 시간이 달라요.
아래턱 뼈는 굉장히 촘촘하게 이루어진 뼈예요. 그렇기 때문에 임플란
트를 심어 놓으면 촘촘한 공간에 심어지기 때문에 뼈와 임플란트가 붙
는 시간이 보통 3개월 정도로 좀 짧지만, 위 턱뼈는 스펀지 같이 듬성듬
성한 모양이다 보니까 임플란트와 뼈가 잘 붙으려면 보통 6개월 정도
걸려요. 임플란트와 OO님의 뼈가 잘 붙어서 하나의 단단한 뿌리가 되어
야 나중에 이가 올라가도 탈 없이 잘 쓰실 수 있어요. 단단한 하나의 뿌
리가 될 수 있도록 충분히 기다리는 과정이 꼭 필요해요.

차팅 예시

2022-05-13		67	CC. 상악동 거상술-불편한데 없었어요.
			Sinus lift Under B/A lido 3@, I/A lido 2@
			Lateral approach, Bio-oss 3cc, Bio guide 사용
			suture Dafilon 4/0 7-stich
			Panorama taking - 수술 후 촬영, 결과 설명 드림
			얼굴 멍, 부종 가능성 설명-)동의서 작성, 주의사항 설명
			RX) 오구멘틴정, 슈다페드정, 아나프록스정, 알마겔정 tid 5days
			*약처방 비급여비용 설명 드림
			Dr. 허준 / Staff. 새싹
			N) drs

임플란트 2차 수술

• 시술 간단 설명(정의)

임플란트 1차 수술 후 잇몸 안에 묻혀 있는 커버 스크류를 힐링 어버트먼트로 교체한다.

• 시술명 – 한국어 표기(영어 표기)[약어]

임플란트 2차 수술(implant 2nd operation)[2차 OP]

• 순서

엑스레이 띄우기 → 수술 부위 확인 → 마취 → 기구 준비 → 마취 확인 → 커 버스크류(cover screw)를 힐링 어버트먼트(healing abutment)로 교체 → (필요 시 suture) → 파노라마 촬영 → 파노라마 판독 및 설명 → 주의사항 설명

• 진료 기구 및 재료 준비

기본 기구, 마취, 치과 임플란트용 핸드 드라이버, 토크렌치, 페리오스틸 엘리 베이터, 써지컬 큐렛, 헤모스테이트, 셀라인 시린지, 헥사메딘 시린지

- 비절개 시 티슈 펀치, 콘트라 앵글

- 절개 시(블레이드 홀더, 15번 블레이드), 니들홀더, 봉합사, 씨져

절개 2차 수술일 때

기본 기구 2개, 마취, No.12, No15 블레이드, 페리오스틸 엘리베이터, 써지컬 큐렛, 몰트큐렛, 치과임플란트용 핸드 드라이버, 토크렌치, 니들홀더, 셀딘, 딘씨져, 아이리스씨져, 셀라인 시린지(필요시 헥사메딘 시린지 함께 준비), 소공포, 써지컬 글로브, 슈처, 거즈, 볼, 석션팁, 석션 호스

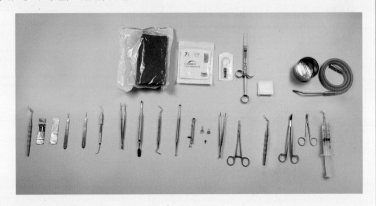

비절개 2차 수술일 때

기본 기구, 마취, 써지컬 큐렛, 치과임플란트용 핸드 드라이버, 토크렌치, 셀라인 시린지(필요시 헥사메딘 시린지 함께 준비), 소공포, 써지컬 글로브, 슈처, 거즈, 새니슬리브, 로우 핸드피스(콜트라앵글), 티슈펀치, 볼, 석션팁, 석션 호스

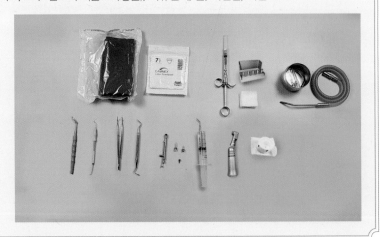

술 전 설명

◉ "오늘은 마취한 후에 잇몸 안에 심어져 있는 임플란트의 나사 뚜껑을 교체할 거예요. 지난번 임플란트를 심을 때보다는 간단한 수술이니 너무 긴장하지 마세요."

치료 과정

① 마취할 때

◉ "마취할 때 덜 불편하시라고 표면마취제 먼저 바르고 마취해 드릴게요. (대기 후 마취 시) 따끔하실 수 있고 쓴맛 나실 수 있어요. 삼키지 말고 잠시만 참아주세요. 치료는 마취 잘 된 것 확인하고 진행해 드릴 거예요"

② 커버스크류를 제거하기 위한 준비

• 티슈펀치를 사용할 때

◉ "돌돌돌 하고 진동이 느껴지면서 물 나옵니다. 잠시 머금고 계시면 금방 빼드릴게요."

콘트라 앵글에 연결된 티슈펀치가 회전하면서 잇몸을 동그랗게 잘라내는데, 이때 티슈펀치가 회전하는 곳으로 정확하게 셀라인을 뿌려 기구에서 발생하는 열을 줄여 잇몸 손상을 막는다.

셀라인을 뿌릴 때는 너무 가까이서 뿌리게 되면 술자의 시야 확보가 어려우니 적정 거리를 두고 뿌려준다.

• 잇몸 절개 및 박리할 때

◉ "마취했기 때문에 아프지는 않고 누르는 느낌, 움직이는 느낌만 나요. 괜찮으시죠?"

③ 커버스크류를 힐링 어버트먼트로 교체할 때

> "잇몸 안에 있는 작은 뚜껑을 새로운 나사로 교체할 거예요. 만약 입
> 안에 작은 기구가 떨어지더라도 삼키지 마시고 그대로 머금고 계셔 주
> 세요. 조심하긴 할 텐데, 혹시라도 목 안에 떨어지지 않게 거즈 한 장
> 올릴 거예요."

• 기구를 삼키지 않도록 목구멍 쪽을 가리듯이 거즈를 올려 두고 환자에게
  도 기구가 떨어질 수 있다는 점과 떨어진 기구를 그대로 머금고 있도록
  미리 지도하면 환자가 기구를 삼키는 확률이 줄어든다.
• 커버 스크류나 힐링 어버트먼트는 떨어지면 환자가 바로 삼킬 수 있기 때
  문에 교체 시 커버스크류나 힐링 어버트먼트 쪽으로 메탈 석션팁을 가까
  이 대고 있도록 한다.

④ 헥사메딘이나 셀라인을 구강 내로 뿌릴 때

> "소독약입니다. 맛이 좀 안 좋아요."

• 헥사메딘은 주로 커버스크류를 제거한 후 픽스쳐 내부를 소독 및 세척할
  때 사용한다.
• 셀라인은 시야 확보를 위하여 조직을 씻어내거나 시술이 끝난 후 씻어내
  는 용도로 주로 사용한다.

⑤ 봉합할 때

> "이제 잘 아물도록 몇 바늘 봉합 해 드릴게요."

• 봉합 시 니들이 나오는 방향을 미리 파악하여 혀나 볼이 다치지 않도록 끝
  까지 리트랙션 한다.
• 조직이 두꺼운 경우 니들이 통과하기 힘든 경우가 있다. 니들이 통과하려
  는 쪽의 조직을 핀셋과 같은 기구로 살짝만 눌러주면 니들이 더 잘 통과

할 수 있다.

- 반대로 조직이 너무 얇은 경우에는 기구를 잘못 대면 봉합해야 하는 조직
  이 찢어져 버리는 경우가 있으니 그럴 경우에는 누르지 않는다.
- 봉합사를 자를 때는 0.5 cm가량을 남겨두고 자른다.

> **체크 포인트** •

✅ GBR을 많이 했거나 치주조직이 약한 경우에는 1차 수술 후 2차 수술까지
  의 기간이 늘어날 수 있다.

✅ 2차 수술에 사용되는 기구는 정해져 있기 보다는 원장님의 선호도나 환자
  의 케이스에 따라서 달라진다. 티슈펀치, 블레이드를 이용하는 방법 외에도
  보비나, 레이저로 2차 수술을 하기도 한다.

✅ 잇몸이 두꺼운 경우 힐링 어버트먼트가 덜 들어가서 빠지는 경우가 생길 수
  있으니 주의한다.

✅ 식립된 임플란트 주변에 부착 치은량이 부족한 경우 2차 수술을 하는 동시
  에 유리치은이식술(FGG)을 진행하기도 한다.

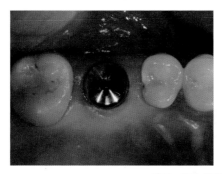

출처 : 우리 사랑치과 김일연 원장님 제공

✅ 힐링 사이즈 읽는 법

- M: Mini healing abutment
- R: Regular healing abutment
- D(Ø): 힐링 어버트먼트의 직경(단위: mm)
- H: 힐링 어버트먼트의 높이(단위: mm)

  📌 R Ø4.5*H5: Regular 직경 4.5 mm / 높이 5 mm

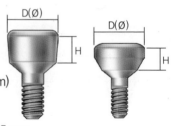

술 후 설명

- 원장님 설명 후에 한 번 더 설명한다.

  ⟳ "(거울을 보여 드리며) 여기 잇몸 위쪽으로 나사 윗부분 보이시죠? 잘 도와주셔서 진료 잘 마무리 되었어요. (거즈 다시 물려드리며) 지금 물려드린 거즈는 1시간 정도 지그시 물고 있다가 뱉으시면 돼요. 거즈 물고 계시는 동안과 뱉고 난 다음에도 오늘 하루는 침하고 피는 삼켜주세요. 2-3일은 너무 뜨겁거나 자극적인 음식은 피해주시고, 1주일 정도 술하고 담배도 피해주세요. 치료부위 궁금하시더라도 손이나 혀 대지 않도록 해 주셔야 잘 아물 거예요. 이 닦으실 때는 주변에 치아까지는 꼼꼼하게 잘 닦아 주시고 오늘 수술하신 부위에 칫솔이 세게 닿지 않도록 주의해주세요.

- 거즈를 일부러 물리지 않는 경우도 있다.

  ⟳ 나사뚜껑을 가능한 한 잘 조여 놓긴 했는데 간혹 풀리는 경우가 있어요. 다음 예약 전에 나사뚜껑이 풀려서 덜컹거리거나, 입안으로 빠져나오면 가지고 내원해 주시면 돼요. 빠진 상태로 두시면 빠진 위쪽으로 잇몸이 금방 덮여서 오늘 마취하고 하셨던 2차 수술을 다시 하실 수도 있으니 최대한 빨리 전화주시고 오세요. 나사뚜껑이 흔들리더라도 안쪽에 심어

놓은 임플란트가 빠지거나 흔들리는 것은 아니니까 걱정하지 않으셔도 돼요. 다음번에 오시면 잇몸이 얼마나 아물었는지 확인하고, 가능하다면 이를 만들어 올 수 있도록 본뜨는 작업을 진행할 거예요. 다음번에는 진료 시간이 길게 걸릴 수 있으니 시간 충분히 비우고 와주세요."

– 절개 후 봉합한 경우

    ◉ "잇몸이 잘 아물게 하기 위해서 원장님께서 꼼꼼하게 봉합해 두었어요. 1-2주 정도 후에 잘 아물었는지 확인하고 실밥을 빼드리고 언제 본을 뜰 수 있는지 확인해서 말씀드릴게요."

– 약 처방이 나가는 경우

    ◉ "잇몸이 덧나지 않고 잘 아물 수 있도록 약을 며칠 처방해 드리려고 하는데 부작용 있는 약이 있으신가요? 약은 아프지 않더라도 잘 챙겨 드시고, 혹시라도 약 드시고 불편하신 점 생기면 언제든지 문의 주세요."

선배가 알려주는 TIP ●

2차 수술 시 힐링 어버트먼트 선택의 기준은 뭔가요?

식립된 픽스쳐의 직경과 파노라마 상에서 잇몸의 높이를 참고하여 고르는 것이 좋아요.
예를 들면, 픽스쳐의 사이즈가 4.5*10이라면 힐링의 직경은 4.5 이상이 되어야 해요.
파노라마를 보면 식립된 픽스쳐 깊이를 가늠할 수 있죠?
치조골 높이(bone level)와 동일하게 식립된 경우 보통 높이가 2-5 사이에서 선택이 가능해요.
하나 더 생각해볼 수 있는 건 대합치와의 거리예요. 상악 7번처럼 대합치와의 거리가 가깝다면 길이가 짧은 힐링을 선택하는 것이 더 좋겠죠?

		6i	CC. 임플란트 2차 수술-불편한데 없었어요.
			2nd OP Under I/A lido 1@
2022-05-13			HA 5.5M with blade
			suture Black silk 3/0 3-stich. Saline drs.
			치근단촬영 2매 - OP 전 1매, OP후 1매.
			주의사항 설명
			RX) 세파클러정, 나프록소정 , 알마게이트 tid 3days
			Dr. 허준 / Staff. 새싹
			N) drs

04 임플란트크라운 인상채득

- 시술 간단 설명(정의)

  2차 수술을 거친 임플란트 치아의 크라운 구조를 올리기 위해 본을 뜨는 술식

- 시술명 – 한국어 표기(영어 표기)[약어]

  임플란트크라운 인상채득(implant crown impression)[IMPL cr IMP]

- 순서

  엑스레이 띄우기 → 기구 준비 → 힐링 풀어내기 → coping 체결 → 엑스레이
  로 체결 상태 확인 → 트레이 시적 및 조정 → 인상 → 코핑 → 힐링 체결 →
  대합치 채득 → 바이트 채득

- 진료 기구 및 재료 준비

  기본기구, 임플란트 드라이버(Implanat driver), 임프레션 코핑[바이트 임
  프레션 코핑(bite impression coping), or 트렌스퍼 임프레션코핑(transfer
  impression coping), or 픽업 임프레션 코핑(pick–up impression coping)], 해
  비바디, 라이트바디, 바이트 인상재, 트레이, 치실 [필요시 알지네이트 인상재,
  대합치용 트레이, 플라스틱 트레이, shade guide, 스트레이트용 버세트, 로우
  핸드피스(스트레이트앵글)]

술 전 설명

◎ "위쪽에 이를 만들어 드리기 위해서 오늘 본뜨는 작업을 진행하실 거예요. 잇몸 위쪽으로 올라와 있는 나사처럼 생긴 구조물을 풀어낸 다음, 본뜨는 기구를 연결 한 후 본을 떠 드릴 거예요. 임플란트 쪽 본을 뜨는 건 까다로운 치료 중에 하나라서 진료시간이 조금 길 수 있어요. 힘드시겠지만, 협조 부탁드릴게요."

치료 과정

① 힐링(healing) 풀어낼 때

◎ "본을 뜨기 위해 잇몸 위쪽으로 올라와 있는 나사를 잠깐 풀 거예요. 약간 불편하실 수 있어요. 혹시 많이 아프시면 참지 마시고 왼손 들어서 알려 주세요."

② 코핑(coping) 체결할 때

◎ "본을 뜨기 위한 기구를 연결할 거예요. (구호흡하는 경우: "제가 지금 사용하는 기구들이 작기 때문에 입으로 숨을 쉬시면 삼키실 수 있어요. 불편하시겠지만, 최대한 코로 숨 쉬어 주세요." 또는 입안에 거즈를 깔고 진행한다) 본뜨는 기구가 들어갈 때 잇몸이 눌리는 느낌이 나서 불편하실 수 있어요."

• 여러가지 코핑의 형태

▲ 바이트 코핑

▲ 트렌스퍼 코핑

▲ 픽업 코핑

③ 엑스레이 촬영 및 판독할 때

- 엑스레이 촬영할 때

  ◉ "본뜨는 기구가 잘 연결되었는지 확인하기 위해 작은 엑스레이 사진 찍어서 확인할거에요. 입안에는 기구가 있기 때문에 절대로 꽉 물지 마세요. 센서가 들어가서 불편하실 수 있어요."

- 하악 촬영할 때

  하악 촬영 시 환자에게 손을 깨물지 않을 정도로만 입을 살짝 다물어 보라고 하면 혀 안쪽으로 센서가 더 깊숙이 들어간다.

  ◉ "턱을 하늘 쪽으로 많이 드시고, 최대한 몸에 힘을 빼보세요. 최대한 몸에 힘을 빼시고, 제가 살짝 누를게요."

- 상악 촬영할 때

  ◉ "턱을 가슴 쪽으로 조금만 당겨 주세요."

- 체결이 잘 되었을 때

  ◉ "잘 도와주셔서 본뜨는 기구가 잘 연결되었어요. 입안에 기둥 같은 게 있어요. 세게 꽉 물지 마시고 살짝만 다물어주세요. 이제 틀을 맞추어 보고 본뜰 준비해드릴게요."

- 체결이 잘 안되었을 때

  ◉ "사진 찍어서 확인을 해보니까 조금 덜 연결된 부분이 있어요. 불편하시겠지만, 정밀한 본을 뜨기 위해 본뜨는 기구를 바꾸어 연결해 본 후 정확하게 연결이 되었는지 다시 확인해 볼게요."

• 임플란트 코핑 체결 예

체결이 잘 된 예	체결이 잘 안된 예

④ 트레이 시적할 때

• 픽업 코핑을 이용하여 인상채득 시

트레이에 픽업 코핑의 나사 부분을 표시한 후 덴쳐버를 이용하여 표시된 부분을 삭제한다. 삭제가 모두 진행된 후 불편한 곳은 없는지, 트레이의 크기가 적당한지 한 번 더 확인한다.

• 트랜스퍼/바이트 코핑을 이용하여 인상채득 시

트레이의 삭제가 필요하지 않기 때문에, 플라스틱 트레이를 사용하지 않아도 된다. 트레이의 삭제 과정을 생략한 후 바로 트레이를 시적한다.

        ○ "본뜨기 전에 틀을 맞춰 볼게요. 제가 이렇게 눌렀을 때 불편한 부분이 있으세요? 아프거나 눌리는 부분은 없으세요?"

⑤ 인상채득할 때

        ○ "이제 본 뜰 거예요. 불편하시겠지만 이 상태로 움직이지 마시고 그대로 계세요. 물컹한 느낌이 있어요. 침은 삼키지 마시고 머금고 계시면 제가 빼 드릴게요. 재료가 굳을 때까지 5분 정도 걸려요. 그동안 제가

틀을 잡고 있을 거예요."

- 픽업 임프레션 코핑(pick-up impression coping)을 이용하여 인상채득 시

  트레이를 압접한 후 한 손으로는 플라스틱 트레이의 삭제한 부분에 있는
  헤비 바디 인상재를 제거하여 픽업코핑의 나사 홀이 보이는 것을 확인한
  후 계속 압접한다.

- 트랜스퍼 임프레션 코핑(transfer impression coping)을 이용하여 인상채득 시

  트레이 외부에서 코핑을 풀어내는 구조가 아니기 때문에, 일반 지대치에 인
  상채득하는 것처럼 5분 동안 트레이를 압접한다. 트레이를 넣고 어금니 쪽
  을 충분히 눌러주지 않으면 최후방구치의 높이를 제대로 알 수 없는 경우가
  많다. 그렇게 되면 나중에 보철물이 나왔을 때 물리는 높이가 완전히 달라
  지는 경우가 있으니, 트레이는 어금니 쪽까지 충분히 눌러 주는 게 좋다.

- 바이트 코핑을 이용하여 인상채득 시

  바이트 코핑을 사용할 경우 바이트트레이 사용이 가능하다. 바이트트레이
  를 사용하는 경우 구강 내에서 손으로 트레이를 압접할 필요 없이 바이트
  트레이를 넣은 상태로 교합시킨다.

  – 인상채득 후 기다릴 때

  중간 기다리는 시간에 환자 상태 체크하면서 시간이 얼마나 남았는지 알
  려주면 더 좋다.

      ◎ "괜찮으세요? 이제 2분 정도 남았어요. 조금만 더 도와주시면 돼요."

⑥ 인상채득 후

  – 인상채득이 잘 나왔을 때

      ◎ "잘 도와주셔서 본이 한 번에 잘 나왔어요."

  – 인상채득이 잘 안 나왔을 때

      ◎ "시작 전에 말씀드렸던 것처럼 임플란트 본뜨는 것은 좀 까다롭기 때

문에 지금 본도 좋지만, 이를 완벽하게 만들려면 조금만 더 정밀하게
나오는 것이 좋겠어요. 번거로우시겠지만, 본을 다시 떠 드릴게요."

⑦ 힐링 체결할 때

○ "본을 뜨기 위해 아까 풀어내었던 나사를 다시 조여드릴게요.
본뜨는 기구와는 모양이 다르기 때문에 잇몸 눌리는 느낌이 조금 더
날 수 있어요. 불편하시더라도 조금만 양해 부탁드릴게요. 통증이 많
이 심하시면 왼손 들어서 알려주세요."

⑧ 바이트 채득할 때

○ "보철물을 더욱 정교하게 만들기 위해 물리는 높이를 잴 거예요. 식사
하실 때처럼 편하게 다물어보세요. 식사하실 때 이렇게 무시는 것 맞
으세요? (한두 번 더 반복해서 확인한다.) 다시 '아-' 해주시고, 다물
지 마시고 그대로 계세요(바이트 채득용 인상재를 구강 내에 짜면서).
이제 아까 연습했던 대로 편하게 다물어주세요."

⑨ 대합치 인상채득할 때

○ "반대편 맞물리는 쪽의 치아의 구조를 알아야 이를 만들 때 높이를
알 수 있기 때문에, 맞물리는 쪽의 본을 뜰게요. 임플란트 쪽 본보다
는 간단한 본이니, 조금만 더 도와주세요. (대합치 인상채득 후) 잘
도와주셔서 본은 잘 나왔어요. 컵의 물로 양치 한 번 하시고 입 주변
에 묻은 건 제가 닦아 드릴게요. (얼굴과 입술에 묻은 알지네이트 닦
기) 오늘 본뜨는 건 다 끝나셨어요."

체크 포인트

✔ 인상채득할 때는 사용하는 기구의 크기가 매우 작기 때문에 입으로 떨어지면 환자가 삼킬 확률이 아주 높다. 기구를 삼킬 수 있기 때문에 절대 입으로 숨 쉬지 않도록 충분히 설명한다.

✔ 목구멍 쪽에 거즈를 한두 장 깔아둔 뒤 진행하는 것도 좋은 방법이다.

✔ 구치부 쪽은 기구의 접근이 어려워 떨어뜨릴 확률이 더 높다. 시술하는 쪽으로 환자의 머리를 최대한 돌린 후 진행하면 삼킬 확률이 적어진다.

✔ 기구를 떨어뜨렸을 경우 환자의 고개를 한 쪽 방향으로 최대한 빨리 돌리는 것이 좋다.

✔ 고개를 정면으로 둔 채 꺼내려고 할 경우 환자가 앞으로 뱉어내려고 하다가 삼키는 경우가 더 많다.

✔ 픽업 코핑으로 인상을 채득할 때, 트레이를 삭제하게 되는데 코핑의 나사홀이 충분히 나올 수 있는지 확인한 후 인상재를 주입해야 한다. 트레이 압접 시, 코핑 쪽 인상재를 충분히 제거하여 코핑의 나사홀이 인상재 밖으로 노출되었는지 확인 후 경화를 기다려야 한다. 정확히 노출 되었는지 확인하지 않고 인상재가 경화 하게 되면 코핑위치를 찾지 못하여 트레이를 모두 잘라서 빼야 하는 경우가 될 수 있으니 한 번 더 확인한다.

✔ 코핑 체결 전 임플란트 크라운이 들어갈 충분한 공간이 있는지 확인한 후 인상채득을 진행해야 한다. 원장님께서 확인하시지만, 한 번 더 확인하는 것이 좋다.

✔ 공간의 높이에 따라서 보철의 종류가 바뀔 수도 있다. 대합치의 삭제를 요하는 경우도 있다. 삭제가 필요한 부분이나 지시사항은 반드시 기공지시서에 자세히 적어야 한다.

술후 설명

◉ "힘드셨을 텐데 오늘 정말 잘 도와주셨어요. 오늘 뜬 본으로 다음번에 오시면 임플란트 쪽의 머리가 올라갈 예정이에요.

오늘 본을 뜨기 위해 기구를 체결했다, 풀었다를 반복했기 때문에 잇몸이 며칠 불편하실 수도 있어요. 혹시 많이 불편하시면 몸에 잘 맞는 진통제를 드시는 것도 좋아요. 많이 불편하지는 않으실 테니 너무 걱정하지는 마세요.

잇몸 위쪽에 있는 나사는 이가 올라가는 날 빼고, 그 다음에 이가 올라갈 거예요. 기구를 사용해서 조이기는 하지만 중간에 풀릴 수 있어요. 혹시 중간에 풀려서 빠지거나 덜컹거리는 느낌이 있으시면 바로 내원해주세요. 내원을 미루시면 잇몸이 아물어 버려서 다시 2차 수술을 거쳐야 하는 경우도 있기 때문에, 빠지거나 덜컹거리면 치과로 연락 주시고 꼭 내원해주세요."

차팅 예시

2022-05-13	6i		CC. 불편한데 없었어요.
			Tx. Implant zir cr impression (SCRP type)
			HA 5.5M Transfer Impression coping
			대합치, 지대치, 바이트 채득, 치근단촬영 1매(coping 체결 확인)
			shade : 치경부 A3, 교합면 A2.5
			*주의사항 설명
			기공물 완성 5/20 오전
			Dr. 허준 / Staff. 새싹
			N)Zir cr T/S

#1

코핑 체결할 때 직경을 보고 코핑 사이즈는 어떻게 선택하나요?

코핑 사이즈는 식립된 픽스쳐 사이즈, 힐링 사이즈, 잇몸의 깊이 모두를 고려해서 선택해야 해요. 식립된 픽스쳐 사이즈가 4.5*8.5 체결된 힐링 이 505라고 예를 들어볼게요. 코핑의 직경은 4.5 이상의 사이즈의 직경 을 가져야 해요.

코핑의 높이는 잇몸의 높이가 높은 경우에는 긴 코핑 아랫부분에 각 진 부분(빨간 동그라미 표시)이 있죠? 그 부분 아래로는 잇몸이 덮여 있어 야 하고 위쪽은 노출되어야 해요. 각진 부분 위로 잇몸이 많이 덮여 있거 나 각진 부분 아래로 잇몸이 너무 많이 내려가 있는 경우에는 보철물의 오류가 발생할 수 있으니 코핑 체결 후 이 부분을 꼭 확인해 주세요!

#2

임플란트 임프레션을 할 때 구강 내에서 트레이가 잘 안 빠져요.
트레이를 잘 빼는 방법이 있나요?

임플란트 임프레션의 경우 픽업 타입의 코핑을 사용하게 되는 경우가 많 아요.

픽업 코핑은 임플란트 픽스쳐 내부의 헥사 부분이(각진 부분) 긴밀하게 연결된 상태에서 인상을 뜨게 되는데, 제거 시 각들끼리 맞물려 있다 보 니 제거가 어려울 수 있어요.

일단, 픽업 코핑의 스크류를 끝까지 풀어주세요(보통 8-10번 정도 원을 돌리면서 풀면 전부 풀려 있어요).

스크류를 풀어낸 후 트레이 손잡이를 잡고 당겼다가 밀었다가 반복해주세요. 손잡이를 당기고 밀 때 너무 강한 힘을 주면 환자분께서 치아가 빠지는 느낌이 들 수 있기 때문에 적당한 힘으로 지그시 누르듯이 힘을 주세요. 그러다 보면 느슨하게 빠져 나오는 느낌이 날 거예요. 이때, 간간히 인상재와 치아 사이로 에어를 불어 넣어주면 더 좋답니다.

또 하나 팁을 드리자면, 임프레션을 뜨기 전에 환자의 전체 구강상태를 확인하는 것이 중요해요.

잇몸이 내려가서 블랙 트라이앵글이 넓지는 않은지, 동요도가 있는 치아는 없는지, 본뜨는 쪽의 치아들이 많이 뻐드러져 있지는 않은지 이런 부분들을 확인해서 본뜨기 전에 커버해줘야 해요. 이 작업을 블록아웃이라고 해요.

블랙트라이앵글이 많은 치아는 코튼펠렛이나, 왁스로 공간을 메워주고, 치경부 마모증이 심한 치아는 왁스나, 바세린으로 해당부위를 커버해주세요. 동요도가 있는 치아는 왁스로 공간을 메운 후 바세린을 함께 써도 돼요. 풀트레이로 임프레션을 뜰 때 전치부가 뻐드러져 있는 부분을 생각하지 못하고, 인상재를 많이 짜버리면 전치부를 인상재가 모두 감싸버려 트레이를 제거하기가 많이 힘들어져요. 임프레션을 뜨기 전에 전치부 부분에 코튼롤을 넣어 주거나, 뻐드러진 치아 쪽에는 인상재가 절반 정도만 덮도록 하면 제거 시 훨씬 수월해요. 심한 경우 왁스를 치아와 잇몸 위쪽으로 두껍게 덧대어 치아가 가진 각을 수직으로 만들어주는 방법도 있지만, 자주 쓰는 방법은 아니에요.

블록아웃 시에 바세린과 왁스를 동시에 사용하면 바세린 때문에 열심히 붙여 놓은 왁스가 미끄러져서 다 떨어질 수 있으니 동시에 사용하는 건 추천하지 않아요.

블록아웃에서 가장 중요한 점은 교합이 되는 부분에는 블록아웃을 절대 하면 안 된다는 점이에요. 기공물 제작 시 교합에 오류가 발생할 수 있어요. 블록아웃 전에 어떤 부분이 교합이 되는지 확인하고 교합에 영향이 없는 부분에만 블록아웃을 해주세요.

임플란트 임프레션 후 기공소에 기공물 제작의뢰를 할 때 랩 아날로그는 왜 보내야 하나요?

진료실에서는 구강내 픽스쳐에 직접적으로 코핑을 연결해서 임프를 뜰 수 있어요. 하지만, 환자에게 식립되어 있는 픽스쳐를 기공소에 보내드릴 수 없기 때문에, 그 역할을 대신하는 것이 랩 아날로그예요. 그래서 임플란트 인상을 채득하고 난 뒤에 기공소에 보낼 때에는 사용했던 코핑과, 픽스쳐 종류에 맞는 랩 아날로그를 챙겨서 보내주시면 돼요.

임플란트 임프레션 후 기공소에 보낼 때 의뢰서는 어떻게 작성해야 하나요?

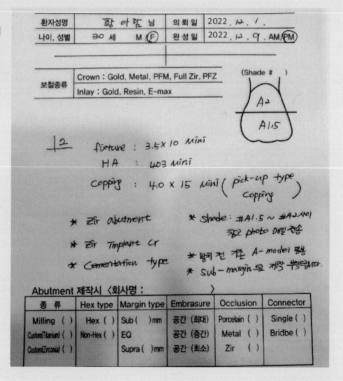

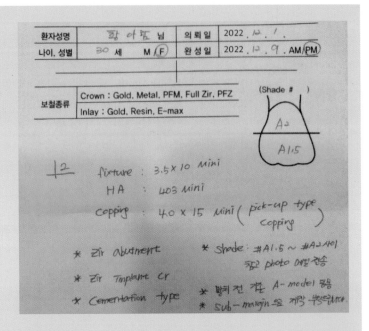

| 환자성명 | 황 아똑 님 | | 의뢰일 | 2022 . 12 . 1 . |
| 나이, 성별 | 30 세 M (F) | | 완성일 | 2022 . 12 . 9 . AM/(PM) |

| 보철종류 | Crown : Gold, Metal, PFM, Full Zir, PFZ |
| | Inlay : Gold, Resin, E-max |

(Shade #)

A2
A1.5

|2 fixture : 3.5 x 10 Mini

HA : 403 Mini

Copping : 4.0 x 15 Mini (pick-up type copping)

* Zir abutment   * Shade : #A1.5 ~ #A2 사이
                            참고 photo 메일 전송
* Zir Implant Cr
* Cementation type   * 방회 전 같은 A-model 동봉
                      * sub-margin으로 제작 부탁드립니다

기공의뢰서에는 위의 사진과 같이 먹지와 복사지가 붙어 있기도 해요. 이런 의뢰서의 경우 먹지(원본) 기공의뢰서는 기공소로 보내고 복사지는 치과에 보관해 주세요.

먹지가 없는 경우에는 먹지를 따로 구입해서 쓰거나 혹은 기공의뢰서를 복사하거나 사진을 찍어 보관해 주세요. 확인이 필요한 일이 생겼을 때 복사본을 가지고 있으면 확인하기 수월해요.

ISQ는 무엇인가요?

임플란트 픽스쳐의 고정성과 골유착정도를 평가하기 위해 사용되는 기구 중 하나가 ostell이라는 기구예요. ISQ(implant stability quotien)는 오스텔(ostell)을 이용하여 측정된 임플란트의 안정도를 숫자로 나타낸 거예요.

오스텔은 임플란트 픽스쳐에 스마트 페그(smart pag)라는 장치를 직접 연결하여 오스텔의 손잡이를 가져다 대면 특정 주파수가 오스텔에서 전달되고 오스텔에서 주파수를 ISQ로 환산해줘요.

임플란트의 고정성을 측정하는 다른 장치로는 페리오테스트(periotest)가 많이 사용돼요. 페리오 테스트는 오스텔과 달리 힐링 어버트먼트를 기구의 팁을 이용하여 자동으로 두드리는 방식으로 수치를 측정해요.

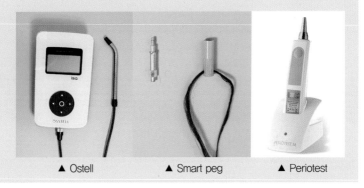

▲ Ostell   ▲ Smart peg   ▲ Periotest

ISQ 측정할 때 수치가 얼마나 나와야 본을 뜨나요?

여러 방향에서 측정했을 때, 모두 70 이상이면 뼈와 임플란트와 유착이 잘 되었다고 판단하고, 임프를 준비하셔도 돼요! 하지만 원장님의 확인이 꼭 필요한 건 알고 계시죠?

05
임플란트크라운 세팅

- 시술 간단 설명(정의)

  임플란트 쪽의 본을 떠서 제작해 온 지대주;어버트먼트(abutment)와 크라운 (crown)을 구강 내에 접착하는 과정이다.

- 시술명 – 한국어 표기(영어 표기)[약어]

  임플란트크라운 접착(implant crown setting)[Implant Cr SET]

- 순서

  엑스레이 띄우기 → 기구 준비 → 힐링 어버트먼트 제거 및 지대주 체결 → 토크 조절 → 크라운 시적 → 크라운 조정 → 지대주 나사홀 메우기 → 크라운 세팅 → 교합 확인 → 주의사항 및 술후 설명

- 진료 기구 및 재료 준비

  기본 기구, 최종 보철물(크라운), 임플란트 드라이버, 치실, 교합지 및 심스탁, 교합지 홀더, 크라운 리무버(이젝터, 글리퍼, 필요시 포세린 글리퍼), 덴쳐버, 접착제;시멘트(cement)(temp Bond/RMGI) 및 믹싱패드, 스파튤라, 임시재료 및 스타퍼, 광중합기, 프로텍터, 치실, 레진(당일 나사홀 레진 필링 시행하지 않을 시 생략 가능), 로우 핸드피스(콘트라앵글, 스트레이트앵글), 하이 핸드피스, 버 세트

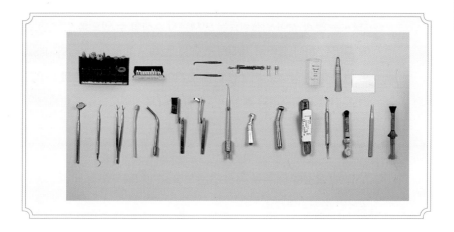

 술 전 설 명

⊙ "지난번에 오셨을 때 본 떠서 만든 보철물
이 나와서 맞춰본 후 정밀하게 맞으면 붙여
드릴 거예요.

임플란트는 안쪽에 기둥이 먼저 들어간 후
머리가 올라가게 돼요. 지금 잇몸 위쪽으로
올라와 있는 나사 형태 구조물과 임플란트
기둥은 모양이 다르기 때문에 기둥이 들어
갈 때 잇몸이 약간 불편하실 수 있어요. 왼
손 들어서 알려주시면 조금 더 편하게 진료
받으실 수 있도록 도와드릴게요."

🦷 SCRP type 일 때

술전에 크라운을 보여드리면서 교합면(occlusal)에 있는 나사홀에 대한 설명을
미리 해주는 것이 좋다.

- ◎ "보시는 것과 같이 임플란트는 언제든지 수정할 수 있도록 씹는 면 쪽에 구멍을 하나 뚫어서 제작하게 돼요. 보통은 파란색 나는 임시재료로 먼저 메운 상태로 써보신 다음에 치아 색과 비슷한 색으로 바꿔드려요. 진료가 마무리된 후 보여드리면서 다시 설명드리도록 할게요."

Cement type 일 때

- ◎ "지난번 오셨을 때 본을 떠서 만든 보철물이 나와서 오늘 맞춰보고 잘 맞으면 붙여드릴게요."

치료 과정

① 힐링제거할 때

- ◎ "기둥과 이가 들어가야 해서 잇몸 위쪽으로 올라와 있는 나사를 먼저 풀어낼게요."

② 지대주(Abutment) 체결할 때

- ◎ "아까 설명드렸던 대로, 임플란트 위쪽 이가 올라가기 전에 안쪽에 기둥을 먼저 연결할 거예요. 잇몸이 눌리는 느낌이 드실 수 있는데, 혹시 많이 불편하시면 왼손을 들어주세요."

③ 엑스레이 촬영할 때

- ◎ "기둥이 잘 연결되었는지 확인하기 위해 작은 엑스레이 사진을 몇 장 찍어보도록 할게요. '아–'해보시고, 입안에 센서가 들어가서 불편하실 수 있어요"

- 체결이 잘 되었을 때

  ◉ "잘 도와주셔서 기둥이 잘 연결되었어요. 이제 위쪽 머리부분을 맞춰
  볼 거예요."

- 체결이 잘 안 되었을 때

  ◉ "사진을 찍어 확인해보니, 약간 덜 연결된 부분이 있어요. 다시 조정
  한 다음에 엑스레이 찍어서 확인해 보도록 할게요."

④ 토크 조절할 때

- 레귤러 픽스쳐(regular fixture) 식립할 때: 30N 토크 힘을 준다.
- 미니 픽스쳐(mini fixture) 식립할 때: 20N 토크 힘을 준다.

  ◉ "잘 도와주셔서 기둥은 잘 체결되었어요. 기구를 이용하여 안쪽에 있
  는 나사를 풀리지 않도록 꽉 조일게요. 혹시 시큰한 느낌이 있으면 꼭
  말씀해주세요."

  * 토크를 과도하게 주면 픽스쳐쪽에 무리가 가거나 내부나사가 파절될 수도 있다.
  정해진 토크를 주도록 한다. 환자에게 시큰한 느낌이나, 심한 통증이 있으면 꼭
  말해 달라고 미리 설명한다.

⑤ 크라운 시적 및 조정할 때

  ◉ "보철물을 맞춰볼 거예요. 아직 조정을 안 했기 때문에 불편하실 수
  있어요."

- 치실 사용할 때

  ◉ "치실을 이용하여 사이 간격을 확인할 거예요. 치실이에요."

- 교합지 사용할 때

  ◉ "높이 조정을 위해 딱딱딱 하고 식사하실 때처럼 씹어보시겠어요? 높
  은 느낌이 날 수 있으니 놀라지 마세요."

- 하이 핸드피스로 조정할 때

  ◎ "높이를 조정해 드릴 거예요. 물 나와요. 잠깐 머금고 계시면 바로 빼 드릴테니까 조정하는 동안 잠시만 머금고 계세요."

- 덴쳐버로 조정할 때

  ◎ "높이를 조정하기 위해 잠깐 보철물을 뺄 거예요. 뺄 때 조금 불편하 실 수 있습니다. 조정하는 동안 편하게 다물고 계셔 주시면 돼요."

⑥ 지대주 나사홀(abutment hole) 메우기

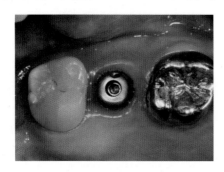

임시충전재
코튼 or 테프론

출처: 우리사랑치과 김일연 원장님 제공

◎ "기둥 안쪽에 임플란트와 연결되는 나사구멍이 있어요. 크라운을 붙 이시기 전에 안쪽의 구멍은 메울게요."

- Cement type 일 때

  크라운 세팅 전에 지대주 나사홀에 코튼펠렛을 넣고 임시충전재로 충전한다.

- SCRP type 일 때

  - 크라운 세팅 후에 진행한다.

  - SCRP의 경우 나사 홀쪽까지 접착제를 채우면 나중에 제거할 때 너무 힘들고, 잘못하면 스크류 쪽까지 모두 막아버리는 경우가 있다.

  - 지대주 나사홀에 코튼펠렛을 살짝 끼워 둔 채로 준비한다. 크라운 내면

에 접착제를 바를 때도 나사홀 쪽은 익스플로러로 훑어주듯이 닦아낸 후 접착한다.

- 접착제가 완전히 굳기 전에 미리 끼워두었던 코튼펠렛은 제거한다. 나사 홀쪽으로 튀어나온 잉여 접착제를 익스플로러와 코튼펠렛으로 미리 제거해 주면 시멘트 경화 후 잉여시멘트 제거 시 제거해야 할 시멘트가 적게 남아있어서 훨씬 빠르고 쉽게 마무리할 수 있다.

⑦ 보철물 접착 전 설명할 때

• 임시접착할 때

 ◎ "보철물이 잘 조정되어 이제 붙여드릴게요. 불편한 부분이 생기면 수정해 드려야 하기 때문에 지금은 임시로 붙여드릴 거고, 사용기간을 거친 후 불편하신 점이 없으시면 그때 조금 더 단단하게 붙여드릴게요."

• 최종접착할 때

 ◎ "보철물이 아주 잘 맞아서 단단하게 붙여드릴게요."

• Cement type 일 때

일반 크라운 세팅과 방법이 같다.

• SCRP type 일 때

- 크라운 가운데의 홀 부분은 레진으로 충전한다.

 ◎ "처음에 보면서 설명드렸던 씹는 면 쪽의 구멍은 치아 색과 비슷하게 메워 드릴 거예요."

⑧ 건조할 때

 ◎ "입안에 습기가 있으면 접착력이 떨어지기 때문에 솜을 넣은 후 바람을 불 텐데 입안이 말라서 불편하실 수 있어요. 불편하시더라도 이를 끼는 동안만 참아 주세요."

⑨ 보철물 접착할 때

◎ "이제 치아 붙여드릴게요. 꽉 누르는 느낌이 있어요.

솜을 하나 물려 드릴게요. 접착제가 굳으려면 3분(영구접착제;final cement로 세팅한 경우는 5분) 정도 걸려요. 그동안 입안에 물려드린 솜은 지그시 물어주세요."

⑩ 접착제 제거할 때

• Cement type 일 때

◎ "잘 도와주셨어요. '아-' 해주시면, 입안에 솜은 빼드릴게요. 이제 잇몸 쪽에 불필요하게 남아 있는 접착제를 제거할 거예요. 접착제가 잇몸 안쪽에 남아있으면 불편하실 수 있기 때문에 잇몸 안쪽까지 확인하다 보니 따끔따끔한 느낌이 나실 수 있어요. 입안에 떨어지는 가루는 조금만 참아주시면 제가 금방 물 양치하실 수 있도록 해드릴게요."

• SCRP type 일 때

스크류를 풀어낸 후 구강 외에서 접착제를 제거한 다음 구강 안으로 다시 체결한다.

◎ "접착제가 잇몸 안쪽에 남아 있으면 잇몸이 부을 수 있기 때문에 나사를 풀어내어 바깥쪽에서 깨끗이 한 후 다시 연결해 드릴 거예요. 잠깐 다시 풀어낼게요."

* SCRP type의 경우 Cement type과 달리 나사홀을 임시재료나 레진으로 메우는 진료가 추가된다.

⑪ 가글 및 교합 확인할 때

◎ "의자를 세워드릴게요. 물 양치 충분히 하신 후에 딱딱딱 하고 식사하실 때처럼 씹어 보세요. 조금 전 확인했을 때와 높이가 똑같나요? 혹시

달라진 점이 있거나 불편하신 점이 있으시면 말씀해 주세요."

체크 포인트

✅ 잘못 체결된 코핑으로 보철이 만들어졌을 때

스크류는 체결되나 보철물이 정확하게 들어가지 않고 들뜨는 모습이 보인다.

✅ 사진으로 보는 임플란트 보철의 종류

• Cement type

일반 크라운 처럼 제작, 부착

• Screw type

기둥이 크라운에 내장된 방식

• SCRP type

SCRP는 screw-cement retained prosthesis의 약어로 screw type의 장점
과 cement type의 장점을 합쳐놓은 방식이다.

출처: 우리사랑치과 김일연 원장님 제공

술후설명

◎ "쓰시면서 불편한 점이 있는지 확인하셔야 하기 때문에 식사는 오늘 붙여드린 쪽으로 해보세요. (임시접착한 경우: 대신 임시로 붙여 놓은 치아이기 때문에 껌, 떡, 엿 같은 끈적끈적한 음식 드시면 빠질 수 있으니 피해주세요. 혹시라도 빠지면 치과로 전화주시고 오세요. 다시 붙여드릴 거예요. 완전히 붙이고 나면 불편하신 부분을 수정하기가 어려워서 테스트로 써본다 생각하시고 써보세요.) 치아가 없다가 생겼기 때문에 당분간은 볼이나 혀가 씹히거나 맞부딪히는 반대편 치아에 통증이 생길 수 있어요. 식사하실 때 부드러운 음식위주로 드시고 큰 음식은 잘라서 드시면서 적응하는 시간이 필요해요. 사용해 보시고 불편한 점이 있으면 다음번 오셨을 때 말씀해 주시거나, 예약 전이라도 전화 주시고 나오시면 조정해 드릴게요."

SCRP type 일 때

거울을 보면서 설명하면 더 좋다.

- 임시재료로 나사 홀을 메울 때

  ◎ "씹는 면에 보이는 파란색 재료는 사용해 보시고, 편안하시다면 다음번에 치아 색과 비슷한 색으로 바꿔 드릴게요. 다음번 오실 때까지 끈적한 음식은 피해주시고, 빠지면 병원으로 전화 주신 후 방문해 주시면 저희가 한 번 더 확인한 후에 메워드릴게요."

- 레진으로 나사홀을 메울 때

  ◎ "씹는 면쪽에 있는 구멍은 보시는 것과 같이 치아색과 비슷하게 메워드렸어요. 시간이 지나면 떨어질 수도 있어요. 혹시 떨어지더라도 놀라지 마시고 병원으로 내원해 주시면 다시 메워드릴 거예요."

치간칫솔 사용법 교육할 때

○ "임플란트는 치료만큼 관리도 중요해요. 임플란트를 조금 더 잘 관리
하실 수 있도록 치간칫솔 사용법을 알려드릴게요. 치간칫솔을 처음 사
용하실 때는 가장 작은 사이즈를 이용하시는 것이 좋아요. 치간칫솔은
'ㄱ' 형태로 구부려서 사용하시면 되는데, 얇은 철사 부분을 구부리는 것
이 아니라 고무가 있는 부분을 구부리셔야 좀 더 오래 쓰실 수 있어요.
구부리신 후 치아와 치아 사이에 살살 넣어보시고 들어가는 쪽만 사용
하시면 됩니다.

사용하실 때는 앞뒤로 왔다 갔다만 하시는 것이 아니라, 닦고 싶은 치
아 쪽으로 치간칫솔을 살짝 당겨서 사용하셔야 해요. 예를 들어보면,
앞쪽 작은 어금니를 닦고 싶으시면 작은 어금니 쪽으로 살짝 당겨서
작은 어금니를 살짝 민다는 느낌으로 닦으시면 훨씬 깨끗하게 관리할
수 있어요.

치간 칫솔은 보조 용품이기 때문에, 반드시 칫솔질을 하신 후 사용하
셔야 합니다. 칫솔질을 하실 때마다 사용하시는 것이 가장 좋은 방법
이에요. 칫솔질할 때마다 사용하실 수 없는 날이라면, 주무시기 전이
라도 반드시 쓰셔야 해요."

선배가 알려주는 TIP •• ·

임플란트 세팅 후 잉여시멘트는 어떻게 해야 잘 제거할 수 있나요?

임플란트 타입이 SCRP인 경우에는 시멘트를 이용하여 어버트먼트와 크라운을 붙인 후 홀을 메우지 않은 상태에서 스크류를 풀어 구강 밖으로 빼요. 그 후 어버트먼트와 크라운 사이에 남아 있는 잉여시멘트를 제거한 후에 다시 체결시켜 주는 방법이 있어요.

Cement type의 보철인 경우에는 super-floss나 치실을 사용하여 잇몸 쪽에 남아있는 잉여 시멘트를 제거해야 해요.

브릿지 형태의 임플란트의 경우 사이에 치실을 묶은 상태에서 세팅하고, 시멘트가 완전히 굳은 상태에서 치실을 움직여 사이 부분에 남아 있을 수 있는 잉여 시멘트를 제거해 주세요.

차팅 예시

• 임플란트 크라운 임시접착(temp set) 시

2022-05-20			CC. 불편한데 없었어요.
	6i		Tx. Implant zir cr t/s with tem bond
			색, 모양 마음에 든다고 하심
			SCRP type. Torque check(30N). Easy sil, fermit filling
			set 후 panorama taking
			*주의사항 설명
			Dr. 허준 / Staff. 새싹
			N)1w check

• 임플란트 크라운 최종접착(final set) 시

2022-05-20			CC. 불편한데 없었어요.
	6i		Tx. Implant zir cr F/s with RMGI cement
			색, 모양 마음에 든다고 하심
			SCRP type. Torque check(30N). Easy sil, fermit filling
			set 후 panorama taking
			*주의사항 설명
			Dr. 허준 / Staff. 새싹
			N)1w check

06
임플란트나사홀 레진필링

- 시술 간단 설명(정의)

  SCRP type으로 제작된 임플란트의 나사홀을 메우는 치료

- 시술명 – 한국어 표기(영어 표기)[약어]

  임플란트나사홀 레진필링(implant hole resin filling)

- 순서

  엑스레이 띄우기 → 임시재료 및 코튼펠렛 제거 → 스크류 제거 → 스크류 조임 →
  코튼펠렛 및 임시재료충전 → 레진충전 → 큐어링 → 교합체크 → 폴리싱

- 진료 기구 및 재료 준비

  기본기구, 임플란트 코튼 또는 easy sil(또는 테프론 테이프), 하드레진(필요시
  플로우 레진), 레진어플리케이터 및 볼바니쉬, 임플란트 드라이버, 토크렌치,
  교합지, 교합지 홀더, 심스탁, 광중합기, 프로텍터, 로우 핸드피스(콘트라앵글),
  (필요시 스트레이트앵글), 버세트, 임시재료

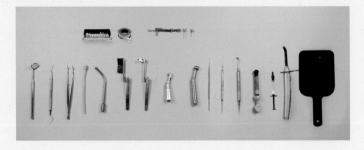

• ⋯⋯⋯⋯⋯⋯⋯⋯⋯⋯⋯⋯⋯⋯⋯⋯⋯⋯⋯⋯⋯⋯

• 사용 중 불편한 부분이 있었는지 확인한 후 C.C에 적는다.

⊙ "임플란트 쪽 사용해 보시니 어떠셨어요?

괜찮으셨으면 저번에 메꾸어 놓았던 파란색 임시재료를 빼고 치아 색
과 비슷한 색으로 메워드릴게요."

• ⋯⋯⋯⋯⋯⋯⋯⋯⋯⋯⋯⋯⋯⋯⋯⋯⋯⋯⋯⋯⋯⋯

① 기존 퍼밋 및 코튼 제거할 때

⊙ "파란색 나는 임시재료를 제거할 건데, 약간 누르는 느낌이 날 거예요."

② 스크류 다시 조일 때

⊙ "저번에 설명드려서 알고 계시겠지만, 임플란트는 머리와 뿌리가 나
사로 연결되어 있어요. 연결 나사를 한 번 더 단단하게 조여드릴게요.
혹시 시큰한 느낌이 나면 왼손 들어서 알려주세요."

③ 새로운 재료로 교체할 때

⊙ "안쪽을 깨끗한 재료로 채우고 위쪽은 치아색과 비슷하게 메워 드릴
게요."

④ 레진충전할 때

최종접착하는 날 레진으로 홀 충전을 하는 경우 위의 ①, ②, ③ 단계 생략
후 레진충전을 시행한다.

⑤ 큐어링할 때

⊙ "이제 단단하게 굳힐게요. 약간 따뜻한 느낌이 있을 수 있는데, 혹시
뜨거우시면 말씀해주세요."

⑥ 교합체크할 때

⊙ "식사하실 때처럼 편하게 씹어 보세요. 높이는 어떠세요?

오늘 치료받으신 부위를 혀로 한 번 만져보세요. 거칠거칠한 느낌이
있나요?"

⑦ 폴리싱할 때

　　◎ "돌돌돌 하고 머리가 울리는 느낌이 들고, 입안에 가루가 날릴 수 있어
　　요. 조금만 머금고 계시면 금방 양치하실 수 있도록 도와드릴게요."

체크 포인트

✅ 레진 홀을 메울 때 교합이 높지 않게 충전해야 한다.
✅ 레진 홀을 메운 후 교합지로 교합이 높지는 않은지 꼭 확인한다.

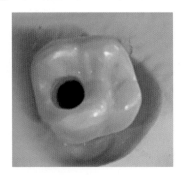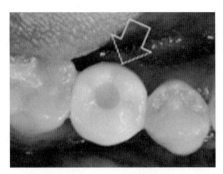

출처: 이미지플러스교정치과 강상욱, 정종현 원장님 제공

술 후 설명

· 정기검진과, 관리의 중요성을 강조하면서 말씀드린다.
· 거울을 보여주며 설명한다.

　　◎ "이전과 다르게 치아 색과 비슷하게 메워드렸어요. 식사는 바로 하셔
　　도 괜찮으시고, 평상시처럼 편하게 사용하세요. 저번에 메워드렸던 파
　　란색 임시재료보다는 잘 빠지지는 않지만 사용하시다 보면 빠질 수도

있으니 놀라지 마시고, 빠지면 전화 주시고 내원해주세요.

임플란트는 뿌리와 머리가 나사로 연결되어 있어요. 지금 단단하게 조여 놓았지만, 사용하시다 보면 안쪽 나사가 살짝 풀릴 수도 있어요. 덜 컹거리는 느낌이 든다면 너무 놀라지 마시고 병원으로 내원해 주시면 다시 조여드릴게요."

○ "가장 중요한 것은, 임플란트는 이가 들어갔다고 해서 끝이 아니에요. 뿌리가 자연치아가 아니기 때문에 통증이 있을 때 방문하시면 치료 과정이 복잡해질 수 있어요. 지금부터 정기적인 관리와 검진이 정말 중요해요. 불편하신 점이 없더라도 정기검진에 꼭 내원해주세요. 그 밖에 불편하신 점이 있으시면 전화 주시고 치과에 오시면 체크해드릴게요."

> **FAQ** ● •

이거 또 빠질 수도 있나요?

저희가 할 수 있는 한 단단히 메워드리긴 했는데 쓰시다 보면 빠질 수 있어요. 딱딱하거나 질긴 건 이제 잘 안 드시죠? 그러면 쉽게 빠지지는 않을 거예요. 빠질까봐 무섭고 불안하시다고 해서 아예 빠지지 않는 재료로 메워버리면 나중에 임플란트를 체크하거나 주변 청소, 잇몸치료 등을 해드릴 수가 없어요. 정기적으로 체크하시면서 쓰셔야 가능한 한 오래 쓰실 수가 있어요. 너무 걱정하지는 마시고 평소처럼 쓰시다가 빠지면 전화 주시고 오시면 돼요.

홀(hole)이 얕은 경우에는 easy-sil이나 테프론테입, 코튼펠렛 등으로 나사홀 메우는 정도를 최소로 하고 가능한 한 레진을 많이 필링해야 레진 홀이 쉽게 빠지는 것을 방지할 수 있어요.

대합치가 내려오거나 솟아서 교합이 긴밀한 경우에는 피치 못하게 크라운이 짧게 나오게 되고 그에 따라 홀의 깊이도 얕아요. 이때는 홀을 메워놔도 잘 빠질 수밖에 없어요. 이 같은 경우 나사입구를 최소한으로 막는 게 좋습니다. 이물질이 헥사 부분에 들어가지 않게끔 하되 양을 최소한으로 해야 해요.

보험 청구 팁

▶ 연령에 상관없이 임플란트 홀을 보험재료로 메운다면 충전으로 산정 가능하다.

▶ 주로 쓰이는 재료는 아말감, GI 계열 시멘트이다.

▶ 재료가 급여 산정이 가능한지 잘 모를 경우 재료 구입처에 문의하면 된다.

▶ 재료대가 신고되어 있지 않으면 조정될 수 있으니 확인 후 청구한다.

▶ 상병명은 T85.6 치과보철물의 파절 및 상실로 적용한다.

▶ 광중합 레진으로 충전했을 경우에는 비급여로 산정한다.

차팅 예시

2022-05-13			CC. 뭐가 빠진것 같아요. 며칠전 잇몸도 아팠어서 체크받고 싶어요.
	7i		Tx. 임플란트 홀 충전 (본원에서 2016년 식립)
			with Torque check, easy sil filling
			Resin filling, 치근단 촬영 1매(경미한 임플란트주위염)
			주의사항 설명, TBI 시행.
			Dr. 허준 / Staff. 새싹
			N)불편한 곳 없으시면 6개월 정기 ck

PART 10

체 어 타 임
빨 라 지 는
교 정 치 료

교정 기초

1. 교정치료(orthodontic treatment)

치아를 가지런하게 하고 맞물림을 정상 상태로 개선하는 것이다.

성장 과정에서 발생할 수 있는 여러 가지 골격적 부조화를 바로잡아 정상적인 기능을 발휘할 수 있도록 하여 건강한 구강 조직 및 아름다운 얼굴 모습을 만들어주는 것을 의미한다(네이버 어학사전).

2. 부정교합으로 인한 문제점

1) 치열이 좋지 않아 구강위생 상태 유지가 어려워 치아우식증이 잘 생길 수 있다.

2) 부정교합으로 인하여 치면세균막 제거가 어려워 치주질환이 생길 수 있다.

3) 치아 사이에 공간이 있거나 위턱이나 아래턱이 심하게 튀어나온 경우 정확한 발음이 어려울 수 있다.

4) 위아래 맞물리는 상태가 좋지 않기 때문에 음식물이 잘 씹히지 않을 수 있다.

5) 부정교합으로 인하여 얼굴형이 비대칭적으로 성장할 가능성이 있다.

6) 위턱이나 아래턱이 심하게 튀어나온 경우 좋은 인상을 주기 어려워 사회생활에 어려움을 겪을 가능성이 있다.

7) 근육의 모양이나 턱관절의 운동에 좋지 않은 영향을 줄 수 있다.

8) 위턱이 많이 튀어나온 경우 어딘가에 부딪혀 앞니를 다칠 가능성이 높다.

9) 치아가 삐뚤거나 이가 빠진 자리로 치아가 쓰러진 경우에는 이상적인 보철치료가 어렵다.

3. 교정의 C.C

1) 치아 사이에 공간이 부족할 때

2) 삐뚤삐뚤하거나 겹쳐서 난 치아일 때

3) 아래 앞니가 위 앞니 앞쪽으로 물리는 반대교합일 때

4) 유치가 제때에 빠지지 않았을 때

5) 아래-윗니의 중심선이 일치하지 않을 때

6) 치아 사이에 공간이 많을 때

7) 앞니만 닿고 어금니들이 물리지 않을 때

8) 어금니만 닿고 앞니는 물리지 않을 때(개방교합)

9) 안모가 이상해 보일 때(주걱턱, 뻐드렁니, 입술의 돌출, 비대칭)

10) 윗 앞니가 튀어나왔을 때

11) 치아가 잘 닿지 않아서 음식물을 씹기에 곤란할 때

12) 아래 앞니가 위 앞니에 가려 안 보일 때

4. 교정의 진행 순서

상담 → 진단자료 준비 → 진단결과 및 상담 → 교정시작

5. 투명교정장치(clear aligner 또는 invisalign) 진행 순서

1) 장치를 제작하기 위한 인상채득

2) 장치 딜리버리(delivery)

3) 고정식 유지장치를 제작하기 위한 인상채득 및 딜리버리

4) Fixed retainer(주로 상하악 전치부 유지 목적)

5) 가철성 유지장치 인상채득 및 딜리버리

　*썰컴(Circum), 홀리(Hawley), 클리어(Clear type) 등 케이스에 따라 여러 종류의 유지
　장치를 장착한다.

6) 교정진료 종료 후 자료수집

7) 정기검진

6. Bracket 장착 교정장치 진행 순서

1) 발치 교정환자일 때

　(1) 장치선택

　(2) DBS(direct bonding system)

　　상·하악을 한꺼번에 본딩하는 경우도 있고(full bonding), 상악을 먼저
　　본딩하거나 하악을 먼저 본딩하는 경우도 있다.

　(3) 발치(extraction)

　　교정 목적으로 발치하는 경우 발치 순서나 발치 치아번호는 케이스마
　　다 다를 수 있다. 예후가 불량할 것으로 예상되는 치아가 있다면 해당
　　치아를 발치하거나 이미 상실된 치아가 있는 경우 그 공간을 활용하는
　　경우도 있다. 장치를 붙이기 전 발치하는 경우가 많지만 교정을 진행
　　하다가 도중에 발치하는 경우도 있다.

　(4) 와이어, 파워체인(power chain) 교체

　　와이어는 매 진료 시마다 교체하지는 않는다. 특히 발치 공간을 닫는
　　(space closing) 단계에서는 와이어를 교체하지 않는 경우가 많다. 파워
　　체인은 3-4주 간격으로 내원 시에는 내원 때마다 교체하는 경우가 많다.

　(5) 미니스크류(SAS) 식립

　　케이스에 따라 식립하는 경우도 있고 식립하지 않는 경우도 있다.

(6) 스트리핑(stripping)

케이스에 따라 시행하는 경우도 있고 시행하지 않는 경우도 있다.

(7) 밴드(band)

케이스에 따라 적용하기도 하고 안 하기도 한다.

(8) 고정식 유지장치 인상채득(impression for fixed retainer)

설측에 붙이므로 설측이 잘 나오게 인상채득해야 한다. 교정 후 보철
치료 예정이라면 감안해서 진행한다.

(9) 고정식 유지장치 딜리버리(fixed retainer delivery)

설측에 붙이는 고정식 유지장치는 보통 견치에서 견치, 또는 소구치에서
소구치까지 연결해서 붙이게 된다.

(10) 디본딩(debonding)

장치를 전부 떼는 것이다. 고정식 유지장치를 장착한 날 디본딩을 하기
도 하고 고정식 유지장치 먼저 본딩 후 몇 주 있다가 디본딩하는 경우도
있다. 식립했던 스크류가 남아있으면 디본딩하는 날 같이 제거한다.

(11) 가철식 유지장치 인상채득(impression for removable retainer)

디본딩을 하고 잉여레진을 깨끗하게 제거한 상태에서 인상을 채득해
야 좀 더 정확한 인상체, 정확한 기공물(리테이너)을 얻을 수 있다.

(12) 디본딩 후 자료 수집

진단자료 수집과 같은 내용으로 수집한다.

(13) 정기검진

고정식 유지장치와 가철성 유지장치 상태 및 치열유지 상태를 확인한다.

2) 비발치 교정환자일 때

(1) 장치선택

(2) DBS(direct bonding system)

케이스에 따라 상하악을 한꺼번에 본딩하는 경우도 있고(full bonding), 상악을 먼저 본딩하거나 하악을 먼저 본딩하는 경우도 있다.

(3) 와이어, 파워체인(power chain) 교체

와이어는 매 진료 시마다 교체하지는 않는다. 특히 space closing 단계에서는 와이어를 교체하지 않는 경우가 많다. 파워체인은 3-4주 간격으로 내원 시에는 내원 때마다 교체하는 경우가 많다.

(4) 미니스크류 식립(SAS 식립)

케이스에 따라 식립하는 경우도 있고 식립하지 않는 경우도 있다.

(5) 스트리핑(stripping)

케이스에 따라 시행하기도 하고 안 하기도 한다.

(6) 밴드(band)

케이스에 따라 적용하기도 하고 적용하지 않기도 한다.

(7) 고정식 유지장치 인상채득(impression for fixed retainer)

설측에 붙이므로 인상채득 시 설측이 잘 나오도록 해야 한다. 교정 후 보철치료 예정이라면 감안해서 진행한다.

(8) 고정식 유지장치 딜리버리(fixed retainer delivery)

설측에 붙이는 고정식 유지장치는 보통 견치에서 견치(3-3), 또는 소구치에서 소구치(4-4 or 5-5)까지 연결해서 붙이게 된다.

(9) 디본딩(debonding)

장치를 전부 떼는 것이다. 고정식 유지장치를 장착한 날 디본딩을 하기도 하고 고정식 유지장치 먼저 본딩 후 몇 주 있다가 디본딩하는 경우도 있다. 식립했던 스크류가 남아있으면 디본딩하는 날 같이 제거한다.

(10) 가철식 유지장치 인상채득(impression for removable retainer)

디본딩을 하고 잉여레진을 깨끗하게 제거한 상태에서 인상을 채득해야 좀 더 정확한 인상체, 정확한 기공물(리테이너)을 얻을 수 있다.

(11) 디본딩 후 자료 수집

진단자료 수집과 같은 내용으로 수집한다.

(12) 정기검진

고정식 유지장치와 가철성 유지장치 상태 및 치열유지 상태를 확인한다.

교정 재료 및 기구

1. 교정재료

1) 금속재료

(1) 와이어(wire)

① 아치와이어(Arch wire)

브라켓을 통해 치아에 교정력을 가하기 위한 와이어이다.

- 에스에스와이어; 스테인리스스틸와이어(stainless steel wire)[SS 와이어]
  : 성형성이 좋고 단단한 장점이 있다.
- NiTi와이어(NiTi wire)[NT 와이어]
  : 니켈 티타늄와이어로, 형상기억합금으로 탄성이 좋아 배열에 많이 쓰이는 와이어이다.
- TMA 와이어(beta-titanium wire): SS 와이어와 NT 와이어의 중간 성질을 가지고 있다. 강도와 탄성이 좋고 성형성이 좋다.

▲ 아치와이어

② 결찰와이어(ligature wire)

아치와이어를 브라켓에 고정하기 위한 와이어이다.

③ 밴드(band)

반지 형태로 치아에 끼우는 얇은 스테인리스판으로, 일반적으로 기성
품을 사용한다. 다양한 사이즈가 있으며 여러 용도로 널리 사용한다.

④ 브라켓(bracket)

치면에 고정시켜 와이어로부터 교정력을 받기 위한 것으로, 아치와이
어를 고정시키기 위한 슬롯(slot)과 리게이쳐와이어(ligature wire)를 결
찰하기 위한 윙, 엘라스틱을 걸기 위한 훅(hook) 등이 있다.

⑤ 튜브(tube)

브라켓과 마찬가지로 아치와이어를 치면에 고정시키기 위한 것으로
대구치에 많이 사용된다. 치아상태, 교정의 목적에 따라 종류도 다양
하며 싱글튜브(single tube), 트윈튜브(twin tube), 더블튜브(double
tube), 트리플튜브(triple tube) 등이 있다.

▲ Single tube

▲ Twin tube

▲ Triple tube

⑥ Sas/미니스크류(mini-screw)

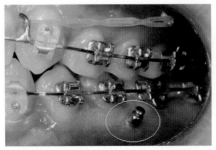

출처: 이미지플러스교정치과 강상욱, 정종현 원장님 제공

치열궁 확대 시 또는 공간축소(space closing) 등에 고정원으로 사용된다. 구개부 혹은 구치부 협측에 주로 식립하며 케이스에 따라 최후방구치 후방이나 전치부에 식립하기도 한다.

⑦ 코일스프링(coil spring)

가는 와이어를 코일모양으로 감은 것으로 공간을 닫을 때, 간격을 유지할 때, 공간을 벌릴 때 쓰인다. 공간을 닫거나 유지할 때 쓰이는 클로즈드 코일 스프링(closed coil spring, CCS)과 공간을 넓힐 때 쓰이는 오픈 코일 스프링(open coil spring, OCS) 등이 있다.

클로즈드 코일 스프링	오픈 코일 스프링
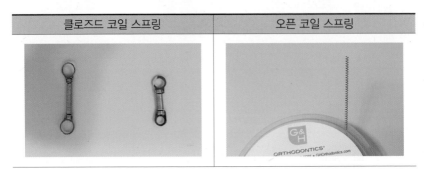	

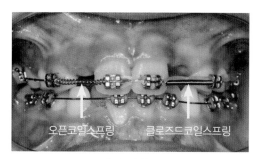

오픈코일스프링　　클로즈드코일스프링

출처: 이미지플러스교정치과 강상욱, 정종현 원장님 제공

2) 다양한 교정재료

(1) 설측부착장치

링궐 버튼(lingual button), 링궐 씨스(lingual sheath), 링궐 브라켓(lingual bracket) 등이 있으며 파워체인, 엘라스틱을 걸거나 팔라탈아치 등의 와이어 장착 시에도 사용된다.

메탈 링궐 버튼		버스톤 프리시즌 링궐 브라켓

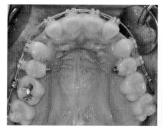		

출처: 남수원웰치과 박용호 원장님 제공

(2) 훅(hook)

파워체인이나 엘라스틱을 걸기 위한 것으로 브라켓이나 튜브에 달려 있는 경우도 있고, 와이어에 달려 있는 경우도 있다. 필요한 자리임에도 훅이 없는 경우에는 플라이어를 이용하여 아치와이어에 달기도 한다. 이때 다는 훅을 크림퍼블 훅(crimpable hook)이라고 한다.

▲ 크림퍼블 훅(긴 것)

▲ 크림퍼블 훅(더 긴 것)

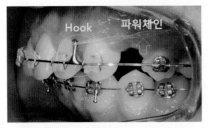
▲ 포스티드와이어(posted wire) 와이어에 훅이 달려있다.

▲ 와이어에 훅을 매달아 파워체인을 건 모습

출처: 이미지플러스교정치과 강상욱, 정종현 원장님 제공

(3) 엘라스틱; 고무줄(elastics)

상·하악 간의 힘을 가하기 위해 주로 사용되며 입안에 끼운다. 구외장치인 헤드기어, 페이스 마스크 등의 장치 착용 후 교정력을 위하여 사용하기도 한다.

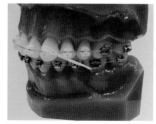

(4) 파워체인(elastic chain ; power chain)[EC ; PC]

합성고무로 탄성이 좋으며 공간 축소 시 주로 사용된다.

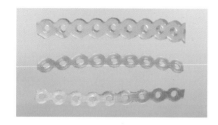
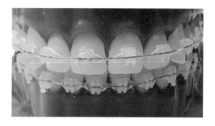

(5) 엘라스틱 쓰레드(elastic thread)

방수가공을 한 고무실로 공간 축소 시 또는 당기는 힘이 필요할 때 사용된다.

출처: 이미지플러스교정치과 강상욱, 정종현 원장님 제공

(6) 엘라스틱튜브(elastic tube)

엘라스틱튜브 또는 플라스틱슬리빙(elastic tubing or Plastic sleeving)
이라고 한다.

스팬(span)이 긴 아치와이어를 엘라스틱튜브로 덮으면 점막에 주는
자극을 줄이고 공간을 유지하는 기능도 한다.

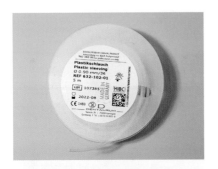

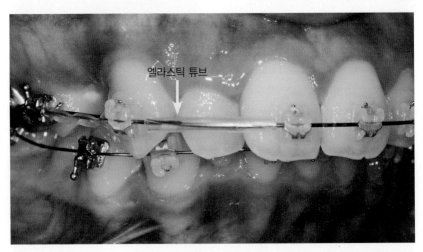

출처: 이미지플러스교정치과 강상욱, 정종현 원장님 제공

(7) 세퍼레이팅 링(separating ring)

밴드를 장착할 때 세퍼레이터를 이용하여 치아 사이를 벌리기 위한 고무링이다.

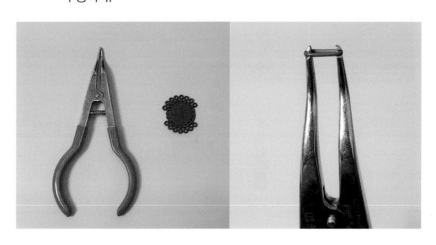

▶ 세퍼레이팅 링 적용하는 모습

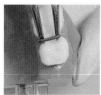   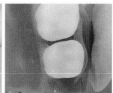

▲ 상악: back positon(환자를 눕힌 상태에서 머리쪽)에서 시행한다.

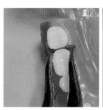 

◀ 하악: front(환자 앞쪽) 혹은 side(옆쪽)에서 시행한다.

2. 많이 쓰이는 교정기구

목록	이름
	Pin cutter(핀커터) • 리게이쳐 와이어나 고무줄(파워체인, 스레드 등)을 자를 때 사용한다. • 두꺼운 철사를 자를 시 날이 손상되니 주의해야 한다.
	Weingart utility plier(웨인가트 유틸리티 플라이어) 구강 내 와이어를 넣을 때 사용한다.
	How plier(하우 플라이어) 헤드가 작아 접근이 쉽기 때문에 와이어를 슬롯 내에 넣고 뺄 때 용이한 기구이다.
	Distal end cutter(디스탈 엔드 커터) 구강 내에서 아치와이어를 자를 때 사용하며 구강 내로 자른 와이어 조각이 튀지 않고 잡는 기능이 있는 기구이다.
	Separating plier(세퍼레이팅 플라이어) 세퍼레이팅 링을 벌려 치아 사이로 넣을 때 주로 사용한다.

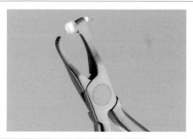

Band removing plier(밴드 리무빙 플라이어)
치아에서 밴드를 제거할 때 사용한다.

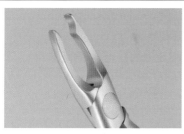

Band contouring plier(밴드 컨투어링 플라이어)
밴드의 모양을 치아의 풍융도에 맞게 조절할 때 사용한다.

Band pusher(밴드 푸셔)
밴드를 치아에 밀어 넣을 때 사용한다.

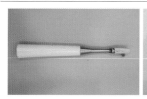

Band seater(밴드 씨터); Band setter(밴드 쎄터)
밴드 푸셔로 밀어넣은 밴드를 교합력을 이용하여 이상적인 위치로 밀어넣을 때 사용한다.

Three jaw plier(쓰리 죠 플라이어)
- 원형와이어 구부릴 때 사용하는 기구
- 임상에서는 영 플라이어와 함께 덴쳐 클래스프 조정이나 가철식 유지장치를 조정할 때 주로 쓰인다.

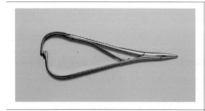

Mathieu plier(매튜 플라이어)
브라켓에 리게이쳐나 오링을 결찰시킬 때
사용한다.

Turker(터커;가이드)
• 브라켓에 리게이쳐 와이어를 타이트하게
  결찰할 수 있도록 도와준다.
• 자른 리게이쳐 와이어 말단을 와이어 하
  방으로 정리할 때 사용한다.
• 다양한 부가적 교정장치(파워체인, 코일
  스프링 등)를 넣을 때 사용한다.

Cinch back plier(씬치 백 플라이어)
아치와이어의 끝 쪽을 구부릴 때 사용한다.

**Tweed arch bending plier(트위드 아치
벤딩 플라이어)**
• 각형 와이어를 구부릴 때 사용한다.
• 리본 아치 플라이어(ribbon arch plier)라
  고 부르기도 한다.

**Tweed loop forming plier(트위드 루프 포
밍 플라이어)**
각형 와이어의 루프(loop)를 구부릴 때 사용
한다. 선단의 한쪽은 3단의 원통형, 한쪽은
오목한 모양이다.

Kims plier(킴스 플라이어)

원형와이어를 구부릴 때 사용한다. 가운데 네모난 부분으로 와이어 커팅도 가능하다.

Young plier(영 플라이어)

와이어를 구부릴 때 사용한다. 임상에서는 주로 가철식 유지장치의 원형와이어를 조정할 때, 틀니의 클래스프를 조절할 때 쓰인다.

Bird beak plier(버드빅 플라이어)

• 새 부리 모양처럼 생겨서 버드빅 플라이어라고 불린다.
• 원형와이어 구부릴 때 사용한다.

Bracket removing plier(브라켓 리무빙 플라이어); Debonding plier(디본딩 플라이어)

브라켓을 치아에서 떼어낼 때 사용한다.

Lingual arch bending plier(링궐 아치 벤딩 플라이어)

설측와이어(lingual wire)를 구부릴 때 사용한다.

Bracket positioner(브라켓 포지셔너)
DBS 시 치면에서 브라켓 및 튜브의 위치를
정할 때 기준을 잡아주는 기구이다.

Vernier calipers(버니어 캘리퍼스)
치아의 간격이나 길이를 정확하게 측정할
수 있게 도와주는 기구이다.

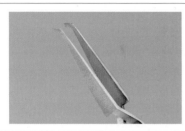

Tweezer(트위저)
• 브라켓 홀더라고 부르기도 한다.
• DBS 시 브라켓을 잡는 기구이다.

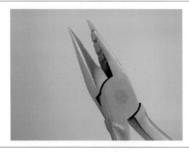

**Light wire pliers(라이트 와이어 플라이
어); Jarabak pliers(자라박 플라이어)**
• 가느다란 원형 와이어를 구부릴 때 사용
한다.
• 버드빅 플라이어와 비슷하게 생겼고 헤
드가 약간 더 길다.

03
교정장치의 종류

1. 고정식 교정장치

브라켓(bracket)과 튜브(tube), 와이어(arch wire), 보조장치 등으로 이루어져 있다.

1) 설측교정장치

비심미적인 문제를 피하기 위하여 설측장치가 개발되었다. 장치의 조작과 치아이동의 효율성이 순측장치에 비해 떨어지고 난이도, 기간, 비용 등이 증가하는 경향이 있으나 이를 보완하기 위하여 여러 설측 장치가 개발되고 있다.

(1) 팔라탈아치(palatal arch)

상악 제1대구치 위치를 유지 또는 교정시킬 때 쓰인다.

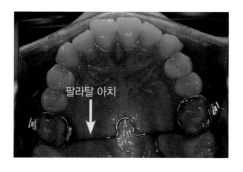

팔라탈 아치

(2) 링궐아치(lingual arch)

하악 제1대구치 위치를 유지 또는 교정시킬 때 쓰인다.

2) 확대장치

(1) 상악골 급속 확대장치(rapid palatal expansion appliance)[RPE]

확대를 급속히 시행함으로써 얻어지는 힘을 이용하여 정중구개봉합을 벌어지게 하는 것이다. 보통 제1소구치와 제1대구치에 밴드를 끼운 상태에서 픽업인상을 채득한 후 기공작업을 통하여 장치를 제작한다. 구개중앙부에 확대나사 부분이 있고 이를 도구를 이용하여 하루에 1-2회 돌리며 대개 수 주 이내에 확대를 마무리한다. 확대 후 2-3개월 장치를 제거하지 않고 유지하여 벌어진 부위에 신생골이 형성되는 것을 기다렸다가 장치를 제거한다.

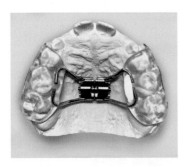
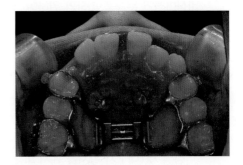

출처: 마승희 기공사님 제공

2. 가철식 교정장치

1) 능동적 교정장치(active plate)[AP]

스크류를 이용하여 상악 확장을 유도하는 장치이다.

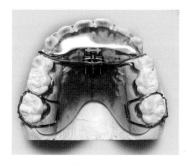
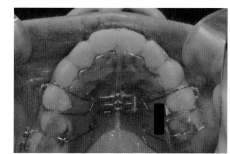

출처: 마승희 기공사님 제공

2) 교합거상판; 안테리어 바이트 플레이트(anterior bite plate)[ABP]

구치의 자연적 정출을 기대하며 교합거상을 유도하는 장치이다.

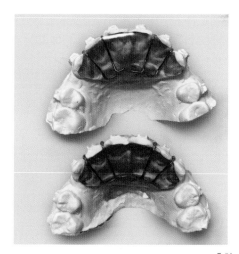

출처: 마승희 기공사님 제공

3) 액티베이터(activator)

- Ⅱ급 부정교합 시 전방으로 하악골을 이동시키고, 수직고경을 증가시키는 장치
  이다.
- Ⅲ급 부정교합 치료 시 사용되기도 한다.

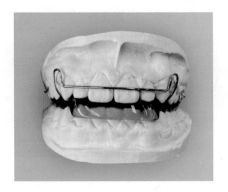

4) 바이오네이터(bionator)

- 액티베이터의 업그레이드형으로 장치부피가 감소하여 환자 협조도가 보다 좋다.
- Ⅱ급, Ⅲ급 부정교합, 개방교합, 과개교합 등에 맞는 각각의 디자인이 있다.

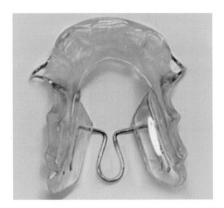

출처: 마승희 기공사님 제공

5) 프랑켈장치(Fränkel appliance)

FR Ⅰ	Cl Ⅰ / Cl Ⅱ
FR Ⅱ	. Cl Ⅱ
FR Ⅲ	Cl Ⅲ
FR Ⅳ	오픈 바이트 시 주로 사용된다.

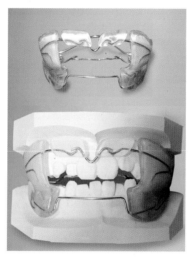

▲ FR Ⅲ 예시

3. 구외장치

1) 헤드기어(head gear)

헤드기어는 페이스보우(face bow)형 헤드기어와 제이훅(J hook)형이 있는데 페이스보우형 헤드기어가 많이 쓰인다. 페이스보우형 헤드기어는 상악대구치 부위에 장치를 삽입하여 후상방으로 견인함으로써 상악골의 전·하방 성장 억제, 대구치의 원심이동을 돕는다.

하루에 12–14시간 정도 사용하도록 설명하고 일반적으로 6–12개월 정도 사용한다.

하이풀 헤드기어(high full head gear)는 상악골 상방 후방으로 견인하고 서비컬 헤드기어(cervical head gear)는 치아와 상악골을 후 하방으로 견인한다.

하이풀 헤드기어

2) 이모장치; 친캡; 친컵(chin cup)

하악전돌(주걱턱) 케이스에 주로 이용하며 성장기 때 아래턱의 전방성장을 억제하는 장치이다. 하루 12-14시간 장착하며 보통 3-4년 이상 착용해야 한다.

3) 페이스마스크(face mask)

성장기 시 반대교합이면서 상악골이 열성장 양상을 보일 때 주로 사용하는 장치이다. 하루 12-14시간 장착, 6-12개월 정도 장착하게 된다. 케이스에 따라 RPE를 장착한 상태에서 페이스마스크를 장착하기도 한다.

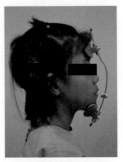

페이스마스크

브라켓과 와이어의 종류

1. 재료에 따른 브라켓 분류

1) 메탈브라켓(metal bracket)

가장 오래된 역사를 가진 금속으로 만들어진 브라켓이다.

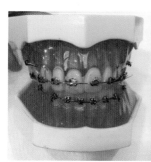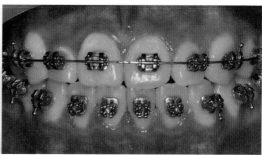

출처: 남수원 웰치과 박용호 원장님 제공

장점	브라켓의 크기가 작고 가격이 저렴하다. 접착력이 좋다.
단점	심미성이 떨어진다.

2) 레진브라켓(resin bracket)

플라스틱으로 만들어진 브라켓이다.

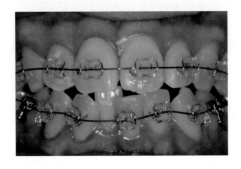

장점	심미성이 우수하고 세라믹 장치보다 저렴하다.
단점	강도가 약해서 장치가 닳을 수 있고 변색 가능성이 있다. 치아와의 접착력이 비교적 약하다.

3) 세라믹 브라켓(ceramic bracket)

세라믹으로 만들어진 브라켓이다.

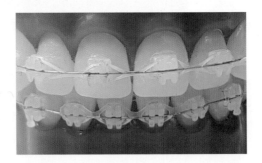

장점	심미성, 강도가 우수하고 레진브라켓처럼 변색, 마모되지 않는다.
단점	강도가 강해 교합되는 치아가 마모될 수 있으며, 장치 제거가 어려워 고도의 기술이 필요하다. 디본딩 시 자칫하면 치아에 크랙이 생기거나 법랑질의 손상이 올 수 있기 때문이다.

2. 결찰 방식에 따른 브라켓 분류

1) 비자가결찰 브라켓(non-self ligating bracket)

브라켓의 윙에 교정용 철사를 묶는 방식으로 가느다란 철사로 묶거나 고무링인 오링(O-ring)으로 결찰한다.

장점	저렴하다.
단점	브라켓과 교정용 철사를 묶어주는 치료방법으로 자가결찰에 비해 체어타임이 길다.

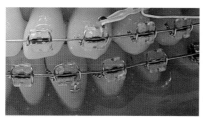

▲ 리게이쳐로 결찰

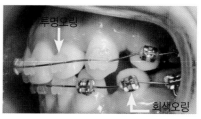

▲ 오링으로 결찰

출처: 이미지플러스교정치과 강상욱, 정종현원장님 제공

▲ 오링 플라이어

▲ 오링사진

2) 자가결찰 브라켓(self ligating bracket)

브라켓에 교정용 와이어가 빠지지 않도록 하는 캡 혹은 클립이 있어서 결찰와이어 없이 결찰이 가능하다. 초기배열이 빠르고 리게이쳐 묶는 타입보다 체어타임이 짧다. 비교적 칫솔질이 수월하고 마찰력이 적어 통증이 적다고 한다.

캡이나 클립을 열어 와이어를 빼기 위해서는 익스플로러로 열기도 하지만 전용 도구가 꼭 필요한 경우도 있다. 위생관리가 잘 안 되는 경우 캡이나 클립 주변에 치석이 끼게 되면 잘 안 열릴 수 있다. 이때 억지로 열게 되면 캡이나 클립이 잘 망가지니 주의가 필요하다.

(1) Tomy사의 클리피씨 브라켓(Tomy™ Clippy-C self-ligating bracket)

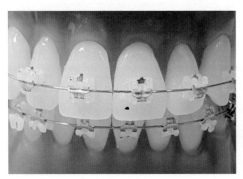 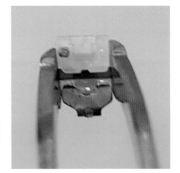

장점	상대적으로 저렴하다.
단점	위생관리가 안 되면 캡이 잘 안 열린다. 캡이 비교적 잘 망가진다. 세라믹 브라켓이라 충격이 가해지면 윙부분이 잘 깨진다.

(2) Ormco 사의 데이몬 브라켓(Ormco™ Damon self-ligating bracket)

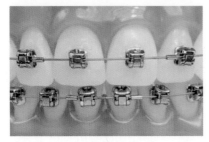 

▲ 데이몬 메탈 브라켓
(Damon metal bracket)

▲ 데이몬 클리어 브라켓
(Damon clear bracket)

장점	클리피씨보다 캡을 열고 닫기가 편하다. 데이몬클리어인 경우 슬롯 부분이 모두 세라믹으로 제작되어 있어 클리피씨보다 더 심미적이다.
단점	비교적 고가이다.

(3) 3M사의 스마트클립(3M™ SmartClip self-ligating bracket)과 클라리티 에스엘(3M™ Clarity SL self-ligating bracket)

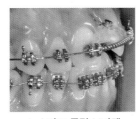

▲ 스마트 클립 브라켓
(Smartclip metal bracket)

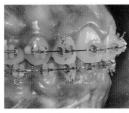

▲ 클라리티 에스엘 브라켓
(Clarity SL ceramic bracket)

▲ 클라리티 울트라 에스엘
브라켓(Clarity Ultra SL
ceramic bracket)

장점	클라리티 에스엘은 와이어를 밀어 넣기만 하면 되서 와이어를 넣을 때의 술식이 간단하다.
단점	클라리티 에스엘 같은 경우는 고정하는 클립이 고장나기 쉬우며 브라켓으로부터 와이어를 빼낼 때는 별도의 기구가 필요하다. 와이어를 넣고 뺄 때 많은 힘이 들어가는 부분을 보완하여 클라리티 울트라가 개발되었다.

3. Slot 단면의 모양에 따른 브라켓 분류

1) 원형 브라켓

- 단순히 치아를 고르게 하기 위한 브라켓이다.
- 얼라인(alignment; 교합면에서 보았을 때 가지런하게 배열하는 것)과 치아가 위 아래로 움직이는 레벨링(leveling; 파노라마 상에서 치관과 치근을 나란할 수 있게 배열하는 것)을 할 수 있다.

다만, 전후방적인 토크조절등을 하기 위해서는 각형 브라켓을 사용해야
한다.

MTA Bracket 사진	2D Bracket 사진

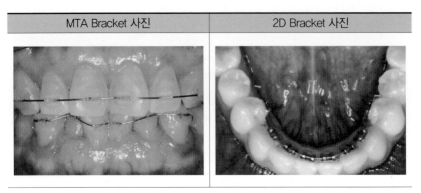

출처: 이미지플러스교정치과 강상욱, 정종현원장님 제공

2) 직사각형 브라켓

일반적으로 많이 쓰이는 브라켓이다.

4. 단면 및 굵기에 따른 아치와이어(arch wire)의 분류

- 단면에 따라 원형(round wire), 각형(rect wire), 정사각형(square wire)으로 나눌 수 있다.
- 와이어 앞에는 숫자가 붙는데 이는 와이어 사이즈(굵기)로, 012란 12/1000 inch를 말한다.

- 숫자가 하나인 것은 단면이 원형인 와이어라 와이어 단면의 '지름'을 말하는 것이고, 두 개인 것은 각형 와이어로 와이어 단면의 '가로*세로' 사이즈에 따라 숫자가 다르다.
- 자주 사용하는 와이어는 별도로 보관하면 사용하기 편리하다.
- 상악, 하악과 굵기별로 정리를 한다.

원형와이어	각형와이어
012	016*022
014	017*025
016	018*025
018	019*025

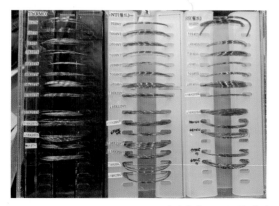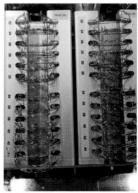

▲ 여러가지 Wire 보관 케이스

교정 신환 자료수집

- **시술 간단 설명(정의)**
  교정치료 전 진단자료를 수집하는 술식

- **시술명 – 한국어 표기(영어 표기)[약어]**
  정밀진단준비(preparing for a precision diagnosis)

- **순서**
  엑스레이 촬영[파노라마(panorama), 세팔로측면(cephalometric lateral), 세팔로정면(cephalometric PA)] → 구외 사진찍기 → 구내 사진찍기 → 인상채득 → 진단 OE하기

- **진료 기구 및 재료 준비**
  기본 기구, 리트랙터, 교합면 촬영용 거울, 인상용 트레이, 알지네이트, 러버보울, 스파튤라, 바이트 채득용 왁스(plate wax), 토치, 카메라

▶ 술 전 설명 ◀ ···

◉ "교정치료는 섬세한 치료이기 때문에 환자의 현재 상태를 파악해서 치료 계획을 정밀하게 세우는 것이 중요해요. 오늘은 엑스레이 촬영, 얼굴 사진, 입안 사진, 본뜨기, 충치 검진 순으로 진행될 거예요. 시간은 30분 정도 걸려요."

보호자가 동반했을 때

◉ "보호자 분께서는 대기실에서 기다려주세요."

▶ 치료 과정 ◀ ···

① 파노라마 촬영할 때

◉ "치아 전체가 나오는 큰 사진 한 장 먼저 찍어드릴게요."

② 세팔로 라테랄(lateral; 측면) 촬영할 때

◉ "큰 엑스레이 두 장 더 찍겠습니다. 장비 준비되는 동안 잠시만 대기해주세요."

③ 세팔로 PA(정면) 촬영할 때

◉ "엑스레이 촬영은 끝났어요. 자리를 옮겨서 추가 촬영 해드릴게요."

④ 구외 사진 촬영할 때

앞머리가 있는 경우 머리띠를 사용한다.

◉ "얼굴 사진 촬영 해드릴 거예요. 옆에 있는 고무줄로 이마하고 귀가 다 보이게 머리를 묶고 앉아서 대기해주세요. 얼굴 사진은 총 4장 찍으실 거예요."

⑤ 구내 사진 촬영할 때

◉ "입안 사진 찍어드릴 거예요. 기구들로 입을 잡아 당길 거예요. 조금 불편하실 수 있어요. 입안에 큰 거울 들어갑니다. 코로 숨쉬어주시고요, 바람입니다."

⑥ 진단용 인상채득할 때

　⟳ "치과에서 본뜨는 거 해보신 적 있으세요? 말랑한 치과재료로 치아모
　　양을 찍어내는 거예요. 본뜨는 동안은 코로 숨 쉬시면 되시고 재료는
　　3분 정도면 굳을 거예요. 힘드시겠지만 잠시만 참아주세요."

⑦ 진단 위한 검진(oral exam)[OE]

　⟳ "교정 전후 치아 상태를 비교하기 위해 보철과 원장님께서 전체적인
　　검진하실 거예요.
　　충치 검진도 같이 해드릴건데요, 혹시 아프시거나 불편한 부분 있으시
　　면 말씀해주세요."

> **체크 포인트** •

✅ 차트작성할 때

기본적인 정보, 교정 C.C, 진단결과, 치료계획 등이 기재된다. 교정환자의 경
우 가족력, 기왕력, 악습관 등을 문진표 등을 이용하여 환자 또는 보호자에
게 듣고 기록한다.

✅ 안면 사진(facial photo: extra oral photo)[E/O] 찍을 때

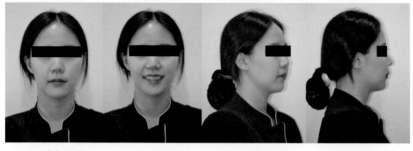

▲ 정면 사진　　　▲ 스마일 사진　　　▲ 45° 측면 사진　　　▲ 90° 측면 사진

일반적으로 정면 사진, 정면 스마일사진, 45° 측면 사진, 90° 측면 사진을 촬영한다. 이때 고개를 너무 숙이거나 들지 않도록 하고 FH 평면이 바닥과 평행하게, 바닥과 동공이 평행한지 확인 후 촬영하도록 한다.

촬영 시 사진을 찍는 술자의 위치(높이나 거리)가 움직이게 되면 사진마다 비율이나 각도가 달라질 수 있다. 가능한 한 같은 자리, 같은 카메라 높이에서 촬영해야 한다.

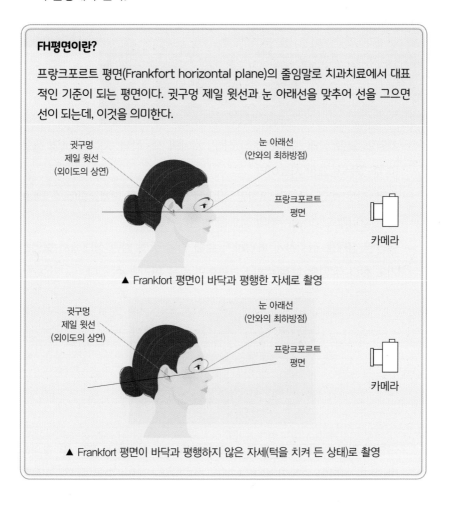

FH평면이란?

프랑크포르트 평면(Frankfort horizontal plane)의 줄임말로 치과치료에서 대표적인 기준이 되는 평면이다. 귓구멍 제일 윗선과 눈 아래선을 맞추어 선을 그으면 선이 되는데, 이것을 의미한다.

▲ Frankfort 평면이 바닥과 평행한 자세로 촬영

▲ Frankfort 평면이 바닥과 평행하지 않은 자세(턱을 치켜 든 상태)로 촬영

✅ 구내사진(intra oral photo)[I/O]

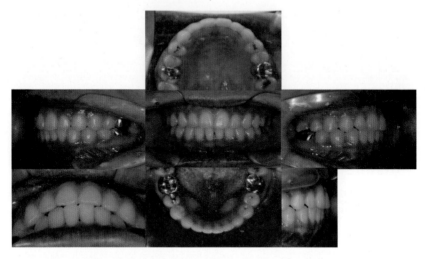

- 치열의 교합 상태, 구강연조직 상태, 치아의 색, 착색, 치아의 배열 등을 알 수 있는 중요한 자료이다.
- 정면, 좌우 측면, 상하악 교합면, 필요에 따라 수직적 피개교합(over bite), 수평적 피개교합(over jet)의 정도를 촬영하기도 한다.
- 절단연 상태를 정확하게 파악하기 위해 입을 살짝 벌린 상태에서 촬영하기도 한다. 절단연 파절여부나 교합평면 등을 확인할 수 있다.

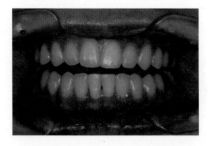

- 교합면 미러를 이용하여 촬영 시 교합면 미러가 깨끗한지 확인 후 촬영해야 하고, 상하악 교합면 촬영 시에는 각도에 주의하며 구치부까지 정확하

게 촬영되도록 한다. 사진비율과 밝기 정도가 같도록 찍는다. 손가락이나 반대쪽 치아가 나오지 않도록 촬영한다.

✅ 구내방사선 촬영할 때

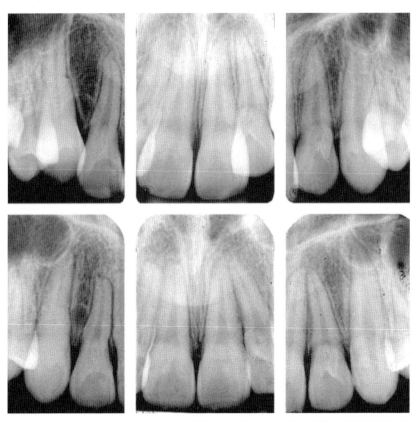

출처: 이미지플러스교정치과 강상욱, 정종현 원장님 제공

파노라마 상에서 우식, 치조골, 치근 상태의 정확한 확인이 어려운 경우 추가적으로 치근단 방사선 사진을 촬영하기도 한다.

✅ 파노라마 방사선 촬영할 때

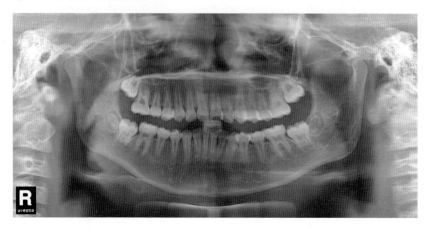

결손치, 과잉치, 사랑니 유무와 매복 상태, 치아의 교합 상태와 맹출 방향, 악관절의 형태 등을 알 수 있는 필수자료이다. * P66 참고한다.

✅ 세팔로 방사선: 라테랄 방사선(lateral cephalometric) 촬영할 때

• 상하악의 전후적 위치, 상하절치의 치축경사, 치열궁의 경사, 안면골격 전체의 특징 등을 알 수 있다.

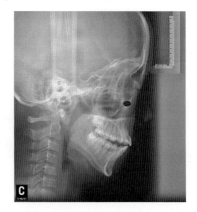

• 촬영 시 이어로드가 양쪽 귓구멍에 들어가는지 확인해야 하며 허리와 다리를 똑바로 편 상태에서 촬영해야 한다.

• FH 평면이 바닥과 평행한지 확인하고 어금니는 다문 상태에서 촬영하도록 한다. FH 평면이 바닥과 평행한지 파악이 어렵다면 안와하연(빨간 점)과 이어로드를 꽂는 귓구멍이 바닥과 평행한지 손으로 짚으며 촬영하

면 도움이 된다.

* **고개를 너무 숙이거나 들면 정확한 계측이 어렵다.**

• 촬영 후 사진이 정확하게 나온 것을 확인한 후 다음 촬영을 진행한다.

✅ PA 방사선(posteroanterior cephalometric) 촬영할 때

정면 얼굴 방사선사진이다. 촬영 조
건은 라테랄 세팔로 방사선(측면얼
굴 촬영)과 같다.

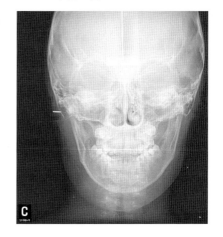

✅ 핸드리스트(hand wrist) 방사선 촬영할 때

골연령을 평가하기 위해 촬영한다.
성장 중인 환자 교정 시 추가로 촬
영하기도 한다.

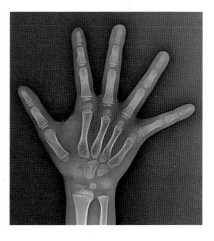

병원에 따라 환자 이동 순서와 치료 과정 순서가 달라질 수 있어요. 파노라마 촬영 시에는 스마일라인이 나올 수 있게 촬영되어야 한다는 부분 기억해주세요. 구내, 외 사진을 찍을 때 카메라 작동 방법을 숙지해서 환자들 앞에서 어리숙한 모습 보이지 않도록 주의 해주세요.

✅ 석고모형 인상채득

치아의 크기를 측정하거나 치열궁의 장경, 폭경, 치조기저의 장경과 폭경을 측정하는 데 사용한다. 진단에 필요한 모든 치아와 보더 및 소대까지 나오게 알지네이트로 인상을 채득해야 한다. 필요시 유틸리티왁스로 트레이의 보더를 연장하여 정확한 인상이 나오도록 해야 한다. 최근에는 구강스캐너 등 최신 장비로 대체하여 자료를 수집하기도 한다.

- 진단용 인상채득은 환자의 구강크기에 기성용 트레이 크기를 미리 맞춰 본 다음 채득한다. 크기가 잘 맞지 않는 경우에는 플라이어를 이용하여 폭을 넓혀주거나 혹은 유틸리티왁스를 이용하여 보더를 연장해 준다.
- 트레이를 구내에 맞춰 볼 때나 본을 뜰 때 메탈트레이가 치아에 세게 닿지 않도록 주의한다.
- 메탈트레이가 치아에 세게 닿으면 통증이 있을 수 있을뿐더러 손이 거칠다고 여길 수 있다.

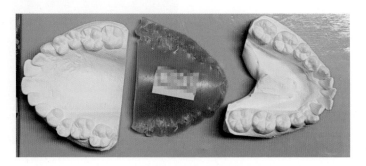

- 채득한 인상체에는 화이트스톤(white stone)으로 푸어링(pouring)한다.
- 왁스바이트(wax bite) 채득 시에는 평상시 씹는 습관대로 바이트 됐는지 확인한다.
- 밥 먹을 때처럼 어금니로 무는 건지 미리 확인하고, 연습한 후 채득 시에도 똑같이 물었는지 확인해야 한다.

🗸 진단 진행할 때

- 교정 초진 환자가 내원했을 경우 파노라마 엑스레이와 구내촬영만 먼저 촬영한 후 문진, 시진 등의 간단한 진단 후 상담을 들어가는 경우가 있다. 이때 대략적인 설명을 한 후 정밀 진단을 유도한다. 정밀 진단에 동의하면 파노라마 엑스레이와 촬영한 구내 사진(intra oral photo)을 제외한 다른 자료들을 수집한다.
- 동선이나 순서 등은 미리 숙지하여 어리숙한 모습을 보이지 않도록 주의한다. 특히, 타치과에서 진단 상담을 받고 온 환자이거나 접수 시 예민한 성향을 보이는 환자인 경우에는 가능한 한 숙달된 스탭이 진단 및 상담을 돕도록 한다.
- 환자들이 진단 과정에서 자주 하는 질문은 이상적인 답을 작성하여 서로 공유하도록 한다. 질문에 대해 얼버무리듯 답하지 않도록 한다.
- 구내사진 찍을 때 6번까지 나와야 하는 이유는 교정의 분류인 Class I, Class II, Class III를 상악과 하악의 6번으로 판단하기 때문이다.
- 구내사진 찍을 때 설면이 보여야 하는데 상하악 교합면을 찍는 이유는 교합라인을 보기 위한 것으로, 이는 설면 쪽이 나와야지 교합라인을 잘 볼 수 있기 때문이다.

✅ 구내촬영할 때

- 잘못 찍은 사진: 상하악의 설측이 보이지 않는다.

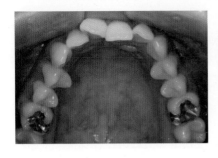 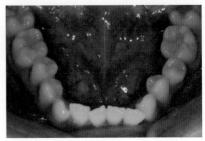

- 잘 찍은 사진: 상하악의 설측이 보인다.
  - 부정교합으로 상하악 전치부가 설측으로 쓰러진 경우나 개구장애가 있는 경우가 아닌 이상, 가능한 한 설면이 보이게 촬영하도록 한다.

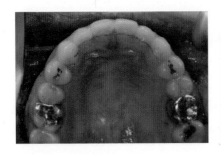 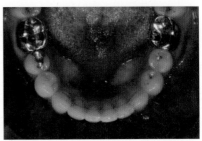

▶ 술 후 설명 ▶ ··

◉ "힘드셨을 텐데 잘 도와주셔서 잘 끝났습니다.
장시만 대기실에 앉아계시면 진단 상담 약속 도와드릴게요."

FAQ

다른 치과에서는 엑스레이 사진 이렇게 여러장 안찍던데, 여기는 왜 이렇게 많이 찍어요?

진단이나 치료계획은 원장님마다 조금 다를 수 있어요. 저희 원장님은 꼼꼼하고 정밀한 자료를 원하셔서요. 가능한 한 정확한 진단에 도움이 되는 자료라 촬영하는 거니까 협조 부탁드릴게요.

* 몸에 안 좋을까 봐 염려하는 것이라면 일상생활에서 햇빛이나 음식을 통해 하루동안 노출되는 양과 동일한 수준이라는 부분을 설명한다(파노라마 1회 촬영 기준).

진단하고 상담하는 데까지 왜 일주일이나 기다려야 하나요?

사람마다 지문이 다 다르듯이 턱 크기나 치아 크기, 모양, 뼈 상태 등이 개인차가 큰데요. 교정계획을 세우는건 건물 설계도를 그리는 것과 마찬가지로 중요한 단계예요. 전문분석 프로그램으로 분석하고 ○○○ 님이 치아교정치료를 통해서 개선하고자 하는 부분도 감안해서 계획을 세우게 되는데, 이렇게 중요한 과정을 가볍게 넘겼다가는 좋은 교정결과를 얻기가 어려워요. 먼저 진단 상담 예약하신 분들도 계시고 꼼꼼하게 계획을 세우다보니 시간이 좀 필요한 부분 양해 부탁드릴게요.

06

교정장치 부착_브라켓 부착

- **시술 간단 설명(정의)**
  교정을 시작하기 위해 치아 전체에 교정장치를 붙이는 술식

- **시술명 – 한국어 표기(영어 표기)[약어]**
  교정장치전체부착(full direct bonding system)[F–DBS]

- **순서**
  치면 세마 → 에칭 → 수세 → 건조 → 본딩 → (큐어링) → 브라켓 DBS → 큐어
  링 → 와이어 넣기 → 교정동의서 받기 → 교정 주의사항 설명

- **진료 기구 및 재료 준비**
  기본 기구, 스케일러팁, 글리세린 없는 퍼미스, 로빈슨 브러쉬, 로우핸드피스(콘
  트라앵글), 리트랙터, 에찬트, 본딩제, 미니 브러쉬 또는 마이크로 브러쉬, 브라켓
  본딩용 레진, 브라켓 포지셔너, 트위져, 브라켓 통, 유틸리티 플라이어, 핀커터 플
  라이어, 디스탈엔드커터 플라이어, 브라켓 오프너 & 푸시, 터커, 광중합기(필요시
  프로텍터)

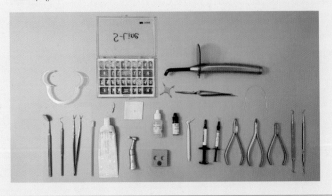

∙∙∙

안내할 때

　　　◎ "오늘 교정장치를 붙일 거예요. 붙이는 중에는 아픈 건 없으시고 입을
　　　　계속 벌리고 있어야 돼서 힘드실 수 있어요. 시간은 OO분 정도 걸릴
　　　　수 있는데 시간은 괜찮으세요? 교정 장치 붙이기 전에 치아 표면 깨끗
　　　　하게 스케일링 해드릴게요."

∙∙∙

① 치면세마할 때

- 글리세린 없는 퍼미스로 브라켓 붙일 부위를 깨끗하게 닦는다.

　　　◎ "치아 표면을 닦아 드릴 건데 돌돌 울리는 느낌이 들고, 입안에 텁텁
　　　　한 느낌이 있을 수 있어요."

- 치면 세마 후 3-way syringe(쓰리웨이 시린지)를 이용하여 치면에 남아있
는 퍼미스를 씻어내거나 환자가 직접 양치하여 입을 헹구도록 한다.

- 환자를 다시 눕히고 리트랙터를 끼운다. 입가가 건조한 경우는 리트랙터
중 입가에 닿는 부분에 물을 묻힌다.

　　　◎ "치면에 침이 닿으면 안 돼서 기구 좀 끼울 건데 좀 불편하실 수 있으
　　　　세요. (리트랙터 끼운 후) 아프거나 불편한 데는 없으세요?"

- 끼운 후 잇몸이 눌려서 아픈 곳은 없는지 확인한다. 눌리는 곳이 있다면
리트랙터와 잇몸 사이에 거즈나 코튼롤을 넣어 닿지 않도록 한다. 거즈나
코튼롤을 넣은 후 아프진 않은지 다시 확인한다.

　　　◎ "지금 솜을 넣어드릴게요. 지금은 아프지 않으세요?"

② 건조할 때

- 에어를 불어 치면을 건조시킨다. 이때 너무 세게 불면 환자가 놀라거나 시

려할 수 있으니 너무 세게 불지 않도록 한다(정상적이고 깨끗한 치면은 반질반질 윤이 나고 코튼펠렛으로 문질렀을 때 뽀득뽀득 소리가 난다).

- 구강관리가 잘 안 되는 환자의 경우에는 치석에 남아 있을 수 있다. 그런 경우 로우 핸드피스에 라운드버를 꽂아 치면에 남아있는 치석을 제거한다.

  ⊙ "치아에 치석이 조금 남아있어서요. 깨끗하게 제거해야 장치가 잘 유지가 돼요. 좀 울리는 느낌이 드실 텐데 치아가 갈리는 건 아니고 치석만 제거하는 거니까 너무 걱정하지 않으셔도 돼요."

③ 에칭할 때

- 브라켓 붙일 위치에 에찬트를 도포한다.

  ⊙ "장치 잘 붙으라고 약제를 도포할 거예요. 움직이지 마시고 혹시 불편하시거나 아픈 데 있으시면 왼손 드세요."

 에칭 잘하는 TIP

- 에칭은 치아와 bracket(브라켓)이 잘 붙게 하기위한 표면처리 과정이다.
- 브라켓이 접착되는 위치에 잘 도포해야 한다.
- 에찬트를 치아의 정중앙에 도포를 하고 치은에 닿지 않게 얇게 도포를 해준다.

- 영구치가 올라오는 중인 환자인 경우 중앙이 아닌 gingiva(치은) 쪽으로 도포하도록 한다.
- 워싱(물로 씻어내는 것)하기 전에 에찬트를 메탈석션팁으로 석션한 뒤에 워싱해준다.

④ 수세할 때

> ◎ "물입니다. 신맛 나실 수 있어요. 삼키지 말고 그대로 계세요."

⑤ 건조할 때

치과용 본딩재료는 반드시 건조된 상태에서 도포해야 한다.

> ◎ "침이 닿으면 장치가 쉽게 떨어질 수 있어서 바람불 건데 조금 시릴 수 있어요. 바람입니다."

⑥ 본딩제 도포할 때

- 치아의 표면에 본딩제를 발라준다. 원장님의 성향에 따라 브라켓 베이스에도 바르는 경우가 있다. 미리 파악하여 준비하도록 한다. 치면에 본딩제를 너무 두껍게 바르면 오히려 접착력이 떨어지므로 바른 후 에어를 약하게 불어 얇게 도포되도록 한다(에어를 불 때 물결치듯 밀리지 않을 정도일 때까지 살살 분다). 이때 세게 불면 입안에 있는 타액이 치면에 튈 수 있으니 주의한다.

> ◎ "약제 도포할 건데 쓴맛이 날 수 있어요. 움직이지 마시고 그대로 계세요. (에어 불 때) 바람입니다. 조금 시린 느낌이 드실 수 있어요."

⑦ 큐어링할 때(필요시)

- 술자에 따라 본딩제 도포 후 큐어링을 하고 브라켓 본딩을 하기도 하고 하지 않고 브라켓 본딩을 하기도 한다. 사전에 미리 파악하도록 한다.
- 큐어링 시에는 본딩제를 도포한 치아에 광중합기 팁이 닿지 않도록 주의한다.

> ◎ "장치 잘 붙으라고 도포한 약제를 굳히는 중 이에요. 따뜻한 느낌 드실 텐데 혹시 뜨거우면 왼손 들어서 표시 해주세요."

⑧ 브라켓본딩(bracket bonding)할 때

- 브라켓 베이스에 교정 DBS용 레진을 얇게 올린다.
- 너무 많이 올리면 잉여레진 제거에 시간이 오래 걸리고 브라켓 윙 하방까

지 레진이 들어가 나중에 리게이쳐와이어가 들어가지 않는 경우도 생길 수 있으니 적당량을 올리도록 한다.

▶ 브라켓 잡는 방법

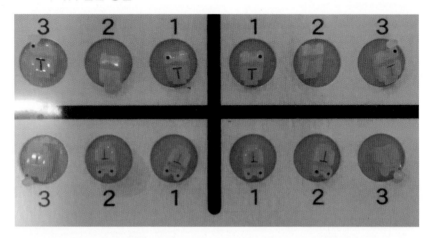

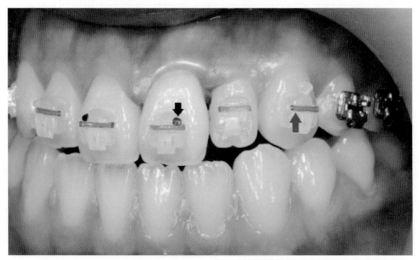

▲ 본딩패드에서의 도트와 치면에 접착했을 때의 도트

출처: 이미지플러스교정치과 강상욱, 정종현 원장님 제공

• 도트(dot)는 디스토 진지바(disto-gingiva; 원심치은 쪽) 혹은 진지바 (gingiva; 치은 쪽)에 찍혀 있으니 이를 참고하여 브라켓을 잡아서 드린다.

브라켓 잡은 모습
• 브라켓이나 튜브를 잡을 때의 방향 등은 원장님 진료스타일에 따라 다르다.
• 어떻게 잡고 어떤 순서로 드리는 것이 좋은지 미리 파악한 후 어시스트 하도록 한다.

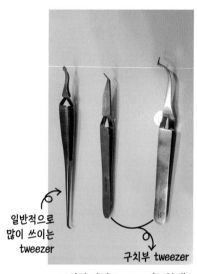

일반적으로 많이 쓰이는 tweezer

구치부 tweezer

▲ 여러 가지 Tweezer(트위저)

▲ 10번대 튜브잡는 법

▲ 40번대 튜브잡는 법

- 원장님이 원하시는 순서대로 드린다. 구치부 먼저 하시는지 혹은 전치부 먼저 하시는지, 왼쪽 먼저 혹은 오른쪽 먼저 하시는지 미리 파악하면 좋다.
- 구치부 트위저로는 보통 치면에 위치만 시키고, 일반적으로 많이 쓰이는 트위저를 이용하여 구치부 튜브의 정확한 위치를 세밀하게 조정한다. 구치부 튜브를 본딩할 시에는 두 가지 다 준비하도록 한다.
- 원장님께서 브라켓 포지셔닝 중 트위저 뒷부분으로 잉여레진을 제거하신 후 트위저를 내미시면 이때 미리 준비해둔 거즈로 트위저 뒷부분 잉여레진을 닦아낸다.
- 구치부 본딩할 때 미러를 한 개 더 준비해둔다. 원장님께서 구치부 브라켓 위치 확인하실 때 필요한 경우가 있다.

⑨ 브라켓 포지셔닝 후 큐어링할 때

- 이때 큐어링 시간과 타이밍은 원장님 진료 스타일에 따라 다르므로 몇 초 정도를 어느 타이밍에 하는지 미리 파악해 두면 어시스트 때 편하다.
- 또한 큐어링 시 브라켓이나 튜브등을 건드리지 않도록 주의한다. 특히 구치부는 시야 확보가 어려울 수 있는데 이때는 어시스트 의자에 앉아있었다면 일어서서 큐어링을 하거나 리트랙션을 통해 시야를 확보한 다음 큐어링을 시행한다.

⑩ 브라켓 본딩이 전부 끝난 후 전체적으로 큐어링할 때

특히 구치부는 전치부보다 오랜 시간 동안 큐어링을 한다. 메탈로 되어있기 때문에 브라켓 위에서 직각으로 큐어링하기보다 멀리서 한 번 큐어링해서 조금 굳힌 다음 베이스 부분에 가까이 대고 근심, 원심, 잇몸쪽, 교합면쪽 각각 큐어링하는 것도 권장한다. 광조사기는 멀리서 할수록 광중합하는 빛이 약하므로 가능한 한 가까이서 하도록 한다.

　　　　◑ "잘 굳으라고 빛을 쪼일 건데요. 충분한 시간 동안 해야 유지력이 좋

아지다보니까 시간은 몇 분 걸릴 수 있어요. 따뜻한 느낌 드실 텐데 혹시라도 뜨겁게 느껴지시면 왼손 들어서 표시해주세요.”

⑪ 아치와이어 넣을 때

◎ “장치는 잘 붙었고요, 이제 철사를 넣겠습니다.”

필요시 씬치백(cinch back)을 한다. 씬치백 플라이어(cinch back plier)를 이용하거나 NiTi 와이어 끝을 열처리하여 NiTi 와이어의 특성을 없앤 다음 터커를 이용하여 구부린다.

* 체크 포인트 참고

체크 포인트 ●

✔ 씬치백(Cinch back)

- 철사가 돌아가거나 빠지는 것을 방지하기 위해 철사에 힘을 주어 철사를 구부리는 술식
- NiTi 와이어인 경우 열처리를 해야지만 구부러진다. 열처리를 하지 않으려면 전용 플라이어를 이용해야 한다.
- SS 와이어인 경우 열처리 없이 구부러진다.
- SS 와이어는 견고하기 때문에 잘못 구부릴 경우 모양을 변형하기가 어려울 수 있다.
- 치아를 뒤 쪽으로 이동시킬 계획이 있는 경우 치아가 이동할 수 있는 여유 공간을 남기고 씬치백 해주는 것이 좋다.

✅ 씬치백하는 방법

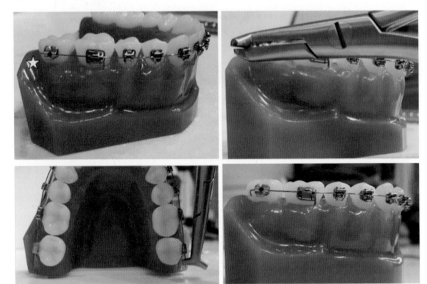

① 와이어를 2–3 mm가량 남을 정도로 자른다.

② 와이어가 잇몸 쪽으로 휠 수 있게 씬치백 플라이어(cinch back plier)를 잡는다. 이때 볼이 기구에 집히지 않도록 주의한다.

③ 씬치백 후 찔리지 않는지 확인한다. 와이어가 잇몸에 가까워 찔린다고 하시거나 불편함을 호소할 경우 임시재료(quicks 등)나 레진으로 레진볼을 달아준다.

✅ 브라켓을 붙일 치아가 보철물인 경우

• Zirconia(지르코니아), PFM, all ceramic 등의 크라운인 경우 별도의 표면 처리가 필요하다.

• 샌드블라스터로 표면처리를 하고 포셀린 전용 에찬트로 충분히 에칭을 한 다음 포셀린 프라이머를 바르고 대기한다. 에칭을 시행하는 시간은 재료

에 있는 매뉴얼을 참고한다.

- 골드나 메탈 크라운일 경우 브라켓을 붙일 자리에 그린스톤버로 표면에 스크래치를 낸 후 샌드블라스터로 표면처리를 하고 메탈 프라이머를 바르고 대기한다.
- 샌드블라스터가 없는 경우 그린스톤만으로 표면처리를 하기도 한다. 표면처리는 원장님 진료스타일에 따라 조금씩 다를 수 있다.
- 이후 원장님께서 본딩제를 바르고 브라켓 포지셔닝을 하는 과정은 위와 동일하다.

술 후 설명

◎ "오늘 진료도 잘 도와주셔서 마무리되었어요. 칫솔질 방법과 주의사항 설명드릴게요(보호자가 있다면 같이 설명 드리도록 한다).

이제 입안에 교정장치가 있기 때문에 양치질이 더 어려워졌어요. 그만큼 열심히 해주셔야 돼요.

칫솔질 방법 먼저 알려드릴게요. 먼저 교정 칫솔을 보시면 일반적인 칫솔과 모양이 달라요. 여기 보이시죠?

일반 칫솔과는 달리 씹는 면 쪽에 홈이 있습니다. 이 안으로 교정장치를 넣고 닦아주시는 거예요.

45° 경사지게 위쪽으로 다섯 번, 정면으로 다섯 번, 아래쪽으로 다섯 번 하시고, (상악인 경우) 치아면을 위에서 아래로 쓸어내리듯이 닦아줍니다. 치아 안쪽도 똑같이 위에서 아래로 닦아주시면 돼요.

이건 치간칫솔이라고 하는데 교정 환자분들 경우에는 사용방법이 달라요. 원래 용도는 치아 사이 틈에 청소하는 도구지만 교정 환자분들은 (보여주며) 교정장치 사이에 틈이 있는데, 이 사이를 작은 솔로 닦아주시면 돼요. 식사하시면 음식물이 잘 끼게 될 거예요. 이쑤시개는 사용하지 마시고 치간칫솔로 음식물 제거해주세요.

이건 왁스(wax)라고 하는데요 교정 초기엔 입안에 없던 게 생겨서 입술이 장치에 닿거나 맨 끝에 치아의 철사가 볼에 닿으면서 많이 불편하실 거예요. 그때 동그랗게 말아서 불편하신 곳을 감싸주세요.

식사할 땐 왁스를 제거하신 후 드시면 되고 떼고 싶으실 때는 시원한 물 머금고 계시다가 떼면 잘 떨어져요."

◉ "식사든 간식이든 드신 후에는 가르쳐드린 칫솔질 방법으로 관리를 해주셔야 해요.

장치 사이에 음식물이 자주 끼게 됩니다. 충치가 생길 수 있으니까 식사 후에는 3분 이내에 칫솔질 하시는 게 좋은데 그게 어려우시면 가능한 한 빠른 시간 내에 칫솔질 해주세요."

◉ "이제 장치 부착 후 주의사항 설명해 드릴게요.

3시간 후부터 치아가 아프실 수 있어요. 대부분 3일 동안은 아프시다가 점차 통증이 없어질 거예요.

통증이 심하다 싶으시면 진통제 드시면 되고 시간이 지날수록 통증이 줄어들 텐데 혹시 일주일 지난 후에도 불편할 정도로 통증이 있으시면 전화 주신 후 내원하여 주세요.

끈적끈적한 음식은 캐러멜, 젤리, 떡, 껌, 엿, 딱딱한 음식물은 사탕, 오징어, 깍두기, 사과, 아이스바 등이 있어요. 이 음식들을 드시면 장치가 쉽게 떨어질 수 있는데, 특히 초기 한두 달은 더 조심해주세요. 교정 장치가 떨어진 경우에는 병원에 내원해주시면 다시 붙여 드릴 거예요. 가능한 한 빨리 치과로 오시면 돼요."

FAQ

 장치를 붙이고 나면 많이 아픈가요?

 통증을 느끼시는 건 개인차가 있어요. 진통제를 드실 정도로 아프다고 하시는 분도 있으신데 교정하시는 분이 10명이라고 하면 한두 분 있을까 말까 한 정도고요. 보통은 며칠 지나면 괜찮다고 하시더라고요. 가만히 있어도 아프다가 씹을 때 아프다가 씹을 때도 괜찮아지는 단계로 좋아지실 건데 혹시 며칠이 지나도 처음하고 비슷하게 너무 아프시거나 하시면 그땐 진통제를 드시면 돼요.

07

교정장치 부착_브라켓 재부착

- 시술 간단 설명(정의)

    탈락한 브라켓을 다시 붙이는 술식

- 시술명 – 한국어 표기(영어 표기)[약어]

    브라켓 재부착(re–direct bonding system)[Re–DBS]

- 순서

    엑스레이 띄우기 → 필요시 스케일링 → 와이어 제거 → 잉여레진 제거 → 에칭 →
    수세 → 건조 → 본딩 → (큐어링) → 브라켓 포지셔닝 → 큐어링 → 와이어 넣기

- 진료 기구 및 재료 준비

    기본 기구, 스케일러팁, 라운드 버, 로우 핸드피스(콘트라앵글), 브라켓 통, 브
    라켓 포지셔너, 에찬트, 본딩제, 미니 브러쉬 또는 마이크로 브러쉬, 브라켓
    본딩용 레진, 트위져, 유틸리티 플라이어, 핀커터 플라이어, 디스탈엔드커터
    플라이어, 브라켓오프너 & 푸시, 터커, 광중합기(필요시 프로텍터)

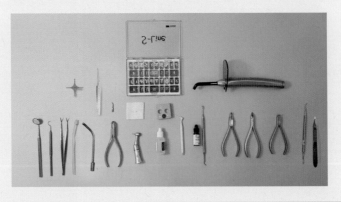

▷ **술 전 설명** ▸ ···

　　◎ "장치 떨어진 곳 다시 붙여드릴게요."

▷ **치료 과정** ▸ ···

① 스케일링할 때

　　◎ "시리거나 불편하시면 움직이지 마시고 왼손 살짝 들어주세요. 스케
　　일링 시작할 건데요. 얼굴에 물 튀지 않게 포 덮어드릴게요. 괜찮으세
　　요?"

② 와이어 제거할 때

　　◎ "철사 빼겠습니다."

③ 라운드버를 이용해 치면에 남아있는 레진을 제거할 때

　　◎ "남아 있는 접착제 제거해 드릴게요. 돌돌 울리는 느낌 드실 수 있어
　　요."

④ 수세할 때

　　◎ "물입니다."

⑤ 에칭할 때

　　◎ "이제 장치 붙일 준비를 할 거예요. 약제를 바를 건데 움직이지 마시
　　고 그대로 계세요."

⑥ 수세할 때

　　◎ "물입니다. 신맛 나실 수 있어요. 삼키지 마시고 그대로 계세요."

⑦ 본딩할 때

　　◎ "잘 붙으라고 약제 도포 해 드릴게요."

⑧ 건조할 때

　　◎ "바람입니다."

⑨ 큐어링할 때(필요시)

    ◉ "눈 감아주세요. 따뜻한 느낌이 있어요."

⑩ 브라켓 포지셔닝할 때

브라켓 포지셔닝 시 트위저 뒷부분으로 잉여레진을 제거 후 어시스트 쪽으로 내미시면 미리 준비해둔 거즈로 닦아낸다.

⑪ 큐어링할 때

    ◉ "단단하게 붙으라고 빛 쪼이고 있어요. 혹시 뜨거우시면 왼손 들어주세요."

⑫ 와이어 넣을 때

    ◉ "교정장치에 철사 넣을게요."

체크 포인트

✅ 대합치에 의해 저작 시 닿지는 않는지 확인한다. 필요시 구치부에 바이트레진을 올린다.

✅ 환자가 가져온 브라켓을 다시 사용할 경우에는 브라켓의 베이스가 갈리지 않도록 로우 핸드피스에 라운드 버를 달아 잉여레진만 조심히 제거한다. 라운드 버의 사이즈는 큰 걸 사용하는게 좋다. 샌드블라스팅까지 해주면 더 좋다.

✅ 브라켓 본딩 과정에서는 방습이 매우 중요하므로 번거롭더라도 리트랙터를 사용하는 것을 추천한다.

✅ 브라켓을 본딩하는 해당 치아가 크라운이나 인레이 등 보철물인 경우, 교합이 긴밀하여 대합치 치아에 장치가 닿는 경우, 딱딱한 음식을 섭취한 경우, 교정초기에 치아 자체 동요도가 별로 없을 경우에 잘 떨어진다. 자주 떨어지는 환자라면 위의 이유 중에 어떤 이유에서 떨어지는지 파악하고 응대하도록 한다.

•

◎ "오늘 하루는 반대쪽으로 식사하시고 부드러운 음식 위주로 드세요. 보철물에 부착한 브라켓은 잘 떨어질 수 있어요. 계속해서 떨어질 경우 다음번에는 밴드라는 장치를 사용할 수도 있어요."

FAQ •

딱딱한 거 먹은 적도 없는데 떨어져요. 왜 그런 거예요?

교정 초기에는 작은 충격에도 잘 떨어질 수 있어요. 그리고 큰 충격에도 장치가 떨어지지만 작은 충격이 여러 번 가해지면 충격이 누적되었다가 떨어질 수도 있어요. 주의사항 설명드린 대로 조심히 드셨겠지만 조금만 더 주의 부탁드릴게요.

선배가 알려주는 Tip •

장치가 탈락해도 환자들이 모르는 경우도 있어요. 치과에 오셨을 때는 떨어진 곳 말고도 다른 부위의 장치가 떨어진 곳은 없는지 꼭 체크해 주세요.
딱딱한 음식을 앞니로 베어 먹으면서 장치가 떨어지거나 외상으로 인해 장치가 떨어진 경우는 전치부 브라켓 여러 개가 한꺼번에 탈락하기도 하니까 꼼꼼하게 봐주세요. 그리고 외상으로 인하여 탈락한 경우 바로 재부착을 하지 않고 예후를 지켜보다가 재부착 시기를 결정하기도 하니까 환자에게 설명드릴 때 주의해주세요(붙여드린다고 설명드렸는데 원장님께서 안 붙인다고 하시는 일이 생기면 환자 보기 민망해지겠죠?).
최후방구치의 튜브가 탈락하게 되면 철사가 볼점막을 찔러서 엄청 아프고 불편해요. 가능한 한 빨리 내원할 수 있도록 안내해주세요.

08
교정진행_파워체인체크

- 시술 간단 설명(정의)

  치아 사이에 공간이 있거나 치아를 발치하여 공간을 닫아줘야 하는 경우, 잘못된
  위치에 자리한 치아를 고무줄의 탄성을 이용해 제자리로 이동시킬 때 사용한다.

- 시술명 – 한국어 표기(영어 표기)[약어]

  파워체인 체크(power chain check)[PC ck]

- 순서

  엑스레이 띄우기 → 파워체인 제거 → 스케일링 → 파워체인 교체

- 진료 기구 및 재료 준비

  기본 기구, 유틸리티 플라이어, 핀커터 플라이어, 디스탈엔드커터 플라이어, 브
  라켓 오프너 & 푸시, 터커, 매튜 플라이어, 오픈 파워체인, 클로즈드 파워체인

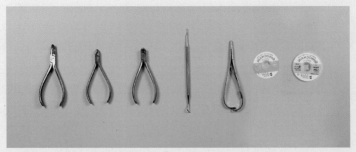

> 술 전 설명 •

⊙ "오늘 입안에 있는 고무줄 바꿀 거예요."

> 치료 과정 •

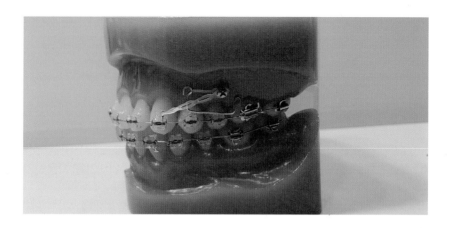

① 기존 구내 파워체인 제거할 때

⊙ "입안에 있는 고무줄 제거하겠습니다."

제거 시 유틸리티 플라이어, 터커 등 편한 기구를 이용하여 제거하면 된다.
최후방 구치 튜브의 훅에 걸려있는 파워체인은 터커를 이용하면 수월하게
뺄 수 있다.

② 스케일링할 때

⊙ "치료 들어가기 전에 스케일링 해드리겠습니다. 불편하시면 왼손 살
짝 들어주세요."

③ 파워체인 교체할 때

- 브라켓이나 튜브에 파워체인을 걸 때 잇몸에 기구가 닿지 않도록 주의한다. 터커를 이용하면 걸기 수월하다. 원장님께서 직접 거시는 경우에는 리트랙션을 통해 시야를 확보한다.
- 스탭이 클로즈드 파워체인을 직접 걸 때는 타액으로 인해 치면에서 기구나 손이 미끄러지지 않도록 주의한다. 치아에 동요도가 심할 경우에는 파워체인을 거는 행위만으로 치아에 통증을 호소하는 경우가 있으니 주의한다.

체크 포인트

✅ 파워체인은 공간을 닫을 때 사용하는 재료이다.
✅ 클로즈드 파워체인의 힘이 과하다고 여겨질 때 오픈 파워체인을 사용하기도 한다.
✅ 대부분 오픈 파워체인은 상악용, 클로즈드 파워체인은 하악용으로 사용하지만 원장님 진료스타일에 따라 상하악 구분 없이 클로즈드 파워체인을 사용하기도 한다.

술 후 설명 • ∙∙

◎ "입안에 계속 있는 고무줄입니다. 만약 고무줄이 빠지거나 끊어진 경우 전화 주신 다음 치과 오시면 교체해드릴 거예요. 이 고무줄은 카레, 커피, 김치 등의 음식을 드시면 색이 변할 수 있어서 피하시는 게 좋아요. 혹시 색이 변하더라도 기능상의 문제는 없으니까 원래 예약 때 오시면 돼요."

FAQ • ∙∙

오늘은 왜 고무줄 건 데가 저번하고 다른가요?

치아 상태에 따라 힘 조절도 하게 되고 치아 이동하는 속도, 정도 등을 고려해서 걸어드리는 거라 지난번과 같을 수도 있고 다를 수도 있어요. 치료는 잘 진행되고 있으니 염려하지 않으셔도 돼요.

교정진행_미니스크류 식립

- 시술 간단 설명(정의)

  미니스크류를 식립하는 술식이다. 미니스크류는 치열을 교정하는 과정에서 원치 않는 치아의 이동을 방지하거나 발치를 했을 경우 치아를 이동시킬 경우 등에 사용된다. 뼈에 식립해 움직이지 않으면서 치아를 이동시키는 고정원의 역할로 사용된다. 효율적인 치아이동을 돕는 장치이다.

- 시술명 – 한국어 표기(영어 표기)[약어]

  미니스크류식립(skeletal anchorage system)[SAS식립][MS식립]

- 순서

  엑스레이 띄우기 → 마취 → 주의사항 설명 → 마취 확인 → 미니스크류 식립 → 주의사항 설명

- 진료 기구 및 재료 준비

  기본 기구, 마취, 미니스크류 드라이버, 미니스크류, 셀라인 시린지, H_2O_2볼

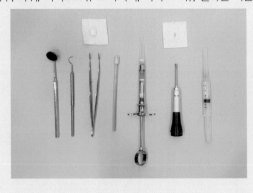

◎ "치아 이동이 많이 필요한 경우/잇몸이 많이 보이는 경우/치아의 돌
출이 심한 경우 마취하고 난 뒤 잇몸에 식립하는 작은 나사예요.
마취하고 나서 심을 거어서 아프진 않으실 텐데 혹시라도 불편하시면
살짝 왼손을 드세요."

치료 과정 ....

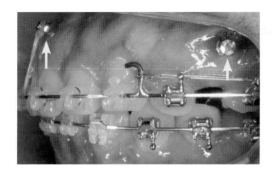

① 마취할 때

◎ "마취하겠습니다. 따끔하고 뻐근한 느낌 드실 수 있어요. 약은 쓴맛
나니까 삼키지 마시고 조금만 참아주시면 제가 빼드릴게요."

② 마취 확인할 때

◎ "얼얼한 느낌 있으세요?"

③ 미니스크류 식립할 때

◎ "미니스크류 심겠습니다. 혹시 찌릿찌릿하거나 아픈 느낌 드시면 왼
손 들어서 표시해 주세요."

술 후 설명 • ··

◉ "미니스크류 관련해서 몇 가지 설명드릴 부분이 있어요.

마취는 1-2시간 정도 있다가 풀릴 건데 혹시 식사하셔야 되면 마취 풀린 것 확인하고 드시는 게 좋아요.

대부분 괜찮다고는 하시는데 혹시 좀 아프다 싶으시면 집에 있는 진통제 드시면 돼요."

◉ "그리고 정말 중요한 게 양치질이에요.

미니스크류 주변에 음식물이나 플라그가 제거가 안 되면 염증이 생기고 부을 수 있어요. 양치질 잘해주시고 가글 여러 번 해주세요. 대신 칫솔대같이 딱딱한 부분이 스크류를 건드리거나 치지 않도록 주의해주세요."

◉ "지금 심어드린 나사는 작은 나사를 얕은 뼈에 심는 것이기 때문에 빠질 수 있어요. 놀라지 마시고 전화 주신 뒤에 치과로 오시면 상태 보고 다시 심어드릴 거예요. 입안에 없던 게 생기니까 손이나 혀로 만지게 되는데요. 자꾸 건드리시게 되면 염증이 생길 수 있으므로 주의해주시고 특별한 문제가 없다면 보통 교정 끝날 때 제거해 드릴 거예요. 혹시 불편하시거나 궁금하신 부분 생기시면 언제든 말씀해 주세요."

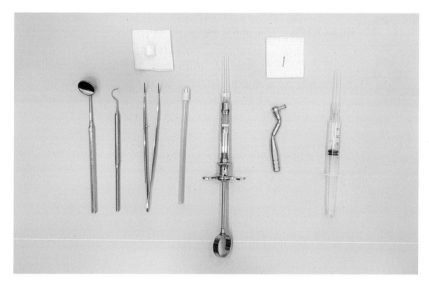

▲상악 구개부 미니스크류 식립 시 준비 예시

✔ 상하악 구분이 있는 경우에는 정확하게 확인 후 식립준비를 하도록 한다.

✔ 상악은 하악보다 뼈가 무른 편이라 조금 더 긴 것을 식립하는 경우가 많다.

✔ 미니스크류 식립 후 잘 심어졌는지 확인하기 위하여 치근단 촬영을 하는 경우도 있다. 원장님 스타일에 따라 필요시 치근단을 촬영하도록 한다.

✔ 미니스크류를 식립 후 스크류의 헤드 부분에 파워체인을 걸게 되는데 술자나 식립 위치에 따라 미니스크류를 식립한 직후에 파워체인을 걸기도 하고 1~2주 후에 파워체인을 걸기도 한다. 원장님 진료 스타일을 파악하여 준비하도록 한다.

선배가 알려주는 Tip •••••••••••••••••••••••••••••••••••••••

미니스크류의 위치는 어떻게 정하는 건가요?

5, 6번 사이에 많이 식립하긴 하지만 케이스에 따라 다르며, 구개부나 전치부, 최후방구치 후방에 식립하기도 합니다.

교정진행_치아사이삭제술

- **시술 간단 설명(정의)**

  주로 치아를 배열할 수 있는 공간을 만들기 위해 치아 사이를 삭제하는 술식

- **시술명 – 한국어 표기(영어 표기)[약어]**

  치아사이삭제(interproximal enamel reduction)[IPR] 또는 stripping

- **순서**

  엑스레이 띄우기 → 아치와이어 있는 경우 미리 제거 → 스케일링 → 스트리핑 → (필요시 불소 도포)

- **진료 기구 및 재료 준비**

  기본 기구, 브라켓 오프너 & 푸시, 유틸리티 플라이어, 핀커터 플라이어, 플라이어, 터커, 교정용 엔진 핸드피스, 스트립, 디스탈엔드커터(필요시 핸드스트립, 리프게이지)

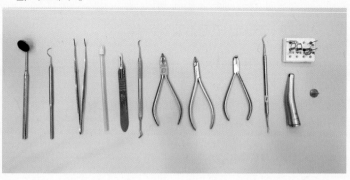

▶ 술 전 설명 ◀ ··

스트리핑은 ① 치아를 배열할 수 있는 공간을 만들기 위해, ② 치아 사이를 느슨하게 만들어 더 잘 배열하기 위해, ③ 치아 옆면을 좀 더 평평하게 만들어 안정적으로 붙을 수 있게 하기 위해, ④ 치아모양(치아가 삼각형모양인 경우)의 심미적인 개선을 위해, ⑤ 블랙트라이앵글을 감소시키기 위해, ⑥ 정밀한 투명교정장치를 제작하기 위해, ⑦ 치아 크기가 커서 크기를 조절하기 위해 하는 술식이다.
상황에 맞게 환자에게 설명을 해준다.

> ◗ "오늘은 치아를 배열할 수 있는 공간을 만들기 위해 치아 사이를 다듬겠습니다. 치아에 무리가 가지 않는 선에서(치아 한 면당 0.5 mm 이내) 다듬는 거기 때문에 치아가 손상되는건 아닌지 걱정하지 않으셔도 돼요.
> 머리가 울리는 느낌이 들고, 물이 많이 나옵니다. 놀라지 마세요."

▶ 치료 과정 ◀ ··

① 스케일링할 때

> ◗ "스케일링 먼저 해드릴 건데 물이 튈 수 있어서 포를 덮어드릴게요. 시리거나 불편하시면 왼손 들어주세요."

② 와이어 제거할 때

> ◗ "치아 다듬으려면 철사를 빼야 해서요, 빼드릴게요."

③ 스트리핑(stripping)할 때

> ◗ "물이 많이 나오고 울리는 느낌이 드는데 시리거나 아프지는 않으실 거예요."

✅ 원장님이 스트리핑할 때 한 손으로 에어시린지로 물을 뿌리고, 다른 손에는 석션팁을 잡고 석션을 한다.

✅ 이때 물을 너무 세게 뿌리면 치면에서 반사되어 술자 혹은 환자에게 튈 수 있으니 주의한다.

✅ 상악일 경우 물이 코로 들어갈 수 있고 하악일 경우 목 쪽으로 물이 많이 고일 수 있으므로 물을 뿌리는 위치가 스트리핑 하는 부위와 사선이 되게 뿌린다.

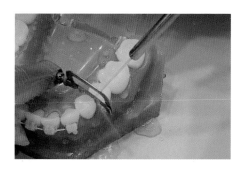

✅ 스트리핑 시에는 물을 뿌리다가 원장님께서 스트리핑을 잠시 멈추시면 스페이스 체크를 하시기 편하도록 스트리핑하던 부위에 에어를 분다. 이때 입안의 물과 침을 석션하면서 부는 것이 중요하다. 석션을 하지 않고 에어를 불면 입안의 물과 침이 입 밖으로 튄다. 석션을 했더라도 에어를 너무 세게 불면 물방울과 침방울이 술자나 환자에게 튈 수 있으니 힘을 조절하여 불도록 한다.

✅ 상황에 따라 능숙하게 어시스트하기 위해서는 양손 모두 쓰리웨이 시린지 에어나 물 사용 시 힘 조절을 할 수 있어야 한다.

✅ 케이스에 따라 핸드스트립을 이용하기도 한다. 자주 사용하는 핸드스트립은 다이아몬드 스트립, 메탈스트립(단면, 양면) 등이 있다.

✅ 케이스에 따라 다이아몬드 디스크를 사용하기도 한다. 다이아몬드 디스크 사용 시 물이 술자에게 많이 튈 수 있어 얼굴을 보호할 수 있는 실드를 같이 준비하기도 한다.

✅ 간격을 체크하기 위해 리프게이지(leaf gauge)를 사용하기도 한다.

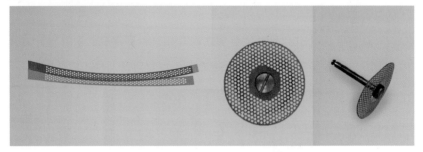

▲ 다이아몬드 스트립　　　　　▲ 다이아몬드 디스크

▲ 리프게이지

교정진행_엘라스틱걸기

- **시술 간단 설명(정의)**

  꼈다 뺐다 하는 고무줄 장착 시 장착 방법과 주의사항을 설명한다.

- **시술명 – 한국어 표기(영어 표기)[약어]**

  고무줄걸기(elastic)

- **순서**

  (필요시) 스탑 또는 고바야시 훅 만들기 → 고무줄 걸기 → 고무줄 챙겨 드리기

- **진료 기구 및 재료 준비**

  기본 기구, 유틸리티 플라이어, 핀커터 플라이어, 터커, 디스탈엔드커터 플라이어, 리게이쳐, 고바야시 훅 또는 브라켓 훅, 엘라스틱, 손거울

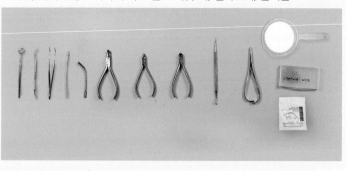

술 전 설명 ···

⊙ "꼈다 뺐다 하는 고무줄을 오늘부터 하셔야 하는데 이건 직접 뺐다 꼈다 하는 거예요. 설명드리는 대로 열심히 하시면 치료가 잘 진행될 거예요."

치료 과정 ···

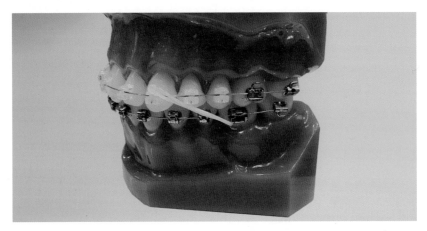

▲ #23 브라켓의 훅과 #36 튜브의 훅에 엘라스틱 연결

① 엘라스틱 끼기

핀셋이나 매튜를 이용하여 차트에 입력된 위치대로 고무줄을 넣는다.

▶ 처음 끼는 환자인 경우

• 먼저 핀셋(혹은 매튜 등)으로 잡고 어느 부분에 끼어야 하는지, 어떻게 끼는지 보여준다.

• 위치를 확실하게 확인한 다음 알려드린다. 고무줄 한쪽을 잡고 어금니부터 걸어준다.

◉ "어떻게 끼는지 먼저 가르쳐 드릴게요. 거울 잡아보시고 기대보세요.
정해진 순서는 없고 편하신 데부터 먼저 거시면 돼요.
쭈욱 당겨서 여기 튀어나온 고리 보이시죠? 이쪽에 걸어주시면 돼요. 고
무줄 뺄 땐 '아-' 해보세요. 그러면 고무줄이 두 갈래로 갈라진 거 보이세
요?
한쪽을 잡고 빼시면 되세요. 한번 해보시겠어요?"

• 엘라스틱을 걸어야 하는데 훅이 없는 브라켓(전치부 브라켓 등)일 경우 고
바야시 훅을 결찰한다.

▶ 처음 끼는 환자가 아닌 경우

차트를 확인하고 엘라스틱을 건 후에 거울을 보여준다.

• 위치가 다를 경우

◉ "위치가 지난번하고 비슷하면서 조금 달라요. 지난번에는 삼각형 모
양이었는데, 이번에는 사각형 모양이고 고무줄 종류도 달라졌어요. 한
번 뺐다 꼈다 해 보시겠어요? 네. 그렇게 해주시면 돼요."

• 위치가 같을 경우

◉ "위치가 지난번 하고 같고 고무줄 종류도 같아요. 한번 끼워 보시겠어
요? 네. 그 위치에 그대로 끼우시면 돼요."

* 환자가 엘라스틱을 뺐다가 제위치에 끼는 것까지 잘 하는지 꼭 확인하고 유니트
체어에서 내려오도록 한다. 여러 번 연습했는데도 위치를 잘 기억하지 못하는 경우에
는 메모하여 전달하는 방법 등을 통하여 잘못 끼는 일이 없도록 한다.

▶ 고바야시 훅

와이어 형태로 되어있으며 메인 아치와이어 상방으로 거는 경우도 있고 결

찰하지 않고 메인 아치와이어 하방으로 거는 경우도 있다. 원장님 스타일대로 확인 후 결찰하도록 한다. 일반적인 리게이쳐와이어보다 굵기가 굵다.

일반적 리게이쳐와이어는 0.09인치, 0.10인치인데 비하여 고바야시 훅은 0.12인치, 0.14인치의 사이즈가 있다. 충분한 연습을 해야 환자의 구강 내에서 능숙하게 결찰할 수 있다.

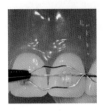

▲ 고바야시 훅 거는 순서

체크 포인트 ● ·

엘라스틱 링이 작아서 손으로 끼기 힘들어 할 경우 엘라스틱홀더(elastic holder)를 이용하여 거는 법을 설명한다.

술 후 설명 ● ·

   ◑ "정밀한 교정 진행을 위해서 고무줄을 껴야 하는데 많이 도와주셔야 해요. 이 고무줄은 20시간 이상 껴주셔야 되는데 식사하실 때와 양치

시간 빼고는 계속하고 있다고 생각하시면 돼요.

고무줄은 하루에 하나씩 사용하시면 됩니다. 음식이나 간식 드실 때마다 새 고무줄을 쓰게 되면 저희가 예상했던 것보다 센 힘이 작용돼서 치아에 무리가 갈 수 있어요. 아침마다 새로 하나씩 갈면 되시고 밥 먹을 땐 빼고 옆에 두셨다가 식사 후 다시 끼시면 돼요. 혹시 잃어버리시거나 하실 때만 새 걸 끼시고, 그 외에는 아침에 끼던 거 그대로 끼시면 됩니다.

고무줄 낀 상태에서 말을 많이 하셔야 효과가 있어요. '아'하고 벌릴 때 힘이 더 느껴지시죠? 잘 때만 끼면 효과를 기대하기 힘들어요. 낮에 많이 끼워주시고요. 그리고 끼다 보면 이가 빠질 것 같은 느낌 드실 수 있는데 일시적인 증상이니까 너무 걱정하지 않으셔도 돼요. 하품이나 무리하게 입을 벌리면 고무줄이 끊어질 수 있는데 그때에는 고무줄 새 걸로 끼우시면 돼요.

고무줄 위치가 기억이 안 나시거나 고무줄을 잃어버리셨을 땐 병원으로 전화 주시고 꼭 내원해주세요."

FAQ

 두 개씩 끼면 효과가 더 좋은가요?

 저희가 설명을 드릴 때는 고무줄을 한 개씩 꼈을 때의 효과를 기대하고 말씀을 드려요. 여러 개 끼셔서 예상보다 큰 힘이 적용되면 저희가 생각하는 방향대로 움직이지 않고 오히려 교정 마무리에 방해가 되는 이동이 있을 수 있어요. 두 개씩 끼는 것보다 매일 끼시고 낮에 많이 끼는 게 효과가 더 좋아요.

12

교정진행_바이트블럭레진 올리기

- 시술 간단 설명(정의)

  장치가 치아에 닿는 경우, 거꾸로 물리는 치아를 밖으로 빼낼 때 과개 교합일 때 구치부치아 교합면에 레진을 올려 교합을 일시적으로 높이는 술식

- 시술명 – 한국어 표기(영어 표기)[약어]

  바이트블럭레진 올리기(bite rasing 또는 bite resin build up)[BB]

- 순서

  교합 확인 → 바이트블럭레진 올릴 부분에 스케일링과 폴리싱 → 수세 → 에칭 → 수세 → 본딩 → 건조 → (큐어링) → 바이트블럭레진 올리기 → 레진모양 다듬기 → 큐어링 → 교합체크 → 교합조정 → (폴리싱)

- 진료 기구 및 재료 준비

  기본 기구, 글리세린 없는 퍼미스, 로빈슨 브러쉬, 로우 핸드피스(콘트라앵글), 버세트, 에찬트, 본딩제, 미니브러쉬 또는 마이크로 브러쉬, 바이트블럭용 레진, 교합지, 교합지 홀더, 유틸리티 플라이어, 핀커터 플라이어, 브라켓 오프너 & 푸시, 터커, 광중합기(필요시 프로텍터)

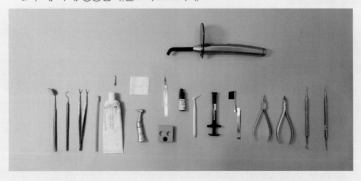

. . . .

○ "어금니(또는 앞니) 쪽에 파란 색깔 재료를 올려놓을 거예요.

당분간 식사가 불편하실 수 있는데 배열이 진행되면 삭제하거나 아예

제거해 드릴 거예요. 어금니로 앙 물어 보세요. 이렇게 무시는 것 맞으

시죠?(바이트를 확인한다)"

. . . .

① 바이트블럭레진 올리는 이유와 기능 교두의 위치를 확인

보통 하악 6번이나 상악 6번에 바이트레진을 올리는데 해당 치아가 상실 치아거나 보철물이면 7번에 시행하기도 해요. 드물게 6번이나 7번이 아닌 다른 치아에 올리기도하니까 어느 치아에 올리는 건지 정확히 확인 후 올리도록 해주세요.

② 바이트블럭레진 올릴 부분 스케일링 및 치면세마할 때

해당 부위 스케일링 및 퍼미스와 로빈슨브러쉬(또는 리버컵)를 이용하여 치면세마를 시행한다.

○ "재료 올릴 부분 깨끗하게 해드릴 거예요. 물 나옵니다.

(퍼미스로 치면세마할 때) 올리는 느낌 나고 텁텁한 느낌이 드실 수 있어요."

③ 수세 및 건조할 때

○ "물입니다." / "바람입니다."

④ 에칭할 때

해당 부위에 에찬트를 도포한다.

○ "치아에 약제를 바를 거예요. 움직이지 마시고 그대로 계세요. 약간

신맛이 날 수 있어요."

⑤ 수세 및 건조할 때

> ◎ "물입니다." / "바람입니다."

⑥ 본딩제 도포 및 에어 불 때

> ◎ "재료가 잘 유지되라고 약제 도포할 건데 냄새가 나고 쓴맛이 날 수 있어
> 요. 약제가 골고루 퍼지라고 바람 불 거예요. (에어 불기) 바람입니다."

⑦ 큐어링할 때

> ◎ "장치 잘 붙으라고 도포한 약제를 굳히는 중 이에요. 따뜻한 느낌 드
> 실 텐데 혹시 뜨거우면 왼손 들어서 표시 해주세요."

⑧ 바이트블럭레진 올릴 때

바이트블럭레진을 올릴 때 제일 중요한 점은 최소의 양으로 최대의 효과를
볼 수 있도록 해야 한다는 것이다.

- 한 쪽 치아에 코어용 레진이나 band resin(밴드부착용 레진)을 올린다.
- 마이크로브러쉬에 본딩제를 묻혀 매끈한 모양을 만든다.
- 알코올 솜을 동그랗게 말아서 모양을 만들거나, 코튼롤을 핀셋에 잡고 모
  양 을 만들어 사용하기도 한다.

⑨ 큐어링할 때

> ◎ "눈감고 계세요. 따뜻한 느낌 드실 텐데 혹시라도 뜨거운 느낌이 드시
> 면 왼손 들어주세요."

큐어링하는 도중에 움직이게 되면 처음부터 다시 해야 하는 경우가 생기기
때문에 미리 설명한다.

* 반대편 치아도 위와 같은 방법으로 시행해주세요.

⑩ 교합 확인할 때

- 다물었을 때 먼저 닿는 곳이 있는지 확인한다.

> ◎ "앙 물어보세요."

- 먼저 닿는 곳이 있다고 하면 교합을 확인하여 바이트레진이 높다고 여겨

지는 곳을 조정할지, 낮은 곳을 에딩(adding) 할지를 결정한다.

· 교합을 올리는 이유가 충족되고 양쪽 다 교합지가 물린다면 폴리싱 후 마무리를 한다.

· 크게 차이가 나지 않는 경우에 환자가 양쪽 교합차이를 느끼지 못할 수 있는데 그렇다 하더라도 교합지를 이용하여 양쪽이 같이 닿는지 확인해야 한다.

▶ 한쪽만 교합지가 빠지는 경우

· 교합이 높은 경우

라운드버(round bur)나 그린스톤버(green stone bur) 등을 이용하여 교합을 조정하여 양쪽이 동일하게 닿을 수 있게 조정한다.

· 교합이 낮은 경우

레진을 에딩한다. 이때 물세척 후 건조시킨 다음 본딩제를 바르면 접착력을 높일 수 있다.

· 양쪽이 같이 물린다고 할 경우

괜찮다고 하더라도 교합지를 이용하여 양쪽 다 물리는지 체크한다.

◎ "딱딱 씹었을 때 어떠세요? 괜찮으세요?"

⑪ 폴리싱을 할 때

◎ "지금 양쪽이 같이 물리는 것 확인 했어요. 괜찮으시죠? 이제 매끈매끈하게 다듬은 다음에 주의사항 설명 드리도록 할게요. 돌돌돌 올리는 느낌 나면서 물 나옵니다."

거칠한 곳이 없도록 폴리싱을 하되, 조절해놓은 높이가 낮아지지 않도록 주의한다.

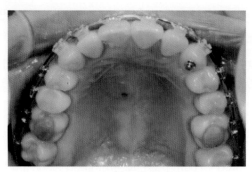

출처: 이미지플러스교정치과 강상욱, 정종현 원장님 제공

☑ 바이트블럭레진을 교두 쪽에만 너무 적은 양으로 올리게 되면 잘 탈락할 수 있고 식사 시 더 불편하다. 너무 적은 양을 좁게 올리지 않도록 한다.

☑ 너무 많은 양을 올리게 되면 환자가 말을 하거나 식사를 할 때 불편해 할 수 있기 때문에 주의한다.

☑ 레진이 닳을 것을 고려하고 아주 살짝 높게 올리도록 한다.

▶ 바이트블럭레진을 제거할 때

• 하이 핸드피스에 다이아몬드버를 이용하여 어느 정도 삭제한다.

• 얇은 라운드버를 이용하여 남은 레진을 제거한다.

술 후 설명 ▶

⊙ "아까 말씀드린 것처럼 배열이 좀 더 잘 되게 하기 위해 올린 거예요. 당분간 부드러운 음식 위주로 잘라서 드세요. 사용하시다 보면 떨어질 수 있는데 그럼 치과로 전화 주시고 오시면 돼요."

FAQ

 이거 언제까지 하고 있어야 해요?

 치아 배열되는 정도를 봐야 해서요. 우선 다음 예약 때 상태 보고 원장님께서 얼마나 올리고 있어야 하는지 말씀해 주실 거예요.

교정진행_와이어 교체

- 시술 간단 설명(정의)

  교정 중에 와이어를 교체하는 술식

- 시술명 – 한국어 표기(영어 표기)[약어]

  와이어 체인지(wire change)[W/C]

- 순서

  엑스레이 띄우기 → 스케일링 → 장치오픈 → 와이어 제거 → 와이어 넣기

- 진료 기구 및 재료 준비

  기본 기구, 오프너(비자가결찰 시 생략), 유틸리티 플라이어, 핀커터 플라이어,
  디스탈엔드커터 플라이어, 터커, 메튜 플라이어, 리게이쳐와이어

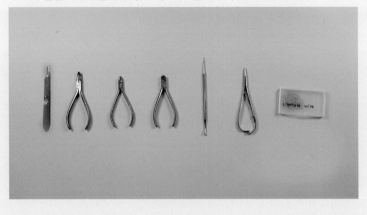

> 술 전 설명

- ◎ "오늘 와이어 바꿀 거예요."

> 치료 과정

① 스케일링할 때

- ◎ "치료 들어가기 전에 스케일링해드릴 건데 물이 튈 수 있어서 포를 덮어드릴게요. 불편하시면 왼손 들어주세요."

스케일링은 와이어를 제거하기 전에 하기도 하고 제거한 후에 하기도 한다. 자가결찰 브라켓인 경우에는 와이어를 제거하기 전 캡 주변을 깨끗이 해야 캡을 수월하게 열 수 있기 때문에 미리 하기도 한다. 해당 병원의 상황에 따라 진행하도록 한다. 일반적으로 장치 주변 위주, 양치가 어려운 부분 위주로 진행한다.

② 와이어 뺄 때

- 기존 결찰되어 있던 와이어를 제거하기 전 차트를 한 번 더 확인하여 오늘 진료할 내용을 체크한다.
- 오늘 진료 내용 및 현재 와이어 종류와 굵기를 차트로 다시 한 번 확인한다.
  - ◎ "와이어 빼드릴게요."

③ 와이어 넣을 때

- ◎ "와이어 넣을게요. 입술이 눌릴 수 있고, 뻐근한 느낌이 드실 수 있는데 많이 불편하시면 왼손 들어 주세요."

체크 포인트 •••••••••••••••••••••••••••••••••••••

✅ 리게이쳐 제거할 때

- 파워체인이 걸려 있다면 먼저 제거한다. 위치나 칸수를 기억해야 할 수 있다. 원장님께서 이전에 어디에 몇 칸으로 걸려있었는지 확인을 하시는 경우에는 미리 메모를 해둔다. 매튜, 유틸리티 플라이어, 핀커터 등 편한 기구를 이용하여 제거한다.

- 리게이쳐 와이어를 핀커터를 이용하여 커팅한다. 이때 정확하게 리게이쳐 와이어만 자를 수 있도록 주의한다. 브라켓을 잘못 건드리면 지렛대 원리로 디본딩이 될 수도 있고 너무 깊게 핀커터를 갖다 대면 브라켓이 깨지거나 핀커터 날이 망가질 수 있다. 또한 입술을 잘 리트랙션해서 다치지 않도록 한다. 제거한 리게이쳐 와이어는 환자 옷에 떨어지면 찔릴 수 있으니 환자의 옷에 떨어지지 않도록 주의한다.

- 오링일 경우 익스플로러를 이용하면 쉽게 제거할 수 있다.

- 와이어 정중앙과 오른쪽 2번 3번 사이를 네임펜으로 표시한다. 와이어를 폐기하는 경우도 있고 차트에 보관했다가 재사용하는 경우도 있으니 병원 방침에 따르도록 한다. 표시해두면 재사용 시, 기존 와이어 참고하여 새 와이어를 커팅할 때 편리하다. 좌우 대칭인 환자도 있지만 그렇지 않은 환자도 있기 때문에 표시해두면 좌우 구별이 쉬워진다.

✅ 아치와이어 뺄 때

▶ 단면이 원형인 와이어(라운드와이어)

- 씬치백이 되어 있는지 확인한다. 되어 있다면 터커나 플라이어를 이용하여 구부러진 부분을 펴거나 펴기 어렵다면 잘라서 빼낸다.

- 7번 원심에서 디스탈 엔드커터를 이용하여 자르되 자르기가 어려운 상황이면 6, 7번 사이를 자르고 빼낸다. 단, 이러한 경우 와이어 재사용이 어렵기 때문에 병원 방침에 따라 융통성 있게 적용한다.

- 오른쪽 혹은 왼쪽부터 유틸리티 혹은 하우 플라이어를 이용하여 구치부부터 와이어를 빼낸다. 이때 손이 미끄러지지 않도록 주의한다.
- 처음에 작은 힘을 주어 빼도록 하고 잘 안 빠지면 조금 더 힘을 줘서 빼는 방식으로 조절하여 빼낸다.
- SS 와이어 같은 경우는 빼낼 때 힘을 잘못 주면 원래 모양에서 변형될 수 있으니 주의한다.
- 양쪽 구치부에서 와이어를 빼냈으면 전치부 쪽에서 와이어를 잡아 구강 밖으로 완전히 빼낸다.
- 브라켓 윙이나 슬롯에 음식물이나 치석이 있다면 해당 부위에 스케일링을 가볍게 시행한다.

▶ 단면이 직각인 와이어(렉트와이어)

- 씬치백 여부 확인한다. NiTi 와이어라면 씬치백이 되어있을 수 있다.
- 구치부부터 빼내되 굵기가 굵은 와이어 같은 경우는 잘 안 빠질 수 있다. 손이 미끄러지지 않도록 조심하며 힘주어 빼낸다. 한 번에 뺄 생각하지 말고 1–2 mm씩 빼낸다는 생각하며 살살 빼낸다.
- 저년차 인데 너무 안 빠진다고 여겨질 경우 선배나 원장님께 도움을 요청한다.

✅ 아치와이어 넣기

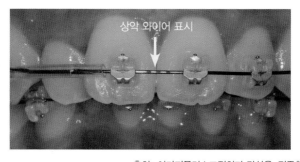

출처: 이미지플러스교정치과 강상욱, 정종현 원장님 제공

- 와이어 중에 상악 와이어는 와이어 중앙에 세 개의 라인이, 하악 와이어는 중앙에 한 개의 라인이 있는 경우도 있다. 와이어를 넣기 전 상악 와이어와 하악 와이어를 확실하게 구별하여 넣도록 한다.
- 기존 와이어를 참고하여 길이를 자른다. 좌우 길이가 다른 경우도 있으니 한 번 더 확인한다.
- 기존 와이어와 길이가 같은 경우에는 기존 와이어보다 3 mm 정도 여유 있게 자르고 다른 경우에는 감안하여 자르도록 한다. 길이 맞추는 것에 자신이 없을 경우 넉넉하게 자르는 게 낫다. 짧게 자르면 와이어를 쓰지 못하고 폐기해야 할 수 있다.
- 알맞게 자른 와이어를 6번 튜브의 슬롯에 넣는다. 이때 플라이어보다는 손으로 넣는 게 더 수월하다.
- 7번에 넣을 때는 플라이어를 이용하여 넣는다. 배열이 덜 되었는데 NiTi 렉트 와이어를 넣어야 하는 경우 잘 안 들어갈 수 있다. 치아 각도를 교합면 쪽과 협면쪽에서 마우스 미러로 확인한다. 얼라인이 덜 되었는데 NiTi 렉트 와이어를 넣어야 하는 경우 플라이어로 꽉 잡은 채 방향을 위쪽이나 혹은 아래쪽으로 각도를 틀어서 넣어야 하거나 팔라탈 쪽으로 눌러서 넣어야 하는 경우도 있다.
- 얼라인이 덜 된 경우 SS 렉트와이어가 튜브의 슬롯에 잘 안들어가거나 브라켓 슬롯에 들어가지 않고 들뜨는 경우가 있다. 이때 원장님이나 선배들에게 조언을 구한다.
- 와이어가 양쪽 구치부에 잘 들어갔을 경우 소구치와 전치부 슬롯에 딱 맞게 넣기 위해 6번, 7번 사이의 와이어를 플라이어로 꽉 잡아 디스탈 쪽으로 1-2 mm씩 밀어 넣는다. 7번에 들어가기만 하면 큰 힘을 주지 않더라도 와이어는 수월하게 들어간다(아래 사진 참고).
- 전치부 슬롯에 밀어 넣을 때엔 입술이 와이어에 집히지 않도록 주의한다.

쉽게 삽입 가능   슬롯 입구에서   슬롯 입구에서
각을 잘 맞춘 경우   잘못 접근한 경우

와이어 슬롯 내부공간과   와이어 슬롯 내부공간과
평행하게 각을 잘 맞춘 경우   평행하지 않게 각을 잘못 맞춘 경우

구치부 튜브에 와이어를 넣을 때 보통 라운드 와이어는 슬롯에 잘 들어가요. 하지만 사이즈가 큰 렉트 와이어는 각이 있기 때문에 슬롯의 모양에 맞추어 딱 맞게 각을 튼 상태로 넣어야 해요. 플라이어로 와이어를 잡을 때 슬롯의 사각형 모양과 와이어의 모양이 잘 들어가도록 잡아 입구에 먼저 넣어 주고, 와이어의 주행 방향이 슬롯의 내부와 평행하게 들어갈 수 있도록 각을 틀어서 넣어야 한답니다. 힘보다 요령이 중요한 부분이에요.

✅ 리버스커브드 와이어(reverse curved wire)를 넣을 때

리버스커브드 와이어의 경우 구치부를 넣고 나면 와이어가 윗니는 위쪽으로, 아랫니는 아래쪽으로 휘게 되는 경우가 많다. 그러다 보니 입술에 잘 집혀서 리트랙션이 중요하다.

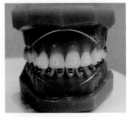

✅ 오버레이(over lay)할 때

케이스에 따라 아치와이어를 넣고, 리버스와이어를 겹쳐 넣는 오버레이 방법으로 와이어를 넣는 경우도 있다.

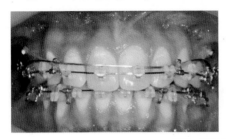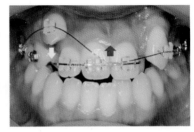

▲ 상악: 와이어 오버레이

출처: 이미지플러스교정치과 강상욱, 정종현 원장님 제공

✅ 묘 아치와이어(MAEW arch wire)를 넣을 때

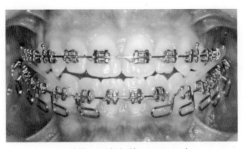

▲ 하악: 묘와이어(MAEW wire)

출처: 이미지플러스교정치과 강상욱, 정종현 원장님 제공

- 마무리 시 엘라스틱의 효과를 높이기 위해 적용하는 와이어이다.
- 아치와이어를 제거하고, 인상채득하여 모델상에서 와이어를 제작한다.

✅ 리게이쳐 와이어 묶을 때(ligation)

- 순서를 정하여 빠뜨리지 않도록 한다.
- 아치와이어가 슬롯 안에 완전히 들어간 것을 확인하면서 결찰한다. 특히, 렉트 와이어의 경우 완전히 들어가지 않는 경우가 종종 있다. 슬롯 안에 결찰이 제대로 안 되면 치아가 원하지 않는 방향으로 이동할 수 있다.
- 리게이쳐 와이어를 커팅하기 전에 와이어에 입술이나 점막이 찔리지 않도록 주의한다.
- 헐렁하게 결찰하지 않도록 한다. 헐렁하게 하면 얼라인이나 레벨링도 덜 될뿐더러 풀릴 가능성이 높다. 초기 라운드 NiTi 와이어로 얼라인하는 경우는 조금 느슨하게 하는 경우도 있으니 참고한다.
- 리게이쳐 와이어를 이용하여 결찰할 때 윙에 걸고 살짝 당기면서 결찰해야 와이어가 꾸불꾸불하게 말리지 않고 똑바로 말린다. 꾸불꾸불할 경우 나중에 터커로 와이어를 정리할 때 더 번거롭다.
- 2-3 mm 정도 남기고 커팅한 후 터커를 이용하여 리게이쳐 와이어를 잘 구부려준다.
- 글러브를 낀 손으로 브라켓 주변을 만져본다. 찔리거나 걸리는 곳이 없는지 확인한다.

✅ 리게이쳐 와이어 묶는 과정

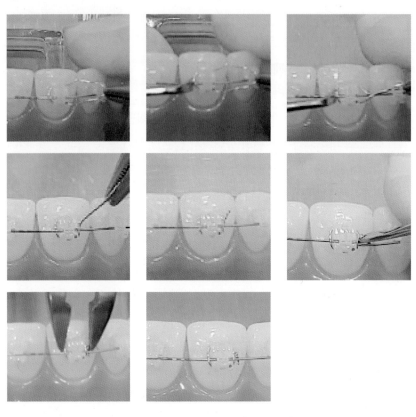

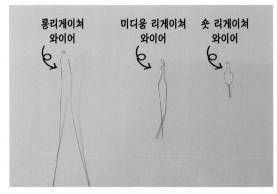

롱리게이쳐 와이어

미디움 리게이쳐 와이어

숏 리게이쳐 와이어

✅ 롱리게이쳐 tie

▶ 롱리게이쳐 Figure 8 tie

• 롱리게이쳐 와이어를 이용하여 묶는 방법이다. 마무리 단계에서 적용하는 경우가 많다.

• 아치와이어 밑에 하는 경우도 있고 위에 하는 경우도 있으니 정확한 확인 후 적용하도록 한다.

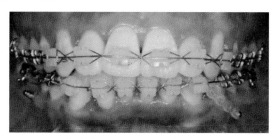

▲ 상, 하악 Figure 8 tie로 결찰한 모습

출처: 이미지플러스교정치과 강상욱, 정종현 원장님 제공

▶ 롱리게이쳐 Rope tie

• 롱리게이쳐 와이어를 이용하여 결찰하는 방법이다.

• 교차하여 묶는 Figure 8 tie와 달리 브라켓 근심부터 다음 브라켓 원심까지 와이어를 꼬아서 연결하여 결찰하는 방법으로, 치아가 이동하여 공간이 생기지 않게 묶는 방법 중 하나이다. 아치와이어 하방으로 하는 경우도 있고 상방으로 하는 경우도 있다.

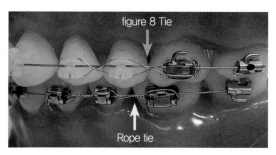

➡ 상악 Figure 8 tie ➡ 하악 Rope tie

Figure 8 tie와 Rope tie는 실제 효과는 비슷한데 Figure 8 tie는 형태상 비교적 음식물이 많이 끼는 대신 약하게 당기는 효과를 줄 수 있어요. Rope tie같은 경우는 현재 상태를 유지하는 passive 한 방법이라고 볼 수 있어요.

술 후 설명

◎ "오늘 와이어 바꿔드렸어요. 며칠은 뻐근하고 불편한 느낌 드실 수 있어요."

FAQ

이 철사는 왜 하는 거예요?(Rope tie 혹은 Figue 8 tie)

지금 어금니 위치가 좋아서요. 치아가 더 벌어지거나 움직이지 않는, 유지하는 기능을 하는 거예요. 음식물이 잘 낄 수 있으니까 양치 더 꼼꼼하게 해주시고 철사가 혹시 끊어지면 찔릴 수 있는데 불편하시면 예약 전이라도 전화 주시고 오시면 돼요.

아찔했던 episode! 4년 차 때 나는 치아 교정 중이었는데 내가 환자 역할을 하고 후배한테 NiTi렉트 와이어를 연습해보라고 누웠다. 후배가 힘으로 6번 튜브에 밀어넣다가 튜브가 떨어지면서 와이어로 볼을 찔러서 상처가 났다. 실제 환자에게도 일어날 수 있는 일이다. 충분한 연습이 필요하다는 것을 알 수 있는 에피소드이다.

교정마무리_고정식 유지장치 인상채득

- 시술 간단 설명(정의)

  고정식 유지장치 본뜨는 술식

- 시술명 – 한국어 표기(영어 표기)[약어]

  고정식 유지장치 인상채득(impression for fixed lingual retainer)[Fixed 인상채득]

- 순서

  엑스레이 띄우기 → 스케일링 → 블럭아웃하기 → 픽스드 리테이너 인상채득 → 구내 알지네이트 제거

- 진료 기구 및 재료 준비

  기본 기구, 상하악 전치부 파샬 트레이, 알지네이트, 스파튤라, 러버보울, 유틸리티왁스

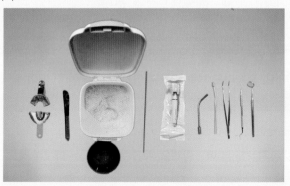

술 전 설명

◉ "오늘은 입안에 붙이는 고정식유지장치 본을 뜰 거예요.

교정 시작하기 전에 분홍색 말랑한 재료로 입안의 모양을 본떴던 거 생각나세요? 오늘 그 본을 뜰 건데요. 그래도 그때보다는 조금 덜 불편하실 거예요. 앞니 쪽만 잘 나오면 되거든요.

본이 정확하게 나와야 되다 보니까 만약 본이 잘 나오지 않을 경우 여러 번 뜰 수 있습니다."

치료 과정

① 스케일링할 때

◉ "치료 들어가기 전에 스케일링 해드릴 건데요, 불편하시면 왼손 살짝 들어주세요."

② 블록아웃할 때

브라켓 위에 유틸리티왁스를 붙인다.

◉ "그냥 본을 뜨면 장치에 재료가 걸려서 본이 잘 안 나오게 돼요. 촛농 같은 재료를 잠깐 붙이고 본을 뜰 거고요. 뜨고 나면 다 제거해 드릴 거예요. 좀 뻐근한 느낌 드실 수 있어요."

③ 트레이 맞출 때

◉ "틀 먼저 맞춰 볼게요. 불편한 데 있으세요? 그럼 아래부터 본떠드릴게요. 혹시라도 부족한 부분 있으면 한두 번 더 떠야 될 수 있어요. 양해 부탁드릴게요."

④ 픽스드 리테이너 인상채득할 때

◉ "유지장치 본 떠드릴게요. 차갑습니다. 굳는 데 2분 정도 걸리고요. 혹시 불편하시면 왼손 드세요."

⑤ 굳은 것 확인 후

　　　◎ "괜찮으세요? 본 잘 나왔어요. 이제 위쪽 본을 떠드릴게요."

바이트가 깊을 경우 바이트를 채득한다.

* 바이트가 깊지 않아도 바이트 채득하는 경우도 있으니 참고

⑥ 구강 내 알지네이트 제거할 때

익스플로러나 일회용 칫솔 이용하여 유틸리티왁스와 알지네이트를 제거한다.

　　　◎ "입안에 남아있는 분홍색 재료 제거해 드릴게요."

체크 포인트

✅ 블록아웃할 때

만일 왁스를 사용하여 블록아웃(block out) 후 인상채득을 하는 경우 절단연까지 왁스가 올라오지 않도록 주의한다. 블록아웃 시 겨울에는 왁스가 딱딱하여 조작이 어렵다. 따뜻한 물에 담갔다가 쓰면 조작을 좀 더 수월하게 할 수 있다.

✅ 인상채득할 때

- 고정식 유지장치인 경우 설면 부분에 장치를 제작하는 것이기 때문에 설면에 기포가 생기지 않게 주의한다. 환자에게 침을 삼키도록 안내하고, 에어를 설면에 분 다음에 인상을 채득한다.
- 꾹 누르면 절단연이 트레이에 찍힐 수 있으니 주의한다.
- 알지네이트가 굳기 전에 뺀다면 본이 변형되므로 완전히 굳은 다음 트레이를 환자 구강 내에서 제거한다.
- 인상채득이 제대로 안 나올 경우 여러 번 뜰 수 있음을 미리 고지한다.

절단연이 찍힌 사진: 앞니부분 메탈보임	절단연이 찍히지 않은 사진

✅ 기공의뢰서 작성할 때

- 정확한 치식을 기록하도록 한다
- 비발치교정은 3-3, 발치교정은 4-4 혹은 5-5로 제작하는 경우가 많다.
- 교합이 긴밀한 경우에는 픽스드 리테이너 부착 시 하악절단연에 상악 픽스드 리테이너가 닿을 가능성이 높다. 이 같은 경우에는 리테이너가 잘 탈락되어 재발(예: 치아벌어짐)이 일어나기도 한다. 이러한 특이사항이 있는 경우에는 원장님 확인을 받고 체크 후 특이사항을 고려하여 제작할 수 있도록 한다.

술 후 설명

- ⬇ "다음번에 고정식 유지장치 입안에 붙여드릴 거예요.
  지금 구강상태에 맞춰서 장치를 제작했기 때문에 내원 약속을 지키지 않으면 장치가 안 맞을 수 있습니다. 꼭 약속 날짜 지켜주세요."

FAQ •••

장치는 언제 떼나요?

다음번에 유지장치를 붙이면서 장치를 떼는 경우도 있고, 유지장치 먼저 붙이고 좀 지켜본 다음에 장치를 떼는 경우도 있어요. 원장님께서 언제 뗄지는 다음번에 유지장치 붙이고 상태 체크하신 다음에 정확하게 말씀드릴 수 있다고 하셨어요. 유지장치 붙이는 것도 시간이 오래 걸리니까 시간은 넉넉하게 1-2시간 비워두고 오시면 돼요.

교정장치 제거 및 유지장치 인상채득 및 부착
_고정식 유지장치 부착

- 시술 간단 설명(정의)

  설면에 고정식 유지장치를 붙이는 술식

- 시술명 – 한국어 표기(영어 표기)[약어]

  고정식 유지장치 부착(fixed lingual retainer delivery)[Fixed del]

- 순서

  엑스레이 띄우기 → 폴리싱 → 에칭 → 수세 → 건조 → 본딩 → 치실 넣기 → 건조 → (큐어링) → 픽스드 리테이너 딜리버리

- 진료 기구 및 재료 준비

  기본 기구, 로우 핸드피스(콘트라앵글), 로빈슨 브러쉬, 퍼미스, 에찬트, 미니 브러쉬 또는 마이크로 브러쉬, 면봉, 고정식 유지장치용 레진, 교합지, 교합지 홀더, 광중합기, 버세트(필요시 프로텍터, 치실)

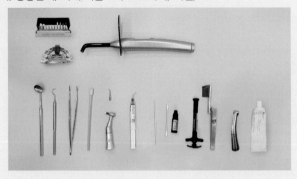

> ### 술 전 설명 ·········

> ● "앞니 안쪽에 유지장치 붙여드릴 거예요. 치료 과정 중에 아프신 건 없지만 입을 계속 벌리고 계셔야 해서 불편하실 수 있어요. 침이 닿으면 장치가 쉽게 떨어질 수 있으니까 혀 대지 않도록 주의해주세요."

> ### 치료 과정 ·········

① 스페이스 체크

> ● "진료 전에 원장님 체크 먼저 받으실 거예요."

② 원장님 체크 후 픽스드 리테이너 먼저 맞춰보기

> ● "장치 잘 맞는지 확인 먼저 해드릴게요."

③ 스케일링할 때

> ● "유지장치 붙일 부분 잘 붙으라고 깨끗하게 해드릴게요. 물 나올 거고 약간 시리실 수 있어요. 많이 불편하시거나 시리시면 왼손 들어주세요."

④ 에칭할 때

리트랙터를 끼우고 고정식 유지장치(픽스드 리테이너)를 붙일 곳에 에칭을 한다.

> ● "침이 닿으면 안 돼서 기구 끼우고 진행할 거예요. (리트랙터 끼운 다음) 괜찮으세요? 유지력을 높이기 위해서 표면처리 약제 바를 거예요. 침이 닿으면 안돼서요. 혀 내밀지 마시고 침 삼키지 마세요."

⑤ 수세할 때

> ● "물입니다."

⑥ 건조할 때

> ● "바람입니다. 이제 장치를 붙일 건데 침이 닿으면 안 돼서요. 혀를 대시거나 움직이지 마세요."

⑦ 본딩할 때

치아설측 부분에 얇게 본딩제를 바른다.

　◎ "약제를 바를게요."

⑧ 에어불 때

본딩이 얇게 퍼지도록 에어를 살살 분다.

　◎ "바람입니다."

⑨ 큐어링할 때

　◎ "눈감고 계세요. 따뜻한 느낌 드실텐데 혹시 뜨겁다 싶으시면 왼손 들어 주세요."

⑩ 격리 방습할 때

코튼롤이나 거즈를 이용한다.

　◎ "침이 닿으면 안 돼서 솜을 좀 넣어 드릴게요."

⑪ 픽스드 리테이너를 치면에 적합시킬 때

퍼티로 고정되어 있는 경우는 픽스드 리테이너가 퍼티에서 분리되지 않게 조심스럽게 구강 내에 넣는다. 퍼티로 고정되어 있지 않은 경우는 치실을 이용하여 픽스드 리테이너를 고정한다.

⑫ 레진 빌드업(build up)할 때

▶ 퍼티로 고정되어 있는 경우

가장자리부터 플로우에이블 레진으로 와이어를 고정한다. 이때 레진으로 유지장치를 완전히 부착하는 것이 아닌 임시 고정시키는 것을 목적으로 하기 때문에 소량을 사용한다(쌀알 크기 정도). 반대쪽 가장자리 치아도 같은 방법으로 큐어링을 하고 퍼티로 고정되어 있는 부분 옆 치아까지 소량의 레진을 올린 후 큐어링을 한다. 핀셋으로 본딩되어 있는 픽스드 리테이너를 고정한 후 퍼티를 조심스럽게 제거한다. 퍼티가 있던 자리의 치면에도 소량의 레진을 올려 큐어링한다.

▶ 치실로 고정한 경우

치실 길이는 너무 짧지 않게 하는 것이 좋다. 짧으면 본딩이 끝나기 전에 치실을 놓치는 일이 생길 수 있다. 치실을 골고루 팽팽하게 당겨야 픽스드 리테이너가 치면에 밀착된 채 유지된다. 치실을 순면 쪽으로 당긴 상태에서 가장자리부터 레진을 올리고 큐어링을 한다. 반대쪽 가장자리도 레진을 올리고 큐어링을 하고 다른 치아에도 레진을 올려서 큐어링을 한다. 모든 치면에 레진을 올릴 때까지 치실이 느슨해지지 않도록 주의한다. 모든 치면에 레진을 올리고 나면 그때 치실을 놓아도 되지만 제거는 하지 않는다.

　◎ "유지장치를 치실로 고정을 해서 붙일 거고, 다 붙이고 나면 치실은 제거 해드릴게요."

⑬ 유지장치 중간 체크할 때

　▶ 하악일 때

들뜨는 부위는 없는지 픽스드 리테이너 위치는 괜찮은지 확인한다.

　▶ 상악일 때

・들뜨는 부위는 없는지 픽스드 리테이너 위치는 괜찮은지 확인하고 교합도 확인한다.

　◎ "혀를 대지 마시고 치아만 살짝 다물어 보시겠어요? 혹시 씹히거나 닿는 느낌 드시나요?"

・닿는 느낌이 든다고 하면 교합지를 이용하여 확인해본다. 레진이 아닌 픽스드 리테이너가 하악 전치부 절단연과 닿으면 리테이너 위치를 조정하여 부착하여야 한다.

　◎ "딱딱딱 해보시겠어요? 닿는 부분이 있어서 위치 조금 수정해서 다시 붙여 드릴게요."

・터커나 플라이어를 이용하여 픽스드 리테이너를 부분적, 필요시 전체

적으로 떼어낸 후 치면과 리테이너에 붙은 레진을 제거한 후 ⑤부터 다시 시작한다.

⑭ 레진 에딩(adding)할 때

⑬에서 특이사항이 없다면 초기 고정한 레진 위에 레진을 에딩한다. 럭비공 반 자른 모양으로 도톰하게 에딩하되, 치은이나 인접면에 레진이 흘러들어가지 않도록 주의한다.

   ◉ "잘 유지되라고 재료를 더 올릴 거예요."

⑮ 큐어링할 때

충분한 시간 동안 큐어링한다. 5초짜리 광중합기라고 하면 10초 이상 큐어링한다.

   ◉ "재료 잘 굳으라고 빛 쪼일 건데 따뜻한 느낌 들어요. 혹시 뜨거운 느낌 들면 왼손 들어주세요."

⑯ 체크할 때

익스플로러와 글러브 낀 손으로 픽스드 리테이너와 레진 부분을 만져서 체크한다. 환자를 일으켜 양치하면서 혀를 대서 확인해보라고 설명한다.

   ◉ "일으켜드릴게요. 물로 양치 한 번 해보세요. 유지장치 붙인 쪽에 혀를 대보시겠어요? 쓴맛 나실 수 있어요. 거칠거칠한 부분이 있나요?"

⑰ 폴리싱할 때

거칠거리는 부분이 있다고 하면 그 부분을 중점으로, 그렇지 않으면 전반적으로 레진폴리싱버를 이용하여 폴리싱한다. 환자가 괜찮다고 할 때까지 폴리싱을 하되 간혹 치아 사이 철사 부분을 거친 느낌 든다고 하는 경우가 있으니 잘 확인해야 한다.

보통 하악의 유지장치를 먼저 부착한 다음 상악 유지장치를 부착해요.
교합이 긴밀하지 않은지는 스케일링 후 바로 확인해 주시고요, 상악에 부착하기 전에 꼭 다시 확인해주세요. 교합이 긴밀한데 확인하지 않고 그냥 붙이게 되면 다 부착한 후에 다시 전부 떼어내고 유지장치 또한 다시 만들어야 하는 여러 사람이 힘들고 슬픈(?)상황이 생길 수도 있어요(당연히 환자분은 힘들어하시고 기분도 상하시겠죠?).

교합이 너무 긴밀하다고 여겨지면 유지장치 부착 전에 교합지를 찍어보는게 좋아요. 그 다음 교합지에 찍힌 위치와 픽스드 리테이너 위치를 보았을 때 겹치는 부분이 많아 보이면 원장님이나 선배에게 도움을 요청하는 게 좋아요.

이런 경우 케이스에 따라서 유지장치를 수정하여 붙일 수도 있고 인상을 다시 떠야 할 수도 있어요.
이 과정에서 원장님의 오더가 떨어지지 않는 한 환자에게 부정확한 정보를 전달하지 않도록 주의하도록 해주세요. 사소한 설명이나 오해로 인해 컴플레인이 발생하기도 하니까요.

> 체크 포인트 ▸ •

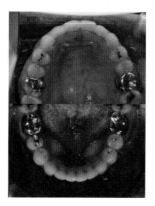

▲ 상하악에 유지장치를 붙인 모습

술 후 설명 •

거울을 보여주며 입안에 픽스드 리테이너를 보여준다.

⊙ "안쪽에 유지장치 보이시죠? 안쪽에 철사가 붙어 있어서 양치질이 어려우실 거예요. (칫솔질 보여주며) 철사 아래쪽까지 꼼꼼하게 세워서 닦아주셔야 돼요. 잘 안 닦여서 치석이 생기면 잇몸이 나빠질 수 있어요.

입안에 있는 유지장치는 하나의 철사가 치아에 이어져 있어요. 앞니로 단단한 음식을 베어 드시거나 물어뜯어 드시거나 하면 유지장치가 떨어질 수 있어요. 그리고 떨어지더라도 잘 모르시는 경우가 있어요. 느낌이 좀 이상하다 싶으시면 치과에 오셔서 체크 받으시는 게 좋아요. 떨어진 것 모르고 방치하셨다가 치아가 틀어지는 경우가 있거든요.

작은 어금니 쪽 철사가 떨어질 경우 혀에 닿게 돼서 많이 불편하실 텐데, 이럴 때 철사를 제거해서 오시는 분들이 있어요. 그럴 경우 다시 만들어야 해서 비용이 발생하니까 많이 불편하신만큼 떨어졌을 때 가능한 한 빨리 병원에 내원해 주세요.

오늘 붙여드린 유지장치는 교정된 상태를 유지하는 장치이므로 가능한 한 오래 붙이는 게 좋아요."

FAQ •

이거 언제까지 붙이고 있어야 하나요?

2년 정도는 절대 떨어지지 않도록 주의해 주셔야 해요. 재발이 잘 되는 2년이 지나면 유지장치를 떼기도 하는데, 그래도 유지장치가 떨어지면 붙어있을 때보다는 치아가 벌어질 가능성이 있으니까 저희 원장님은 좀 더 오래 끼는 걸 권하시는 편이에요. 대신 양치가 어려우니까 관리는 정말 잘하셔야 해요.

16 교정마무리_디본딩

- **시술 간단 설명(정의)**

  치아에 붙어있는 브라켓을 제거하는 술식

- **시술명 – 한국어 표기(영어 표기)[약어]**

  브라켓 제거(de-bonding)[DB]

- **순서**

  엑스레이 띄우기 → 픽스드 리테이너 확인 → 미니스크류 확인 → 원장님 체크 → 브라켓 제거 → 미니스크류 제거 → 잉여시멘트 제거 → 스케일링 → 폴리싱

- **진료 기구 및 재료 준비**

  기본 기구, 미니스크류 드라이버, H_2O_2볼, 디본딩 플라이어, 버세트, 로우 핸드피스(콘트라앵글), 하이 핸드피스, 유틸리티 플라이어, 핀커터 플라이어, 디스탈엔드커터 플라이어, 브라켓 오프너 & 푸시, 터커, 치실, 스케일러팁, 로빈슨 브러쉬, 퍼미스, 헥사메딘 시린지

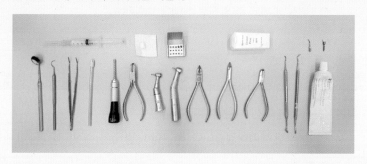

술 전 설명 ● •

　　● "오늘 교정기 떼는 날이에요. 혹시 장치 떼기 전에 더 고치고 싶은 부
　　분 있으신가요?"

치료 과정 ● •

① 픽스드 리테이너 확인할 때

　픽스드 리테이너가 떨어진 부분이 있는지 확인한다. 떨어진 부분이 있는 경
　우 부착 후 디본딩을 진행한다.

　　● "안쪽에 붙여 드렸던 유지장치가 잘 붙어있는지 확인해볼게요."

② 미니스크류 확인

　대부분 미니스크류는 디본딩할 때 제거한다. 구강 내에 미니스크류가 있다
　면 미니스크류 드라이버를 제거할 준비를 한다.

　　● "오늘 잇몸에 심었던 작은 나사도 제거할 건데, 간단히 제거 가능해서
　　마취 없이 진행할거예요."

③ 원장님 체크할 때

　　● "원장님 체크 후에 진료 진행해 드릴게요."

④ 브라켓 제거할 때

　디본딩 플라이어를 이용하여 브라켓을 제거한다(날이 좋지 않은 핀커터를
　디본딩플라이어 대신 사용하기도 한다).

　　● "브라켓 제거하겠습니다. 뻐근한 느낌 있을 수 있어요. 많이 불편하시
　　면 왼손 드세요."

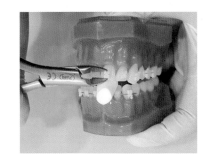

⑤ 미니스크류 제거할 때

드라이버나 엔진을 이용하여 제거한다. 제거 후 제거 부위는 소독을 한다.

　　◉ "잇몸나사를 제거해드릴게요. 마취 없이 제거할 거고 제거한 뒤에 잇
　　　몸나사 자리는 금방 아무니 걱정하지 마세요. (제거한 후) 괜찮으셨
　　　죠? 제거한 부위 소독해드릴게요."

⑥ 레진 제거할 때

　　◉ "남아있는 접착제를 제거할 건데 좀 울리는 느낌 드실 수 있어요. 치아
　　　가 갈린다고 생각 드실 수도 있는데 치아는 갈리지 않고 재료만 갈리는
　　　거니까 너무 걱정하지 않으셔도 돼요. 입안에 가루 떨어질 수 있으니까
　　　코로 숨 쉬시고요, 혹시 많이 불편하시면 왼손 살짝 들어주세요."

리트렉터를 구강에 끼운다. 필요시 코튼롤을 환자에게 물린다. 레진 제거 시 시
야 확보에 도움이 되고 환자도 오랜 시간 입을 벌리고 있는 것보다 편안해한다.

• 전치부의 잉여레진을 먼저 제거한다. 잉여레진 제거 시 가루가 날리므로
　에어를 불거나 석션을 하면서 제거하기도 한다.

• 10번대 → 40번대 → 20번대 → 30번대 순서로 정해 구치부에 있는 잉여
　레진을 제거한다.

• 치아가 탈회되었거나 보철물인 경우에는 손상되기 쉬우므로 잉여레진 제
　거 시 주의가 필요하다.

• 석션팁을 걸어 놓고 하면 남은 레진을 확인하기가 더 쉽다.

* 원장님 성향에 따라 석션을 걸어 놓고 하는 것을 좋아하지 않으시는 경우도 있으니 확인 후 진행하도록 한다.

⑦ 스케일링할 때

인접면 부분에 더 신경써서 스케일링 시행한다.

　　◎ "교정기 떼서 조금 더 깊게 스케일링 해드릴 거예요. 아프시면 왼손 살짝 들어주세요."

⑧ 폴리싱할 때

　　◎ "마지막 정리해드릴게요. 치아 표면 부드럽게 해드리는 거예요. 돌돌 울립니다."

• 레진 폴리싱버로 치아의 모든 면을 폴리싱 해준다. 이때 물을 뿌리면서 하는 게 좋다. 교정기 부착되어 있던 부분에 골드인레이, 골드크라운이 있다면 러버 폴리싱버를 실리콘 폴리싱버를 이용하여 폴리싱 해준다.

• PFM, 지르코니아, 올세라믹크라운이 있다면 전용 키트를 이용해 폴리싱 해준다.

⑨ 치실질할 때

　　◎ "치실입니다."

▶ 가철성 유지장치 임프레션(케이스에 따라 다름)

　　◎ "꼈다 뺐다 할 수 있는 유지장치를 만들기 위한 본을 떠드릴게요. 정확하게 나와야 돼서 혹시 한 번에 안 나오면 더 떠야 할 수 있는데 양해 부탁드릴게요."

▶ 트레이를 먼저 맞춰보고 알지네이트로 인상을 채득한다.

* 이때 기포가 발생하지 않도록 주의해야 하며 잇몸 쪽이 잘 나오도록 페인팅(트레 이 넣기 전에 알지네이트 일부를 치면이나 치은에 바르는 것)하는 것이 중요하다.

- 클리어 리테이너(clear retainer)든 썰컴(circum)이든 잇몸 쪽이 잘 안 나오 면 장치가 잘 안 맞을 수 있다.
- 알지네이트를 묽게 믹싱하는 것보다는 되게 믹싱하는 것을 추천한다. 최 후방구치 원심이 잘 안 나올 수 있고, 하악같은 경우는 혀 때문에 설측이 안 나올 수 있다. 혀를 내미는 연습을 한 후 인상을 채득하는 것이 좋다.

> **체크 포인트** ●

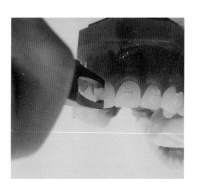

✅ 디본딩하기 전에 디본딩에 동의한다는 환자의 동의서를 받는 치과도 있다. 이때는 동의서에 대한 내용을 설명하고 동의서에 서명을 받은 후 디본딩을 진행한다.
✅ 디본딩 시 치아에 아직 동요가 있는 상태라 통증을 느낄 수 있다. 플라이어 를 쥐지 않은 손으로 치아를 받치면 통증이 덜 할 수 있다.
✅ 브라켓 윙에 디본딩 플라이어가 물리게끔 잡은 다음 병따개로 병을 따듯 순

간적으로 아래로 당기면 떨어진다.

✅ 메탈 브라켓, 레진 브라켓은 잘 떨어지나 세라믹 브라켓은 브라켓이 부러지면서 일부만 떨어지거나 잘 안 떨어지는 경우가 있다. 치면에 세라믹 브라켓이 너무 많이 남아있으면 하이 핸드피스에 다이아몬드버를 꽂아 브라켓을 어느 정도 제거하고 나머지 레진은 로우 핸드피스에 라운드버를 꽂아 제거한다.

✅ 보철물이 있을 경우에는 사전 고지한다. 특히 전치부 세라믹 크라운인 경우 폴리싱을 하더라도 이전과 같은 광택이 나지 않을 수 있다. 보통은 교정 상담 시 미리 고지하기는 하나 한 번 더 고지하도록 한다.

✅ 디본딩과 동시에 전치부 보철물을 재제작할 때: 전치부 대부분의 보철을 다시 하는 경우에는 픽스드 리테이너를 미리 제작하지 않는다. 1-2개의 보철물만 다시 하는 경우에는 해당 치아만 제외하고 나머지 치아에 픽스드 리테이너를 부착한다.

✅ 디본딩 후 임시치아를 하는 경우 임시치아 상태에서, 임시치아를 하지 않은 경우는 그 상태 그대로 클리어 리테이너를 바로 제작하여 넣는다. 치아이동을 막기 위해서이다.

✅ 보철 치료가 끝나고 나면 그 상태에서 픽스드 리테이너 임프레션을 뜬다. 일부만 만들어서 붙였을 경우 떼고 다시 제작하거나 보철한 부분만 부분적으로 제작하여 붙일 수도 있으나, 일반적으로 새로 제작하는 경우가 많다.

✅ 픽스드 리테이너를 기공소에 보내는 경우 보철물 완성한 상태에서 클리어 리테이너를 제작해 넣어준다. 픽스드 리테이너가 제작되어 도착하는 며칠 동안 치아가 이전 자리로 이동하는 것을 방지하기 위함이다.

✅ 픽스드 리테이너가 도착하면 세라믹 치아에 표면처리를 하고 붙이고 해당 치아는 자연치보다 유지장치가 떨어질 가능성이 매우 높으므로 식사 시 앞니로 잘라먹는 일이 없도록 주의사항을 강조하여 설명한다.

✅ 디본딩 시 구치부 보철물을 재제작할 때: 픽스드 리테이너를 장착하고 디본딩을 한 다음 구치부 보철물을 제작한다. 구치부 보철물이 완성되면 그 상태에서 가철식 유지장치 제작을 위한 임프레션을 뜨고 장착을 한다.

✅ 가철성 유지장치 인상채득을 한 경우, 보통 일주일 후 장치 장착 약속을 잡는다.

술 후 설명

⊙ "장치 뗀 자리에 혀 한 번 대보시겠어요? 까슬까슬한 부분 있으신가요? 괜찮으세요? 교정이 끝나셔서 교정 종료 자료를 준비할 거예요."

교정마무리_가철성 유지장치

- 시술 간단 설명(정의)

  디본딩 후 가철성 유지장치 장착하는 술식

- 시술명 − 한국어 표기(영어 표기)[약어]

  가철성 유지장치 장착(removable retainer del)[Cir DEL]

- 순서

  엑스레이 띄우기 → 픽스드 리테이너 확인 → 리무버블 리테이너 확인 → 주의
  사항 설명

- 진료 기구 및 재료 준비

  기본 기구, 유틸리티 플라이어, 영 플라이어, 쓰리죠 플라이어, 기공물, 스트레
  이트앵글 핸드피스, 덴쳐버

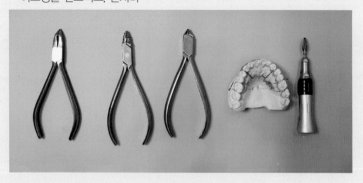

◉ "오늘 뺐다 꼈다 하는 유지장치 넣어 드릴 건데, 장치 잘 맞는지 확인 먼저 해드릴 거예요."

치료 과정 ● ···

① 스케일링

◉ "간단하게 스케일링 해드릴게요. 물나오니까 포 덮어드릴게요. 혹시 불편하시면 왼손 들어주세요."

② 픽스드 리테이너 확인

◉ "유지장치 떨어진 곳은 없는지 확인해 드릴게요."

③ 가철성 유지장치 맞춰 볼 때

◉ "뺐다 꼈다 하는 유지장치가 잘 맞는지 확인해 볼게요."

④ 착탈법 설명

◉ "뺐다 꼈다 하는 방법 설명 해드릴게요."

⑤ 보관법 설명

◉ "유지장치는 보관도 중요해서요. 보관하는 방법 설명 드릴게요."

⑥ 원장님 장치 체크

◉ "원장님께서 장치 체크하실 거예요."

⑦ 장치 조정

◉ "조금만 조정하면 더 잘 맞으실 것 같아서 조정해 드릴게요."

⑧ 장치 장착

◉ "움직여 보세요. 불편하거나 거칠 거리는 곳은 없으세요?"

⑨ 장치 폴리싱

◉ "매끈매끈하게 다듬어 드릴게요."

* 장치 보관법 및 착탈법, 주의사항은 술 후 설명 참고

● "교정이 끝난 후 치아는 원래대로 돌아가려는 성질이 있어요. 보통 2년 이내에 재발이 잘 되다 보니까 이때 유지장치를 잘 껴주셔야 해요. 식사시간 제외하고 24시간 껴주시면 돼요. 장치를 끼면 처음에는 발음이 잘 안 되고 침이 많이 나오거나 해서 불편할 수 있어요. 적응되면 괜찮아지실 테니까 잘 끼워주세요."

● "장치 관리방법 설명드릴게요.
장치를 보시면 플라스틱이에요. 그래서 뜨거운 물이 닿게 되면 장치 변형이 올 수 있어요. 장치를 장착한 상태에서는 시원하고 깨끗한 물만 드세요. 쥬스나 커피, 콜라를 드시면 충치가 생길 가능성이 높아지고 착색될 수 있어요. 식사하실 때는 장치를 빼서 꼭 케이스에 보관해 주세요. 휴지 같은 데에 싸놓으셨다가 모르고 버려서 잃어버리시는 경우가 있는데, 그렇게 다시 제작하게 되면 비용이 다시 드니까 잃어버리지 않도록 주의해 주세요."

● "세척할 때는 찬물로 칫솔을 이용해서 치아모양 사이사이 닦아주셔야 해요. 안 그러면 장치에도 치석이 생길 수 있어요.
치약을 사용하게 되면 치약 속 마모제가 장치를 닳게 하니까 주방세제로 하루에 한 번은 닦아주세요. 관리가 안 돼서 플라그나 치석에 생기면 위생에 좋지 않으니까 꼭 닦아주세요.
장치가 플라스틱이기 때문에 건조한 상태로 오래 보관하게 되면 변형될 수 있어요. 보관하실 때는 물티슈나 키친타월 등에 물을 묻혀 장치를 감싸서 보관해주세요."

● "장치를 꼈다 뺐다 하는 방법 가르쳐드릴게요.

끼는 방법은 치아모양에 장치를 맞춘 다음에 어금니 부분부터 꼭꼭 눌러주시면 돼요.

어금니쪽에 틈이 있어요. 빼는 방법은 엄지와 검지를 이용하여 약간의 힘을 주면서 위의 장치일 경우엔 아래로, 아래의 장치일 경우엔 위로 힘을 주면서 빼면 돼요. 빼실 때 너무 센 힘으로 한 번에 빼시게 되면 플라스틱이다보니 깨질 수 있어요. 양쪽 다 조금씩 빼셔야 해요. 한번 해보시겠어요?"

◉ "간혹 환자분들 익숙해지면 장치를 입안에 넣고 이로 꽉 물어서 장치를 끼시는 분들 계시는데 그러면 장치가 변형되거나 깨질 수 있으니까 꼭 손으로 이용해서 껴주셔야 돼요.

장치 잘 끼고 오세요. 다음번에 오실 때 장치체크 해드릴테니까 꼭 가지고 오세요."

▶ **체크 포인트** ●••

☑ 주의사항은 가능한 한 서면으로 설명하고 미성년자인 경우 보호자와 같이 설명 들을 수 있도록 한다.

☑ 케이스에 따라 와이어가 있는 유지장치가 들어갈 수 있다. 이런 경우 심미적으로 좋지 않아 협조도가 떨어지거나 간혹 컴플레인이 발생하는 경우가 생길 수도 있다. 이를 방지하기 위해서 가능한 한 미리 고지하도록 해야 한다.

☑ 케이스에 따라 낮에는 투명유지장치, 밤에는 와이어가 있는 유지장치를 사용하기도 한다.

투명유지장치(Clear Retainer, CR)와 와이어가 있는 유지장치 (Hawley, Wrap around 등)

- 와이어가 있는 유지장치 같은 경우 부피가 더 크기 때문에 처음 장착 했을 때 발음하기가 어려워요. 발음연습을 필요하다는 것을 충분히 설명 드려주세요.
- 탈착하는 방법은 투명유지장치와 비슷한데 와이어있는 유지장치는 낄 때 안쪽 분홍색 플라스틱 부분을 꾹꾹 눌러서 끼고 투명유지장치는 어금니 부위 플라스틱을 교합면쪽에서 꾹꾹 누른다는 부분이 달라요.
- 아래의 사진과 같이 메인 와이어가 치아 가운데를 지난다면 정확하게 장착한 거예요.
- 와이어 있는 유지장치는 탈착 시 가운데 지나가는 철사를 건드리지 않 도록 잘 설명드려 주세요.

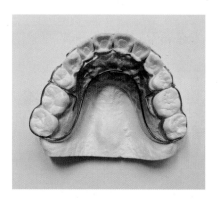

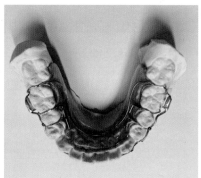

출처: 마승희 기공사님 제공

▲ 투명 유지장치

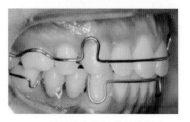

▲ 와이어가 있는 유지장치

출처: 이미지플러스교정치과 강상욱, 정종현 원장님 제공

유지장치를 꼭 껴야 하나요?

장치를 떼고 1년은 치아들이 원래대로 돌아가려는 힘이 강해요. 그래서 그 기간 동안에는 설명드린 대로 하루 22시간 이상 껴주셔야 해요.

교정 유지_고정식 유지장치 재부착

- 시술 간단 설명(정의)

  고정식 유지장치 재부착하는 술식

- 시술명 – 한국어 표기(영어 표기)[약어]

  고정식 유지장치 재부착(fixed retainer re bonding)[fixed Re DBS]

- 순서

  엑스레이 띄우기 → 필요시 스케일링 → 기존 레진 제거 → 고정식 유지장치 재조
  정 → 에칭 → 수세 → 건조 → 본딩 → 건조 → (큐어링) → 고정식 유지장치 부착
  → 큐어링

- 진료 기구 및 재료 준비

  기본 기구, 라운드 버, 로우 핸드피스, 버세트, 퍼미스, 에찬트, 본딩제, 마이크로
  브러쉬, 고정식 유지장치용 레진, 교합지, 교합지 홀더, 광중합기(필요시 프로텍
  터, 치실)

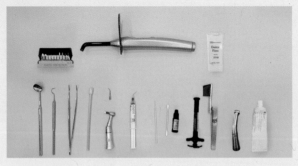

▶ **술 전 설명** ●···

⊙ "오늘 유지장치가 떨어진 곳을 원장님께서 체크하신 후에 다시 붙여
드릴 거예요."

▶ **치료 과정** ●···

① 스케일링할 때

픽스드 유지장치를 붙일 곳에 스케일링을 시행한다.

⊙ "장치 붙일 곳에 치석이 있으면 잘 떨어져서요. 깨끗하게 스케일링 한
후에 치아에 남아있는 재료도 제거해드릴게요."

② 원장님께서 체크하실 때

환자를 앉히자마자 체크받을 수도 있고 스케일링 후 체크받을 수도 있다.

③ 리트랙터 끼울 때

⊙ "유지장치가 변형도 많이 안 되고 벌어진 공간도 없고 해서 붙여 드릴
건데 입안에 고리 걸고 진행해 드릴 거예요."

· 리트랙터를 끼운다. 입가가 건조한 경우 입가 닿는 부분에 물을 묻히기도
한다.

⊙ "입가가 건조하셔서 물을 묻히고 고리 걸어드릴게요. 괜찮으세요? 눌
리거나 아프신데 없으세요?"

· 눌리는 곳이 있으면 리트랙터와 잇몸 사이에 거즈나 코튼롤을 넣는다. 이
후 괜찮은지 꼭 재확인한다.

⊙ "솜 넣어드릴게요. (넣은 후) 지금은 괜찮으세요? 그럼 진행해드릴게요."

④ 건조할 때

⊙ "바람입니다."

⑤ 에칭할 때

> ⊙ "이제 표면처리 하는 약 바를 건데 움직이시거나 혀대시면 안됩니다."

⑥ 수세할 때

> ⊙ "물입니다. 신맛 나실 수 있어요."

⑦ 건조할 때

> ⊙ "바람 불 거예요. 조금 시리실 수있어요."

⑧ 본딩할 때

치아설측 부분에 얇게 본딩한다.

> ⊙ "약제를 바르겠습니다. 바람 살짝 불 거예요. 쓴맛 나실 수 있어요."

⑨ 에어불 때

본딩이 얇게 펴질 정도로만 살살 분다.

> ⊙ "바람입니다".

⑩ 큐어링할 때

"장치 잘 붙으라고 도포한 약제를 굳히는 중이에요. 따뜻한 느낌 드실 텐데 혹시 뜨거우면 왼손 들어서 표시해 주세요."

⑪ 픽스드 유지장치 딜리버리할 때

오랫동안 픽스드 유지장치가 탈락된 환자인 경우 터커로 이용해 제자리로 옮긴 후 부착한다.

체크 포인트 ●

☑ 픽스드 유지장치가 끊어졌을 때 환자에게 거울을 통해 끊어진 부위를 보여
   준다.

☑ 병원마다 다르다. 끊어진 경우 픽스드 유지장치를 새로 제작하는 것을 권유
   하는 곳도 있다.

　◉ "장치 끊어진 거 알고 계셨어요? 보여드릴게요.

　　끊어진 거 보이세요? 이렇게 끊어졌을 경우 다시 제작하는 방법도 있

　　지만 이어붙이는 것도 가능해요. 다시 제작하면 시간하고 비용이 많이

　　발생하니까 오늘은 이어 붙여드릴게요. 가능한 한 앞니로 단단하거나

　　질긴 음식을 드시는 건 피해주세요."

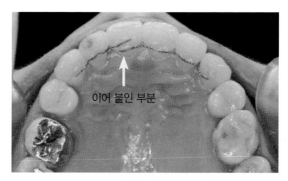

이어 붙인 부분

출처: 이미지플러스교정치과 강상욱, 정종현 원장님 제공

계속 작은 어금니 부분만 탈락해요.

작은 어금니와 송곳니 사이엔 음식물도 자주 끼고 치실이 어려운 부위여서 더 이상 벌어지지 않고 유지만 잘 되면 제거해 드리기도 해요. 다음번 상태 보고 원장님께 체크받고 제거해도 되면 제거해 드릴 수도 있어요. 다음번 상태 보고 다시 말씀드릴게요.

자꾸 떨어지는데 괜찮나요?

(케이스에 따라 다르니 원장님 컨펌 후 설명드릴 것) 원장님께서 설명하신 대로 장치를 뗀 지 좀 되셔서 사실 그냥 떼도 되는데 장치가 변형도 안 되고 관리도 잘 되셔서 우선 붙여드렸어요. 다음번에 또 떨어지고 번거로우시면 떼드릴 수도 있으니까 떨어지면 우선 전화 주시고 오셔서 그대로 붙일지 떼실지 말씀해 주세요.

치아의 명칭과 표기법

1. 치아의 명칭

 유치의 명칭

- 유치의 총개수는 20개다.
  - 유전치: 유중절치(맨 앞 치아 아래 위로 4개), 유측절치(유중절치 옆 치아 4개), 유견치(유측절치 옆 치아 4개)
  - 유구치: 유견치 뒤 2개 치아 총 8개
- 모든 치아들은 발음을 하는 데 있어서 큰 영향을 미치며, 전치는 음식물을 자르는 역할, 구치는 전치에서 잘라진 음식물을 잘게 부수어 주는 역할을 한다.

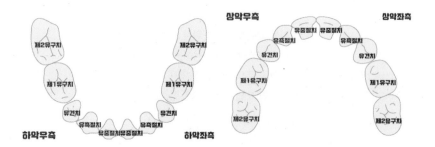

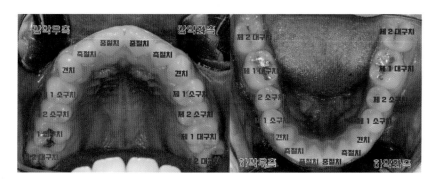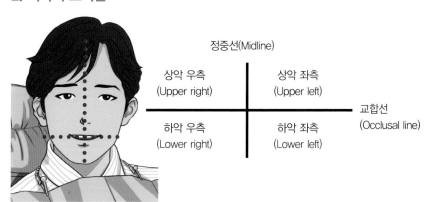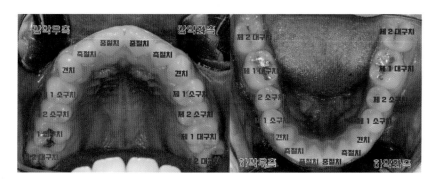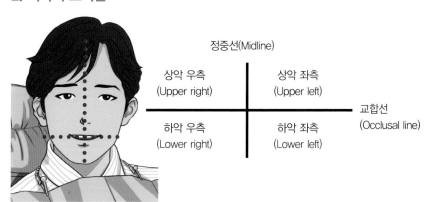

📝 영구치의 명칭

- 영구치의 총 개수는 28개(사랑니 제외)이다.
  - 전치: 중절치(맨 앞 치아 아래 위로 4개), 측절치(중절치 옆 치아 4개), 견치(측절치 옆 치아 4개)
  - 구치: 소구치(견치 뒤 2개 치아, 총 8개), 대구치(소구치 뒤 2개 치아, 총 8개, 그 외 사랑니 0–4개)
- 모든 치아들은 발음을 하는 데 있어서 큰 영향을 미치며, 전치는 음식물을 자르는 역할, 구치는 전치에서 잘라진 음식물을 잘게 부수어 주는 역할을 한다.

2. 치아의 표기법

Palmer(Palmer notation) system

일반적으로 많이 사용되고 있는 방법으로 유치는 알파벳의 대문자(A–E)로 영구치는 아라비아 숫자(1–8)로 표시한다.

1) 유치 (아동)

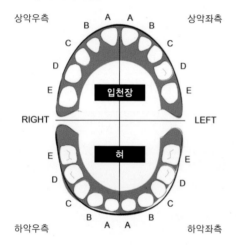

예

```
E D C B A  │  A B C D E
E D C B A  │  A B C D E
```

 E   상악좌측 제 2유구치

2) 영구치 (성인)

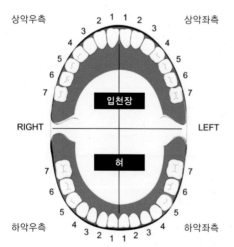

예

```
8 7 6 5 4 3 2 1  │  1 2 3 4 5 6 7 8
8 7 6 5 4 3 2 1  │  1 2 3 4 5 6 7 8
```

 4   하악우측 제 1소구치

FDI (Federation Dentair Internationale) system

국제치과연맹 치아표기법으로 유치와 영구치 모두 두 자릿수를 부여하는 방법이다.

1) 영구치 – 10, 20, 30, 40

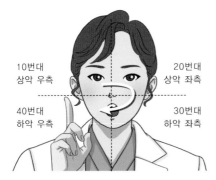

10번대
상악 우측

20번대
상악 좌측

40번대
하악 우측

30번대
하악 좌측

예

18	17	16	15	14	13	12	11	21	22	23	24	25	26	27	28
48	47	46	45	44	43	42	41	31	32	33	34	35	36	37	38

#21　　상악좌측 중절치

2) 유치 – 50, 60, 70, 80

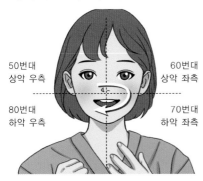

50번대
상악 우측

60번대
상악 좌측

80번대
하악 우측

70번대
하악 좌측

예

55	54	53	52	51	61	62	63	64	65
85	84	83	82	81	71	72	73	74	75

#52　　상악우측 유측절치

치과 초보인들을 위한 치과용어 및 약어

영어명칭(한글명칭)[자주쓰는 약어]

1. 치아구조

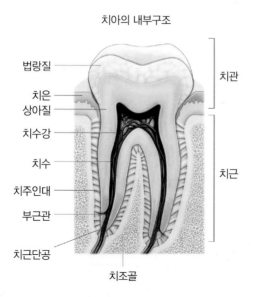

치아의 내부구조

- 법랑질
- 치은
- 상아질
- 치수강
- 치수
- 치주인대
- 부근관
- 치근단공
- 치조골
- 치관
- 치근

1) Enamel(법랑질)

- 치아를 덮고 있는 치관의 제일 바깥부분, 우리 인체에서 가장 튼튼한 경조 직성 조직으로 무기질 96%, 유기질 1%, 수분 3%로 구성되어 있다.
- 치아 내부를 보호하며 희고 반투명하다. 치아의 색은 법랑질의 두께 등에 따라서 차이가 난다.

2) Dentin(상아질)

- 인체의 골조직과 가장 유사한 조직이다. 법랑질보다는 약하고 백악질보다는 강하다. 상아질 안에는 상아세관이 존재하며 무기질 70%, 유기질 18%, 수분 12%로 구성되어 있다.
- 담황색 또는 황백색이며 불투명하다.

3) Pulp(치수)

- 치아의 중심부에 위치한 연조직성의 고유조직이다.
- 치수에 있는 상아질모세포가 상아질을 형성한다.
- 치아의 영양을 공급하는 혈관과 지각을 담당하는 신경을 함유한다.

4) Cementum(백악질)

- 치아를 치조골에 고정시키는 역할을 한다.
- 무기질 65%, 유기질 23%, 수분 12%로 구성되어 있다.
- 골조직보다는 단단하고, 법랑질보다는 강도가 약하다.
- 백색이며 약간 불투명한 조직이다.
- 내면(안쪽면)은 상아질에 단단하게 접착되어 있고, 외면(바깥면)은 치주인대에 연결되어 있다.

5) Periodontal membrane(치근막); Periodontal ligament(치주인대)

- 치아의 백악질과 치조골이 연결되도록 하는 결합조직이다.
- 외부의 압력이나 장력에 치아가 충분히 견딜 수 있도록 힘을 분산하는 완충작용을 한다.
- 백악질과 치조골에 영양 공급하고 골조직과 백악질을 유지, 재생한다.

6) Alveolar bone(치조골) [Bone]

- 치아가 식립되어 있는 상악골과 하악골이다.
- 치조골은 무기질 60%, 유기질 25%, 수분 15%로 구성되어 있다.

7) Crown(치관) [Cr]

- 치아의 뿌리쪽을 제외한 이의 머리 부분이다.
- 주로 입안에서 눈으로 보이는 부분을 생각하면 쉽다.

8) Coronal(치관측)

- 치아 머리 부분을 일컫는다.
- 3차원 영상 판독 시 얼굴을 정면에서 바라본 상태에서 수직 방향으로 자른 단면을 의미하기도 한다.

9) Root(치근) [R]

치아의 뿌리로, 치관을 뺀 나머지 잇몸 속에 있는 뿌리 부분이다.

10) Apical(치근측)

치아의 뿌리 끝 쪽을 말한다.

11) Cervical(치경부) [Cer]

치관과 치근의 경계부이다.

12) Proximal(인접면) [Prox]

치아와 치아가 맞닿아 있는 부위이다.

13) Periodontal tissue(치아주위 조직) [Perio]

치아 주위의 조직으로 잇몸, 잇몸 뼈, 치근막을 포함한다.

14) Gingiva; Gum(치은)

치아를 감싸고 있는 분홍빛 연조직을 말한다.

① Free gingiva(유리 치은), Marginal gingiva(변연치은)	치아와 떨어져 유동성이 있는 잇몸으로, 정상 폭은 1~3mm이다.
② Attached gingiva(부착 치은)	• 치조골에 단단히 부착되어 있는 잇몸이다. • 저작 시 치면으로부터 가해지는 저작력, 마찰력을 견딜 수 있다.
③ Interdental gingiva(치간치은), Interdental papilla(치간유두)	• 치아 사이의 삼각형 모양의 잇몸을 말한다. • 비각화 되어 있어 세균 감염에 취약한 부분이다.

15) Fissure(열구)

치아가 가지고 있는 홈이다.

16) Pit(소와)

작은 오목이라고 불린다. 어금니에서 들어간 선 가운데 가장 움푹하게 파인 점이다.

17) Groove(구, 고랑)

• 열구와 비슷한 부분이다.
• 교두와 교두 사이, 융선과 융선 사이, 엽과 엽 사이를 지나는 긴 홈이나 틈을 말한다.

18) Cusp(교두)

치아 교합면(어금니의 씹는 면)에서 산 모양처럼 돌출된 부위이다.

2. 치아의 위치별 명칭

용어 [흔히 쓰는 약어]	정의
Incisor	**절치; 전치**: 앞니
Central incisor	**중절치**: 한가운데 위치한 앞니
Canine	**견치**: 송곳니
Premolar	**소구치**: 작은 어금니
Molar	**대구치**: 큰 어금니
Wisdom tooth	**지치**: 사랑니
Upper [U], Maxillary	**상악**: 윗 턱
Lower [L], Mandible	**하악**: 아래 턱
Mesial [M]	**근심측**
Distal [D]	**원심측**
Labial	**순측**: 입술 쪽 면
Buccal [B]	**협측**
Ligual [L]	**설측**
Palatal [P]	**천정측**
Incisal [I]	**절단측**
Occlusal [O]	**교합측**
Mesio-Occlusal [MO]	**근심 교합측**
Disto-Occlusal [DO]	**원심 교합측**
Mesio-Occulsal-Distal [MOD]	**근원심 교합측**
Linguo-Occlusal [LO]	**설측 교합측**
Bucco-Occlusal [BO]	**협측 교합측**
Mesio-Ligual [ML]	**근심측 설측**
Mesio-Buccal [MB]	**원심측 협측**
Disto-Lingual [DL]	**원심측 설측**
Disto-Buccal [DB]	**원심측 협측**
Mesio-Incisal [MI]	**근심 절단측**
Disto-Incisal [DI]	**원심 절단측**

영어 [흔히 쓰는 약어] 정의 흔히 쓰는 약어가 없을 경우 생략

3. 치과진단

용어 [흔히 쓰는 약어]	정의
Patient [Pt]	환자
Dental Hygienist [DH]	치과위생사
Charting	차트기록, 진료기록
Past Medical History [PMH]	과거병력
Past Dental History [PDH]	과거치과병력
Diabetes Mellitus [DM]	당뇨
Hepatitis [Hepa]	간염
Hepatitis B [Hepa B]	B형간염
Blood Pressure [BP]	혈압
Hypertension [HT]	고혈압
Hypotension	저혈압
Cancer	암
Tuberculosis	결핵
Leukemia	백혈병
Traffic Accident [TA]	교통사고
Chief Complaints [CC]	**주소**: 환자가 호소하는 주된 증상을 말한다.
Present Illness [P/I]	**현증**: 증상이 언제부터 시작되어, 어떻게 아팠는지, 현재 상태는 어떤지 기록하는 것이다.
Diagnosis [DX]	**진단**: 의사의 진단결과를 적는다.
SOAP	**S**: subjective(주관적 소견) **O**: objective(객관적 소견) **A**: assessment(평가) **P**: plan(계획)
Radiographic O [RO]	방사선 소견
Clinical O [CO]	임상적 소견
Within Normal Limits [WNL]	정상 제한범위 내

영어 [흔히 쓰는 약어] 정의 흔히 쓰는 약어가 없을 경우 생략

용어 [흔히 쓰는 약어]	정의
Non Specific [NS]	정상
Prognosis	예후
Next [N]	다음 치료
Symptom [S]	증상
Oral Hygiene [O/H]	구강위생
Recommendation [Rec]	추천, 권고
Treatment plan [Tx plan]	치료계획
Percussion [P/R(+, −)]	**타진**: 환부를 손이나 물체로 쳐 보며 진찰하는 것이다.
Palpation	**촉진**: 환부를 손끝으로 만져보며 진찰하는 것이다.
Electric Pulp Test [EPT]	**전기치수검사**: 전기적 치수 생활력 검사로, 약한 전류를 치아에 흘려서 그 반응을 보고 치수 괴사의 유무를 판별하는 검사이다.
Pain	**동통, 통증**
Periapical View [Peri]	**치근단 방사선**
Panoramic View [Pano, Panex]	**파노라마 방사선**
Cone Beam CT [CT]	**치과용 CT**: 3차원 입체 방사선 영상
Postero Anterior [PA]	**전후방 방사선**: 교정 치료에 주로 쓰이는 사진으로, 정면 모습으로 채득된다.
Lateral Cephalometric [CEP]	**두부 계측 방사선**: 교정 치료나 악교정 수술 등에 반드시 필요한 방사선 사진으로, 옆모습으로 채득된다.
Blurring	상흐림
Elongation	상연장
Shortening	상단축
Radiopaque	방사선 불투과성
Radiolucent	방사선 투과성
Bite wing Radiograph	교익 방사선 촬영
Caries [C]	**충치, 치아 우식증**: 충치의 진행 단계에 따른 약어 표시는 뒤의 숫자가 커질수록 충치가 심해진다. • C1 → C2 → C3 → C4

영어 [흔히 쓰는 약어] 정의 흔히 쓰는 약어가 없을 경우 생략

용어 [흔히 쓰는 약어]	정의
Secondary caries [2nd caries]	**2차 치아 우식증**: 2차 충치
Mobility [Mob+ ~ Mob+++]	**치아동요**: 동요도가 커질수록 '+'가 늘어난다.
Vital tooth	**생활치**: 신경이 살아있는 치아
Non-vital tooth	**실활치**: 신경이 죽은 치아
Missing tooth	**결손치**: 상실된 치아
Supernumerary tooth	**과잉치**: 원래 있어야 하는 치아 외에 과잉으로 발생한 치아 • 과잉치의 표시 － 번호 표시 (예: #19) － 위치 표시 (예: #11^21)
Root Rest; Retained Root [RR]	**잔존치근**: 치조골 내에 남아있는 치아뿌리
Eruption	**맹출**
Semi eruption	**부분맹출**
Unerupted tooth	**미맹출치아**
Impacted teeth	**매복치아**
Extrusion	**정출**
Abrasion [Abr]	**마모**: 치아의 옆면이 닳거나 파이는 것이다.
Cervical Abrasion [C.Abr]	**치경부마모**
Abfraction [Abf]	**굴곡파절**: 교합압에 의한 치아의 변형. 쐐기모양(V)의 함몰이나 날카롭게 깨진 모양이다.
Attrition [Att]	**교모**: 교합면이 마모되어 있는 상태이다.
Erosion	**침식/부식**: 세균에 기인하지 않은 화학적 작용에 의한 치질의 상실. 과다한 산에 노출되었을 경우 발생한다.
Crack	**균열**: 치아가 수직 또는 수평으로 금이 가 있는 상태이다.
Micro crack	**잔금**: 씹는 힘이 세거나 악습관이 있는 환자의 경우 법랑질 표면에 있는 작은 잔금이다. 다수의 치아에 나타난다.
Fracture [Fx]	**파절**: 치아가 부러진 상태이다.
Abscess [Abs]	**농양**: 고름 주머니
Fistula [Ft]	**누공**: 심부의 염증과 점막이 연결되어 점막에 동그랗게 나타나는 병적 조직이다.

영어 [흔히 쓰는 약어] 정의 흔히 쓰는 약어가 없을 경우 생략

용어 [흔히 쓰는 약어]	정의
Pus	**고름**: 화농성균에 의해 피부와 근육이 상하여 생긴 황색 또는 황록색의 액체이다.
Cellulitis	**봉와직염**: 급성세균 감염증
Apical lesion	**치근단병소**: 치아뿌리끝 쪽에 생긴 병변
Ulcer	**구강내 궤양**: 연조직이 헐었을 때를 칭하는 단어이다.
Gingival recession	**치은퇴축**: 여러 가지 원인으로 잇몸이 상실되어 치근이 드러난 상태
Food impaction; Food packing	**식편압입**: 음식물이 치아 사이에 끼는 것
Redness	**발적**: 연조직이 붉은 빛을 띠고 있는 상태
Bleeding	**출혈**
Swelling	**종창**: 연조직이 부어있는 상태
Deciduous dentition	**유치열기**: 입안이 젖니로만 구성되어 있는 시기로, 약 6세까지이다.
Mixed dentition	**혼합치열기**: 입안이 젖니와 영구치가 혼합되어 있는 시기로, 약 6세~12세까지이다.
Permanent dentition	**영구치열기**: 입안이 영구치로만 구성되어 있는 시기로, 약 12세 이후부터이다.
Malocclusion	**부정교합**: 치아의 배열이 아름답지 못하거나 정상교합이 아닌 상태를 말한다.
Malocclusion 1 [Class I]	**1급 부정교합**: 구치부의 교합은 정상이나 전치부가 부정교합인 경우
Malocclusion 2 [Class II]	**2급 부정교합**: 상악의 어금니가 하악의 어금니보다 앞으로 나와있는 경우
Malocclusion 3 [Class III]	**3급 부정교합**: 2급과 반대로, 하악이 상악보다 앞으로 나와있는 경우
Open Bite	**개방교합**: 위 아래 앞니가 서로 닿지 않고 떠 있는 경우
Deep Bite	**과개교합**: 위 앞니가 아래 치아를 2/3 이상 덮고 있는 경우
Interdental Space [Space, V]	**치간 공극**: 치아 사이가 벌어진 것을 말한다. **차팅 예시** – #11 21 사이 space – #11 V 21

영어 [흔히 쓰는 약어] 정의 흔히 쓰는 약어가 없을 경우 생략

4. 약재 및 기타

용어 [흔히 쓰는 약어]	정의
H_2O_2	**과산화수소**: 소독 효과가 있고, 혈액과 닿으면 거품이 나면서 지혈을 돕는다. 색은 없으나 시큼한 냄새가 있고 원액으로 쓰기도 하나 주로 희석하여 사용한다.
NaOCl	**차아염소산나트륨**: 신경치료 시 사용되는 근관 소독액으로, 락스를 의미한다. 특유의 향이 있다. 삼키지 않도록 주의 해야 하고, 피부나 옷에 닿지 않도록 해야 한다.
Dycal	**다이칼**: 수산화칼슘으로 충치가 심한 치아의 치료 시 사용한다.
Hexamedine [Hexa]	**헥사메딘**: 클로르헥시딘 성분의 소독용 투명한 액으로, 특유의 맛이 있다. 이전엔 분홍색을 띠는 액이었으나, 요즘은 무색으로 바뀌어 셀라인과 구분하여 사용해야 한다.
Saline	**셀라인**: 식염수로, 구강내를 소독할 때 뿌리는 짭짤한 소금맛의 액체
Betadine, Potadine, Povidone iodine	**베타딘, 포타딘, 포비돈 요오드**: 환부를 소독할 때 쓰이는 짙은 갈색의 소독약
Lidocaine	**리도카인**: 치과용 마취제, 주사기에 넣는 카트리지형 약병은 앰플(ampul)이다.
Suction	**흡인**: 흡입기로 입안의 침을 빼는 것이다.
Retraction	**리트랙션**: 구내조직이나 구외조직을 당겨 시야를 확보해 주는 것이다.
High speed engine	**고속엔진**: 치과에서 '윙~' 하는 소음을 내며 치아를 깎는 기구로, 기구가 작동할 때는 물이 나오도록 설정되어 있다.
Low speed engine	**저속엔진**: 고속엔진보다 느리게 돌며 치아를 깎는 기구로, 충치부위를 제거할 때, 보철물을 연마할 때 등에 쓰인다. 기구가 작동할 때 물이 나오지 않는다. 단, 주수가 연결된 저속엔진에서는 물이 나오기도 한다.
Straight angle	**일직선앵글**: 직선모양으로 생긴 앵글로, 로우 스피드 엔진에 연결하여 사용한다.
Air syringe	**에어 시린지**: 치과 유닛 체어에 붙어 있으며 왼쪽 버튼을 누르면 물이, 오른쪽 버튼을 누르면 바람이, 같이 누르면 물과 바람이 나온다. **왼물오바(왼쪽은 물, 오른쪽은 바람)라고 외우면 쉽다.**
Gagging; Gag reflex	**구토반응**: 구역질

영어 [흔히 쓰는 약어] 정의 흔히 쓰는 약어가 없을 경우 생략

5. 약복용(라틴어)

용어 [흔히 쓰는 약어]	정의
Bis in die [b.i.d]	하루 두 번 복용
Ter in die [t.i.d]	하루 세 번 복용
Quarter in die [q.i.d]	하루 네 번 복용
Hora somni [h.s]	취침 시 복용
Bis in nocte (night) [b.i.n]	하룻밤에 2회 복용
Quaque ~ hora [q. ~h]	~시간마다 투약
Quaque die [q.d]	매일 투약

6. 소아치과

용어 [흔히 쓰는 약어]	정의
Sealant	**실란트**: 치아 표면은 매끈하지 않고 많은 홈이 존재한다. 이 부분은 칫솔로도 잘 닦이지 않고 세균이 남아있게 될 가능성이 높아 충치가 잘 발생하게 되는데, 이 홈을 충치가 생기기 전에 갈아내지 않고 플라스틱 계통의 복합 레진으로 메꾸는 치료이다.
Fluoride application	**불소 도포**: 구강내의 세균억제 작용을 하는 불소를 치아표면에 바르는 치료이다.
Glass Ionomer [GI]	**글래스 아이오노머**: 충치 치료의 보험가능한 재료로 불소를 방출하여 치아에 이롭고 재료 자체가 치아와 결합하는 능력을 지니고 있다. 강도는 레진보다 약하다.
Band & Loop space maintainer [SM]	**공간 유지 장치**: 충치가 생겨 공간이 생기거나 그 밖의 이유로 유치가 시기보다 먼저 빠지면 주변의 치아가 움직여 빈 공간으로 이동하는데 영구치가 나올 자리가 부족하게 되어 덧니가 나올 수 있다. 영구치가 나올 공간을 유지하기 위한 장치이다.
N2O–O2 Sedation [Sedation]	**심리적 진정요법; 웃음가스**: 아산화질소와 산소를 일정 비율로 혼합하여 흡입하게 하여 사용한다. 치과에 대한 불안과 공포가 큰 경우, 구토 반사가 심한 경우의 환자에게 사용한다.

영어 [흔히 쓰는 약어] 정의 흔히 쓰는 약어가 없을 경우 생략

7. 치주과

용어 [흔히 쓰는 약어]	정의
Scaling [S/C]	**스케일링**: 치석, 음식물 찌꺼기를 제거하고 치아 표면을 깨끗하게 연마하는 시술이다. S/C 후 치아가 시리다고 하기도 한다. 치석이 쌓이고 쌓여 잇몸이 내려가면서 치석을 제거하고 나니 그 부분이 텅 비게 되어 시릴 수 밖에 없다. S/C을 시기 내에 하지 않거나 잇몸 상태가 안 좋은 사람들에게 나타나는 현상이다.
Root Planing [RP]	**치근활택**: 치근에 부착된 치석과 백악질의 일부를 제거하는 술식으로, 깨끗하고 매끈한 치근 표면을 얻는 것을 목적으로 한다. 마취는 필요한 경우에만 진행한다.
Curettage [Cu]	**치주 소파술**: 잇몸에 마취를 하고 치석과 염증 조직을 제거하는 술식이다.
Flap Operation [Flap op]	**잇몸 수술**: 스케일링, 치근활택술, 치주소파술로도 치유되지 않는 중증의 잇몸질환을 치료하기 위해 수술을 시행한다. 잇몸을 절개하고 오픈시켜 치조골을 육안으로 확인하면서 모든 치석과 염증 세포들까지 다 제거를 하고 꿰맨다. 수술 도중 필요하면 인공 골재생술이나 잇몸 재생술도 같이 시행할 수도 있다.
Crown Lengthening Procedure [CLP]	**치관 연장술**: 잇몸을 잘라내어 치관의 길이를 연장하는 술식으로, 필요시 치조골 삭제도 시행한다.
Hemisection	**치근 분리술**: 치근 중에 살려 쓸 가망이 없는 치근만을 잘라내어 치아를 발치하지 않고 쓸 수 있는 방법이나, 임플란트가 발달하면서 근래에는 잘 시행하지 않는다.
Calculus	**치석**: 플라그가 침속의 칼슘(Ca), 인(P) 성분과 만나 딱딱하게 굳어진 것으로, 칫솔질로는 제거되지 않으며 기계적(스케일러)으로만 제거 가능하다. 잇몸 위쪽의 치석(치은연상치석)은 흰색이나 노란빛을 띠는 경우가 많으며 잇몸 안쪽(치은연하치석)은 검은색을 띠는 경우가 많다.
Stain	**착색**: 원인에 따라 검은색, 갈색, 녹색 등을 띤다.
Plaque	**치면세균막**: 치아의 표면에 세균들이 달라붙어 덩어리로 막을 형성하고 있는 것으로, 침이 많이 끈적거리는 사람일수록 플라그가 잘 생긴다.

영어 [흔히 쓰는 약어] **정의** 흔히 쓰는 약어가 없을 경우 생략

8. 보존과

용어 [흔히 쓰는 약어]	정의
Resin	**레진**: 치아의 색과 유사한 일종의 플라스틱으로 심미적인 치료에 사용되는 재료로 손상된 치아 부위가 비교적 크지 않거나 미적으로 잘 보이는 위치에 있는 경우 사용하는 재료이다.
Resin filling [RF]	**레진충전**
Diastema resin filling	**치간공극치료**: 벌어진 치아 사이의 공간을 레진으로 메우는 치료
Cervical abrasion Resin filling [CRF]	**치경부 마모 레진 수복**
Amalgam [Am]	**아말감**: 아말감(금속과 수은의 합금), 수은과 은이 혼합된 재료이며 보험이 가능해 비용이 저렴하다. 중합수축에 의한 부식으로 2차 충치가 생길 수 있다. 심미적으로 좋지 않기 때문에 어금니 충치 치료 시 사용한다.
Amalgam Filling [A.F]	**아말감 충전**
Inlay [In]	**인레이**: 손상된 부위를 대신해서 씹는 면의 일부분만 금, 레진, 도자기 등으로 채워넣는 치료이다.
Onlay [on]	**온레이**: 2개의 교두를 덮을 정도의 크기일 경우 적용되며, 큰 인레이라고 생각하면 된다.
Gold Inlay/Onlay [G.in/on]	**골드인레이/골드온레이**
Ceramic Inlay/Onlay [C.in/on]	**세라믹 인레이/세라믹 온레이**
Resin Inlay/Onlay [R.in/on]	**레진 인레이/레진 온레이**
Caries	**충치, 치아우식증**
Cavity	**와동**: 치아의 병소 부위를 제거한 후 수복할 재료의 특성에 맞는 형태를 가지는 구조이다.
Band retainer	**밴드리테이너**: 인접면 충치 치료 시 사용하는 밴드를 끼우기 위한 장치이다. 주로 토플마이어가 쓰인다.
Wedge	**웻지**: 나무 조각으로 되어있는 치아 사이에 끼우는 재료
Pulpotomy	**치수절단술**: 치수의 일부만 절단하여 제거하는 치료법
Pulpectomy	**치수절제술**: 치근내 치수조직까지 완전히 제거하는 치료법

영어 [흔히 쓰는 약어] 정의 흔히 쓰는 약어가 없을 경우 생략

임상에서 자주 하는 말의 해석
"캐리어스(caries)가 있어요."
ㄴ 충치가 있어요.
"패리애피컬(periapical view) 찍어 주세요."
ㄴ 부분 엑스레이 찍어주세요.

용어 [흔히 쓰는 약어]	정의
Endodontics [Endo]	**신경치료**: 치아의 신경이 충치에 의해 감염되었을 때 하는 치료이다. 충치가 심해 치수까지 진행되었을 때 또는 외상으로 인해 치관이 부러져서 치수가 노출되었을 때 행하는 치료 방법이다. 치관 부위의 치수까지만 치료하는 방법과 치근의 근관까지 모두 치료하는 방법 두 가지가 있다. 이 둘 중 어떤 치료를 하더라도 모두 신경치료를 시행했을 때는 원칙적으로 인공 치관을 씌워 줘야만 한다. 신경치료를 해야 하는 이유에서나 충치제거를 위해서도 많은 부분을 삭제해야 하는데, 치료가 끝난 후 그냥 두면 남아 있는 치질이 얇아 깨져 버리기 쉽기 때문이다. 신경치료 후에 임시로 막는 재료는 Caviton, ZOE 등이 있다.
Pulp Extirpation [P.E]	발수
Canal Enlargement [C.E]	근관확대
Canal Irrigation [C.I]	근관세척
Canal Filling [C.F or C/F]	근관충전
CORE	**코어**: 신경치료 후 크라운을 씌우기 전 와동을 치과용 재료로 메꾸는 것으로, 신경치료 후 POST or CORE를 한 상태에서 보철을 씌우지 않고 그 상태로 두면 치아가 깨질 우려가 있기 때문에 가급적 빨리 보철을 씌워줘야 한다.
Post Core	**포스트(기둥) 코어**: 건강한 치아가 얼마 남지 않았을 때 치아뿌리 내에 기둥을 박고 그 위에 코어로 보강하는 치료로, 치아를 살리기 위해 할 수 있는 마지막 치료라고도 볼 수 있다. 이 상태에는 치료 완료 후에도 치아가 약할 수 있어 딱딱한 음식이나 과한 교합력을 조심해야 한다.
Pulpitis	**치수염**: 치수 내부에 발생한 염증

영어 [흔히 쓰는 약어] 정의 흔히 쓰는 약어가 없을 경우 생략

용어 [흔히 쓰는 약어]	정의
Root Canal [Canal]	**근관**: 모양에 따라서 C-shape canal, S-shape canal이라 부르기도 한다.
Paper Point [P.P]	**페이퍼 포인트**: 근관내를 건조시키는 일회용 재료
Guttapercha Point [G.P]	**가타퍼차 포인트**: 근관내를 충전하는 치과용 재료
Stopper	**스타퍼**: 재료를 퍼올리고, 다지기 좋게 만들어 놓은 기구
Spoon excarbator	**스푼 익스카베이터**: 충치치료 때 충치 부분을 제거하기 위해 쓰이는 기구로, 써지컬 큐렛과 비슷한 모양이지만 더 작다.

임상에서 자주 하는 말의 해석

"엔도(endodontic treatment)를 해야 할 것 같네요."

ㄴ 신경치료를 해야 할 것 같네요.

"엔도 파일(endodontic file) 주세요."

ㄴ 신경 치료에 쓰이는 자그마한 금속 침 같은 기구 주세요.

"러버 댐(rubber dam) 끼워 주세요."

ㄴ 녹색의 고무천 끼워주세요.

"리젼(lesion)이 있네요."

ㄴ 치아 뿌리 끝에 병변이 보이네요.

영어 [흔히 쓰는 약어] 정의 흔히 쓰는 약어가 없을 경우 생략

9. 보철과

용어 [흔히 쓰는 약어]	정의
Laminate Veneer [Lami]	**라미네이트 베니어**: 패션 손톱처럼 치아 표면에 붙여서 치아 모양을 예쁘게 해주는 치료이다.
Crown [Cr.]	**인공치관, 금관**: 전체 씹는 면을 감싸주는 치료로, 구조학적 이름으로는 치관을 이야기하는데, 보철학적으로는 주로 인공치관을 이야기한다. 즉, 신경치료나 충치가 커서 봉하는 치료로는 도저히 보존할 수 없을 때 금 또는 다른 재료로 치관 전체를 덧씌워서 치아를 보존하는 방법을 말한다.
Bridge [Br.]	**가공의치, 브릿지**: 빠진 치아를 수복해 주는 치료로, 치아가 하나 빠졌을 때 그 앞뒤 치아를 삭제하고 인공 치아와 삭제된 치아의 3개의 인공 치아를 해 넣는 것을 말한다. 즉, 인공 치아를 하나 해 넣기 위해 인접 치아 2개의 표면을 삭제하고 각각 크라운을 만들면서 인공 치아까지 한 덩어리로 만들어서 끼워 넣을 때 '브릿지를 한다'고 한다. "Splint"라고 부르기도 한다. 크라운이 2개 이상 붙어 있으면 브릿지라고 하며 갯수에 따라 3개면 3번 브릿지, 6개면 6번 브릿지 혹은 3 Units, 6 Units 브릿지라고 한다.
Temporary crown [Temp. cr or Jacket]	**임시치아**: 보철물이 세팅되기 전 지대치를 보호하고 치아이동을 방지하기 위하여 임시로 제작된 보철물이다.
Porcelain Fused to Metal Crown [PFM.cr]	내부가 메탈로 되어 있는 도자기 크라운이다. 잇몸과 보철이 맞닿는 부분이 푸르스름한 색을 띠는 경우가 있다. 금속 알레르기가 있는 경우 사용 불가하다.
Porcelain Fused to Gold Crown [PFG.cr]	내부가 골드로 되어 있는 도자기 크라운
Zirconia Crown [Zir.cr]	**지르코니아 크라운**: 산화 지르코니움으로 제작되어 크라운 부식에 강하고 생체친화성이 좋다(인공관절로도 사용됨). 심미적이고 강도가 강한 편이다.
Gold Crown [G.cr]	**골드크라운, 금니**: 금의 함량에 따른 분류 B type: 40% 이하, A type: 45%, Super-A(S-A) type: 53%, PT type: 70% 이상
Stainless Steel Crown [S.S.cr]	**스테인레스 크라운**: 스테인레스 스틸 치관으로 은색이다. 주로 유치의 크라운으로 쓰인다.

영어 [흔히 쓰는 약어] 정의 흔히 쓰는 약어가 없을 경우 생략

용어 [흔히 쓰는 약어]	정의
Preparation [Prep]	**프렙**: 보철을 하기 위해 이를 삭제하는 것
Impression [IMP]	**인상채득**: 인상재를 이용하여 본을 채득하는 것
Temporay setting [T/S]	**임시접착**: Crown의 교합을 맞추고 임시로 접착하는 보철물 접착을 셋팅이라 하며 cementation(시멘트테이션)이라고도 한다. 임시접착제로 붙인 상태로 약 일주일 정도 사용해 보는 기간을 갖는데, 그 이유는 영구접착제는 한 번 붙이면 제거가 어렵기 때문이다.
Final setting [F/S]	**영구접착**: T/S에서 괜찮았다면 완전 접착을 시행한다.
Re-Cementation	**재부착**: 보철물이 떨어졌을 경우 다시 부착하는 것이다.
Margin	**치아의 경계선**: 보철을 하기 위해 치아를 깎은 말단 경계선
Pontic	**인공치**: 치아가 상실된 브릿지의 경우 상실된 치아 부분을 메꾸어 주는 구조물
Cantilever(bridge)	**캔틸레버(외다리브릿지)**: 지대치 크라운에 인공치를 매달은 브릿지
Abutment teeth	**지대치**: 크라운을 만들 치아
Margin	**접촉변연부**: 보철물에서 치아와 맞닿는 경계 부위
Adaptation [adap]	**적합**: 보철물이 지대치에 잘 맞는지 확인하는 척도
Contact	**간격**: 보철물과 치아 사이의 간격을 확인할 때 주로 사용하는 단어
Cap	**캡**: 치아색 보철물의 내부에 있는 뼈대 역할을 하는 구조물로, 치아색 파우더를 입히기 전의 상태이다.
Cap Adaptation [Cap adap]	**캡적합**: 크라운이 완성되기 전 캡을 맞춰보는 중간 과정
Shade	**색상**: 보철물이나 치아의 색상을 말한다.
Shade guide	**색상키트**: 치아색을 볼 수 있도록 해주는 여러가지 색상별 치아 샘플을 모아둔 것

영어 [흔히 쓰는 약어] 정의 흔히 쓰는 약어가 없을 경우 생략

임상에서 자주 하는 말의 해석

"임프레션(impression) 떠 주세요."

ㄴ, 치아 본 떠주세요.

"프렙(preparation) 할게요."

ㄴ, 치아 본뜰 수 있는 모양으로 다듬을게요.

"버통(bur kit)이 어디 있지?"

ㄴ, 치과용 삭제기구가 어디에 있지?

"스톤(dental stone) 푸어링(pouring) 해주세요."

ㄴ, 치과용 석고를 인상체에 부어주세요.

"템포러리 크라운(temporary crown) 오더 넣어주세요."

ㄴ, 임시치아 기공소에 만들어 달라고 기공용지 써주세요.

"크라운 Tilting이 있네요."

ㄴ, 보철물이 잘 안착하지 않고 덜그럭 거리는 현상이 있네요.

"Contact이 loose하네요."

ㄴ, 보철물과 치아 사이의 간격이 헐겁네요.

"Contact이 tight하네요."

ㄴ, 보철물과 치아 사이의 간격이 좁네요.

영어 [흔히 쓰는 약어] 정의 흔히 쓰는 약어가 없을 경우 생략

10. 구강외과

용어 [흔히 쓰는 약어]	정의
Wisdom tooth	**사랑니; 지치**: 사랑니는 두 번째 어금니(제2대구치) 뒤에 나오는 세 번째 어금니(제3대구치)로 아예 없는 경우도 있고, 뼈 속에 감춰져서 나지 않는 경우, 제대로 맹출하는 경우, 반만 나오는 등 모습이 다양하다. 보통 십대 후반 또는 이십대 초반에 난다.
Impacted tooth	**매복치아**: 과잉치, 맹출공간부족, 맹출위치상 등 여러가지 이유로 잇몸 위로 맹출하지 못하고 잇몸 안에 묻혀 있는 치아
Extraction [Ext]	**발치**: 이를 뽑는 시술이다.
Surg. Extraction [Surg. Ext]	**수술발치**: 치은을 절개하고 치근을 분리하여 발치하거나 골삭제를 동반하여 시행한 발치
Incision and Drainage [I&D]	**구강내소염술**: 농양이 생겼는데 고름이 빠지지 못하고 계속 붓고 통증이 있을 때. 절개 및 절제를 통해 배농하는 시술로, 절개만 하고 귀가시키는 경우도 있고 배농을 할 수 있도록 치과재료(최근에는 누거즈 구입이 어려워 러버로 사용하는 경우도 있음)를 삽입해두고 귀가시키는 경우도 있다.
Dressing [dr or drs]	**소독**
Stitch Out [S.O or S/O]	**실밥제거**: 봉합해둔 실을 빼내는 시술이다.
Apicoectomy [Apico]	**치근단절제술**: 치근단 주위 농양이나 낭종이 생긴 치아의 뿌리 끝 주변 치조골 염증조직을 제거하고, 치아뿌리 끝부분을 절단하는 외과적 수술이다. 시행한 후에는 재감염을 막기 위해 제거된 치아뿌리 끝 쪽에 구멍을 낸 다음 MTA 등의 재료로 완전히 밀폐시킨다(근관역충전).
Gingivectomy	**치은절제술**: 심미적, 치료적 목적으로 잇몸을 절제하는 술식이다.
Free Gingiva Graft [FGG]	**유리치은이식술**: 부착치은의 폭을 증가 시키기 위해 입천장에서 잇몸을 떼어내어 이식하는 술식이다. 치주낭이 과하게 벌어지는 것을 막거나, 노출된 치근을 덮기 위해 치아 주변으로 부착치은을 이식한다. 임플란트 식립 후 임플란트 주변의 부착치은이 부족할 경우 시행하기도 한다.

영어 [흔히 쓰는 약어] 정의 흔히 쓰는 약어가 없을 경우 생략

용어 [흔히 쓰는 약어]	정의
Implant [IMPL]	**임플란트**: 치아가 없는 부위에 브릿지나 틀니를 하지 않고 이가 빠진 자리의 턱뼈에 인공 치근을 심고 그 위에 인공 보철물을 해 올리는 방법이다. 빠진 부분에만 인공적으로 보철물을 만들어 넣으며 그 인접 치아에는 손상을 주지 않는 최첨단 술식이다. 현재 성공률은 98%에 도달하고 있으며 전체 치료기간도 짧아지는 추세이다. 현재 대략 3–6개월 정도 걸리며 심고 나서 바로 기능을 하는 당일 임플란트(원데이 임플란트)도 뼈의 상태에 따라 가능하다.
Navigation Implant [Navi.IMPL]	**네비게이션 임플란트**: 임플란트 수술 전 미리 식립할 위치를 파악하여 가이드를 만든 뒤, 실제 수술 시 잇몸에 착용하여 수술하는 방법이다.
Overdenture, Implant denture	**임플란트 틀니**: 임플란트를 2–6개 정도 식립하여 틀니를 착탈할 수 있도록 하는 틀니 방법이며, 전체를 임플란트로 식립할 때의 부담감을 해소하면서 기존 틀니의 불편감을 개선해 주는 장치이다. 임플란트 틀니는 종류에 따라 탈부착식과 고정식이 있다.
Bone graft	**뼈이식술; 골이식술**: 임플란트를 심을 때 치조골의 폭이나 높이가 부족하면 골이식재를 이용하여 잇몸뼈의 양을 늘린 후에 임플란트를 식립하는 것이다. 임플란트의 성공률을 높여주기 위해 필요한 시술이다. 뼈의 두께와 깊이가 이상적인 임플란트 환자는 약 30% 이하로, 70% 이상의 환자들은 임플란트 시술을 위한 뼈의 양이 이상적이지 않다. 임플란트 수술을 시행하는 치과의사의 숙련도나 환자의 잇몸뼈와 잇몸의 상태, 그리고 전신건강에 따라 잇몸뼈의 양의 이상적이지 않더라도 뼈이식을 하지 않고 임플란트 수술을 진행하는 경우도 있지만, 잇몸뼈의 양은 나이가 들수록 점점 줄어들기 때문에 충분한 잇몸뼈가 있는 상태에서 임플란트 수술을 하는 것이 장기적 성공을 위해 중요하다. 골이식재료의 종류는 자가골, 동종골, 이종골, 합성골이 있다.

영어 [흔히 쓰는 약어] 정의 흔히 쓰는 약어가 없을 경우 생략

11. 뼈이식 (bone graft)의 종류

용어 [흔히 쓰는 약어]	정의
Guided Bone Regeneration [GBR]	**골유도재생술**: 임플란트를 심을 때 치조골의 폭, 높이가 부족할 때 골이식재와 차폐막(membrane)을 이용하여 새로운 골이 생성될 수 있도록 유도하는 술식이다. 단순 뼈이식과 다르게 GBR은 골이식재 뿐만 아니라 치과용 차폐막(membrane)을 활용하여 광범위한 뼈의 수복을 목표로 하는 것이 특징이다.
Membrane	**차폐막**: 뼈이식 후 이식된 뼈가 흔들리고 무너져 내리지 않게 하기 위해서 고정해주는 재료
Sinus elevation	**상악동 거상술**: • 상악동이란 코와 연결된 위턱뼈의 광대뼈 쪽에 비어있는 공간을 말한다. 위쪽 턱뼈 상부에 존재하는 부비동의 일종이며, 속이 비어있는 점막으로 둘러싸여 있다. 머리무게를 줄여주고 호흡을 통해 공기 중의 노폐물과 먼지를 걸러내며, 소리의 공명을 만들어내는 역할을 하는 곳이다. • 상악동 거상술이란 상악동 부분에 위치한 치아가 결손되거나 기능을 상실하여 임플란트 시술이 필요한데, 임플란트를 고정시켜 줄 충분한 양의 뼈가 존재하지 않을 경우에 시행한다. 상악에 임플란트를 식립하는 경우 술자는 10 mm 정도의 임플란트를 심기를 원하는데, 그 미만으로 뼈가 남은 경우 기구를 이용하여 상악동 아래쪽 점막을 상방으로 들어올린 후 그 공간에 임플란트를 고정시켜줄 만큼의 충분한 뼈를 채워 넣는 골이식술의 일종이다.
Crestal Approach	**치조정접근법**: 임플란트 식립부위의 잔존 뼈의 양이 5 mm 이상인 경우, 임플란트 수술부위의 압력을 통해 상악동막을 올린 후 뼈이식을 하는 방법
Osteotomy	**골절술**: Osteotome이라는 기구를 사용하여 임플란트가 식립될 부위를 톡톡 쳐서 bone을 들어올려 상악동을 거상하는 방법이다. 오목한 osteotome을 이용해 골이식재를 사용하지 않고 상부의 잔존골을 소량 밀어 올리는 Osteotome Sinus Floor Elevation (OSFE)과 골이식재를 사용하는 Bone Added Osteotome Sinus Floor Elevation (BAOSFE)이 있다.

영어 [흔히 쓰는 약어] 정의 흔히 쓰는 약어가 없을 경우 생략

용어 [흔히 쓰는 약어]	정의
수압거상방법	상악동막이 찢어지지 않도록 수압을 이용하여 상악동막을 거상하는 방법이다. Osteotomy 술식에서 사용되는 여러기구는 상악동막을 거상할 때 압력을 분산하지 못해서 상악동막이 찢어지는 경향이 있고, blind technique으로 내막의 상태를 알 수가 없는데, 수압거상의 방식은 압력을 골고루 분산하여 상악동 내막의 손상을 최소화하여 거상할 수 있고, 압력과 사용되는 액체(생리식염수 등)의 양에 따라 현재 수술의 정도 또는 상태를 알 수 있다.
Lateral Approach	**측벽접근법**: 임플란트 식립부위의 잔존 뼈의 양이 5 mm 미만인 경우. 상악동을 거상시켜야 하는 부위의 양이 많기 때문에 치조정접근법으로 상악동거상을 하면 힘을 주는 곳이 한 군데로 집중되어 찢어질 수 있기 때문에, 위턱 뼈의 잇몸을 드러낸 후, 측면에 구멍을 뚫고 뼈이식을 하는 방법이다. 많은 양의 골이식재를 채워 넣을 수 있고, 창문을 만들어 접근하는 것 같다고 하여 window opening(개창술)이라고도 한다.
Ridge Split	**치조골 분할술**: 치조골의 폭(순설, 협설)이 매우 얇을 때 치조골상부의 폭이 좁은 부분을 반으로 나눈 후, 벌려서 픽스쳐가 들어갈 공간을 확보 후 그 공간에 뼈이식을 해서 수평적 폭을 증대시키는 술식이다.

임상에서 자주 하는 말의 해석

"인시젼(incision) 할게요."

↳ 연조직(잇몸이나 점막, 또는 피부)을 메스로 절개할게요.

"임플란트 Path 좋네요."

↳ (임플란트가 여러 개일 경우) 임플란트 각도가 평행하게 잘 심겨졌네요.

치과에서 많이 사용하는 기구

기본 기구

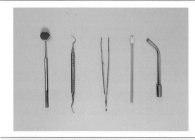

Mouth mirror(마우스미러) 또는 Mirror(미러)
Explorer(익스플로러)
Pincette(핀셋)
Plastic suction tip(플라스틱 석션팁)
Metal suction tip(메탈 석션팁)

치주 관련 기구

Scaler tip(스켈러팁)

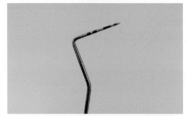

Periodontal probe(페리오돈탈 프루브)

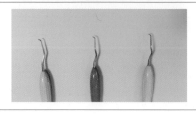

Curette(큐렛)

외과 관련 기구

Forcep(포셉)

Elevator(엘리베이터)
Straight와 curved elevator가 있다.

Root picker(루트픽커)
Straight와 curved root picker가 있다.

Straight Root Picker　　　　　Straight Elevator

외과 관련 기구

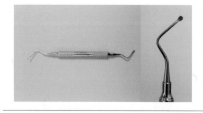	Surgical curette(써지컬큐렛)
	Blade holder(블레이드 홀더) 또는 Mes holder(메스 홀더)
	Surgical bur(서지컬버)
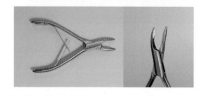	Bone rongeur(본론져)
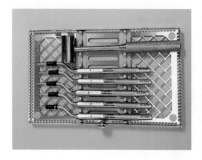	Osteotome(오스테오톰) Mallet(말렛)

외과 관련 기구

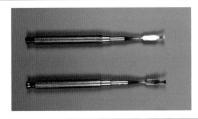	Chisel(치즐)
	Surgical sutrures(수술용 봉합사)
	Tissue forcep(티슈포셉)
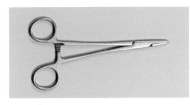	Needle holder(니들홀더)
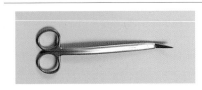	Scissor(씨져)
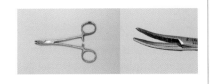	Hemostat(헤모스타트), Mosquito(모스키토) 혈관을 잡아 지혈을 돕는 기구이다. 임상에서는 외과수술 시 조직을 제거하거나, 고정할 때, 거즈같은 수술용 재료를 잡는 용도로 활용하기도 한다.

보철 관련 기구

Stopper(스타퍼)

- 좌: Crown gripper(크라운 그리퍼)
- 우: Porcelain crown gripper(포세린 크라운 그리퍼)

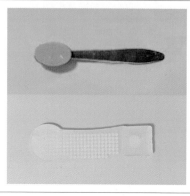

Inlay setter(인레이쎄터)

뽀족한 부분이 인레이 부분을 향하고 평평한 부분이 대합치쪽을 향하게 사용한다.

Mixing spatula(믹싱스파튤라)

Cement spatula

: ZPC나 그 외의 cement mixing 시 사용

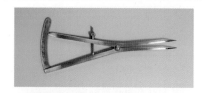

Caliper(캘리퍼)

크라운 게이지라고도 한다.

보철의 두께나 세밀한 길이를 측정할 때 주로 사용한다.

Cord packer(코드팩커)

※ 스푼 익스카베이터는 귀이개처럼 굴곡이 많이 있지만 코드패커는 거의 편평하다.

보철 관련 기구

	Wax spatula(왁스 스파튤라) Wax up이나 Carving 시 사용
	Hemostat(헤모스타트), Mosquito(모스키토) 보철과에서는 심스탁홀더로 하기도 한다.
	Ejector(이젝터) 크라운을 빼낼 때 사용한다. Tip은 single crown용과 bridge crown 용이 있다.
	교합지 홀더

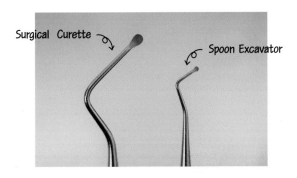

Surgical Curette

Spoon Excavator

보존 기구

	Spoon excavator(스푼 익스카베이터)
	Resin applicator(레진 어플리케이터)
	Amalgam carrier(아말감 캐리어)

각종 주의사항 및 동의서

진료에 대한 주의사항 및 동의서를 설명할 때에는 펜으로 중요한 부분을 체크하고, 추가 설명에 대해 기록하면서 시행하도록 한다.

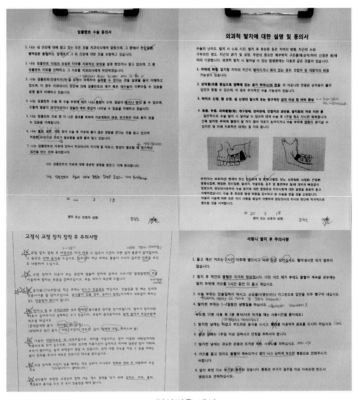

▲ 임상적용 예시

치아 발치 수술 동의서

제 3대구치(사랑니) 또는 매복 되거나 잘못 맹출 되고 있는 기타 영구치아의 발거는 고난도의 의료 기술이 요구됩니다. 물론 저희 치과의 의료진은 최선을 다하나 주변 해부학적 구조의 복잡성으로 인하여 여러 가지 부작용이 피치 못하게 발생할 수 있으므로 환자들께 미리 고지하여 드리오니 여러 번 읽어보시고 궁금한 점이 있을 경우에는 의사 및 스텝에게 문의하여 주시기 바랍니다.

1. 영구치는 뿌리가 그대로 남아 있으므로 유치를 발거할 때와는 달리 커다란 상처가 발생하게 됩니다. 개개인마다 상처가 생겼을 때 잘 낫는 사람도 있고 많이 붓고 아픈 사람이 있는 것과 마찬가지로 발치 후에도 많이 붓고 심하게 아플 수 있습니다. 또한 내부 출혈이 많을 경우 안면피부에 멍이 든 것과 같은 현상이 발생할 수도 있습니다.

2. 아래턱에는 하치조신경이라고 하는 굵은 신경줄기가 지나고 있으며, 대부분의 제 3대구치사랑니는 이 신경에 매우 가깝게 접근하여 있습니다. 따라서 마취 또는 발치 시에는 불가피하게 이 신경에 손상을 줄 수 있으며, 이때 감각이상이 발생할 수 있습니다. 대부분의 경우 6개월이 내에 정상회복되나 아주 드물게 영구적으로 잔존할 가능성도 있습니다.

3. 코의 양쪽으로 상악동이라고 하는 공기 주머니가 위턱 뼈 내에 존재하며, 이 상악동은 치아의 뿌리 끝에 매우 가깝게 접근하여 있습니다. 따라서 상악치아의 발거 시 뿌리가 많이 휘었거나 뼈에 단단하게 밀착된 경우 상악동을 둘러싼 점막의 파열이나 치아뿌리의 파편이 상악동내로 들어가게 될 가능성이 있습니다.

4. 대구치의 발거는 매우 어려운 술식으로서 발치 시 입을 크게 벌리셔야 한다는 특징이 있습니다. 따라서 발치 후 즉시 혹은 수일 후에 턱관절이 아프거나 입이 잘 안 벌어지는 증상이 발생할 수도 있습니다.

나는 치아 발치 치료에 대해 충분한 설명을 들었고 이해하였으며, 이에 동의합니다.

20   년   월   일

환자 또는 보호자 성명   (인, 서명)

담당의사 성명   (인, 서명)

 MEDI BRAND | 서울특별시 마포구 상암산로 76 YTN 뉴스퀘어 16층
T 02. 2135. 7180   F 02. 6442. 3192   medibrand.co.kr

적출물 인수 동의서

본인은 본원에서 진료 결과로 발생한 적출물의 인수를 요구하여 적출물을 받았습니다.
인수의료법 및 폐기물 관리법을 포함하여 적출물 인수에 따른 일체의 법적 책임은
본인에게 있습니다.

성명 :　　　　　　　　　　　　차트번호 :

생년월일 :　　　　　　　　　　치아번호 :

적출물 종류 : □ 골드크라운　□ 골드인레이　□ 치아　□ 기타 :

나는 적출물 인수 동의서에 대해 충분한 설명을 들었고 이해하였으며, 이에 동의합니다.

20　　　년　　　월　　　일

환자 또는 보호자 성명　　　　　　　　(인, 서명)

담당의사 성명　　　　　　　　(인, 서명)

HNG Lab

임플란트 수술 동의서

1. 나는 내 건강에 대해 알고 있는 모든 것을 치과의사에게 알렸으며, 그 중에서 전신질환, 혈액질환, 출혈이상, 알레르기 그 외 건강에 대한 것을 포함하고 있습니다.

2. 나는 임플란트 이외의 상실된 치아를 치료하는 방법을 설명을 들었거나 알고 있으며, 그 중 임플란트 치료를 선택하고, 그 치료를 치과의사에게 위임하였습니다.

3. 나는 임플란트(인공치아)가 골 유착이 부족하여 실패할 수 있다는 것을 설명을 들어 이해하고 있으며, 이 경우 치과의사의 판단에 의해 임플란트의 제거 혹은 재수술이 이루어질 수 있음을 설명 들어 이해하고 있습니다.

4. 나는 임플란트 수술 후 수술 부위에 피가 나는 통증이 오며, 얼굴이 붓거나 멍이 들 수 있으며, 드물게 얼굴의 감각이상이나 입술의 마비 증상이 나타날 수 있음을 이해하고 있습니다.
   나는 임플란트 치료 중 더 나은 결과를 위하여 치료계획의 변경, 부가적인 치료 등이 있을 수 있음을 이해합니다.

5. 나는 흡연, 음주, 과로 등이 수술 후 치유에 좋지 않은 영향을 준다는 것을 알고있으며 적절한 구강건강 관리가 필요함을 설명 들어 알고 있습니다.

6. 나는 임플란트의 진단과 치료를 위한 제반 임상 검사에 동의합니다.

7. 나는 임플란트 치료에 있어서 치과의사의 지시에 잘 따르고, 점검이 필요할 때 정기적인 검진을 받는 것에 동의합니다.

나는 임플란트 치료에 대해 충분한 설명을 들었고 이해하였으며, 이에 동의합니다.

20   년   월   일

환자 또는 보호자 성명   (인, 서명)

담당의사 성명   (인, 서명)

 ✚MEDI | 서울특별시 마포구 상암산로 76 YTN 뉴스퀘어 16층
T 02. 2135. 7180 F 02. 6442. 3192 medibrand.co.kr

신경치료
설명 및 동의서

1.신경치료란?

충치가 진행되어 치아의 신경까지 세균이 감염된 상태입니다. 그 부위를 제거하여 소독해 주고,
신경이 제거된 자리를 인공물질로 밀봉하여 외부세균이 침투하지 못하도록 치료하는 방법 입니다.

2.치료기간

치아의 뿌리를 소독하므로 하루에 끝나지는 않습니다.
최소한 2~3일 간격으로 3~4회 정도 내원하셔야 합니다. 상태가 좋지 않을 경우 더 많이 받을 수도 있습니다.

3.신경치료 후의 처치

신경치료를 받은 치아는 정상 치아에 비해 치질이 남아있지가 않아, 깨지기 쉬우므로 보철물로 보호해
주셔야합니다. 때로는 너무 썩어 치아머리 쪽에 건전한 부위가 거의 없는 경우에는 뿌리속에 기둥을 넣어
보다 단단하게 보강해주기도 합니다.

4.신경치료의 성공률

신경치료 후 한 달간은 약간의 통증이 남아 있을 수 있으나 대부분 서서히 사라지며 성공률은 통계적으로
90%에 이릅니다. 그러나 10%정도는 성공적인 치료 후에도 수개월 혹은 수년 후에 다시 통증이 생기거나
염증이 재발될 수 있습니다. 이런 경우 발치를 하게 될 수도 있습니다.

나는 신경치료에 대해 충분한 설명을 들었고 이해하였으며, 이에 동의합니다.

	20	년	월	일
환자 또는 보호자 성명			(인, 서명)	
담당의사 성명			(인, 서명)	

서울특별시 마포구 상암산로 76 YTN 뉴스퀘어 16층
T 02. 2135. 7180 F 02. 6442. 3192 medibrand.co.kr

교정 진료 동의서

본인은 아래와 같이 진료에 대한 비용을 부담하며 교정진료에 수반되는
일반치과진료(충치치료, 치주치료, 사랑니발치 등)의 비용은 교정진료에 포함되어 있지 않습니다.

성명: 교정주치의: 상담자:

1. 정밀 검사 비용:

2. 장치종류 및 비용:
   - ☐ 메탈
   - ☐ 일반세라믹
   - ☐ 자가결찰 데이몬/클리피씨
   - ☐ 투명교정
   - ☐ 1차 교정
   - ☐ 설측콤비
   - ☐ 설측교정
   - ☐ 인비절라인
   - ☐ 인코그니토
   - ☐ White wire (상악/ 하악)
   - ☐ MTA
   - ☐ 부분교정 (　　　　　)

3. 발치여부 및 비용: ──────── (　　개)

4. 월 치료비: 매월

5. 교정치료 완료 시 유지장치비: 교정치료 종료 시까지 납부

6. 그 외의 추가비용:
   - ☐ 미니스크류/ 진행 시 개당 10만원 별도
   - ☐ PLA/ TPA 10만원
   - ☐ RPE 30만원
   - ☐ C-plate 40만원
   - ☐ Quard helix 30만원
   - ☐ ABP, POBB 30만원
   - ☐ Splint 50만원

7. 일반진료비: **Total**

1. 본인은 진료의 목적, 성격, 방법 및 야기될 수 있는 문제점들에 대해 충분한 설명을 들었습니다.
2. 본인은 협조가 좋은 진료 결과에 필수적이며, 본인의 협조가 없을 시 처음 치료 계획된 진료 결과를 얻지 못할 수도 있다는 것을 이해합니다.
3. 본인의 협조도가 좋지 않아 치료의 진행이 어려울 경우 치료가 중단될 수 있습니다.
4. 본인은 메디브랜드치과의 교정진료에 적극 협조 할 것이며, 약속시간을 충실히 지키겠습니다.
5. 본인의 부주의로 인해 교정 장치가 분실되거나 파손된 경우 추가비용이 적용됩니다.
6. 지금의 진료가 악골(턱/1차교정)교정치료인 경우 영구치가 모두 나온 뒤에 별도의 치열 교정치료(2차교정)와 이에 따른 추가 비용이 필요합니다.
7. 치료 시 치아의 모양, 뿌리·교합상태에 따라 개인차가 있으며, 교정시기도 차이가 날수가 있습니다
8. 교정 중에는 치아 교합을 맞추기 위해서는 stripping(치간삭제)이 필요 할 수 있으며 교정 장치 외에 교정에 필요한 부가적인 장치가 진행 될 수 있습니다.
9. 발치 교정 진행 시 발치에 대한 설명을 충분히 들었으며, 발치에 동의합니다.
10. 교정 종료시에는 치아가 원래 자리로 이동할 수 있으므로 유지장치를 꼭 착용해야 합니다. 협조가 잘 되지 않을 경우에는 재교정이 진행 될 수 있으며, 별도의 추가비용이 적용됩니다.

나는 교정치료에 대해 충분한 설명을 들었고 이해하였으며, 교정치료에 대해 동의합니다.

20   년   월   일

환자 또는 보호자 성명   (인, 서명)

담당의사 성명   (인, 서명)

✛ MEDI BRAND | 서울특별시 마포구 상암산로 76 YTN 뉴스퀘어 16층
T 02. 2135. 7180   F 02. 6442. 3192   medibrand.co.kr

교정 분납 동의서

처음 정밀검사진단비 20만원을 시작으로 24회 분납으로 수납방식이 이루어 집니다.

장치비 + 교정발치비 + 월비 + 유지장치비 포함
처음 장치 부착하는 날부터 분납금 결제 시작

메탈 1회당 - - - - - - - - - - -   클리피씨 1회당 - - - - - - - - -

세라믹 1회당 - - - - - - - - -   데이몬 1회당 - - - - - - - - - -

환자 성함   연락처1   (본인)

연락처2   (본인 외 보호자)

주소 (동과 호수까지 정확히 작성)

- -

계좌이체 시 입금자 명

- -

교정 진료 중 24회 분납이며 마지막 완납일자는 유지장치 본 뜨기 전날입니다.
2회 이상 미수금 발생 시 진료가 어려울 수 있으며 내용증명 발송 등
법적인 대응 및 불이익이 발생할 수 있음을 알려드립니다.

나는 교정 분납에 대해 충분한 설명을 들었고 이해하였으며, 이에 동의합니다.

20   년   월   일

환자 또는 보호자 서명   (인, 서명)

담당자 서명   (인, 서명)

✚MEDI | 서울특별시 마포구 상암산로 76 YTN 뉴스퀘어 16층
BRAND | T 02. 2135. 7180 F 02. 6442. 3192 medibrand.co.kr

치아의 균열(crack)치료
설명 및 동의서

MEDIBRAND

겉으로 보기에는 충치도 없고 엑스레이를 찍어 봐도 이상이 없는데, 단단한 음식을 씹을 때면 통증이 심한 경우가 있습니다. 이럴 때 의심해 볼 수 있는 것이 치아균열(crack)입니다. 외부로부터 충격이나 단단한 것을 씹을 때 생길 수도 있고, 이런 균열이 점차 커질 수도 있습니다. 이런 경우 눈으로 관찰해서는 문제점을 발견하기가 쉽지 않으며, 엑스레이 상에도 나타나지 않는 경우가 많으므로 진행 정도에 대해서도 정확하게 알 수 없는 경우가 많으며, 자연히 예후도 불확실한 경우가 많습니다.

저희 치과에서는 치아균열로 진단될 경우 다음 3단계의 순서로 치료를 시행하고 있습니다.

1단계
통상적으로 이를 씌워주는 것이 첫 번째의 치료방법이 됩니다.
물론 충치도 없고 겉보기에 이상이 없는 치아를 깎아서 씌운다는 것은 아쉬운 일이지만, 방치해둘 경우, 금이 뿌리까지 진행되어 발치를 하게 될 수도 있으므로 보다 적극적인 예방치료가 요구됩니다.

2단계
크라운을 씌워주었는데도 통증이 있다면 2단계로 근관치료(신경치료)가 필요합니다.
이러한 증상은 균열이 치수(신경)에 까지 이르렀다는 것을 말해주기 때문입니다.

3단계
근관치료를 시행하였는데도 증상이 사라지지 않는다면 이때는 균열이 뿌리 끝에까지 이르렀다는 것을 나타내며 이 경우 발치가 필요할 수 있습니다.

치료는 1단계에서 끝날 수 있고, 증상에 따라 2단계, 3단계로 차례대로 넘어가게 됩니다.

위와 같이 단계별로 치료를 진행하는 이유는 증상만으로 치아균열로 진단을 내리더라도 그 균열이 어디까지 이르렀는지 정확히 진단하기가 불가능하기 때문입니다. 1단계, 2단계를 거쳐 부득이 3단계 발치로 넘어가게 되면 왜 처음부터 발치 하지 않았을까 라고 후회와 원망을 하실 수도 있지만, 저희 치과에서는 여러분의 치아를 자신의 치아처럼 생각하고 가능하면 단 하나의 치아라도 빼지 않고 보존하고자 하는 마음으로 단계별 진료를 실시하고 있습니다.

나는 치아균열치료에 대해 충분한 설명을 들었고 이해하였으며, 이에 동의합니다.

20   년   월   일

환자 또는 보호자 성명   (인, 서명)

담당의사 성명   (인, 서명)

✚MEDI │ 서울특별시 마포구 상암산로 76 YTN 뉴스퀘어 16층
BRAND   T 02. 2135. 7180 F 02. 6442. 3192 medibrand.co.kr

보철물 장착 동의서

보철물을 완전히 붙이게 되면 보철물의 색상이나 모양을 바꿀 수 없게 됩니다.

환자분의 동의 하에 완전히 붙인 보철물이 마음에 들지 않을 경우

보철물을 잘라 제거해야 하므로 병원의 재내원 및 재치료로 인한 환자분의 불편함 및

추가적인 비용이 발생할 수 있습니다.

나는 보철치료에 대해 충분한 설명을 들었고 이해하였으며, 이에 동의합니다.

20   년   월   일

환자 또는 보호자 성명   (인, 서명)

담당자 성명   (인, 서명)

✚MEDI   서울특별시 마포구 상암산로 76 YTN 뉴스퀘어 16층
  B R A N D   **T** 02. 2135. 7180   **F** 02. 6442. 3192   **medibrand.co.kr**

수면 치료 동의서

본원에서 시행하는 수면진정요법은 통증이나 공포감으로 치과치료를 받기 어려운 고객분들을 위해 시행되는
방법입니다. 저희 병원에는 마취과 전문의 선생님께서 직접 진행을 도와주십니다.

1. 수면 치과 치료란, 진정제를 투여한 후 가수면 상태를 유도하여 치과 치료를 실시하는 것을 말합니다.
   또한 수면 치과 치료는 환자의 의식을 완전히 소실 시키지는 않지만 정상적인 수면을 유도하여 의식이
   회복되면 치과 시술을 받은 기억을 못하는 경우가 많습니다.

2. 수면 치과 치료 실시 후 회복 시까지 1시간 정도가 걸릴 수 있으며, 반드시 보호자를 동반하여 주시고,
   급한 약속이나 업무 등 일정에 차질이 없으시도록 조정 바랍니다.

3. 검사 당일 기계조작이나 자가 운전은 반드시 삼가 해 주시기 바랍니다.

4. 진정제 사용 합병증으로 인한 저산소증 과탄산증 호흡정지 등의 호흡기계 및 저혈압과 빈맥 등의
   심혈관 합병증, 의식의 저하로 흡인성 폐렴 등의 합병증이 발생할 수 있습니다.

5. 본인은 본인(또는 상기환자)에게 행하여질 시술의 필요성, 내용 및 예상되는 합병증과 후유증에
   대해 설명을 듣고 충분히 이해하였으며 본 시술로서 불가항력적으로 야기될 수 있는 합병증 또는
   환자의 특이 체질로 우발적 사고가 일어날 수 있다는 것을 사진 설명으로 충분히 이해하였습니다.

나는 수면 치료에 대해 충분한 설명을 들었고 이해하였으며, 이에 동의합니다.

20   년   월   일

환자 또는 보호자 성명   (인, 서명)

담당의사 성명   (인, 서명)

✚MEDI
BRAND

서울특별시 마포구 상암산로 76 YTN 뉴스퀘어 16층
T 02. 2135. 7180   F 02. 6442. 3192   medibrand.co.kr

고정식 교정치료 주의사항

교정 치료 시

모든 상황이 정상적일 때 교정 전문의는 치아를 생리적으로 평균 한 달에 1mm정도 움직일 수 있습니다. 그러나 환자가 약속을 잘 지키지 않는다든지, 치아에 붙어 있는 교정 장치를 빈번하게 떨어뜨린다든지, 고무줄을 잘 걸지 않는다든지, 칫솔질을 잘 하지 않는다든지 하는 것들은 치아를 치료 전단계의 상태로 돌아가게 하거나 치아를 움직이지 않게 함으로써 치료 기간을 지연시키는 원인이 됩니다. 그래서 교정 치료는 치료를 받는 사람의 협조가 매우 중요합니다.

01 교정치료를 받기 위해서는 매일 병원에 오실 필요는 없으며,
대개 3~4주에 1번 정도 내원하시면 됩니다. 또한, 좋은 치료결과를 얻기 위해서는
무엇보다도 약속시간을 잘 지키는 것이 중요합니다.

02 복잡한 교정장치는 음식물이 끼기 쉬우므로 충치나 잇몸질환의 원인이 됩니다.
그러므로 식후에는 반드시 치아를 닦는 것이 필요합니다. 교정칫솔 및 다양한
구강용품(치간칫솔, 워터픽 등)을 사용하여 꼼꼼하게 관리해주세요.

03 단단하고 질기거나 끈끈한 음식(사탕, 오징어, 껌, 엿 등)을 삼가야 하며 앞니로
물어뜯거나 베어먹는 음식을 드실 때는 조심하셔야 합니다.
가급적이면 잘게 썰어서 드시기 바라며, 설탕함량이 높은 음식은 피하시는 것이 좋습니다.
교정장치가 떨어질 경우 바로 치과에 방문하여 재부착 하셔야 합니다.

04 교정장치 부착 후 2~3일 간은 치아가 흔들리고 음식물을 씹으면 통증을 느끼는
경우가 있습니다. 이는 치아가 움직인다는 신호이기 때문에 걱정하실 필요는 없으며
4~5일 정도 지나면 통증은 서서히 사라집니다. 통증이 심할 경우 진통제를
복용하셔도 됩니다. (장기복용시에는 담당의사와 상의해주세요.)

05 불편한 사항이 있으면 즉시 치과로 연락 주시기 바랍니다.

서울특별시 마포구 상암산로 76 YTN 뉴스퀘어 16층
T 02. 2135. 7180 F 02. 6442. 3192 **medibrand.co.kr**

발치 주의사항

01 물고 계신 거즈는 (2시간) 이후에 뱉으시고 피와 침은 삼키십시오.
뱉어내시면 피가 멈추지 않습니다.

02 발치 후 약간의 출혈은 지극히 정상입니다. 다만 거즈 제거 후에도 출혈이
계속 될 경우에는 발치 부위에 거즈를 1시간 동안 더 물고 계십시오.

03 수술 부위는 칫솔질 하지 마시고, 소금물(식염수)이나 구강 양치 용액으로
입안을 자주 헹구어 내세요. 다른 부위는 칫솔질 하셔도 됩니다.

04 처방해드린 약은 통증이 없더라도 다 복용하시는 게 좋습니다.

05 발치한 부위는 1~2일 동안 냉찜질을 하세요.
| 요령 | 10분 사용 후, 5분 휴식 (너무 차가울 때는 사용시간을 줄이세요)

06 수술 당일은 부드러운 음식(죽)이 좋으며, 뜨겁고 자극적인 음식은 피하시는 게 좋습니다.
빨대를 이용하여 음료를 드시지 마세요.

07 음주, 흡연은 1주간 삼가 주세요.

08 발치 당일에는 뜨거운 목욕이나 찜질 사우나, 과도한 운동 등은 피해주세요.

09 거즈를 물고 있어도 출혈이 계속되거나, 열이 나고 심하게 부으면
병원으로 전화 주시기 바랍니다.

서울특별시 마포구 상암산로 76 YTN 뉴스퀘어 16층
T 02. 2135. 7180 F 02. 6442. 3192 medibrand.co.kr

보철물 장착 후 주의사항

01 접착제는 일반적으로 24시간이 지나야만 완전히 굳기 때문에 보철물을 붙인지
24시간 동안은 딱딱한 음식을 씹지 마세요. 그 이후로도 매우 딱딱한 음식,
끈적끈적한 엿과 같은 음식물을 피해야 보철물을 오래 사용하실 수 있습니다

02 처음에는 뜨겁거나 찬 음식에 민감하실 수 있습니다. 그 기간 동안은 되도록
자극적인 음식은 피해주세요. **2~3 주 정도**가 지나면 점차 증상이 사라질 겁니다.
드문 경우 6주 이상 지속 되기도 하는데 이때는 치과에 내원하셔서 검사를
받으시는 것이 좋습니다.

03 **6개월마다 정기적으로 검진**을 받는 것이 좋습니다. 그래야만 보철물 주변으로
발생할 수 있는 문제점을 미리 발견하여 쉽게 치료 할 수 있습니다.
검진을 받지 않으시고 방치하는 경우 보철물의 장기간 사용이 어려울 수 있습니다.

04 보철물 장착 후 불편한 경우에는 신경조직의 위치나 크기, 원래 치아의 상태에 따라
신경치료를 하거나 포스트(기둥), 코어를 할 가능성이 있습니다.

05 다음의 상태가 나타나면 **즉시 내원**해 주세요.

· 보철물이 움직이거나 느슨해진 느낌이 들 때
· 보철물의 일부가 떨어짐
· 차고, 뜨거운 음식에 심하게 민감함
· 씹을 때 계속 통증

서울특별시 마포구 상암산로 76 YTN 뉴스퀘어 16층
T 02. 2135. 7180 **F** 02. 6442. 3192 **medibrand.co.kr**

스케일링 주의사항

01 치석은 음식물, 세균 등이 굳어 돌처럼 딱딱하게 된 것으로 잇몸병의 원인이 되며, 칫솔질로는 제거 되지 않기 때문에 **치과에서의 전문적인 제거**가 꼭 필요합니다.

02 스케일링이란 초음파를 이용하여 치아에 붙어있는 치석을 제거하는 것이므로, 치료 중 조금 시리거나 아플 수 있습니다. 보통은 참을 수 있는 정도이지만, 심하게 아프시거나 염증이 심할 경우 **별도의 마취나 추가적인 잇몸치료**가 필요할 수 있습니다.

03 스케일링 후 1~2주일 정도는 **차갑거나 뜨거운 음식**에 민감해질 수 있습니다. 그동안 냉온 음식물을 되도록 피하고, 칫솔질을 철저히 하여 플라그를 제거하고 불소 함유 치약을 사용하시면 좋습니다.

04 스케일링 후 **하루 정도 출혈**이 될 수 있습니다. 출혈 증상은 염증으로 인한 것으로 하루정도 지속될 수 있지만 곧 멈춥니다. 그러나 혹시 출혈이 계속된다면 내과적 문제일 수 있으니 치과에 연락주세요.

05 스케일링 후 이 사이가 **구멍이 생긴 것처럼** 보일 수 있습니다. 이는 그동안 치석으로 메꾸어져 있던 치아와 치아 사이의 공간이 치석을 제거하면서 보이게 되었기 때문입니다. 원래 이 공간은 잇몸으로 채워져 있어야 하지만 치석과 잇몸질환으로 인해 잇몸이 내려 가면서 생긴 공간입니다.

06 스케일링은 잇몸치료의 전부가 아니라 시작에 불과합니다. 연1회 스케일링으로 치료를 마무리 하시는 분들도 계시지만 진행된 치주질환이 있는 경우 스케일링을 받고 1~2주 후에 **잇몸의 상태를 재평가**해서 재치료나 잇몸 치료를 받을 수 있습니다.

07 건강한 잇몸을 위해서는 **6개월마다 정기적인 치료와 검진**으로 건강하고 청결한 상태를 유지하는 것이 가장 중요합니다.

MEDI BRAND

서울특별시 마포구 상암산로 76 YTN 뉴스퀘어 16층
T 02. 2135. 7180 **F** 02. 6442. 3192 **medibrand.co.kr**

신경치료 주의사항

신경치료란?

충치가 진행되어 치아의 신경까지 세균이 감염된 상태입니다. 그 부위를 제거하여 소독해 주고, 신경이 제거된 자리를 인공재료로 밀봉하여 외부세균이 침투하지 못하도록 치료하는 방법입니다. 3-4일 간격으로 3-5회 정도 내원하셔야 하며 상태가 좋지 않을 경우 장시간이 소요될 수 있습니다.

01 신경 치료를 위해 마취를 하셨을 경우 마취는 약 2 - 6시간 정도 후 풀립니다.
마취가 풀리면 통증이 올 수 있으며, 통증을 참기 어려우신 경우 **진통제**를 복용하세요.
(통증이 심하다고 느끼실 경우 병원으로 전화주시기 바랍니다)

02 신경치료를 하고 있는 치아는 충치로 인하여 약해진 상태이므로 그 치아 주변으로
음식물을 씹는 것은 피하시고, 특히 딱딱한 음식이나 질긴 음식, 끈적거리는
음식은 드시지 않는 것이 좋습니다. (예 : 껌 / 카라멜 / 엿 / 오징어 / 땅콩 등)

03 치아에 임시로 때워 놓은 약재가 빠질 경우, 치아 내부가 세균에 오염될 수 있기
때문에 바로 전화주시고 병원으로 내원하시기 바랍니다.

04 치료를 하시는 중간에도 치아가 불편할 수 있으며, 신경 치료 후 약 2주에서 한 달간은
치아 뿌리 끝이 아물어 가는 시기이므로 음식물을 씹는데 약간 불편하실 수 있습니다.

05 치료가 끝난 후에는 치아의 보호막 역할을 대신해 줄 보철물로 반드시
씌워주셔야 합니다. 그렇지 않으면 힘들게 치료한 치아가 부러지거나 금이가서
치아를 상실하게 되실 수 있습니다.

06 신경치료는 충치로 인하여 많이 상한 치아를 빼기 전에 마지막으로 해볼 수 있는 최후의
치료방법입니다. 따라서 신경치료도 결과가 좋지 못하여 치아의 수명을 연장하지 못할
경우에는 간단한 수술을 진행하거나 부득이하게 치아를 빼야 할 수도 있습니다.

➕**MEDI** B R A N D | 서울특별시 마포구 상암산로 76 YTN 뉴스퀘어 16층
T 02. 2135. 7180 **F** 02. 6442. 3192 **medibrand.co.kr**

임플란트 주의사항

01 거즈를 물려드린 경우, 물려드린 거즈는 1시간 정도 지그시 강하지 않은 힘으로 물고 계셔야 합니다. 너무 강하게 물게 되면 임플란트의 고정에 문제가 생길 수 있습니다.

02 입안에 고인 침과 피는 뱉지 말고 삼켜주세요.

03 수술 부위를 빤다거나 혀나 손가락으로 만지면 치유가 느려질 수 있습니다.

04 수술 부위는 이틀간 얼음찜질을 해 주셔야 합니다. (5분~ 10분 간격으로)

05 수술 후 최소 2주간 음주, 흡연은 삼가주세요.
특히 흡연 시 임플란트 실패 확률이 3배 정도 높아집니다.

06 더운물로 목욕하거나 사우나, 찜질방은 2일간 피해주세요. (가벼운 샤워는 가능)

07 격렬한 운동이나 몸에 무리가 가는 일은 삼가주세요.

08 수술 후 3~4일 동안은 부드러운 음식을 섭취하고 뜨겁고 자극적인 음식은 피해주세요.

09 수술 부위는 잇솔질을 피하고 치유기간 (약 1주일)동안 입안을 청결히 유지해주세요.
알코올이 들어간 구강청결제는 사용하지 않는 것이 좋습니다.

10 처방된 약은 지시대로 정해진 시간에 복용해주세요.

11 코의 상악동과 관련된 윗턱수술을 한 경우 밀접한 관련이 있으므로 코를 세게 풀거나 재채기를 크게 하지 않도록 주의합니다.

임플란트 완료 후 주의사항

환자분의 도움과 협조로 임플란트 시술이 잘 마무리 되었습니다. 임플란트도 자연치와 마찬가지
개개인에 따라 수명이 다릅니다. 환자의 건강상태와 구강위생상태, 정기적인 검사와 유지관리
등에 따라 수명에 차이가 날 수 있습니다.

01 식사 후와 취침전에 반드시 칫솔질로 깨끗이 해야 합니다.

02 칫솔로 깨끗이 할 수 없는 부위는 적어도 하루에 한번은 **치실과 치간 칫솔**을 사용하여
청결하게 하여야 합니다.

03 환자의 구강 위생 관리가 부실하여 임플란트 주변에 음식물 잔사가 쌓이고, 치석이
생기게 되면 잇몸이 붓고 염증이 생겨 임플란트 주변 뼈가 파괴되므로 사용기간이
단축 될 수 있습니다.

04 지나친 음주나 흡연으로 인해 임플란트 완료 후에도 합병증을 일으킬 수 있으니
유의하세요.

05 임플란트 시술 후 자유로운 음식물의 섭취가 가능하나, 너무 질기거나
단단한 음식(얼음, 오돌뼈, 마른오징어)등의 습관적 섭취는 큰 힘을 가하게 되어
임플란트의 수명을 단축 시킬 수 있습니다.

06 이를 심하게 가는 습관이 있는 경우, 보철물의 수명에 영향을 줄 수 있으니
미리 자세한 검진과 상담을 바랍니다.

07 저희 병원에서는 일년에 1~2회 정도 임플란트 보철물의 경과를 관찰하고
관리 해드리고 있으니, 예약일에 맞추어 병원에 내원해 주시면 됩니다.

+MEDI BRAND | 서울특별시 마포구 상암산로 76 YTN 뉴스퀘어 16층
T 02. 2135. 7180 **F** 02. 6442. 3192 **medibrand.co.kr**

틀니 사용 주의사항

01 틀니를 처음으로 사용하시는 분은 처음부터 김치 같은 음식물도 잘 씹어 드실 수 있을 것 이라고 기대하지 않는 것이 좋습니다. 틀니는 장착하는 것으로 모든 치료가 끝난 것이 아니며, 여러 번의 조정과 적응기간이 필요합니다.

02 틀니는 원래 치아보다 씹는 능력이 1/3정도라고 보고 있습니다. 충분한 시간과 연습을 통해 틀니에 적합한 음식물과 씹는 방법을 경험으로 터득해야 합니다.

03 음식물은 가급적 잘게 잘라 좌우 어금니에 음식물을 같이 올려놓고 천천히 씹어야 합니다.

04 아래 틀니가 위 틀니보다 불안정한 경우가 많으며, 말을 하거나 음식물을 씹을 때 잇몸에서 떨어지기 쉽습니다. 틀니가 떨어지지 않도록 혀의 움직임을 조절하여 본인에게 맞는 방법을 터득해야 합니다.

05 틀니는 식사한 후에는 깨끗이 씻어야 하며 치약을 사용해 닦으면 마모되므로 주의해야 합니다. 전용세정제를 사용하세요.

06 틀니는 떨어뜨리면 깨지기 쉬우므로 조심하셔야 합니다. 욕실에서 세척하실 경우 물을 받고 사용하시거나 수건 같은 것을 아래에 깔고 세척하세요.

07 틀니를 뜨거운 물에 넣으면 변형되거나 변색 되므로 주의하셔야 합니다. 절대 소독하신다고 뜨거운 물에 넣으시면 안됩니다. 또한 틀니는 공기 중에 건조되면 변형이 될 수 있으므로 찬물에 담가 보관 하셔야 합니다.

08 입안이 아프거나 헐어서 상처가 생긴 경우 반드시 치과에 오셔서 의사에게 조정하셔야 합니다. 사포나 칼 등으로 본인이 임의로 조절하게 되면 틀니가 잘 안맞게 되어 헐겁거나 잇몸에 상처가 생기게 됩니다.

09 구토가 날 것이 예상되면 틀니를 빼서 보관하셔야 합니다. 구토 시에 틀니가 함께 탈락되어 분실하거나 파손될 가능성이 있습니다.

10 틀니를 오래 사용하여 시간이 지나면 헐거워지게 됩니다. 주기적으로 검사하여 부족한 부분을 보강해주어야만 잇몸의 손상을 줄일 수 있습니다.

11 틀니를 제작하는 재료(금속 알레르기 등)에 알레르기 반응이나 거부반응이 있을 경우에는 사전에 치과의사에게 알려야 합니다.

서울특별시 마포구 상암산로 76 YTN 뉴스퀘어 16층
T 02. 2135. 7180　F 02. 6442. 3192　medibrand.co.kr

일반과 업무능력 셀프 점검표

날짜:			이름:		

* 아래의 내용 중 가능 여부 칸에 본인의 업무를 판단하여 체크하여 주십시오.

목차	항목	가능여부		
		상	중	하
1	기구세척 & 멸균(scaler tip, bur, file 포함)			
	치과 장비의 관리			
	적출물의 관리			
	Handpiece oiling			
	Panorama 촬영			
	단순발치, 교정발치 준비			
	매복 사랑니 surgical ext. set 준비			
	발치 후 주의사항 설명			
	엔도준비(PE, CE , CI, CF)			
	엔도 후 주의사항 설명			
	치주진료 준비 및 주의사항 설명(치면세균막관리, 치면세마, sc, cu)			
	보존 진료준비 및 주의사항 설명(GI/resin/inlay 전과정)			
	보철 진료준비 및 주의사항 설명(cr imp/cr set/br imp/br set)			
	치근단(P.A) 촬영			
	스케일링/TBI			
	맞춤 구강위생용품 처방/환자교육			

2	일반과 기본처치/레진/GI 상담			
	치주진료/신경치료/인레이치료 상담			
	보존 진료 메인 어시스트(GI/부위별 resin/inlay prep/inlay set)			
	치주진료 메인 어시스트(치근활택, 치주소파)			
	엔도(PE, CE, CS, CI, CF) 어시스트　＊신경치료 동의서 설명			
	러버댐 장착(구치부, 전치부, 다수치아 포함)			
	치면열구전색			
	큐레이펜 촬영			
	교합면 photo 촬영(우식진단용)			
	알지네이트 인상채득(partial)			
	석고 pouring			
	간단 보철진료 어시스트(cr imp/cr set/br imp/br set)			
	Cr 내면 시멘트 제거(크라운 F/S전)			
	보철 세팅 후 시멘트 제거(1-2개)			
	임시충전재 제거(Quick, caviton)/임시치아 제거(temp cr)			
	간단 외과진료 어시스트(유치발치, 교정발치, 단순발치, I&D)			
	외과기구 준비 및 정리(surgical case)			
	File, bur 정리			
3	외과진료 어시스트(치은절제, 매복사랑니, surgical ext) ＊ 동의서설명			
	기공지 작성하기/하나로 등록			
	턱관절 진료 C.C 체크 및 문진 기록			
	턱관절 주의사항 설명			
	알지네이트 인상채득(full-대합치)			
	일반진료용 전체 시멘트 믹스			
	Inlay prep 후 인상채득/임시충전			
	바이트 채득			
	C.Abr filling 진료 전 cord 삽입			

4	임플란트 1st op 준비			
	임플란트 1st op 정리 및 포장(kit포함)			
	임플란트 pick-up coping 인상채득 준비			
	임플란트 cr set 진료준비			
	Photo 찍기(full cace 진단용)			
	복잡 보철진료 메인 어시스트(denture 전과정)			
	임시덴쳐 & 개인트레이용 알지네이트 인상			
	구치부 싱글 임시치아 제작			
	구치부 싱글 cord 삽입 및 인상채득			
5	전문가 미백 photo/미백치료 진행/주의사항 설명			
	임플란트 Abut 상에서 인상채득			
	임플란트 1차 op 퍼스트 어시스트(1-2개) * 수술 동의서 및 주의사항 설명			
	임플란트 1차 op 세컨드 어시스트(1-2개)			
	임플란트 2차 op 메인 어시스트/ 주의사항 설명			
	전치부 싱글 임시치아 제작			
	전치부 싱글 코드패킹 및 인상			
	구치부 브릿지 임시치아 제작(2-4개)			
	구치부 브릿지 cord 삽입 및 인상채득(2-4개)			
	임플란트 ISQ 측정 준비(스마트 패그 체결까지)			
	임플란트 coping 체결/인상채득 전과정(1-2개)			
	임플란트 보철 abutment 연결+zig체크/연결부 P.A촬영			
	체어 사이드 상담(레진, 인레이, 신경치료, 크라운)			

6	코어/포스트/크라운/브릿지(실활치, 생활치) 상담			
	임플란트 상담: plan 1–3개(implant/sinus/GBR)			
	임플란트 1차 op+sinus 퍼스트 어시스트(3개 이상)			
	임플란트 1차 op+sinus 세컨드 어시스트(3개 이상)			
	Implant hole resin(SCRP, screw type)			
	전치부 브릿지 임시치아 제작(2–4개)			
	전치부 브릿지 cord 삽입 및 인상채득(2–3개)			
	구치부 cord 삽입/인상채득 전과정(4개 이상)			
	전치부 브릿지 임시치아 제작(4–8개)(기공소 의뢰후 relining 아님, Temp br 전과정 제작)			
	임플란트 coping 체결/인상채득 전과정(3개–full)			
	브릿지 cord 삽입 및 인상(8개 이상 full case)			
7	전치부, 구치부 브릿지 임시치아 full 제작(기공소 의뢰후 relining 아님, Temp br 전과정 제작)			
	임플란트 상담: plan 3개 이상(surveyed+dt/br/over dt/full implant/sinus/GBR 혼합)			
	실습생의 진료 교육 및 기본소양 지도			
	신입스탭의 진료 교육 및 직무 지도			
	2–3년차의 업무능력 향상 지도			
	네비게이션 임플란트 의뢰(CT 확인, 의뢰서작성, 택배발송)			
	일일 진료 arrange 및 진료 보조			
8	외과 수술진료일 전체 arrange 및 환자 관리			
	일일 진료 전 차트 리뷰			
	데스크 환자응대 기본 업무(신환접수, 차트생성/환자전화응대/수납/예약)			
	서류발급(진단서/진료영수증/세부내역영수증/의뢰서)			
	Plan과 치아보험 연계한 상담/보험 서류준비			
	컴플레인 고객 응대 및 상담(sensitive pt. 전담 진료)			
	보철, 외과 진료 후 해피콜 및 SMS 전송			
	정기검진 및 미내원 환자 리스트제작/리콜 문자발송, 전화			

9	2층 진료실 전반 체크리스트 제작 및 작성, 관리			
	진료실 프로세스 체크/매뉴얼 제작			
	일반과 재료 발주 및 관리			
	치주, 외과수술기구 및 재료 수량 파악			
	임플란트 재료 발주 및 관리			
	임플란트 식립 & 골이식재 장부 정리			
	기공물장부 관리 및 골드장부 관리			
	일반과 전체 상담자료 관리 및 제작			
	보험 청구 I 초급(보존치료, 근관치료, 치주치료)			
	보험 청구 II 중급(외과, 치주수술, 덴처–수리 포함, 임플란트)			
10	보험청구 III 상급(청구검수, 재심, 이의신청, 보완청구, 청구항목 및 버튼 세팅)			
	진료실 체계 수시체크 및 보완(예방용품 선정, 진료 개선사항, 진료실 재료 문제 등)			
	데스크 체계 수시체크 및 보완(예방용품 전시, 하나로 프로그램, 진료예약 기준 등)			
	병원경영 – 일반과 관련 제안 및 기획(마케팅, 프로모션, 아이디어 구체화)			
	일반과 업체 협의(기공물, 신제품, 샘플요청, 요구사항 제안)			
	월간 보고서			

출처: 에이라인치과병원

교정과 업무능력 셀프 점검표

날짜:		이름:			
* 아래의 내용 중 가능여부 칸에 본인의 업무를 판단하여 체크하여 주십시오.					
목차	항목		가능여부		
			상	중	하
1	기구세척 및 멸균				
	치과 장비의 관리(정수, 오토클레이브, 집진기)				
	적출물의 관리				
	Handpiece oiling				
	Plier 소독 및 멸균				
	Bur 정리 및 소독, 멸균				
	미니스크류 식립 전 마취 준비하기				
	DBS 기구 준비				
	Deb 기구 준비				
	Wire change 전 미리 준비				
	Band 기구 준비				
	구강내 가철장치 진료기구 준비				
	구외 장치 진료기구 준비				
	IPR 기구 준비				

	상악 full 알지네이트 인상채득			
	하악 full 알지네이트 인상채득			
	교정 장치 장착한 환자 인상채득 1단계 fixed 인상채득			
	부분 스케일링 및 주의사항 전달			
	석고 붓기			
	모델 트리밍			
	진단모형의 라벨링 및 보관			
	진단용 wax 바이트채득			
	Panorama 촬영			
	Cephalo 촬영			
	Skull PA 촬영			
	Hand wist 촬영			
2	TMJ view 촬영			
	CT 촬영			
	전치부 치근단 촬영			
	구치부 치근단 촬영			
	구강외 안모 촬영			
	구강내 포토 촬영			
	촬영한 photo 정리			
	브라켓의 구분 – 부분 브라켓 잡아주기			
	Wire ch 위한 wire 꺼내주기			
	미니스크류 식립전 스크류 준비(자동드라이브 포함)			
	미니스크류 제거전 드라이버 준비			
	레이저 치료 준비 – 마취, 기구			
	Full 스케일링 및 주의사항 전달			

3	교정장치 장착한 환자 인상채득 2단계 meaw, sp-c, combi imp			
	1차 교정장치 주의사항 전달			
	유지장치 주의사항 전달			
	V-ceph 자료 업로드			
	기공지시서 확인			
	원내/외부 기공물 의뢰			
	도착 기공물의 확인			
	기공물 대장 작성 및 관리			
	자연치아 separator			
	보철치아 separator			
	교정장치 cap open 및 close			
	O-ring 제거 및 결찰			
	Ligature 제거 및 결찰(long-tie 포함)			
	장치 종류에 따른 band의 시적 후 인상채득			
	Band Lok 및 poly-F 시멘트 믹싱			
	Band후 잉여 시멘트의 제거			
	인상체에 장착했던 band의 고정			
	MS 주의사항 전달			
	고무줄 주의사항 전달			
	MS 식립 후 P.A taking			

	진료 전 차트 리뷰			
	파워체인 체결			
	커브 와이어 체결			
	NiTi 와이어 체결			
	S–S 와이어 체결			
	SS wire hook 장착 및 체결			
	MEAW bending와이어의 체결			
	Combi bending와이어의 체결			
	S–pc bending와이어의 체결			
	와이어 폴리싱			
	Activator 장치의 잉여 resin 조절			
	Hook의 장착과 제거			
	DBS 진료준비 및 어시스트			
	브라켓의 구분 – 전체 브라켓(상, 하, 좌, 우)			
	보철치아 샌드 블라스팅 + 에칭(인산, 불산) 처리			
4	Fixed 장착전 준비 및 어시스트			
	Deb 후 잉여레진 제거			
	부분 fixed 탈락의 준비 및 재고정			
	응급환자의 불편해소(찔림, 빠짐 등)			
	인비절라인 진료 준비(어태치먼트)			
	인코그니토 DBS 준비(에칭부터 장치 준비)			
	실란트			
	DBS 후 주의사항			
	장치 Del 후 주의사항			
	환자 맞춤 TBI			
	응급상황에 따른 주의사항			
	턱관절 주의사항 설명			
	교정과 예약 잡기			
	진료 후 해피콜			
	진료 후 보호자 매니지			
	모르페우스의 촬영 및 매칭			

5	설측 교정의 어시스트 및 진료			
	구치부 blue 바이트 올리기 및 조절			
	PVS impression(인코그니토/인비절라인)			
	재료의 업체별 주문			
	교정 케이스 분류			
	방사선 뱃지의 관리			
	설측장치 의뢰			
	인비절라인(클린체트 확인)/인코그니토의 장치 의뢰			
	원내 세미나 준비			
	C.R & 미백 tray 제작			
	서류발급(진단서, 진료영수증, 세부내역영수증, 의뢰서)			
	데스크 환자응대 기본업무(신.구환접수, 차트생성, 환자전화응대, 수납, 예약)			
	진료실 순환 어레인지			

	1차교정 후 2차 교정 시작 시 상담			
	주기적 리콜 환자의 교정 시작 시 상담			
	교정신환 full case 교정상담			
	교정신환 부분 case 교정상담			
	수술교정 상담			
	신환 재교정 상담			
	일반과 간단 상담			
	미백 상담			
	통합상담(일반과+교정과)			
	주간/월간 보고서			
	상담 후 리콜			
6	소개환자 리콜			
	진단 후 리콜			
	실습생의 교육 및 지도			
	신입스탭의 직무 지도			
	2-3년차의 업무능역 향상 지도			
	진료실 프로세스 체크/매뉴얼 제작			
	교정 케이스 자료 취합			
	교정과 상담 자료 관리 및 제작			
	교정과 재료 발주 및 관리			
	교정과 업체 협의(기공물, 신제품, 샘플요청, 요구사항 제안)			
	병원 경영 – 교정과 관련 제안 및 기획(마케팅, 프로모션, 아이디어 구체화)			
	진료실 체계 수시체크 및 보완(진료 개선사항, 진료실 재료 문제 등)			

출처: 에이라인치과병원

MEMO